中国历史文化名人传

天地行人

王夫之传

聂 茂 著

作家出版社

中国历史文化名人传

组委会名单

主任：李　冰
委员：何建明　葛笑政

编委会名单

主任：何建明
委员：郑欣淼　李炳银　何西来　张　陵　张水舟　黄宾堂

文史组专家成员（按姓氏笔划为序）

王春瑜　王家新　王曾瑜　孙　郁　刘彦君　李　浩　何西来
郑欣淼　陶文鹏　党圣元　袁行霈　郭启宏　黄留珠　董乃斌

文学组专家成员（按姓氏笔划为序）

王必胜　白　烨　田珍颖　刘　茵　张　陵　张水舟　李炳银
贺绍俊　黄宾堂　程步涛

出版说明

　　中华民族五千年文明史中，涌现了一大批杰出的文化巨匠，他们如璀璨的群星，闪耀着思想和智慧的光芒。系统和本正地记录他们的人生轨迹与文化成就，无疑是一件十分有必要的事。为此，中国作家协会于 2012 年初作出决定，用五年左右时间，集中文学界和文化界的精兵强将，创作出版《中国历史文化名人传》大型丛书。这是一项重大的国家文化出版工程，它对形象化地诠释和反映中华民族文化的基本精神，继承发扬传统文化的精髓，对公民的历史文化普及和建设社会主义文化强国都具有重要而深远的意义。

　　这项原创的纪实体文学工程，预计出版 120 部左右。编委会与各方专家反复会商，遴选出在中国文化发展史上产生过重大影响的 120 余位历史文化名人。在作者选择上，我们采取专家推荐、主动约请及社会选拔的方式，选择有文史功底、有创作实绩并有较大社会影响，能胜任繁重的实地采访、文献查阅及长篇创作任务，擅长传记文学创作的作家。创作的总体要求是，必须在尊重史实基础上进行文学艺术创作，力求生动传神，追求本质的真实，塑造出饱满的人物形象，具有引人入胜的故事性和可读性；反对戏说、颠覆和凭空捏造，严禁抄袭；作家对传主要有客观的价值判断和对人物精神概括与提升的独到心得，要有新颖的艺术表现形式；新传水平应当高于已有同一人物的传记作品。

为了保证丛书的高品质，我们聘请了学有专长、卓有成就的史学和文学专家，对书稿的文史真伪、价值取向、人物刻画和文学表现等方面总体把关，并建立了严格的论证机制，从传主的选择、作者的认定、写作大纲论证、书稿专项审定直至编辑、出版等，层层论证把关，力图使丛书经得起时间的检验，从而达到传承中华文明和弘扬杰出文化人物精神之目的。丛书的封面设计，以中国历史长河为概念，取层层历史文化积淀与源远流长的宏大意象，采用各个历史时期最具代表性的文化符号与雅致温润的色条进行表达，意蕴深厚，庄重大气。内文的版式设计也尽可能做到精致、别具美感。

中华民族文化博大精深，这百位文化名人就是杰出代表。他们的灿烂人生就是中华文明历史的缩影；他们的思想智慧、精神气脉深深融入我们民族的血液中，成为代代相袭的中华魂魄。在实现"中国梦"的历史进程中，必定成为我们再出发的精神动力。

感谢关心、支持我们工作的中央有关部门和各级领导及专家们，更要感谢作者们呕心沥血的创作。由于该丛书工程浩大，人数众多，时间绵延较长，疏漏在所难免，期待各界有识之士提出宝贵的建设性意见，我们会努力做得更好。

《中国历史文化名人传》丛书编委会

2013 年 11 月

王夫之

目录

序言

书生苍茫

中国人对社会现实的看法与西方人不一样。中国传统文人都是很关注天下大事的。比如，晚明东林党人要救"王学之末流"，因为王阳明的学术到了晚明以后就不行了，当时的知识分子就痛定思痛，要来重新研究整个中国文化史，要发现中国文化究竟出现了什么问题。清兵南侵的时候，黄宗羲在山上带兵打仗，打败了，就将老师留下的书"尽读之"。他写出了《明夷待访录》，认为国家虽然已经灭亡了，但圣人还是会出现，国家还是会重新兴盛起来。顾炎武当年写《日知录》就是为以后的圣人立法。这是中国知识分子最了不起的地方。国家都没有了，你还要做学问吗？顾炎武有一个很有名的关于亡国和亡天下关系的名言。他认为国家亡了不要紧，但天下不能亡，也就是所谓"天下兴亡，匹夫有责"。在顾炎武看来，天下和国家是完全不同的两个概念，天下是不能亡的，天下就是道统。中国传统文化讲求三纲五常，先秦诸子就是希望能有一个道统能够和当时的"势"，也就是所谓的政府官僚相抗衡，这就是中国千百年来积累起来的文化，民族的兴亡，匹夫也是有责任的。

在这一点上，王夫之的"知"与"行"表现得尤为坚定与执着。他与黄宗羲、顾炎武并称明末清初三大思想家，而他对后世的影响，甚至超越了黄、顾二人。他是中国朴素唯物主义思想的集大成者、启蒙主义思想的先导者、湖湘文化的源头之一，有"东方的黑格尔"之称。王夫之生于乱世，有着中国传统知识分子"立德、立功、立言"的"三不朽"情结。他盼望自己能报效祖国于疆场，横刀立马，壮怀激烈，虽九死亦不悔。他是一个韧劲十足的人，渴望在乱世中建功立业；他是一个有血性的人，敢于为了信仰而自我牺牲；他还是一个刚性的人，敢于为了国家利益而刚正不阿、嫉恶如仇。这样的人，作文，必作惊世之文；做人，誓做"至刚"之人。当然，他也有着传统知识分子的弱点，即遇到人生抉择，他会十分纠结，小心谨慎，反复思考、斟酌，生怕有所闪失。他也因此失去了一些机会。

王夫之从历史的探寻中不断调整和校正自己的人生坐标，从先哲前贤那里汲取着人生的滋养。他在孤独的探寻中，对历史兴衰得失有着独特的发现，对人生价值与生命意义有着深刻的认知，对哲学、时空观和宇宙观等有着与众不同的领悟。这样一种生命认知和历史纵深感，往往能让他获得开阔的视野和敞亮的心襟。用这样的心襟和视野来观照现实人生，就多了一份丰厚，多了一种秉持，也就平添了思想的宽度、精神的广度和生命的高度。

很高兴读到聂茂创作的王夫之传记。这本书抓住了王夫之的精神脉络，展示了四个方面的主要内容：一是突出"上马杀敌，下马读书"的英雄情结；二是着力塑造"辨忠奸，明是非，知去就"的刚毅个性；三是发掘人性的闪光和高贵的人格力量；四是彰显"书生报国，信仰至上"的理想情怀。

人们不一定喜欢某种信仰，但应当向具有坚定信仰的人致敬！

王夫之思想感情上的夷夏之界，使他终其一生，都不能接受"留头不留发，留发不留头"的现实。他以为，从伯夷叔齐的不食周粟到谢叠山的绝粒于大都，千古信奉的都是一个观念：受一朝的恩典，享一朝的荣华，奉一朝的正朔，做一朝的人臣。这也是王夫之一再拒绝与清王朝合作的缘由所在。

很难想象，为大明王朝送终的，竟是一批文质彬彬的凄怨灵魂。这些知识者，有的深痛亡国之创，又感到无力与当权者抗争，于是遁迹山林，走消极反抗的道路，甘做"隐逸君子"；有的竟削发为僧，遁入空门，看透人生，自绝红尘。他们那不为世人所用的思想，虽不足以为后人称道，但在当时来说，都没有半点奴颜媚骨，相反，表现得堂堂正正，彰显出"安能摧眉折腰事权贵"的高尚情操。

而王夫之与这些"凄怨灵魂"有些不同，他采取的是反抗与不合作的人生态度。作为一个充满政治理想和抱负的文人，王夫之生命的价值主要在于文化，他在经受了事业的巨大挫折之后，又感悟到人生的痛苦。壮士拂剑，浩然弥哀。身同槁木而心犹未死，仍要在恶劣的环境中坚持斗争，以自己的不屈坚贞，留住人间一点春色。这点"春色"，就是他引以为自豪的民族文化传统，即书中所说的"文脉"。他要通过自己的顽强努力，播下民族文化的优良种子，以期在将来盛开出满园的春光。

读完这本传记，我的一个突出感受是：全书写史不囿于史料，写古是为了喻今。作者把历史与传统引向现代，引向人性深处，以现代意识进行文化与人性的双重观照，从中获取个性化的感悟，并以平等姿态与历史对话，以史为鉴，如砥如砺，自由自在。

尤其值得称道的是，本书始终以一种文化的视角、文化的情怀关注历史、解读历史和还原历史。为了突出人物性格和情操，作者从人性的挣扎、人性的完善出发，将历史人物的痛苦、矛盾置于一种具体的语境之下，努力发掘其隐藏在时间碎片深处的独立的文化人格，灵活运用史料，观照现实、观照人生、观照心灵。这样的创作是原创性、知识性、史实性、趣味性与可读性的高度融合。文贵有"气"，所谓"气韵生动"就是这个意思。这本传记有一股"气"，它既是"书生意气"，更是血气、豪气、大气、正气，亦是浩然之气。气自肺腑而出，化在纸上，化在字里行间，发出澎湃之声。

从结构上看，这本传记的叙事路径由一经一纬一主线构成。经线：时间和生平。突出传主的一个"求"字，从开始求功名，到后来求报国，再后来是求内心的安宁，一辈子都在追求，在奔波，在辗转，后来避世仍在不断追问。纬线：事件和时空。突出传主的一个"孤"字，孤独、孤寂、孤苦、孤愁，既是思想上哲学上认识上的，又是一种高度，一种境界。主线：矛盾和斗争。突出传主的一个"格"字，即品格、人格、性格，聚焦他的血性、他的韧性、他的人性、他的高贵的品质。

不仅如此，传记在书写上还努力追求文化、哲学和审美底蕴，讲究文字的空灵与诗意，唯美而不粗糙，细腻而不琐碎。既有大众趣味，又有史学情怀，将被历史遮蔽的真实意蕴最大限度地呈示出来。这种写作是在参考史界、学界、文学界等同行大量资料的基础上，提出自己的见解，避免了人云亦云或从文本到文本的复制。同时，本书借助诸多表现形式和叙事技巧，追求透明的写作，文本的细节和故事的动力都源自王夫之一生的艰难跋涉，源自其骨子里的傲气、血气和正气，源自其天地苍茫处所迸发出来的人格力量。作者常用经典的平铺直入，佐以倒叙、插叙、抒情、诗化、蒙太奇、记忆回放和夹叙夹议等多向度的叙事模式，简单明了，质朴生动，恰到好处地将天下、国家、民族之巨型语言与个人、家庭、亲情之小写话语"糅合"起来，使文本的精神空间大大扩充和延伸，使读者在学到知识、了解历史、提高认识和得到激励的同时，获得一种"别样风味"的阅读快感，是当前传记文学创作的新收获。

唐浩明

（作者系著名作家、湖南省作家协会原主席，代表作有长篇历史小说《曾国藩》《杨度》《张之洞》等。）

引子 孤独的圣贤

已是午后，静谧无声。我在湘西草堂前徘徊了很久，阳光和阴影互不相让，紧紧跟随，我突然感觉到前所未有的虚空，一股发烫的力量从胸口涌出。所谓草堂早已变样，不再是当年的泥土草房，而是白墙黛瓦，肃穆威严。

看着王夫之的画像，清瘦的，黝黑的，坚毅的，愁绪的。一介书生，满腹经纶，千秋文字，令人景仰。

毛泽东曾说："西方有一个黑格尔，东方有一个王船山。"

谭嗣同评价："万物昭苏天地曙，要凭南岳一声雷。"

章太炎称："当清之季，卓然能兴起顽懦，以成光复之绩者，独赖而农一家而已。"

船山、"南岳雷"、而农，皆王夫之、船山先生之谓也。

学界认为：他的学说是中世纪哲学发展的最高阶段；他是中华文明史中真正的百科全书式的学者。

面对这样一位思想巨擘、我的同乡前辈，我以虔诚之心前来寻访。一次又一次，在衡阳的船山书院，在船山发黑的故土王衙坪，在他终生流连的南岳圣地，在他写出旷世巨著的隐居之地金兰乡。

然而，除了蝉鸣，寂静之中再无其他声音响起。虽然远处很喧嚷，但属于夫之的却是寂静。也许这遂了夫之的本意，他生前的绝大部分日子不都是这么寂静的吗？但是，在后辈的我看来，这种令人发慌的寂静难免悲凉。

此刻，船山书院依旧寂静。不远处，渺远的人声和寥落的人影仿佛只是幻境，与我无关，与夫之无关，与那段血雨腥风的历史无关，与泱泱大国经历的五千年文明无关。奈何这个院落仿佛炙热天地下的一个摆设！一只蝉似乎比人更有人情味，听到我的脚步，立即发出礼节性的嘶鸣。当一对男女终于姗姗而来，嬉笑着进入堂内，勾肩搭背，对着夫之画像指指点点，不时发出浅薄的评价，我更觉得失望。他们不来还好，这里不是哗众取宠与谈情说爱的地方，夫之更不应该是后人用手指指点点和用眼睛调侃的对象。人们怎样对待这位清瘦的先贤，就是怎样对待自己的内心。或许是我对世人太自信，于是，落得一个笑话。其实，这个世界，谁还会与你谈及如何审视自己的内心呢？且不论人们知不知道夫之是否为圣贤，只怕世人进了这草堂，都不知道夫之是何人。

转念又想，寂静也好，不要来打扰夫之的沉思吧。他不再挣扎，不再纠结，不再书写，只是一味地沉睡。他沉睡，只是因为太疲惫。

夫之生在大明衰亡之际，死在大清繁盛之时，一生国仇家恨，颠沛流离，居无定所。时间过去了，无人问津是夫之的不幸，无人问津亦是夫之的大幸。孤独才会安稳，即便风餐露宿、食不果腹，至少可以平安地活着。孤独才会思考，即便伤痕累累、苦不堪言，但内心反而会更丰富，思维也会变得比任何时候更敏锐、更清晰、更深刻。

回顾历史，我们不幸于夫之没有安身立命、飞黄腾达，我们更庆幸于没有错失一位伟大的思想家和一位正直的知识分子如何在逆境中百炼成钢。虽然夫之并非越王勾践，卧薪尝胆，重拾旧山河，但夫之的人生遭际与在寂寞中取得的巨大成就可以比肩历史上众多的英雄好汉。若历史给他机缘，他一定可以成为岳飞，成为文天祥。可惜，他生不逢时，只能在黑暗中摸索、在寂寞中打拼。寂寞让他的思想沉淀，思想让他的寂寞开花，最后，他成了孤独的圣贤。

孤独的圣贤穷其一生并没有走多远！

今天，从衡阳到南昌，坐高铁只需两个半小时，而这两个半小时距离，却是夫之一生到过的最远的地方，用时几个月。从衡阳到肇庆，没有高铁，坐普通列车，最多只需八个小时，而夫之却经历了百转千回、九死一生，那是他最辉煌和最失落的地方，在将近一年的时光里他度日如年。夫之的一生以衡阳为中心，踟蹰徘徊，来来回回，始终没有离开南岳群山和双髻峰。今天，我们甚至不能确切地指认双髻峰到底是哪座山，因为，它未名列于南岳七十二峰之中。是的，这座山后来就成了无名的山，被人们遗忘。而正是那样一座不起眼的山，夫之一生上上下下，数以千次，走了上万里山路，不变的是风景，变化的是光景与人心。若以当下人一生行走的足迹分析，夫之连最最普通的山民都算不上。但是，人的视野不是行走的距离所能决定的。他一生没有走多远，可是明明又走得很远很远，远到看不见尽头，远到超越所有同时代的人，超越了时代和王朝，超越了华夏与海内，也超越了他自己。

孤独的圣贤穷其一生并没有爬多高！自小在书香门第成长，他聪颖过人，学富五车，却只参加过乡试，且中第五名。他本想进京赶考，誓要闯出一番名堂，安身立命，报效大明。可是，明朝已亡，他报国无门，但是，虽说无门报国，他仍旧以身报国；南明苟延残喘，他怀着一腔热血，飞蛾扑火，义无反顾地投奔而去。在腐朽混乱的小朝廷内，他恪守忠诚和正义。你可以说他愚忠，可以说他糊涂，可以说他不识时务。不错，他就是这个性格。他十分纯粹，忠君爱国，这个国自然是大明，他甘愿做马前卒，在朝廷走动，做一个品级都无的官场中人，并且越级谏言，以卵击石，头破血流，最终，仓皇逃出宫廷。吴三桂先是扶清灭明，后又反清复明，如此不忠不孝不仁不义的无耻之徒，在衡阳建国要过皇帝瘾，竟然想请夫之撰写《劝进表》，以昭告天下。这本是平步青云、扶摇直上的好机会，然夫之嗤之以鼻："某先朝遗臣，誓不出仕，素不畏死。"他宁愿做一个"卑贱"的逃难者，也不愿做一个"高贵"的叛逆者。大清盛世，夫之颇有声名，朝廷几次请其出山，他不为所动，他宁愿做一个落魄的隐匿者，也不愿做大清的高官。你可以说他不识抬举，可是，他认定自己"生是大明的人，死是大明的鬼"，到死，他的长发还倔强地留在他不屈的头颅上；到死，他都是一介穷困潦倒的书生。若以世俗的眼光分析，夫之爬得真是不高，但是，人的高度岂是头顶的乌纱所能决定的！他一生没有在世俗的道路上爬得多高，可是他又爬得很高很高，因为孤独而纯粹，才让他高过一切，高过闯王，高过两个交替的王朝，也高过很多靠出卖灵魂而权倾一时的显赫者。

一间草堂，笔墨纸砚，一盏油灯，泥墙断瓦，看庭前花开花落，听屋后雨落雨歇，竹子四季常青，河水经年不枯。夫之的心灵则是通透的、自由的，他天生有发光的羽翼，艰难困苦折不断他的翅膀，他越飞越高，走出了他从平凡到伟大的道路，完成了他那卷帙浩繁的著作中的绝大部分。

倒下之前，他是一个湖湘人；倒下之后，他成了湖湘的魂。

以品性而论，他可以比美屈子，如芳草，若幽兰，所思所想所写，不是《离骚》，胜似《离骚》；以学识而论，他可以比肩张栻，经天纬地，笑傲中华，不是理学，胜过理学。

于是，很多人将夫之看作湖湘文化的源头与核心，少了他，就没有"湖湘"这个响当当的文化流派，甚至连湖湘的山水也会黯然失色。比如，世人称颂的"潇湘八景"就是他留给后世的礼物，众多湖湘精英都毫无例外地视他为自己的精神导师。

为了秉承夫之讲学著书传道授业的精神，后世建立了船山书院，在清末民初之年，这座小小的学院撑起了湖湘学派的大旗，风头盖过了千年学府岳麓书院。大儒王闿运是首任院长，杨度这位帝王之师则是学生中的佼佼者。

时间一晃百年，如今，船山书院旧址只剩下一片残墙旧瓦。百年的时间仍旧在院内久久不散。孤独者走来走去，却无立足之地，玻璃碎了一地，屋檐坍塌，烟熏的痕迹处处可见，这并非时间的过错，这也并非孤独者的过错，时间和孤独者一直都在那里，形影不离和形影相吊，难道圣贤的后世也注定孤独？

其实，遗忘也罢，记住也罢，于夫之而言，都无所谓了，无论生前身后名，于他，都是孤独的凭吊。一介书生，一名圣贤，他能得到的只有一抔黄土，比别人不多也不少。当时间白发苍苍，天地跟着茫茫，书生与圣贤也在人间正道里变得更加苍茫。

夕阳西下，晚岚四起。我慢慢地走出船山书院，突然一阵钟声传来，恍惚间，我依稀看到一个清瘦老人临终前仍要努力睁开双眼，仍要倔强地昂起头，仍要执拗而孤傲地看看这个世界……

第一章

归西

明王朝中的一个准八品小官，在长达半世纪漂泊流离的错位生活中，用卑微但又高贵、普通但又独特的坚贞方式，守望着前朝冰冷的头颅和凄凉的背影。

可笑吗？不！有的只是悲怆；

滑稽吗？不！有的只是动容；

荒诞吗？不！有的只是真实。

因为这个人不是别人，他是船山先生，王夫之。

清康熙三十一年（1692）二月十八日，衡州金兰乡，一座破败的草房里，一位老人即将走到生命的尽头。他躺在床上，呼吸越来越微弱，喉管里发出咕噜咕噜的声音。天光从北窗漏下，照在他的床头，枕着破旧的枕头，盖着沉沉的棉被，他的面容消瘦，颧骨突出，双目圆睁，嘴巴微启。当尽力从被子里缓缓地抽出枯木一般的手，他微微动了一下手指，身旁一位五十岁左右的书生叹了气，嘀咕道："是给父亲换衣服的时候了，再晚便无法穿了。"

人之将死，就要换入棺的衣服，否则，死后身体僵硬，就不好穿了。一位年轻的妇人便将准备好的寿衣拿了过来，那是一件黑色的绸缎袍子，颇像大清朝官员所穿的服饰。众人轻轻扶起老人，脱去他的外衣，就要给他穿上寿衣。可是，众人用了很大力气都没有将他的胳膊塞进寿衣里。老人在用力，目光紧紧盯着那件寿衣，牙齿咯咯作响，那可能是他生命最后的一点力气，他要对那件寿衣说"不"。

此时，那位书生的目光一直在父亲脸上，发觉情况不对，才看见那件寿衣，他大吼："此清人服饰，怎能让大人穿之正寝？"

他勃然大怒，夺过那件寿衣，撕得粉碎。正在这时，一位四十多岁的书生拿着一件干净整齐的布衫走过来，他把布衫提起，特意给老人看了一眼。那是大明朝的服饰，而且是一件官服，乃南明永历皇帝行人司正司服，老人长出一口气，脸上浮现苍白的宁静。

老人正是王夫之，两位书生分别是他的大儿子王攽、小儿子王敔。

风暴停止。躺在床上的王夫之眼睛一动不动，他仿佛看见了王衙坪绿油油的稻田以及骑着毛驴从远处飘来的父亲。带着那丝苍白的宁静，慢慢地，他喉咙里的咕噜声消失了，瞳孔慢慢放大。

王攽把颤抖的手指放到父亲的鼻前，知道他已经归西，不禁流下了眼泪。

很快，女人的哭声响彻于湘西草堂。

1. 君生于大明

夫之，是的，我更喜欢这样称呼先生，亲切，就像一位熟悉的长者、前辈或老乡。而且，于先生来说，起初并不叫"船山"，"船山"之名是在历经磨难之后才有的。

万历四十七年（1619），中国沐浴着明朝最后的辉煌。

可以说，万历朝是明朝最后的回光返照，最初十五年，在首辅张居正、高拱等名臣的辅助下，明朝实现了中兴之治，国强民富。对外，名将戚继光成功抵御了倭寇的不断侵扰，名将李成梁镇守辽东三十年，先后十次大捷。对内，明朝也实现了国泰民安，风调雨顺。然而，好景不长，万历十五年（1587）之后，一干名臣良将辞世之后，明朝就开始如过山车一样走下坡路了。统治阶级内部，矛盾迭起，张居正推动的改革也被一概否定，魂归西天的张居正还被万历皇帝定了罪名，剥夺了一切封号。朝堂之上，党争不断，政治更加腐朽，官员日益浮夸，东林党人纷纷获罪被贬。朝堂之下，道德沦丧，世风日下。万历皇帝则居功自傲，好大喜功，逐渐荒废了朝政，一心想着他的皇陵。此时，大明朝已经进入垂暮之年！

万历四十六年（1618），后金人努尔哈赤发布了征讨明王朝的"七大恨檄文"。当时，明朝的皇帝不以为然，满朝的文武百官也认为努尔哈赤是一介狂徒，所言不过是痴人说梦罢了。万历朝国力雄厚，兵强马壮，朝廷应该有这个自信。

这里是衡山脚下的王衙坪。夏日炎炎，太阳升起，很久没有落下雨滴，大地一片火热，没有一丝风，稻田里也很少有人影出现。一个五六岁的少年在乡间的小路上玩着泥巴和蝌蚪，蝉鸣从遥远的村落里清晰地传来，一个男人的声音从村子的屋顶上升起，砸到他面前。他浑身触电一般站了起来，拔腿就往村子里跑。

这个少年，就是夫之的二哥王参之。

村里一片阴凉，湿漉漉的泥土覆盖着苔痕，散发出泥草的香味。七拐八弯之后，琅琅的读书声越来越清晰，少年的心却提了起来。王参之知道，那是哥哥王介之的声音。走进一个素雅幽静的小院，他径直跪到院子里，耷拉着脑袋，不敢看从门里走出来的父亲。

一个温文尔雅却显得威严的男子，跨出门槛，头上戴着布帽，身穿一袭轻薄长袍，脚蹬一双黑色布靴，手里拿着一本书，眉宇间闪过一丝凝重。他并没有呵斥少年，只是将了将下巴上的胡须，摇了摇头。

王参之胆战心惊，父亲一瞪眼他就会哆嗦。他原以为这次肯定少不了一顿惩罚，却没想到父亲没有责怪他，还和颜悦色地让他进屋去温习功课。直到走进屋里，他才敢回头看父亲。父亲的身影慢慢远去，消失在转角的竹林里。

"兄在作何文章？"见大哥躬身，王参之就知道大哥在写字。

王介之并没有理会他，屏住呼吸，小心翼翼蘸墨写字。

王介之微微一笑："参之，我在抄《论语》——怎么样，为兄的字是不是又进步了？"

王参之点点头，从案头拿起《论语》，大声诵读。

王介之已经十三岁，他快成人了，家里在茶余饭后已经在谈论他的婚事。母亲大人有了身孕，已近临盆，父亲大人的精力有些分散，对他和弟弟管教得就没有从前那么严格了。出了书房，他就去给母亲请安，这是他每天都要做的事情。

伏在母亲的床前，抓着母亲的手，王介之就是一个孩子。母亲让他猜是男孩还是女孩。他笑道："我猜为女子，我盼着有个妹妹。"

母亲惊道："这话莫让你父亲听见，不然，他定会生气的。"

王介之道："我只盼有个妹妹，此话定不要在父亲面前提及。"

母亲谭氏摸着他的头，低声道："男女非我所决，一切皆为老天的意思，我只盼是个男孩，如此我即功德圆满矣。"语毕，她叹了一口气。她心里清楚，丈夫早年丧妻，没有子嗣，后又续娶了自己。自己比较争气，接连生了两个儿子，如今，丈夫都已经五十了，若能再添一子，她也就别无他求了。

午后，响起了雷声，夏天的雨说来就来。

大雨倾盆之中，乌云压顶，田野暗了下来。坐在书房里，王朝聘凝神静气，面前放着一杯茶，雨水敲打在屋顶上，哗啦哗啦，雨水敲打在房檐上，滴滴答答。满园的绿色在雨水中闪闪发亮，泥土的清香扑鼻而来。仔细想想，自己已到知天命之年，时间过得真快。功名利禄都归了尘土，欲望也偃旗息鼓，只剩下从祖上一直流传下来的满屋子的书籍。儒家经典《十三经》赫然在列，当然，更少不了的是理学大师朱熹的厚厚著作。

王家并非大户人家，但是，往上追溯，也算得上显赫，在衡州地方上更是大户人家。每念祖先，王朝聘总是感慨唏嘘。他们是太原王氏一脉，祖上生活在扬州高邮，一个打鱼村，先祖王仲一跟着朱元璋打天下，立了战功，得了山东青州左卫千户侯，他的儿子王成则有拥立明成祖之功，升任衡州卫指挥佥事，官居正三品。也就是从这个时候开始，王家来到了衡州这片土地。这是王家值得大书特书的一笔，也是王朝聘的骄傲。夫之在提到先祖时也说："（仲一）生明威将军上都尉公讳成，从成祖南下，功最，升衡州卫指挥佥事，乃宅于衡。都尉公生嗣都尉公讳全，嗣都尉公生嗣都尉公讳能，皆袭世职，终于官。"① 且不论武功，就连衡山上的南岳大庙也是经过远在江西做将军的先祖王纲的努力才得以重新修葺，可以说，衡州这片地，到处都留有王家的功勋、业绩和印痕。

一个军官世家如何变成了当下的儒学世家了呢？王朝聘清楚地记得祖宗们说的话。这还要从他的五世祖王震说起。五世祖其实也是个军官，却立志于经术儒学，还把自己的儿子王翰送到明朝理学大师庄昶那里学习，由此，王家便弃武从文了。短短五十年，理学就植根在王家人的血液中，他们博古知今、博闻强识，一心想考科举走上仕途，却屡试不中，王朝聘的祖父王雍甚至都没考中举人。

想到此处，王朝聘难免有些失落和遗憾，但是，他并不悲哀。祖上虽然没有靠文化走上仕途，却都是文化人，以儒树人，以理做人，以学育人。他的父亲王惟敬也是当地的大儒，在衡山讲学，引得整个衡州的有志青年竞相前来拜访求学，王朝聘三兄弟也随其学。

父亲当年为自己取名王朝聘是有深意的，那是希望他能完成王家未完成的事业，求知奋斗，修身齐家，有朝一日金榜题名，位居朝堂。王朝聘没有让父亲失望，年少时也是壮志凌云，跟着本乡大儒伍定相学习经史子集、天文地理，后来，又到江西师从邹守益之孙邹德溥，归了"江右王门"。邹守益就是明代大家王阳明的学生，"江右王门"则是王阳明理学的正统传人。想来，王朝聘也是得到了王阳明的真传。可是，他又让父亲失望了，中秀才后，他曾七试乡闱不第，连个举人也没捞到。想到此，他又有些沮丧，但是近来也不再失望，知道世人功德，有

① 王夫之《家世节录》，原录于《姜斋文集》，清康和声著，彭崇伟编《湖湘文库》之《王船山先生南岳诗文事略》，第 96 页，湖南人民出版社 2009 年版。

些天命，强求不得。何况，他早已经名满衡州。

远离仕途，他回到了家乡，深居简出，读书论文，讲学育人，渐渐也就安顿下来了。时间如白驹过隙，一晃，他已经年过半百，仿佛一事无成，一无所获，又仿佛已经足够了。他一心向儒，自号"武夷先生"。武夷山曾住着理学大家朱熹，他则是孔孟和朱熹的忠实信徒。

王朝聘不知坐了多久，大雨已经停歇，四下一片静寂。他正要捧书阅读，突然传出婴儿的啼哭声。他心头一颤，快步走向内堂。仆人从门里走出来，笑着喊："恭喜老爷，贺喜老爷，太太又生了个公子。"这时候，他心里一块石头才落了地，然后，热泪盈眶。还没见到新生的儿子，他就转身复回正堂，给祖宗磕头上香，又走向书房，对着圣人的挂像俯首作揖。

万历四十七年（1619）八月三十一日，夫之出生在衡州王衙坪。对着世界，他号啕大哭，对于未来所要承受的磨难与煎熬，他浑然不觉，依偎在母亲的怀里，很快安静地睡着了。

夫之睁开眼睛，第一次看到外面的世界，那些绿树和农田，令人好奇。后来，他躺在父亲的怀里，看父亲的书本，听父亲的读书声。他并不知道，这些绿树和农田，以及那些书本，将会陪伴他整整一生。

翌年（1620），万历皇帝驾崩。又过了一年（1621），天启帝登基，大赦天下。"恩予副第者贡太学"，即中了副榜的人也可以入朝做官。王朝聘听闻此讯息，喜极而泣。

王朝聘收拾了行囊，离开了衡州。此时，夫之还未满周岁。

天启元年（1621），明熹宗朱由校搬着他的斧头和锯子登上了皇位，正是这个皇帝将大明朝推向了万劫不复的地步。尽管，朱由校可能是一个好人，但是却不是一个好皇帝，因为，他荒废了朝政。此时，魏忠贤蠢蠢欲动，不久，大明朝就开始宦官乱政，最后发展为宦官专权。

旧王已死，新王初立，一片混乱。努尔哈赤看准了机会，率众十四万肆意犯境。可能连努尔哈赤自己都没有想到，入侵竟然如此顺利。他一路长驱直入，几乎占领了整个辽东。从此，辽东就再也没有回到明朝的手里。此次犯境，让后金收获了巨大信心，努尔哈赤和他的后来者从此坚定了灭亡明朝的信念。

2. 江南异

天启二年（1622），王朝聘来到紫禁城内乾清宫旁的一处官邸，此时的他并没有官衔品级，他在焦急地等着皇帝的召唤。抬眼望去，那高高的皇城仅一步之遥，似乎又在千里之外。他压根没有意识到这皇城已经摇摇欲坠。

此时的北方，危机四伏；而南方，则相安无事。南方之南的衡州金兰乡依然一片太平景象。

风乍起。阳光从窗子探进来，一个幼童沉浸在睡梦之中。梦里，他看见一位白发苍苍的老人正在和一个男人喝酒，而他就坐在老人温暖的怀里，摆弄着筷子。老人一手摸着他的脑袋，一手捋着胡子哈哈大笑："此娃聪慧，悟性甚高。"

对面的男人打着哈哈，笑道："三岁，《论语》已烂熟于心。真乃神童也。"

幼童不置可否，天真地笑了。

老人则频频点头，又诗兴大发，脱口念道："原草青青入望新，归云将雨润轻尘。只今江北春将尽，渺渺江南愁杀人。"[①]

对面的男人赞叹道："好诗！定相先生了得。佩服。佩服。"

多年以后，夫之关于过往的记忆，就是从这首诗和那杯酒中升起的，那位老人就是伍定相先生。夫之在《南窗漫记》中写道："先征君受学于伍学父（讳定相）先生。先生诗文为南楚领袖。先征君与仲父牧石翁杖履周旋，时相唱和；末年敛意深静，不复属意。"

与定相先生对饮者就是夫之的二叔王廷聘，也就是牧石先生了。

夫之一天天长大，梦境一点点消散。伍定相先生和二叔一点点模糊

---

① 王夫之《南窗漫记》，录于《姜斋文集》，其中有回忆伍定相先生的小文。

下去，夫之听到有人在向他喊叫。

"夫之，夫之……"王参之一边拍打夫之的肩膀，一边喊道。三岁的孩子伏在桌子上，压着书本呼呼大睡，口水流满了纸张。良久，夫之才睡眼惺忪地醒过来。

"夫之，快些，大哥回来了，赶紧看书，不然，大哥定会唠叨。"王参之拿着书本，认真读起来，王介之刚好进门。

夫之抬起头，眼睛还没睁开，也对着书本念起来："天将降大任于斯人也，必先苦其心志，劳其筋骨，饿其体肤。"口水仍旧长长地挂在嘴角下方。

王介之在他身边站了好一会儿，噗嗤笑出来，道："三弟，所念何书？你眼睛尚未睁开！"

夫之迷迷糊糊，道："我在读《孟子》。"言罢，他才睁开眼睛，胆怯地低下头。

王介之笑道："《孟子》？且看桌子上所放何书？"夫之羞得脸通红，因为桌子上明明放着《礼记》。

王介之轻声道："若父亲在家，你定要挨尺子了。"

夫之抬起头对着大哥调皮一笑，露出一脸的稚气，道："然则，父亲不在。"对于长兄，夫之有着深厚的感情，从他懂事起，满眼见到的就是长兄。大哥对他呵护备至，疼爱有加。

"父亲究竟何时回来？"王参之问。

"不清楚，信上说月后，应该是十余天吧。"王介之道。

听罢，王参之立刻俯下身子奋笔疾书。夫之也大声读起《礼记》。读完功课，夫之就和二哥王参之跑出书房。外面的世界，在他们眼里，是那么充满诱惑。

晚饭时分，他们依然没有回家。母亲不着急，王介之也不着急。但母亲有些嘀咕："定又跑去二叔家了。他们亲二叔，二叔也放任他们。唉。"

王介之点点头，道："二叔脾气好，总是疼着他们，护着他们，纵容他们，自然，他们就喜欢去啦。说到底，母亲大人对他们太严苛，他们也怕了。"

母亲又叹了一口气，道："有何法子？你父亲不在，你又舍不得责罚他们。我当然要好好管教。如若不然，他们早就无法无天，等到那时，我如何向你父亲交代——你速去二叔那里把他们喊回来。"

王介之应承下来，走进沉沉暮色，沿着乡间的小路，七拐八弯走向二叔家。约摸半炷香的工夫，就到了二叔家。还没进门，就听见两个弟弟的欢呼、叫喊声。门里，二叔正拿着书，来回踱步，二弟和三弟就坐在椅子里，听二叔讲《逍遥游》，边听边笑，边听边叫，酒气飘满了整个院子。王介之心想："坏了！二叔又在教他们吃酒。"王介之快步走进内堂。

当年，父亲不在家，夫之喜欢跟着叔父厮混："受教于叔父牧石先生，知比耦结构，因拟问津北地、信阳，未就，而中改从竟陵时响。"久而久之，"狂娭无度，而檠括弛弓，闲勒逸马"，且"少不自简，多口过"。①是叔父给予他真性情，也是叔父培养了他的傲气与傲骨，更是叔父教他行走天下，仗剑写诗，无所畏惧。

"二叔，您又让他们吃酒！"王介之进门道。

"哟，介之来了，快过来，陪二叔饮上一杯。"王廷聘笑道，"参之可喝几两佳酿。夫之还不行，只能饮一小杯。"

"二叔！家父一心向儒，从未对老庄鞠躬致意，他让我们读的都是儒家的经书，若知道你教他们《庄子》，定又要生气了。"王介之很惊惧，连连摇头。

王廷聘不以为然，眼一瞪，道："世上学问皆相通，谁定尊儒，则不能问道老庄？孔子当年亦向老子学习。你父亲过于拘泥，以至过犹不及，通百家之学，而守儒道，并无坏处，若你不说，他不会知道的。来，快坐，端上一杯。"

王介之道："研习庄子也就罢了，您还让他们学吃酒！"

---

① 王夫之《述病枕忆得》《武夷先生行状》《南窗漫记》《牧石先生暨吴太恭人合祔墓表》等，均有关于其二叔王廷聘，以及自幼从其学的文字记录，详见《姜斋文集》等，摘于《王船山诗文集（上）》，中华书局1962年版，第7页，以及《船山师友记》，罗正钧纂，岳麓书社1982年版，第8页。

王廷聘笑道："介之呀，王家人怎能不会吃酒？"

王介之道："您知道参之自生下身子就不好，这些年都泡在药罐子里，没想他能活下，父亲对他格外担心，您却让他喝酒。还有夫之，他才三岁，怎喝得了酒？父亲管束严格，您倒好，这样放纵他们。"

夫之突然道："长兄，我能吃酒的，这酒好香。"

王介之气得不知该说什么。王廷聘哈哈大笑："介之，你越来越像你父亲了——吃酒，死不了人。来，喝了它。"他把一碗酒端到王介之面前。父亲不在，二叔就是最大的。虽然不太情愿，犹豫片刻，他还是喝了。一杯酒下肚，接着又是第二杯，第三杯，他也放开了，趁着酒意道："二叔，其实我也喜欢酒的，然则，父亲大人不准我饮，所以，我一直不敢触碰杯盏。跟着二叔就不同了。"

几天过后，王朝聘真的回到了家中。他从京城带来了很多礼物。三个孩子围着他高兴坏了，尤其是夫之，拿着礼物，他心满意足。但是，他不敢和父亲独处，因为，他怕父亲，又有些认生。王介之试图向父亲打听京城的事情，但父亲大人总是一脸严肃，对此绝口不提，仿佛他不是从京城当官回来，而是刚刚遭受了一场劫难。

稍作安顿，王朝聘开始检查孩子们的课业。王介之注释的经义让他十分满意；王参之的课业则让他并不十分满意，他让王参之把课业本从头到尾改了一遍，却也没有过分责备。夫之紧张地站到父亲面前，快速背诵出《论语》《礼记》和《孟子》，父亲对他赞许有加。被父亲表扬，夫之的心情彻底放松了，耍起小聪明的他，在书房旁若无人地奚落起二哥，还得意洋洋地背诵《庄子》，显得很有能耐。

岂知，王朝聘闻《庄子》而勃然大怒，原本相安无事的王家大院，顿时鸦雀无声，只有王朝聘的训斥声来回回荡。夫之被父亲罚跪在院子里，他的大哥和二哥也因此受到牵连。父亲责怪夫之心浮气躁，不懂礼节，儒家的东西还没学精通，就学习旁门左道；他又责怪王介之没有好好教育小弟，以至于夫之自以为是，自作聪明；王参之不够扎实的课业再次成了他被训斥的理由，原本，他以为可以躲过一劫，但是，父亲的脾气来了，他只能再次被惩罚。

更要命的是，夫之惊恐之下，还说出了喝酒的事情，于是，母亲谭氏也跟着一起受到呵斥，王朝聘责怪她没有好好管束孩子，任由他们恣意妄为。王朝聘还专门去说了一通二弟王廷聘，王廷聘被责问得哑口无言，他知道大哥的脾气。长者为大，他不会顶撞大哥。

夫之和两个哥哥跪了一个下午，事情才算了结。晚饭时分，王朝聘的怒气还没有消散，一脸严肃。第二天，他起了个大早，在书房督促三个孩子读书，目光久久落在小儿子身上。夫之心里七上八下，一直对着书本朗读，却是一句话都没有读进去。良久，王朝聘坐到他身边，一字一句和他讲起《论语》。责罚归责罚，其实，他心里还是疼孩子，尤其是夫之。

在家里没有待上几天，王朝聘又要回京城了。

临别，父亲严肃道："介之，你为长兄，夫之和参之便交于你了，要他们读书，该惩罚定要惩罚，不打不足以成器。你若舍不得打，为父可是舍得打你的。千万记住，莫要他们荒废学业。"王介之不停地点头。

王朝聘又对谭氏道："你在家中不易，对儿子需用心，尤其夫之。"谭氏频频点头。

王朝聘又对王参之道："参之，课业需加倍用心，虽说，你比夫之只大几岁，然则，你是兄长，凡事要有分寸，休要带着他到处玩耍。"王参之紧张地应诺。

王朝聘对夫之道："夫之，为父知你聪慧，然则，不能自作聪明，要知谦虚谨慎，戒骄戒躁。可跟二叔学老庄，然则，万不能如庄子放浪形骸。为父对你三兄弟期望甚高，不能因坏的习性而毁了自己。"

夫之吓得不敢正视父亲，但是，他记住了父亲的话。

江南的乡村一片宁静，世界一隅的平民百姓根本无法想象塞外正血雨腥风。努尔哈赤正带领他的几十万雄兵，扫荡了辽西平原，后金帝国进一步强盛。而大明王朝这座庞然大物却已蛀虫满身，大厦将倾，即便朱由校是天工巧匠，他的斧头也无法拯救一根朽木。

3. 擎天一柱

天启七年（1627）初春，北京城午门大街，王朝聘穿行在人潮中。他要到集市上买东西，突然，看见众人一古脑地聚拢到一个店子门口。挤了半天，他才看见，里面有人正在兜售两个木头做的小玩意，叫卖："有钱的捧个钱场，没钱的捧个人场。都来见识一下什么叫好东西。看看这手艺，看看这品相，此物来路绝非一般，乃天人所为。"

这两个物件的手艺确实属于上乘，说巧夺天工也不为过。众人看后，竞相出价，最后有人出八百两购得。消息传进紫禁城，天启帝得意洋洋，因为，那是他的作品，笑容满面的他心里清楚自己已经命不久矣，只是他不清楚，明王朝的命也将不久矣。

五年的时光，说短不短，一个王朝正从颓败走向衰亡。阉党作乱，宦官专权，国之所以还未亡，不是因为它气数未尽，只因为还有为数不多的忠臣良将在苦苦支撑，延缓了帝国的坍塌。

在中国的北疆，袁崇焕几乎凭一己之力抵挡住强大的后金帝国的铁骑。他在边关与努尔哈赤大大小小打了几十仗，未尝败绩，其中还取得了宁远大捷、宁锦大捷，并用"红衣大炮"把后金重新赶回了辽东，气死了努尔哈赤，从而让明王朝还可以苟延残喘。袁崇焕敌得过十万铁骑，还是败给了魏忠贤，袁崇焕被贬，离开了京师。明朝的灭亡开始加速。

北方，万里山河，千疮百孔，无数难民流离失所，强盗出没，让人提心吊胆。一路向南，硝烟渐渐散去，乱民也不再出现。过了长江，世界一片和平，山清水秀，八百里洞庭浩浩荡荡。

"帝高阳之苗裔兮，朕皇考曰伯庸。摄提贞于孟陬兮，唯庚寅吾以降。"坐在书案前，幼小的夫之已经知道《离骚》与屈子。

五年的时光，眨眼就过去了。三岁的孩子变成了八岁少儿，门还是那扇门，家还是那个家，世界却早已经变了模样。

年仅八岁，夫之已经在衡州一带小有名气。人们口口相传，王家教书先生进了京城国子监，学富五车，为人清正，志趣高洁。他有三个儿子，老大介之温文尔雅，博学多才，清秀俊美，温和如玉，十六岁就成了秀才，前途不可限量；老二参之饱读诗书，驯良敦实，肯定也是做官的料子；老三夫之聪明绝顶，七岁读完十三经书，八岁学习注解经义，小小年纪，狂放不羁，率性纯真，是个奇才，将来必成大器。

几年间，大哥已经结婚。课余时间，夫之不能再跟着大哥，更何况大哥是一个内向的人，不喜好玩耍，所以，他最喜欢的事情还是跟着二哥到二叔那里。夫之的酒量已然大增，二叔也为他击掌叫好。闲谈之余，免不了还会说到庄子。二叔的兴趣很多，去水塘钓鱼，到山上采药，夫之也都喜欢跟上。

天启七年（1627）八月，王朝聘突然回到家中。夫之和二哥正在山上采药、捉兔子，他们收获颇丰，兴高采烈地进了家门，才知道父亲回来了。王介之迎上去，道："你俩荒废午课，父亲又要惩罚你们了。"

王参之赶紧道："大哥，父亲大人何时回来的？"

王介之道："你们刚一出门，父亲就回家了。不过说来也奇怪，此次回家，父亲竟未托人捎个口信，看来有些不寻常。"

夫之顿时就紧张得说不出话来了，丢了山药和兔子，低着头，进了内堂，给父亲请安。父亲比上次消瘦了很多，一年不见，仿佛一下子老了。王介之只是心疼，王参之和夫之还是害怕。

出乎意料，王朝聘并没有说话，更没有训斥儿子们。进门之后，他就呆呆地跪在书房里，对着孔子像默默发呆。父亲沉默，夫之心里更紧张，他觉得自己闯了大祸，径直走到父亲身边，跪到地上。王介之也跟着跪下了，还有王参之。

王朝聘还是一言不发。这时，夫之才看清父亲的脸。父亲憔悴了很多，须发蓬乱，眼睛深陷在眼窝里，眼圈发黑。那个下午，父子四人一直跪着，日暮时分，王朝聘才站起来。王介之兄弟三人仍旧是跪着。站了一会儿，王朝聘这才坐下，长叹一口气，说出话来，低沉而有气无力："我儿，先皇驾崩了！身为人臣，为父不能为先皇尽忠，为父实在心中有愧。想我大明千秋万代，盛世无疆；想我祖宗南征北战，功勋卓著。我却不能为先皇尽忠，真是愧对祖宗啊。"

看着王朝聘声泪俱下，夫之也流下眼泪。

翌日，夫之在书房里向王朝聘汇报自己的功课，短短五年，他读完了十三经，不仅经文背得滚瓜烂熟，经义也解释得头头是道。王朝聘甚是满意，他好像从悲哀中走出来了，慈眉善目，和颜悦色。

王朝聘道："夫之，你课业已有小成，为父且问你，读书目的何在？"

夫之想了想道："为了金榜题名。"

"小儿所言是也，亦非尽是。"王朝聘道，"金榜题名又是为何？读书者，先学做人，得齐家治国平天下之道理，将来报效我大明，为吾皇分忧，为百姓谋福。人定要有大志向，才会有大成就，金榜题名乃起步也，你定要记住了。"

夫之频频点头。王朝聘又道："切莫以为背得经文，通晓经义，便已有所成。你还相差甚远，十三经书者，不可穷尽。远有朱子，近有阳明先生，千百年来，未能穷尽孔孟，你亦如此。"

夫之又不住地点头，他心里平静而高兴，因为，今天的王朝聘不像从前的样子，虽说也是一脸严肃，却是慈祥的。只听王朝聘又道："君为君，臣为臣，父为父，兄为兄，你当习人之理。如今天下，君臣离心，社稷纲乱，以至于君不君，臣不臣。若人人向儒，必可以国泰民安，定要记住，读书人当以天下为怀。"

同一时间，北京城内，却风起云涌。天启帝的弟弟朱由检登基继位，年号崇祯。明朝进入最后的垂死时光。崇祯帝立志再创中兴盛世，继位之后第一件事情就是处死了魏忠贤，并昭告天下。

王朝聘再次回到北京，刚进城门，就听说了处置魏忠贤的事情，他异常兴奋。云层在他头顶散去，阳光照射下来，大明的天空已经很久没有这么明亮了。看着面貌一新的市场和行人，王朝聘仿佛春风拂面，他为新皇帝叫好，也暗自下决心要大干一场。这时，一队人马再次从他身边掠过，出了城门。人们四下议论：

"袁都督回来了。"

"袁都督去镇守北疆了。"

"大明再无后顾之忧矣……"

是的，刚刚继位的崇祯皇帝，立刻下诏给袁崇焕，任命他为兵部尚书，赐予他尚方宝剑，享有先斩后奏之权，督师蓟辽，全权负责东北边疆防务。可以说，崇祯几乎把大明都交给了袁崇焕。

袁崇焕感恩戴德，跪拜接旨，夸下海口："五年，收复东北全境。"

旧皇已死，新皇登基，大明江山仿佛在一夜间看到了中兴曙光。

然而，这些都不过是假象。明朝已经病入膏肓，不是换个皇帝就能得救的。新皇帝带来的只是明朝的回光返照罢了。

4. 天边的瘦驴

天启皇帝留下的是千疮百孔的明朝！崇祯皇帝如何招架？

后人在评价崇祯皇帝时，总是带着唏嘘感叹的。

尽管，他可能不是一个有着大才的皇帝，但是，人们承认他是一个不坏的人，甚至承认他是一个为国为民的好皇帝。只是，明朝气数已尽，不是一个皇帝就能拯救得了的，此时的明朝，最大的敌人除了后金，还有老天爷。崇祯在位十七年，没有一年好光景。十几年间，大旱不断，天地荒芜，流民失所，赤地千里，饿殍遍野。

天灾之下，崇祯竭尽全力救济灾民，但是，层层官僚盘剥之下，皇帝的恩泽到了百姓手里就成了杯水车薪，吃不饱，穿不暖，于是，就有暴民造反了。在陕西，李自成和张献忠相继起义。

当时，李自成和张献忠只不过是无数山贼流寇中的两个小角色，没人可以预见他们有着后来历史书上的光明的未来。明朝也是不以为然，天下太大，总有人不平，要闹闹事，没关系。世人的目光全部集中在北疆的战事上。不可否认，北防也势必被影响，连年天灾，国力已经空虚，明朝如何支撑高昂的战事。

不管怎么样，袁崇焕镇守北疆，确实给人们带来了希望。

王朝聘在国子监的同仁中行走，也常常能听到北疆传来的喜讯。王朝聘道："都道袁大人乃皇太极克星，此话果然不错。"但言及陕西流寇作乱，他也会骂："此等暴民唯恐天下不乱。"

树欲静而风不止。看似风平浪静的皇朝，内部却是暗流涌动。

崇祯皇帝真心为国，为了北防，在国力空虚的情况下，他把皇家内院的银两都拨给了袁崇焕，以此鼓励袁崇焕保家卫国。承蒙皇恩，袁崇焕决心以死相报。但是，前车之鉴，他远在边疆，精忠报国，却难敌朝廷内小人的口舌。当年，正是身居皇宫的魏忠贤一党，只言片语就否定了他的忠君之情，让他担上莫须有的罪责。袁崇焕担心有人从中离间，希望崇祯用人不疑。崇祯便给了他尚方宝剑和生杀大权。

没过两年，袁崇焕就杀了左军都督毛文龙。人红是非多，有人在皇帝面前嚼舌根："这袁崇焕不是天子，胜似天子，可左右大明生死，他若造反，大明顷亡；他若和皇太极沆瀣一气，后果则更加不堪设想。"

崇祯耳根也是软，别人这样说，一次两次，没什么。说多了，无风不起浪，他慢慢也就留了心眼。更何况，袁崇焕先前就有和皇太极议和的意图。如今，他将在外，可以撇开自己这个皇帝独断专行，谁知道他会干些什么事情？不过，即便已经对袁崇焕有所怀疑，崇祯也不敢降罪袁崇焕，因为，他还要依靠袁崇焕镇守北疆。

崇祯二年（1629），王朝聘来到京城已经很久了，可仍旧没有谋得一官半职，哪怕是一个八品官衔。郁郁而不得志，他也无处申诉。他是清流派，在别人眼里，他这叫"小气"。平日里，同仁们常常三五小聚，花些小钱，喝点小酒，这个说认识哪位高官，那个说认识某个大臣。对此，王朝聘十分不屑，他不愿意和他们为伍。先前的一些清流人士在现实面前都逐渐变了，唯独王朝聘坚守原则，有人说他是个君子，品格高尚；也有人说他是个傻瓜，一辈子混不出个名堂。

一日，王朝聘与几位同仁在茶馆饮茶。门外突然乱成一团，有人高喊："快，快，大事不好，后金军打到北京城了。快跑，快跑，后金军打到北京城了。"

王朝聘心头一颤，众人也乱了，齐声惊呼："袁大人尚在北疆，清军何以打到北京城？"

"糟了，袁崇焕这老儿果然造反了，放清军入关了。"

王朝聘很诧异，也失声地喊出来："袁崇焕果然造反了？"

确实，崇祯皇帝做梦也没想到，后金军会突然杀到自己的皇城来。数月之前，皇太极与多尔衮率领十万铁骑，连克边防三镇，直捣黄龙，不可谓不奇。袁崇焕始料未及，一时乱了阵脚。只能带兵在后金军身后追赶，回京勤王。边防大军，未经皇帝许可，班师回朝，自古就是兵家大忌，说得不好听，这是要谋反！

日赶夜赶，袁承焕终于在皇太极之前赶到北京，已经人疲马乏，他要求带兵进城食宿。崇祯断然拒绝。这个要求万万不会被认可，十几万大军进了北京城，这大明朝的天下就是袁崇焕的了。

崇祯心有余悸，他想不明白，皇太极如何可以突破袁崇焕的布防，直捣黄龙，唯一合理的解释是，袁崇焕投降了清军。

为表忠心，袁崇焕接受了不进城补给，退而在城外安营扎寨，城内送食物和水犒劳三军。接下来，袁崇焕的大军与后金军在北京城下展开殊死搏斗。激战数日，皇太极见无胜算，加之孤军深入，战线太长，粮草更是大患，于是，鸣金收兵，班师回了东北。

崇祯总算松了一口气，但是，袁崇焕却变得提心吊胆起来。

残阳如血，京师大门洞开，崇祯的侍者前来，请袁崇焕进城面圣。

袁崇焕思量片刻，摘下头盔，迈出了脚步。

众将士失声痛哭，高喊："大都督！"

所有人都清楚，袁崇焕更是心知肚明：这城门，进得去，出不来！但是，他已然给自己判了死刑，他宁愿死，也不愿背上不忠之名。

恰恰，崇祯皇帝在随后给他扣上的就是忤逆谋反之罪。

在勤政殿，崇祯抚着袁崇焕的肩膀，声泪俱下，他知道袁崇焕是位忠臣，他也知道这股肱之臣凭借一己之力撑起了大明江山，但是，他必须杀了这忠臣，让耳根清净。此时，整个朝野混乱嘈杂，众多对袁崇焕不满的人联合起来，要求皇上治罪袁崇焕，不杀，则皇权不稳，朝野动荡。说到底，还是崇祯无能。软弱的他，虽有明君之心，却无明君之能，更不用说祖宗洪武的气概。

崇祯三年（1630）的八月，整个北京城都沸腾了，行走在书院内外，王朝聘听到的只有袁崇焕的名字，没有人再关心孔孟之疲乏，没有人再关心曹化淳王大人，甚至，没有人再关心即将到来的官员选拔。

袁崇焕即将被处死，而且是最为残酷的凌迟处死。

听闻此消息，王朝聘心里有一丝心疼，却又不能肯定袁崇焕到底是不是罪人，即便是罪人，是不是也罪不至凌迟？

几天之后，满大街的人像饿鬼暴民一样，都在争啖袁崇焕的肉。是的，袁崇焕被凌迟处死，崇祯分其肉以食万民。忠奸不分，善恶不辨，这样的明朝还有希望吗？

可是，读书人王朝聘的心底还是向着皇上的，因为，他几乎也认定袁崇焕是个叛臣，即便他的皇上没有给他一官半职，他始终认定崇祯圣明，不会犯错。吃着袁崇焕的肉，同仁们又开始在暗处打点关系。接下来的日子，身边的人一个个都意气风发地离开了，即便是豆大的芝麻官，却也算是进了皇阶，有了身份，书仿佛也就不白读了。在最后一批八品官员的名录下来之后，王朝聘看了再看，没有自己的名字，彻底死了心。他清点了自己的一切，典当变卖，买了一头瘦驴，于午夜时分出了城门，拖着年过花甲的身躯，孤独地走向故乡。

南方的衡州却是一片安宁。广袤的大地上，金色的稻子熟透，人们正忙着收割。远远地，天边飘来一头瘦驴，驴子上坐着一位清瘦的老者。熟识的乡民，纷纷向他躬身请安："原来是武夷先生！""武夷先生，你从京城回来了。"对着乡民微微一笑，王朝聘感觉到前所未有的亲切和温暖。

行到家门口，下了驴，看着门上的旧符，王朝聘感觉已经很久没有回家了。

门里，又隐隐传来夫之的读书声："纷吾既有此内美兮，又重之以修能。扈江离与辟芷兮，纫秋兰以为佩。"

又是《离骚》！王朝聘不喜欢老庄，但是，他敬佩屈子。夫之读《离骚》，他是不会反对与怪罪的。

推门而入，他干巴巴道："我回来了！"这才发现自己的手在颤抖，没弄到一官半职，仿佛是他的错。

在外漂泊了十年，一事无成，且对家事疏远，他能不感到内疚吗？这时，一个毛头小伙子出现在他眼前，他一下子没有认出来。那少年，身材修长，眉清目秀，面色红润。他们对视了几秒钟，少年脸上绽出笑容，大喊："父亲大人。"冲到他身前。

摸着少年的肩膀，王朝聘俯下身，慈祥地叫道："夫之也长这么高了？"

夫之笑着使劲点头，十三岁的阳光少年，脸上除了稚气，还有无限的朝气和欢愉。他冲出房门，边跑边喊："大哥二哥，父亲回来了，父亲回来了。"

夜色笼罩下，油灯一盏，昏黄的灯光里，一家人坐在一起，吃着清淡的食物，王朝聘脸上露出笑容。儿子们向他打听宫里的事情，他笑了笑，一言不发。

王介之道："父亲大人，孩儿已听闻北方之事。"

王参之也道："国贼袁崇焕被凌迟处死，真乃大快人心。"

王朝聘忍不住说道："天大的事有皇上，有朝廷。我等自不必担心，亦不用妄议。你们只需好好读书，他日登科及第，唯此，方有资格谈国事。"

王参之还想说什么，王朝聘便道："日后饭桌之上勿谈国事。"

打那之后，王朝聘极少走出家门，仿佛变了一个人。也不怎么爱说话，常常莫名地陷入沉思。但他名声在外，常有朋友到访，他大多婉拒不见。大部分时间他都待在书房里，对着那些经书，作千古文章，或者，教儿子读书。

5. 登衡山

崇祯六年（1633），洪承畴上任三边总督。李自成在陕西四处逃窜，绝望之时，他带领他的小部队强渡黄河，抵达山西，投奔了他的舅父、"闯王"高迎祥，李自成也由此成了"闯将"。天下疑云密布，却死寂一般沉默。

王朝聘不再关注时局。此刻，他坐在窗前，认真翻看着《春秋》。从京师回来之后，他就把全部时间交给了这本书。二弟王廷聘也常来，和他一起研讨《春秋》。夫之则在一旁读写自己的课业。他并不清楚，父亲为何独爱《春秋》，父亲从京师回来之后更爱《春秋》，那么多经书，只对《春秋》爱不释手，一读再读。偶尔，夫之也加入到父亲和二叔的讨论之中。二叔总是夸赞他有学识有见地，父亲却表情肃穆，仿佛心事重重。

某日，蓝天白云，阳光明媚。王朝聘突然来了兴致，对家人道："走，咱们去登衡山！我已多年不登山，如今一把老骨头，再不登山，以后就登不上去了。"

于是，拿着书，提着食物，王家三兄弟跟着父亲和二叔出了门，渡过蒸湘，向西，就踏上南岳山脚了。

时已深秋，空气阴冷。夫之三兄弟本不想走得太远，怕父亲和二叔伤了身体。但是，王朝聘却情绪颇高，王廷聘也跟着附和，并提议："干脆夜宿莲花峰，看日出。"于是他们达成了一致意见。山路崎岖，王廷聘却如履平地，这衡山，他走得太多了。王朝聘却有些步履蹒跚，走习惯了北京城的石板马路，他对山上的潮湿的小道不太适应。王介之一直走在他身边，几次要去搀扶他，他都拒绝了。

谈话之间，他们已经走过九曲十八弯，来到了西明寺。

一位慈眉善目、目光祥和的老僧人，披着红色的袈裟，缓缓走了出来，身后跟着一位体格健壮的敦实和尚。

见到王朝聘一行人，老僧双手合十，念道："阿弥陀佛！原来是武夷先生！"

身后那位敦实和尚也跟着立掌，微微躬身。

王朝聘立住，会心一笑，道："悟一大师！别来无恙。"

老僧人正是西明寺住持悟一大师。当年，王朝聘在衡山教书，和他时常有些来往，那时候他还不是住持，当时的住持乃明朝四大龙象之一的憨山德清[①]。

悟一大师念道："多时不见，老僧一切安好。先生如何？"

王朝聘爽朗地笑了，却不答话。悟一大师又道："听闻这些年先生去了京师。"

王朝聘这才道："京师之事已为往事，不提也罢！"

身后，那位敦实和尚上前一步，微微鞠了一躬："拜见武夷先生。"

王朝聘认出来他是当年的小和尚慈智，如今他都成大和尚了。王朝聘赶紧还礼道："师父不必多礼，要折杀王某矣！"

慈智憨憨地道："先生大名，谁人不知？当年与师祖坐而论道，羡杀聆听者，一时传为佳话。"

是的，王朝聘曾经与憨山德清在衡山中论道，这些僧人纷纷站在一旁聆听。憨山德清为得道高僧，亦是学术大家，对《易经》和《老子》颇有研究，并有著作流于后世，闻名衡州，所谓"龙象"便是形容其德行甚大。

悟一大师恭恭敬敬："犹记当日先生才思，字字珠玑，我师亦自叹弗如。"

王朝聘笑道："大师见笑了！我怎敢与憨山大师并论！"

悟一大师念道："阿弥陀佛，先生过谦了。"

王朝聘道："我乃儒生，不奉佛道，不信释老而已。憨山大师为人，我甚感佩，委实不敢与其争高下。"

如此絮叨一番，王朝聘与悟一大师约定改日再专程拜访讨教，言毕，便向方广寺去了。

他们可不是去方广寺拜佛的，而是要去旁边的二贤祠探访。而欲到方广寺，先过黑沙潭。傍晚时分，一行人来到了一片清泓处，竹林幽静，松柏依依，飞瀑小潭，水流悦耳。仿佛忘了是深秋，夫之雀跃率

---

① 明代佛门四大龙象之一的憨山德清，所谓龙象，即为"首"之意，为得道之高僧，憨山德清是佛家道家文化集大成者，主张道释一体，著有《道德经注》。

性，径直走到溪水旁，又是洗手，又是洗脸，甚是嬉闹。

王廷聘道："夫之，天冷，小心着凉。"

夫之笑道："没大碍，从前二叔下雪天带我来此，还在水中摸鱼洗澡呢。"

听了此话，王朝聘看了看二弟。王廷聘面露赧颜："许久的事了，那会儿我还能下水，现在不敢啰——长兄，我头次来这黑沙潭，还是您带我来的。"

王朝聘想了想，道："记不得了，第一次来是何时，真记不得了。"语毕，王朝聘走到水边，捧了一捧潭水送到嘴里："这水还是甜的。"

一行人都笑了，也都纷纷到潭中喝水。夫之不听劝阻，干脆脱了衣服，跳入潭中，泡了一个澡，冷得直哆嗦。他还哈哈大笑。随后，他们在岸上生了一堆火，吃了一些食物。

"快看，麋鹿！"夫之突然小声喊起来，顺着他手指的方向，一行人看到五头麋鹿站立在树丛中。为首的麋鹿健壮高大，头顶硕大的鹿角，母鹿和小鹿依偎在它的身旁，它们也看到了夫之他们，瞬间警醒，一动不动。

王廷聘从怀里掏出一把刀子，道："好家伙，我们抓来一只，烤着吃如何？"

王朝聘道："一把年纪了还说胡话，你怎能抓得住它们？"

王廷聘道："不是还有介之他们么？"

王朝聘道："他们都是握笔之手，哪来力气杀生？你以为还是祖宗那会儿，都是武将，一箭射死猛虎。唉，我们如今尚且杀不了麋鹿。"王朝聘似乎有些伤感，遂吆喝一声，麋鹿吓得窜进林子深处。

王介之道："父亲，还是回去吧，天色已晚，碰到猛虎就麻烦了。"

夫之笑道："大哥，哪来的大虫，我还从未见过。"

王朝聘道："这山里真有大虫。咱们祖宗一箭射死猛虎，非我信口雌黄。不过，有老虎也不怕，无险不登山，登山不畏险。咱们人多，老虎要怕咱们。"

众人纷纷颔首，王朝聘又道："衡山自古盛名，引得各方圣贤不远万里前来参悟。当年朱子隆冬时节来登衡山，正下大雪，众人纷纷劝他不要登山，他还是登了，此即为无险不登山。再说，没多远就到西明寺和方广寺，入寺歇脚便是。"

王廷聘哈哈一笑，表示赞同，内心深处，他仿佛看清了大哥为何在这个时候登山，无外乎就是因为朱熹老先生。寂寞难耐，苦闷至极，大哥想抒发胸怀。夜幕即将降临，凄冷的晚风阵阵袭来，天空出奇地干净，晚霞在丛林深处烧红了半边天。

又走了一炷香的时间，一座掩映在树木中的寺庙便映入眼帘。远远地，他们便看见一位扫地的僧人。僧人穿着破旧的灰袍，脚踝上裹着泛黄的白布，动作缓慢。看见他们，僧人眼睛一亮，面带笑容，走了上来。僧人双手合十，念道："阿弥陀佛！原来是武夷先生！"

王朝聘哈哈大笑："性翰大师，别来无恙？"

性翰腼腆道："先生折杀贫僧矣，不敢称大师。"

这性翰是个中年和尚，面善心淳，也是王朝聘当年的学生了。

叙旧一番，性翰道："想必先生此次亦不进寺中大殿？"

王朝聘哈哈笑了："知我者，性翰也。"是的，他从未进过寺庙大殿。他不屑于面见释迦牟尼与观世音。转而，性翰陪同他们一起去了旁边的方广寺。朱子和张子牌位赫然在列。在王朝聘的带领下，一行人恭敬地作揖叩拜。

王朝聘伏在地上，良久并未起身，后来，夫之竟发现他哭了。

当晚，他们夜宿二贤祠，席地而坐，把酒言欢，畅谈文章之事。到最后，几乎成了王朝聘一个人的课堂，而讲的几乎都是朱子。果然是武夷先生，让夫之开了眼界。只听他道："知行合一，格物致知，知之愈明，则行之愈笃；行之愈笃，则知之益明；上而无极、太极，下而至于一草一木一昆虫之微，亦各有理。一书不读，则阙了一书道理；一事不穷，则阙了一事道理；一物不格，则阙了一物道理。天地中间，上是天，下是地，中间有许多日月星辰，山川草木，人物禽兽，此皆形而下之器也。"言及此，王朝聘特地看了一眼夫之，继续道："然而，这形而下之器之中，便各自有个道理，此便是形而上之道。所谓格物，便是要就这形而下之器，穷得那形而上之道理而已。"①

夫之听得津津有味，他似乎从来没有这样近距离接近父亲，用心聆听父亲的讲话。这是他一生中听父亲讲学最多的一次，从中也深深知道父亲的大名不是虚得的。同时，这样的讲学，与以往他跟着父亲学习五经经义不同，那是学习知识和学问，而这一次，他是在感知父亲沉重的灵魂，也是感知朱子和天地的灵魂与真谛。关于天地万物、道器之论、阴阳虚实之说，第一次那么深刻地击中了他。

他们继续前行，途经藏经殿、麻姑仙境、水帘洞、大禹碑、南岳庙、会仙桥，所到之处，夫之无一不熟悉，他已经不知来过多少遍，但是，每次抵达都会心神荡漾，欢欣雀跃，这莫大的衡山就是他的乐园。但他并不知晓，未来这座山几乎成了他的生活空间。

他们爬上了祝融峰，天色已经晚了，俯瞰大地，苍茫一片，西天，落日余晖，映入眼帘。江山多娇，这不觉又让王朝聘想起北方的京都，那是他魂牵梦绕之地，他一生奋斗六十余载，正是为了在那里有一番作为。如今，一切都已随风而逝。王廷聘又一次说起庄子的《逍遥游》。王朝聘一直摇头，道："二弟，你真奇怪。既然喜欢庄子，为何又要读孔孟？既然研读《逍遥游》，为何又研习《春秋》？"

王廷聘道："大哥，为弟以为二者并不相悖。且志趣所在，改不了矣。"

借《春秋》之机，王廷聘说起了历史："读史可知前世之兴衰，可见当世之利弊，所谓拨乱世反之正，莫近于《春秋》。太史公曰：夫《春秋》，上明三王之道，下辨人事之纪，别嫌疑，明是非，定犹豫，善善恶恶，贤贤贱不肖，存亡国，继绝世，补敝起废，王道之大者也。所以，读史不仅利于治天下，更在于明是非，知善恶，坚定意志，心存大义。正所谓：《春秋》者，礼义之大宗也。夫礼禁未然之前，法施已然之后；法之所为用者易见，而礼之所为禁者难知。"

王朝聘点头，附和道："史书者，概莫能出《春秋》之右。"

---

① 明代王阳明（守仁）的主要思想，见于《王阳明全集》《传习录》《大学问》等。

深秋之际，天高云稀，星光点点。夜宿南岳。香烟袅袅。

当新的一天到来，橘红色的太阳最先在祝融峰升起，光辉洒满了山峦，好不壮观。映着霞光，王家诸人兴致盎然。

翌日中午，王家一行返回家中，喜讯也随之抵达。

十四岁的夫之已经通过考核，成为秀才，比他的大哥得到这份荣耀还要早两岁。王朝聘破例宴请宾客。宴会上，老老少少的读书人都和夫之拱手作揖，相互躬拜，祝福连连。夫之谦逊有加，却难掩心中得意。而坐在人群中的王朝聘，更是满面红光，他似乎看到了儿子光明的未来。

第二章

报丧

冬末春初，斗岭之上，阴寒湿冷，寒风阵阵。

桃花林花未开，小径蜿蜒。静谧深处，一座泥灰的茅屋正掩映于树木野草丛中。

阳光穿过云层，憋了许久才出来。这时，一个年过半百的书生风风火火奔走而来，走入林间，神色慌张地叩响了茅屋的柴门。未几，王夫之的大儿子王攽轻轻开了门，见到来者，他面色凝重地点点头，并引入屋内，与那位书生简单地交谈了几句。

很快，疲惫之上，哀伤覆盖了书生苍老的面庞，他不时发出浑浊而低沉的叹息。王攽带着书生，步履沉重地返回内堂，失魂落魄地坐到椅子里。书生悲恸之余，又独自走进书房，在一摞摞书籍当中拿出一本诗集，诗集上赫然写着"敬公芋岩诗稿"。翻开第一页，又有"南岳王而农校，湘西草堂"。

轻轻地，翻开一页，默读一首诗歌，书生便流下一行清泪。

每一页几乎都能看到小字校注，落款总有"南岳王而农"。

此老年书生乃衡州隐居山野的教书先生李璟。敬公芋岩即为李璟的父亲李国相，王而农则为王夫之。

接到王夫之的死讯，李璟呆了一下，哀痛之中，又不由得想到了自己的父亲，当即决定前来拜祭。与王夫之一样，国变之后，李国相隐居山野之地，已于三年前过世。

忽而，李璟的目光落在了诗稿的某一页，良久，他念出来："绝壑愁难托，遑知自有身。因之征旅况，能不念伊人？日月无私照，山川有异垠。怀哉于役者，落落听风尘。"此原为无名诗，却有王夫之的注释："怀管冶仲百粤"。

又见一首诗歌，李璟泪眼婆娑，鼻涕一串，这次没有念出来，但一字一字地盯着，生怕错过一个标点："孤橾沦荒域，生辞一梦怪。问天孤雁字，无地钓鱼湾。挂剑情谁寄，焚琴恨未删。苍梧有舜迹，君志在其间。"此亦为无名诗，仍有王夫之的批注："哭夏叔直九嶷"。

李璟当然知道谁是管冶仲与夏叔直。管冶仲即管嗣裘，夏叔直即夏汝弼，与先父李国相一样，都是王夫之当年意气相投的热血书生。读到这里，李璟不禁感叹：这些先辈个个才华横溢，可惜生不逢时，徒有梦想，报国无门矣。

多年之前，管嗣裘已死于永安百粤，夏汝弼亦死于永州九嶷山。

也难怪，他们四人为志同道合的生死老友。他们少年相识，同窗读书，中流击水，惺惺相惜。后来，又一同中举，一同抗清。少年时期，李璟就跟着父亲和这些叔伯读书习武，见证过他们的友谊，对他们之间的渊源了解甚深。此刻，王夫之先生去了，他们这一代人就算全部走完了。

一个时代结束了。

1. 恰同学少年

崇祯七年（1634），连年大旱，内忧外患之际，明朝似乎还能掌控天下的局势。北方一直很乱，却闹不出大动静；关外一直吃紧，明城池却固若金汤。

华夏的南方，依旧如常，看不到流民失所，也听不到金戈铁马。

衡州郡的大街，长长的石板路上，人来人往，两旁店铺林立，叫卖声直蹿云霄。年过十五岁的夫之穿着崭新的衣服，紧紧跟在大哥身后，甚至抓紧大哥的衣角，与无数行人擦肩而过。所见所闻，他都觉得新鲜，走了好远的路，他们才拐进一个胡同，总算安静下来。高墙之内又升起了读书声，衡州郡学到了。这是衡州读书人梦寐以求的地方，进了这里就意味着距离金榜题名又近了一步。抬头看了看学院的大门，夫之心生骄傲，抖了抖衣襟，就要迈进正门。

突然，旁边闪过一个人影，差点把他撞到，人影一闪而过，消失在门里。

"这是何人？如此慌慌张张，丝毫没有礼貌。"夫之心里嘀咕。

进了门，拜了师，发了课本，夫之找到了自己的座位，听着先生在台前讲课，他觉得无比兴奋。先生拿着名册点名，被叫的学生一个接着一个恭顺地站起来。夫之突然想到："父亲在衡阳郡教书时当真也是这副神气模样？"以至于，先生叫了三次，他才回过神来，猛然起立。看着他，先生点了点头，继续念下去："文之勇……郭凤跶……管嗣裘……李国相……"

那天午课，先生讲的是《春秋》，夫之早就熟知所讲内容，便觉得这里的先生也不过如此。其实他错了！当日，台上的讲师名为王澄川，乃湖湘有名的大儒。随着时间的推移，夫之才慢慢发现这位王老师有过人之处，是值得敬重的满腹经纶之人。

回到宿舍，夫之发现那个叫文之勇的学生就睡在他旁边。然后，他认出来此人就是刚刚在门口差点把他撞倒的人，他想找文之勇理论，可是，文之勇却表情冷淡，仿佛很难亲近。在宿舍折腾了一阵子，文之勇就出了门，也不知干什么去了。夫之更觉得他是个没礼貌之人。

恰好此时，大哥王介之来了屋里。夫之憋了一肚子气，忍不住说："我同屋的文之勇好没有礼貌！"

王介之道："文大才子？何以讲其无礼数呢？"

夫之道："今日门前差点将我撞倒，原来同屋，见面亦不致歉。"

王介之笑道:"别人着急上课,方才还和我鞠躬,你未看到?"

夫之道:"未曾看到!"

王介之笑得更厉害:"你讲文兄不曾和你打招呼,那么,你有否行礼于人?文兄乃郡学有名才子,沉稳持重,兄我亦敬其为人。"见夫之不语,王介之又问:"今日课堂讲习可否习惯?"

夫之道:"不过如此!先生所教,我好些年前便学了。且先生布置课业,要我等誊抄《春秋》。《春秋》我已抄写无数遍,倒着也能默写出来。"

"那你倒着默写给我看看!"王介之笑了笑,道,"刚来郡学我也有你此等想法,只觉这先生所教太过陈旧,应该学点新东西。时间长了,我才发觉自己迂腐。"

夫之不解地问:"何出此言?"

"做学问切忌眼高手低,你以为《春秋》已读完矣?父亲大人厉害否?一生未敢说读完《春秋》,怎能讲你已学成?先生讲《春秋》与父亲讲《春秋》,绝不相同,与你所知《春秋》亦不同。再者,先生为大儒,胸有万千世界,你如此浅薄,怎敢嫌弃?"

听着大哥的话,夫之倒是有些不好意思了。然后老老实实默写完《春秋》,感觉轻松,便出了门。远远地,他看见文之勇和几个同学正在谈天。夫之小心地走上前去,行礼说道:"在下夫之,字而农,从王衙坪而来。家父王朝聘,家兄王介之。今日第一天入学,请诸位以后多赐教。"

其中一位书生落落大方地站起来,面色红润,双目澄澈,俊美又阳光,微微一笑,拱着手,明朗地说道:"原来是介之兄三弟,在下管嗣裘,字冶仲,有闻王家人学识。"

另一位也起了身,身材修长,面庞清秀,和颜悦色,却似弱不禁风,仿佛女儿家,拱着手,柔声细语道:"郭凤跹,字季林,虚长贤弟一岁。"

管嗣裘又笑着道:"早闻夫之大名,七岁熟读十三经,十三岁精通五经经义。"

夫之颇为得意，却装得诚惶诚恐道："都是虚传，愧不敢当。"

郭凤跹文质彬彬道："哪里话！名不虚传才对。令尊大名，衡州谁人不知？令兄介之十六岁中秀才，学识渊博，为人严谨谦逊，堪称郡学之楷模；夫之兄更是了不得，十四岁中秀才，名扬衡州，早盼着见面，今天总算如愿了。"

文之勇走上前来，道："夫之贤弟，明经这边有礼了。"

他的声音很有磁性，双目充满着祥和之气，举手投足真诚得恰到好处。这位就是文之勇了，字明经。夫之看着他，只听文之勇又道："今日郡学门口差点撞倒贤弟，实在抱歉。"

"明经兄言重了，家兄方才说我小气，还把先前事情放在心里。我该向您赔个不是。"夫之笑了笑，转而又道，"明经兄为何上课赶得如此之急？"

一旁的管嗣裘偷偷笑着，道："夫之，你刚到，不知其中缘由。明经兄厉害，郡学之书已不够他读，故而，常到外面找书，儒学老庄、唐诗宋词元曲、当朝小说，没有他不熟读的。今日中午他跑去石鼓书院，不怕被先生发现才怪。"

文之勇瞥了管嗣裘一眼，淡淡笑了："你与季林不是也去了？亦不等我，你二人先行回来，留我一人，我当然害怕被先生发现。先前刚曾抓过一次，杖责五个大板呢。"

郭凤跹笑了，腼腆道："只因你沉迷《资治通鉴》，我唤你，你不理不睬，反而怪我？"

真是不打不相识。夫之这才知道，眼前几位同窗也是在家里饱读了《四书》《五经》，进了郡学，便属于那种不满足先生授业的"不安分子"。他们青春年少，性情相投，一见如故。

随后的日子，他们结伴在衡州城内到处找书读，不到三年，衡州城里的书几乎都让他们读完了，因为迟到被责罚的事常有，他们屡教不改，但是，他们的课业却是优异，先生又无话可说。

夫之的进步不仅表现在对课业的精勤与丰富上，更重要的是他广纳知识，开阔了眼界。在郡学里，他接触了各种各样的朋友，也获得了外界的信息。

课余饭后，他和文之勇等人常常聚在一起，讨论起国家大事，指点江山，毫不含糊。这天上午，王先生有事出去了，让大家自学。他们又一次聚在一起。只见文之勇正襟危坐，一脸严肃地说："大明如今内忧外患，内有乱民暴动，外有夷狄侵扰，形势吃紧。暴民乱政者，陕甘为甚；东北后金者，虎视眈眈。"

管嗣裘则义愤填膺道："环顾海内，外族入侵为大患，本族内乱为大忧，患大于忧。乱民不除，必留大祸，早日平定内乱，方可安心抵御后金。"

郭凤跹摇了摇头叹息："乱民暴动似乎情有可原，官逼民反，百姓无法求活，自然造反，陕西高迎祥等人作乱，看似因天灾，实为朝廷不作为。"

文之勇眯着眼睛，笃定道："说到底，罪魁在阉党。魏忠贤阉党篡政，扰乱朝纲，朝廷上下，人心惶惶，君臣离心，朝廷也罔顾了为民之心。"

这时，夫之插话道："怎能怪罪圣上？后金垂涎我河山已久，边关作战连连，旧年外族曾直捣我皇城，生死存亡当口，乱民举兵造反，这是哪般道理？我大明应团结一致，抵御外敌。为边关军费，圣上省吃俭用，从皇家拨发银两，百姓减衣缩食，供给边关。高迎祥等此刻造反，实为助纣为虐，罪该当诛。"

文之勇微微叹了口气，道："抵御后金，稳固边防乃旷日持久之事；平定内乱，也非一朝一夕之功。如此，我倒觉得，内忧大于外患。外患乱国威，内忧毁民心，民心若毁，国之根本不稳。如今，暴民联合，聚集河南，大有愈演愈烈之势。"

管嗣裘反问："乱民已十年有余，何故屡剿不绝，反而越剿越长？"

此语一出，众人都沉默了。良久，文之勇说："吾辈蒙受明恩，为大明子民，理当励精图治，精忠报国。他日金榜题名，定要为圣上尽心尽力，为大明鞠躬尽瘁，才乃正道。"

大家都纷纷点头应诺，暗暗发誓，此生以天下为己任。

沉默了一会儿，夫之突然道："走，不要在此虚谈。咱们去石鼓书院，打听一下消息吧。"众人应了，出了门，走在熙熙攘攘的大街上，心绪似乎稍微平定了一些。

其时艳阳高照，风和日煦。望着飘在屋顶上的一只红风筝，夫之感到一阵惬意。

突然，前方传来嘈杂的喧闹声，一群人正围在一起。走近一看，两个乞丐正坐在地上，一老一少，面前放着一个生锈的铁钵，里面有几个铜钱。小乞丐衣着破烂不堪，裤子上全是洞，赤着的双脚沾满了泥巴和血污，失魂落魄，睁着眼睛，目光呆滞地盯着地面；老乞丐衣衫破旧，却还算体面，像是读书人，只是胡子眉毛凌乱，头发也如蓬草，脸上落满了灰尘，挂着拐杖，他正眉开眼笑地向众人唠叨，架势像足了说书人。

原来，这老先生竟是一位教书先生，是北方人，家中大旱，亲人全死了，又碰上农民军与大明军队交战的祸乱，他带着孙子逃出了老家，一路向南，沿途乞讨，靠说书为生，他甚至把李自成和张献忠、高迎祥的故事编成了段子，绘声绘色，讲给人听。

在教书老先生口中，高迎祥英伟不凡，非常人可比，是位英雄；张献忠心狠手辣，孔武有力，脑瓜子也灵活无比；李自成则少年老成，心思缜密，是位枭雄。他还把这些人与水泊梁山的英雄好汉相提并论，听上去，若不是年迈体衰，他也想加入到农民军当中。他说得惟妙惟肖，众人听得不亦乐乎。夫之却有些生气，想上前与之理论，正在犹豫中，突然跳出一位身强体壮浓眉大眼的书生，大声质问道："老先生，敢问您读的何书？"

老人吊着嗓子，从容答道："读的圣贤书。"

书生继续问："从何人学？"

老人镇定道："从圣人学。"

书生愤怒道："既读圣贤书、从圣人学，何以不明事理？"

老人并不生气，反而笑道："小兄弟，老朽一个叫花子而已，对与错，老朽心中有数。公子既然明理，又何出此言？"

书生不依不饶，慨然道："既为书生，当以国家为重。何以自甘堕落，乞讨为生？志气何在？"

老人顿感挂不住，竟然语噎。

书生道："既以乞讨为生，何以又洋洋得意？"

老人终于笑不出来了。

书生又提高声音，似乎要说给周围人听："读书当心怀天下，敢问天下何在？"

老人嘴里嘟哝了几句，摇了摇头，悻悻然站到了墙根，蹲了下去，然后抱着头，不再理会书生的责难。

书生继续大声道："今大明内忧外患。官逼民反，为天下大忌，此非水泊梁山之笑谈。不为天下而谋，却以天下事资笑谈而乞讨。尊严何在？气节何在？他日，我大明若亡国，先生尚能笑否？"

及于此，老人终于收拾了行李和铁钵，面带愧色，牵起孙子的手，顺着墙根，灰头土脸，落荒而逃。

书生似乎还不想放过，喊道："别急着走，我还未讲完。"见老人走远，他的脸色才沉了下来，气冲冲地自言自语道："真乃迂腐之人，天下万民之事岂能儿戏！"

一直站在一旁听，至此，夫之点了点头，觉得此书生甚为不同。然后听人议论，他是衡州书生李国相。刚想慕名上前认识，忽地听见远处有人嘶喊："不得了了，高迎祥他们打下了凤阳！不得了了，暴民毁了我朱明的祖宗之地，烧了我洪武皇帝的灵位。"

听闻此言，夫之仿佛遭了雷击。文之勇脸色铁青，冲了出去，把前面那个嘶喊者拽到门里，慌慌张张问："何时的事情？你从哪里听来？信息当真可靠？"

嘶喊者喘了口气，道："数月之前，七十二个营的义军，在河南召开荥阳大会。会后，分兵定向，四路攻战。高迎祥、张献忠和李自成直取凤阳，朱明祖坟都被他们挖了。"

文之勇愤怒道："是可忍孰不可忍！暴民若到衡州，必先杀之食之而后快。"

管嗣裘道："此暴民居然打到凤阳，可怜洪武先皇呀。"说罢，众人齐齐哀叹呐喊。夫之双眼泛红,恨得咬牙切齿。

半个多月之后,消息传来:崇祯九年(1636),崇祯皇帝委任卢象升为五省总督,大兵压境,在安徽把高迎祥打得溃不成军,并把乱民包围在郧阳山区。此时,后金改国号为清。旋即,清军又入塞,这已经是他们第三次杀进关内。卢象升调任宣大总督,赴边关抗清。高迎祥得到了喘息机会,立刻突围,最终,高迎祥战死。李自成成了新的闯王,带着残余部队东奔西走,流窜于豫陕川甘一带。

2. 第一次远足

崇祯十年(1637),闰四月。北方持续大旱,中原大地,赤野千里,饿殍遍野,民不聊生。

北方水深火热。南方波澜不惊。春夏之交,花团锦簇,江水如蓝!

衡州渡口,年轻气盛的夫之背着包裹,向街道深处眺望。船就要开了,大哥和二哥不断地催促他,他还是没有上船。郭凤跹和管嗣裘也开始催促他,他还是没有上船。直到一个身影匆匆赶来,他迎上去大喊一声:"之勇,你可来了,还怕你出了事情耽搁了。"

第一次出远门,夫之将与同窗乘船一路向北,赶往省会武昌,参加三年一次的乡试。这是他的大事情,也是所有读书人的大事情。

轻舟驶出渡口,一路向北,江天一色,波澜壮阔,清风徐来,让人心胸无限舒展。这是夫之第一次行驶在这浩浩荡荡的湘江之上,他兴奋地跑到船头,凝望那遥远的北方。那一瞬间,他觉得无限的未来和莫大的世界似乎尽在他的手中。

夫之在船舱内吃着干粮,喝着水,忍不住道:"大哥,何时才能到武昌?"

王介之笑道:"几天之后才能到潭州,如顺利的话,半月才能到省会。着什么急?"

王参之跟着道:"一路江天水景,沿途经过皆为湖湘重镇。看看风景，背背文章，日子倒也好过。"

夫之道："如时间充裕，可在长沙停留，想到岳麓书院看看。"

虽说，石鼓书院也是天下闻名的大书院，可是，自从"张朱会讲"之后，声名就被岳麓书院盖了。听闻时下岳麓书院，英才汇聚，风光无限。众学者来自五湖四海，每天以文会友，谈论的都是经天纬地之绝学，令人向往不已。见提议无人响应，走了一会儿，夫之忍不住又问："我们能在长沙待几日？"

王介之严肃道："三弟，我等前去赶考，此乃人生第一大事。你倒好，只想着去岳麓书院玩。"

王参之则笑道："三弟初生牛犊不怕虎，没进过考场，不知怎么回事。这样反而更好。意气风发，轻装上阵，说不定可以一击即中。"

"咱们兄弟，夫之最为聪明，最有胆识，我看好夫之。"王介之看着夫之，告诫道："但千万不能自负，更不能掉以轻心！"

吃完晚饭，夫之闲不住，就到船舱去找同窗。

郭凤跹和衣而卧，怀里抱着一本书。管嗣裘正准备睡下，文之勇还在一旁点着油灯看书。见夫之来了，管嗣裘坐起，和他絮叨起来。文之勇则一直盯着书本，好像没有听到他们谈话。他比夫之他们都年长，几次科举，均名落孙山。

夫之问他如何应对这场大考，他苦涩一笑："夫之，落榜之人，何以传道于你？"

夜深人静之时，文之勇还在灯下翻阅书籍，却是有些走神了，从前考场的经历一一闪过，他就更不能睡了。尽管，桨声催人眠，熄了灯，他还是辗转反侧。夫之没想那么多，他心里甚至没有落榜的念头。小船摇摇晃晃，他还在和管嗣裘说话。慢慢也就困乏了，夫之和衣睡到了管嗣裘身边。

一路行舟，走走停停。沿途靠了几次岸，夫之都抢先下船，四处闲逛，很是好奇。途中遭遇几次大雨，他们不得不停舟躲避，投宿客栈。夫之有些着急，在家兄面前坐立不安，嚷嚷："这天气，何时才能到长沙？"王介之知道他在想什么，无外乎是去岳麓书院。看着他心急火燎的样子，王介之笑了，但也不去责备。

由于行程的耽搁，他们过长沙的时候没能多做停留，只是在渡口停靠，到太平街口购置了一些食物。

他们的船进了洞庭湖，然后继续向武昌前进。

那日傍晚，桨声频仍。夫之正在舱内看书，突然听见大哥在外面念道："黄鹄矶上黄鹤楼。"

夫之扔下书本，走出船舱，与大哥对视，一阵喜悦。他思绪起伏，当即赋诗一首："汉阳云树色，倒影入江流……我欲骑鲸去，无心问删鯥。"①

还没上岸，整个武昌城已经落入夫之眼中。他们坐上骡子车，又走了一阵子路，终于找好了客栈。他们一行人就此安顿下来。

王介之日日坐在房间里看书写字。窗外，偌大一个武昌城仿佛和他无关，走到哪里，他都是安静的，仿佛一直都坐在衡州老家的书房里。王参之也抓紧时间在学习，做最后的冲刺。

只有夫之胸有成竹。他坐不住，竟偷偷约了文之勇和管嗣裘，泛舟长江，三人登上了黄鹤楼。心潮澎拜之余，夫之暗下决心，一定要一鸣惊人，一定要一举成功！就在这一次，就在滚滚东去的长江之畔。

激动人心的八月终于降临，真的要进入那深赫色的威严的贡院大门，夫之终究还是产生了莫名的不安，甚至有一丝恐惧。

八月初八，在和兄弟朋友相互勉励之后，夫之跟每位赶考者一样，提着沉甸甸的考篮，篮内放有各类用品，经考官仔细检查后对号入内。夫之走进了属于他的小小号舍，一股潮湿又略带汗味的气体包围了他。狭窄的空间里，夫之突然感到很不适应。睡觉的木板和写文章的木板上下放着一盏油灯，一沓纸张，一张砚台，一根毛笔，一个炭火盆，一个尿壶。门一关，仿佛进了重重的牢狱。早听说科举考试的严苛，身临其境，还是不同，有些憋闷，又有些惶恐。他用了很长时间平复自己，可

---

① 王夫之《黄鹄矶》，原录于《述病枕忆得》，摘引于《王船山诗文集（下册）》，中华书局 1962 年版，第 511 页。

很难做到心如止水。当晚，他辗转反侧，难以入眠，他想起那些落选的可怜虫，想起大哥一而再地受挫仍然继续参考，想起父亲大人乃至先祖的荣光，如果自己不中……他不敢往下想，只觉得有些头痛。

初九日，夫之努力镇定自己，开始做《周易》《尚书》《诗经》《礼记》《春秋》的文章，并且要阐释经义。这些经书，他熟悉得不能再熟悉，但是，真的该下笔之时，脑子里突然一片空白，又是心急，又是恐惧。半晌过去，他没写下一个字，有些困乏，他躺到了床板上。醒来的时候，天已经黑了，看着黑乎乎的房间，听着隔壁书生的咳嗽声，他突然笑出来，他觉得自己很可笑，怎么就被这点事情给吓怕了呢？竟然连笔都不敢动了，总归就是一场考试，太在意反而没了主张，他终于平静下来。夜已经很深了，他爬起来，点上灯，铺开稿纸，唰唰唰，文章一气呵成。不知不觉，夜空鸣起了鸡叫声。收笔，他认真地读了一遍，满意地笑了。

初十日，他起得稍晚，醒来之后，躺在床上冥想，到了午后，他才起身吃饭。饭后，他开始看书，傍晚，他又睡下去。夜幕时分，上了灯，他开始奋笔疾书，洋洋洒洒千余字，也不知写了多久，终于大功告成。然后，他在极度疲惫中安稳地睡去。

夫之提前交了试卷。出了考试房，见到了兄弟和朋友，他兴奋不已，话说个没完，仿佛要把这几天没说的话全部说个够。

王介之和文之勇却一脸忧思，看来，他们对自己的答卷并不满意。

十一日，他们又进了考场。三天之后，他们又出来。十四日，他们再进考场，之后，又疲乏不安地出来。

前后折腾了十三天，这场乡试终于考完了，夫之长出了一口气。

眼见夫之一脸轻松的表情和喜上眉梢的样子，几位同学都觉得他考得很好，一定能金榜题名，便纷纷提前对他道贺。的确，夫之对自己的答卷十分满意，当时就觉得，自己应该会榜上有名。面对同学们的道贺，虽然嘴上客气，心里也是笑纳的。跟众人分开后，夫之跟着兄长，取道江西，拜访了父亲的一些旧友，一路向南，回到衡州。

他开始等待好消息的降临。

然而，现实给他了当头一棒，他和众人一道落榜了！

希望越大，失望也越大。夫之闻讯后茶饭不思，闷闷不乐，不知道自己错在哪里。更让他不能接受的是，家里要给他办婚事了，仿佛这桩婚事就是在说：既然考不上功名，那就老老实实结婚生子，传宗接代，好好过日子吧。

夫之把不能释怀的郁结都怪罪到这桩来得不是时候的婚姻上。

原来，赶考回来之后，夫之想好好休息一阵子，就去了一趟衡山。从山上下来，他就听父亲当着他的面跟母亲说道："夫之今年十八了，已经长大成人了，男大当婚，女大当嫁，该是谈婚论嫁的时候了。咱们王家一直人丁单薄，我有三个兄弟，但是，家父在世时，没有看到一个孙子，这是他最大的遗憾。我希望有生之年能够看到王家子孙满堂。你留心一下，找一找媒婆，看看合适的人家和合适的姑娘。"

谭氏端着饭碗，点头应诺。实际上，已经有几户人家问过她了。谭氏一直没告诉丈夫，当然更没有跟夫之提及。现既然王朝聘说了，她就打算把此事提上日程了。她略带喜悦地答道："是的。夫之该有自己的女人了，我们要帮他寻一位门当户对、知书达理的姑娘。"

终于要结婚了，夫之脑海一片空白。走在王衙坪的路上，乡邻都争着向夫之道贺，他一边点头，脸上却露出苦涩的笑容。

爆竹声声，王家热闹非凡。道贺者络绎不绝。

不一会儿，陶氏的花轿进了家门。身穿红袍，头盖红布，陶氏和夫之被人推着，一拜天地，二拜高堂，接着夫妻对拜，然后，就入了洞房。

在那间贴着大红"喜"字的屋子里，夫之心事重重，忐忑不安之中，甚至忘了揭开陶氏的盖头。隔着屏风，陶氏将头低垂，盖头将胸部全部遮住。她左手摸着右手，坐立不安，不知如何是好。

王介之在门外催促夫之出门敬酒的时候，夫之这才铆足了劲，冲上去掀开陶氏的盖头。他沮丧地不敢正眼看妻子，陶氏则羞得脸转向一侧。良久，他们才敢看对方，却一言不发。

还是陶氏先发了话："夫君，出去敬酒吧。"这话点醒了夫之。他像是抓住了什么，径直往门外走，竟然忘记了牵陶氏的手。

那天，夫之喝了很多酒，敬了这个亲戚，又去敬那个朋友，他的酒量很好，但最后还是醉了。后来，每看一眼陶氏，他就喝一杯酒，说到底，他也搞不清楚自己心里不爽快是因为陶氏，还是因为这桩婚姻。也许，最潜在的痛还是由于失败的考试。大哥劝慰他，他也是不听的；父亲一脸不悦，他也没有在意。

夫之趴到桌子上，竟呼呼大睡起来，不知道他是真醉了还是故意演戏给别人看的。后来还是父亲生气地叫人将他抬进了洞房！

3. 湘江客

崇祯十一年（1638），明朝的天下似乎出现了转机，不过，衡州离皇帝太远，依旧宁静。

从石鼓书院回来，吃了晚饭，夫之便要去找两位兄长，还未进院子，便听到一阵悦耳的琴声。夫之放慢了脚步，小心走进门里，只见大哥、二哥和两位友人在一起喝茶。一旁，一位俊美的青年书生屏气凝神，正在抚琴，手指纤细修长，姿态甚为优雅，弹着琴，他大大方方唱道："日月忽其不淹兮，春与秋其代序。唯草木之零落兮，恐美人之迟暮……"

琴声悠扬婉转，空灵曼妙，令人好生欢喜。夫之不忍打破这美好，便站着不动了，直到琴声停歇，他才走过去，道了一声："家里来了贵客，怎不早点告诉我？"

与王家兄弟喝茶的两位友人，夫之也认识，他们是唐家的唐克峻和唐克恕两兄弟。唐家和王家是世交，唐克峻的父亲就曾跟着王朝聘读书，唐克恕也是王朝聘的学生。那位抚琴的书生，夫之觉得面熟，但一时叫不上名字。所谓贵客，指的是他。大家冲夫之微笑点头，待他坐下之后，王介之这才介绍优雅抚琴的书生：

"此贤弟乃夏叔直汝弼，大才子，琴术更是了得。"又转向书生指着夫之，道，"这位是舍弟而农，可称夫之。"

夏汝弼眉清目秀，眼里却有一股淡淡的忧郁。夫之这才想起，王介之带他去夏家时见过一面，当时知道他诗文不错，却不知道他琴术如此了得，这让夫之心生敬意。而夏汝弼则显得很谦逊，他客气地打招呼道："常听介之兄提起而农。"声音若银铃。好一个俊美的男子！

夫之笑道："上次去府上见过一面，没料到叔直不仅富读书、擅诗文，而且如此精通音律，真是难得。"

夏汝弼道："兄弟过奖了。"

夫之又问："叔直刚才唱的可是《离骚》？"

夏汝弼道："湖湘自古豪杰辈出，吾独爱屈子。"

夫之笑道："屈子性若幽兰芳草，亦为我所敬仰。"

与夏汝弼寒暄一阵后，他回头道："大哥，你猜我从哪里来？我刚刚去石鼓书院，听一位大儒讲课。"

唐克峻笑道："巧了，我们也刚从石鼓书院出来。"

夫之突然想到了什么，又道："今日书院有书生向老师发问，可是叔直？"

夏汝弼风度翩翩，笑道："困惑而已，故请老师解惑。大明千秋万代，好不风光，如今，国家有难，社稷颓败。前朝中兴，后世为何沦落？君者不君，臣者不臣，天下亦非天下，斗胆一问，竟冒犯了皇权，被先生训斥一番，成了大家笑话。"

王参之和王介之听了，有些惊愕。夫之却是摇了摇头。

唐克恕忍不住插话道："普天之下，莫非王土；率土之滨，莫非王臣。天子有何不是，亦轮不到我等来说，说了便乱了君臣之纲。"

王家兄弟一边倒茶，一边向唐克峻问道："克峻兄可有高见？"

唐克峻拱拱手，道："大明复兴，责任在读书人，弘扬正统，重振儒学，方能焕然一新。治国，先修身齐家，才有平天下之机缘。我等读书之人，还是要先学做人，再做治国之论。"

此话正中夫之下怀，他啜了一口茶，道："说得极是。自古书生，说得太多，做得太少。我们如有机会，一定改改这个毛病。"

夏汝弼轻轻一笑，小心擦拭了古琴，像是对自己，又像是对在场的兄弟道："读万卷书，走万里路，不出去走走，何以知天下，何以为苍生？"言罢，他用力拨动了一下琴弦。

看着他，夫之突然想到了一个词：静若处子。夫之和夏汝弼一回生二回熟，两人惺惺相惜，大有相见恨晚的意思。

送走客人，各人回归自己的生活。日子平静而悠长。

暑气正盛，假期在家中读史。苦读之余，夫之竟有了对夏汝弼的想念，不仅想念，还将其内心情绪写成诗，其中四句为："涟漪碧浪摇云气，环佩天风动月魂。自彻冰壶消暑色，不劳河朔倒芳樽。"①

夏汝弼读了夫之写的诗后，本来不甘寂寞的心，越发躁动起来。在衡州这个地方待久了，每天读书作文，毫无生气，他也想出去走走，就邀了唐克峻和管嗣裘两位同党，与夫之一起，下定决心，要去岳麓书院访学。

仲夏时节，他们简单地收拾了行囊，便登上一叶轻舟，一路向北，迎风而行。看着辽阔的古楚大地，夫之心中豁然开朗，郁闷之气一扫而空。坐在船上，他们喝着酒，说着天下事。醉了就卧在船上睡去，醒来才知道一切都是一场空。惆怅袭来，复又喝酒。

水上几日，他们如此这般重复着。喝完两桶土酒，长沙终于到了。

浩浩荡荡的湘江，右岸是人声喧闹的太平街，左岸是郁郁葱葱的岳麓山。夫之一行在左边渡口停泊，弃船上岸，刚一落地，他的眼眶竟湿了，笑着对夏汝弼说："叔直兄，咱们现在踩在圣人的肩膀上了。"

夏汝弼温文尔雅，道了一句："遥想朱张会面，该是何等气派！"

这渡口正是朱张渡，见证着一段佳话。当年，朱熹不远千里来到潭州，与张栻实现了理学会师。此后，二人常泛舟往来于两岸，东岸成了"文津"，西岸成了"道岸"。

夫之一行一面胡思乱想，一面沿路西行。走了一个多时辰，他们

---

① 王夫之《夏日读史曳涂居闻松声怀叔直先生》，原录于《述病枕忆得》，摘引于《王船山诗文集（下册）》，中华书局1962年版，第512页。

终于来到了古朴的岳麓书院。面对这知名学府和往来学子，他们兴奋不已。报了名号，说了推荐人，他们才进了门。幽静之中，书声琅琅，芳香四溢，看着正堂坐着的大儒以及众多虔诚的学子，夫之算是大开眼界。

天色渐暗，他们才想起住所的问题。夫之提议就在山上睡下。

夏汝弼笑着应承下来。

突然，旁边一位学子大大咧咧道："你们今晚打算在山上过夜？我们也正有此打算，不如结伴而行？"

夫之拱手道："还未请教，兄台尊姓大名？"

对方即刻还礼："攸县刘杜三！这是我们几个同乡。"几位同乡拱拱手，算是打了招呼。

夫之笑道："衡州王夫之，同乡夏汝弼、唐克峻、管嗣裘。"

刘杜三道："我等刚到书院，行程匆忙，打算在山上将就一宿。"

夫之爽朗地笑了："此与我等不谋而合。"

要上山，却不能饿了肚子。两伙人合在一起，在附近的酒家，找了一个桌子，要了几份小菜和一盘牛肉，又要了几壶好酒，畅所欲言，好不快活。没聊几句，夫之就觉得这刘杜三是见识不凡的性情中人，大有相见恨晚之意，暗暗把他引为知己。

酒足饭饱后，一干人摸着月光走进深深的山林，山路崎岖，树影婆娑，空谷幽静，鸟鸣虫叫连绵不绝。刘杜三心里七上八下，脚下不断打滑。夫之一身是胆，自告奋勇，在前面带路，口中念念有词："路漫漫其修远兮，吾将上下而求索。"

"夫之真豪杰！"刘杜三禁不住夸了一句。

走了大约一刻钟，夫之突然停下道："听！水流之声！"

大家都静下来，屏住呼吸，果然听到潺潺的流水声。先前，提心吊胆的心情都消失了，大家快步向前，穿过一片枫树林，就看见月光下有一片细碎的光芒，泉水叮咚作响。夫之一路小跑过去，趴到水边咕咕喝了几大口泉水，打了一个嗝，酒气让他有些眩晕。醉眼蒙眬中，那水中的月亮不停地摇摆，忽地"扑通"一下，他掉进了水里，"啊"地叫了一声，众人也大叫一声。片刻之后，大家又哈哈大笑起来。

那晚，他们在水边生了一堆火，幕天席地，侃侃而谈，毫无倦意。直到二更时分，夫之还在跟刘杜三有一搭没一搭地谈天说地。

第二天，夫之去游览岳麓书院，看着正堂内"忠孝廉节"四个大字，他竟一时走了神。

突然，有人在背后拍了拍他肩膀。夫之以为是夏汝弼，便道："叔直，看看这四个大字！当世多少人要羞愧汗颜。正是有不忠不孝不仁不义乱臣贼子，才会朝纲败坏，百姓造反。国不国，民也不民了。"

身后，那人并没有应诺他，继续拍他肩膀。夫之猛然转头，大吃一惊："统鲁！是你！什么风把你也吹来了？"

"我是追风而来。"邹统鲁笑道，"你等来岳麓书院也不叫上我，真是没把我当朋友。害我找你好苦，还是听你家兄提及，才知你来了长沙。"

夫之有些不好意思，道："我哪敢动你大驾。"

这时，夏汝弼等人走上前来，纷纷问道："这位是？"

唐克峻在一旁只偷偷发笑，夫之道："这位是邹统鲁，字大系。"邹统鲁本是外地人，落户在衡州，家境殷实，藏书很多，人又大方，夫之常去借书，从未拒绝。夫之道："衡州一半藏书在他家中。"

"夫之过奖了。我家中藏书，无用者居多，不值一提。"邹统鲁和夏汝弼等相互拜过，又和唐克峻相视一笑，然后道："不过，夫之倒是常去我家，不是喝茶看书，而是吃酒谈天。"

"不用谦虚，衡州之大，一半书籍在你家得见。"夫之笑道，"我到贵府，也不是回回喝酒。偶尔为之，倒被你时时挂在嘴上，仿佛我是酒肉之徒。"言毕，自我解嘲一笑。

唐克峻也是一个书虫，他看着邹统鲁，认真地问："敢问衡州另一半藏书在何处？"

邹统鲁笑而不答。夫之则大声道："刘子参家中！"

唐克峻"哦"了一声，道："子参没与统鲁同来？"

"原本约好与乃蔚一起来的。"邹统鲁笑道，"但他临时有事，无法脱身。"

夫之笑道："有子参，必有乃蔚；有乃蔚，也必有子参。"说到此处，夫之忽地叹了口气，若有所思，想起了过往的平凡日子。

那大约是一年前的一个春暖花开的日子，夫之和管嗣裘、唐克峻去下馆子，一桌子素菜，边吃边聊天。夫之说自己不开心，原因是家里藏书早看完了，且都是那些"四书""五经"之类，新书很少。说着说着，借着酒劲，夫之竟大喊一声："冶仲，不是我不知天高地厚，只怪衡州太小，竟然找不到可读之书矣。"

管嗣裘笑道："夫之，你喝多了。"

突然，旁边有人吼道："好大的口气！天下有多少书，衡州就有多少书。且不说邹兄家中藏书，我刘某人藏书便够你读上一辈子了。"

碰巧，当时刘子参、邹统鲁和包世美在另一桌，说了不少话，喝了不少酒，包世美已歪倒在桌子上。笑谈中，刘子参突然听到夫之小小年纪竟然口出狂言，甚是不爽，原本是想教训一下，说话的时候还故意踢了板凳，拍了桌子，就差点要砸酒杯了，年轻气盛所做之事就这么冲动。幸好邹统鲁的酒量好，比较清醒，把刘子参给拦住了。

管嗣裘知道夫之的话有些言重了，赶忙上前，恭敬道："几位兄台不要见怪，我家兄弟今日喝多了，口不择言，请多多担待。"

夫之却在一旁冷笑："谁道我醉了？哼！我清醒得很！"

看他半醉半醒的样子，管嗣裘心中颇为担心，邹统鲁还是识大体，知道衡州读书圈就这么大，低头不见抬头见，总有打交道的时候，于是会意一笑，道："在下姓邹，名统鲁，字大系。"

管嗣裘拱手道："在下管嗣裘，字冶仲，衡州人氏。"

邹统鲁道："这位兄弟怎么称呼？听他口气，并非一般常人。"

管嗣裘窘迫道："他真喝多了。他乃夫之，衡州王衙坪人。"

邹统鲁对管嗣裘说："原来是冶仲兄，久闻大名。如不嫌弃，各位方便时可上我家坐坐。"

唐克峻笑着应诺："邹兄盛情，我等谢过，日后一定专程拜访。"

邹统鲁哈哈笑了："敝家藏书虽说不多，数千册还是有的，或能寻得几本以供各位消闲吧。"

"统鲁兄，何以半路打劫起来？"刘子参突然杀话进来，"说好去我家的，怎么邀到了你家？武夷先生的名头我确是听过的，但这夫之兄似乎轻狂有余，才气不足呢。诸位见证，三年之内，若他能读完我家藏书，我一定改名换姓！"

邹统鲁赶忙拦住他道："子参，你亦喝醉了，说话伤人！"

几天后，夫之和管嗣裘、唐克峻相邀，急切地去了邹统鲁家里。邹统鲁出门迎接。进了书房，夫之惊呆了，邹统鲁家的藏书塞满了三间房屋和一个阁楼，诗词歌赋天文地理诸子百家应有尽有。管嗣裘和唐克峻啧啧赞叹。邹统鲁给他们倒茶。夫之小声对管、唐二位道："统鲁兄家的藏书，名不虚传啊。"

管嗣裘噗嗤一笑。邹统鲁端上茶，邀请他们坐下。刚坐定，夫之就站起来，兴奋道："那日小弟喝多了，言必有失，请多多包涵。"

邹统鲁笑道："夫之言重了。我喜欢兄之耿直个性。能发出无书可读之感喟，决非庸俗之流，乃真汉子也。"

夫之拱拱手，道："今日算是开了眼界。刚刚信手拈来，就是白沙先生陈献章的一套集子，我一直想读都没找到呢。"

"书是用来读的。对有缘者而言，书如知己，被人赞赏，藏者也美啊。"邹统鲁说到这里，停了下来，看了夫之一眼，认真道，"说起来，我家藏书只是比寻常人家多了一些。若真想读书，还要去子参那里。他家的书才真叫多。其实，子参和你一样，也是性情中人，那天说了你的重话，事后又后悔。不过，我相信你们定会惺惺相惜的。"

其实，嗜书如命的夫之哪里在意刘子参的酒话。第二天，他就拉着邹统鲁急匆匆地跑到刘子参家，人还未到，声音飘了进去："夫之前来道歉，同时讨讨书看，过过书瘾。"

刘子参站在门口，客气道："请进请进！子参愿负书请罪也。"

一阵寒暄过后，夫之就迫不及待地钻进了书堆中。

打那以后，夫之常常往邹统鲁和刘子参家中跑，除了读书，就是吟诗喝茶。酒，当然是必不可少的。邹、刘二人也是喜欢酒的，他们酒喝足了，书也读完了。一年的时间，夫之几乎读完了邹统鲁家中的藏书，刘子参大为吃惊。又一年，夫之读完了刘子参家绝大多数的藏书。他们成了无话不谈的挚友。

但饱读诗书，又能怎样？

科举乡试，几位友人特意没有同行。原因是这种考试有禁忌，即成绩好的尽量不要同乘一条船，而应各立船头，期待各有斩获，捷报频传。岂知捷报未有，落榜同名。回到衡州，他们大多喝得酩酊大醉，抱头痛哭。当时，夫之就蠢蠢欲动，想外出游学，邹统鲁举双手赞成。只是，出行仓促，夫之没有告诉邹统鲁，不承想，邹统鲁随后就赶到了岳麓书院和他会合了。

在岳麓书院，邹统鲁还特地为夫之引见了一位兄长，这位兄长在岳麓书院求学多时。早先，夫之也听邹统鲁提起过他的大名，姓邝名鹏升，字南乡，衡州人氏，是邹统鲁的好兄长，来到岳麓书院有些年份，长夫之十五岁多，性格驯良，饱读诗书，几度科举不中，却志向不改。

午后时分，满是蝉鸣，邹统鲁一行人到了山脚一棵樟树下，他已经和邝南乡约好了时间、地点。不一会儿，就看到远处走来一群人，为首的是一位粗布衣衫、长发美髯的书生，夫之默念："想必，那就是邝南乡兄长了。"

邹统鲁起身向他鞠躬，他微微一笑，道："大系，你能来岳麓书院我真高兴，咱们有些日子不见了吧？上次见面还是在你家的书房，讨论的是白沙先生陈献章的文章。"

"兄长好记性！"邹统鲁说完，遂向他引见夫之等人。邝南乡打量一番，温和道："呵，夫之！豪言衡州无书可读者，可是你？"

"井底之蛙戏言而已。"夫之羞愧难当，抱拳道，"让兄长见笑了。"

邝南乡拍着夫之的肩膀，笑道："哪里话！你有真本事，统鲁家藏书，我耗时三年方才读完，而你一年便已读尽，了不得！"

夫之不好意思："敝人囫囵吞枣，只算略读而已。"

邝南乡正色道："在下的学识与眼界可能还不如贤弟，只是虚长十余岁，经历过大明盛世，多见过一些场面，其他也没有什么了。"

夫之道："您谦虚了。今后自当向您讨教。"

不久，夫之又认识了攸县的陈耳臣、耒阳的曹伯实、郴州的王祚隆等同道学人。

后来，这些人在夫之孤独的生命里给了他无穷的力量和慰藉。

在岳麓书院的那段日子，夫之和邝南乡时常见面。每日在书院论道，岳麓登山，湘江泛舟，聊着千古文章和天下大事，煞是快活。

不久，他们萌生了一个想法。

那日，就在湘江木船上，几位意气风发的书生表情有些凝重。邝南乡率先开口："当今天下，隐忧重重。乍一看，市井百姓和十几年前没什么两样。其实，变化大了，最大的变化是人心之变。"

见众人点头，邝南乡继续道："当年太平盛世，理学兴盛，人人尊师重道，信守正义，百姓安居乐业，有一种国泰民安的自信。而今世道变了，仁德沦丧，缺少信念和诚信。长此下去，国必危殆！"

邹统鲁和夏汝弼齐声道："兄长说得极是。我辈当如何？"

管嗣裘接话道："我等当践行仁道，传播大学。"

刘杜三略显激动："昔日，顾宪成和高攀龙成立东林党，传经论道，授业解惑，影响天下时局，为大明鞠躬尽瘁。今日，我们当效仿先人，集合力量，掀起湖湘风流，为大明献一份力量。"

唐克峻深为认同："吾辈虽然年轻，但是取长补短，共同进步，必能成就一番事业。"

"我等皆为读书人，生下来便读书，所欠缺乃实际之行为。"夫之站起来，大声道，"天下之大，能说会道者甚多，身体力行者甚少。空谈误国，学唯以致用才为学，不如我等就此组成'行社'。"

刘杜三高声应和："行社！好！"

邝南乡亦大声叫道："行者，结集而起，读书致用，可达天下。"

众人心潮澎湃，慷慨激昂。于是，以邝南乡为首，行社的架构和主旨很快被提了出来。当晚，一干人在岳麓山下的溪水边，畅谈"行社"的宏图大业，高兴之余，开怀畅饮，诵诗抒怀。

深秋时节，天冷气清，一晃，夫之来岳麓书院有四个多月了，管嗣裘和夏叔直已经先他离开岳麓书院返回了衡州。夫之则不甘心，他在长沙似乎还有些追求，不过也多是空想虚言而已。整日沉迷于行社，发表了一系列宏篇大论，也见了很多的人，尝试了很多事情，学业和见识都长进了不少。但是，一群书生在一起，如果进不了官场的大门，就没有一个平台，理想和抱负便只是空谈。除了谈经论道，就是吟诗作对。久了，也就有些闷，有些苦。结社的目的本身是为了行动，可是，他们不知从何做起。

不觉冬日来临，岳麓山上白雪封道。夫之在长沙再也支撑不下去了，便和邹统鲁、唐克峻等一起，登上了回衡州的小船，频频回首，往事如潮。

夫之闻诗感怀："吾惜屈子之才，悲屈子之遇。"

管嗣裘击掌道："怀才而不遇，此为人生之大不幸矣。"

4. 游学归来

冬日的王衙坪，安静又祥和，踏上故乡的瞬间，夫之的一切哀伤与苦恼瞬间就被抚平了。大哥和二哥带着孩子走了好远的路来迎接他。看着侄子王敔和王攽，夫之笑得开心，他把两个侄子抱进怀里，给他们小小礼物。大哥问他长沙之行的收获，他不置可否，笑道："认识了一些人，见了一些世面。"

"唉，回来就好。"大哥欲言又止，道，"出门也不和父亲说一声，他老人家气了好长一段时间。今听闻你回来，又生起了闷气。"

"本不想一见你就说这些，但是，"二哥看了一眼夫之，道，"父亲脾气性格你是知道的，很偏，你也很偏。待会儿进门，你要好好说话，千万莫要火上浇油。弄不好罚跪，那多难堪。"

母亲带着儿媳陶氏在门口迎接夫之。母亲老了许多，更爱唠叨了，她问夫之这半年在外面过得好不好，碰到什么伤心事情没有。夫之一一应答。这时，陶氏递来一杯茶，低着头走开。

"快去见见你父亲！"母亲等人一致催促，夫之点头答应。

满头银发的王朝聘，端坐在书房里，身体有些消瘦，精神却还算矍铄。他看着书，仿佛没有听见院子里的声音。夫之进了书房，叫了一声"父亲大人"，然后，主动双膝跪倒在地，俯首作揖："小儿夫之给父亲大人请安了。"

王朝聘只顾看书，没有答理。夫之仍旧跪在地上，道："小儿求学心切，未征得父亲大人同意，不胜惶恐，甘受责罚。"

王朝聘绷着脸，道："你还知惶恐！我尚未言罚，你自己倒提出来。我该如何惩罚你？你且说说，这半年都在长沙学到了什么？"

夫之聪明绝顶，知道怎样才能投父亲所好，他道："小儿自幼跟从大人，学孔孟之道，遵朱子之说。岳麓书院乃朱子讲学之地，小儿自幼向往，魂牵梦绕，一心想去拜望。"

王朝聘听罢，并未接话，但脸色铁青。

夫之继续说："近年来，小儿久居衡州，未得历练，却有恃才傲物、狂妄不羁之陋习。特别是乡试失败后，觉山外有山，心须尽快让学识有所精进。小儿知岳麓书院乃天下大学之地，学术鼎盛，人才济济，故斗胆辍学，执念前往，衡州诸位学子亦一同前去。然行前匆匆，未能禀报，恳望父亲大人谅解小儿一片求学之赤心。"

听了夫之这番说辞，王朝聘想起自己当年的求学之路，不免有些心动。于是，他干咳了一声，身子松弛下来，道："难为你心中装着朱子。你起来吧，给我说说有何收获。"

王家兄弟把夫之拉起，夫之正色道："此次游学，绝非游山玩水。岳麓书院所见所学，非衡州可比。所见之人，学富五车、有胆有识者众。我们集会结社，所论皆治国平天下之大道，所议皆为民谋福祉之义理。学问瀚海，小儿只是一叶扁舟，未知之学，未见之理，未懂之道甚多。"

说到这里，夫之突然提高声音，有些激动，道："此行最大收获是，小儿当学先贤，上下求索。唯此，才不负父亲大人之期望；唯此，才不辱没王家先辈之英名；唯此，才不愧为大明王朝之书生！"

"好！既有如此雄心，为父倒也欣慰。"王朝聘对夫之爱恨交加，他的这个样子正是当年自己的写照。然而，一想起自己徒有定国安邦之雄心，最终还是一事无成，不免又有些黯然，心中只是默念：孩儿啊，你一定要建功立业，为王家争光！

这时，王参之的儿子天真地跑进房内，一会儿翻书，一会儿凑到爷爷身前，一会儿又凑到父亲身前。

看着活蹦乱跳的孙子，王朝聘摸着他的头，道："攽儿今年六岁了吧？该好好教他读书了。你们在他这个年纪，《四书》《五经》都背得滚瓜烂熟了。"

王参之笑着应诺。夫之一把将王攽拉到怀里："攽儿，给三叔背背《春秋》如何？"

王攽胆怯地摆弄着手指头，低声背诵起来，眼睛一直瞥向祖父。

王朝聘听罢，道："小子甚慧，日后可期。"言及此，王朝聘话锋一转，道："夫之，你结婚已近两年，是时候为王家添丁了。"

新春佳节，千家万户贴上了大红的桃符，王衙坪处处洋溢着节日气氛，爆竹此起彼伏，酒香肉香飘满了大街小巷。新年，这是对未来的召唤。夫之也一扫从长沙回来的不快，沉浸在团圆的喜悦当中。大年三十，王家人聚在一起吃饭，叔伯兄弟都到了，子侄也来了。女人们在一起劳作，挑水的挑水，淘米的淘米，打年糕的打年糕，生火的生火，切菜的切菜，剁肉的剁肉，掌勺的掌勺，每当这样的时候，一切有条不紊。

王朝聘带着男女老幼祭拜祖先，总会唠叨祖宗当年的那些事情，说到最后还是会回到老话题："祖上荫蔽，不愁吃穿，名声在外，为人子孙需争口气，将来出人头地，才能光耀门楣，对得起祖列祖列宗。"

少不了要喝些酒。"喝吧，大家放开喝！"王朝聘举着一杯温水，朝王廷聘和孩子们说道。

入夜，一家人围在一起吃饭，夫之见到叔父王廷聘，心里高兴。好像已经很久了，不管他有多么不开心，只要见到叔父，总会豁然开朗，放下一切，开怀畅饮。喝到兴起，他和叔父谈天说地，滔滔不绝，甚至吟诗作对，狂态毕现。

这一次跟往常一样，喝到最后，只剩他俩和王介之三人了。本来，王介之也是要睡的，但是，过年要熬夜，他要等着放爆竹。村里的人大都晚上九点前都会入睡。唯有王家例外，"鸡司晨，犬守夜"，必须等到公鸡第二次打鸣，即深夜十二点左右，扎扎实实地"迎新"。且每年都是王介之放响村里的爆竹。王家人放完了，才能安心睡去。而此后，村里就会有人接二连三地放起爆竹来，热闹而期盼的一年由此拉开了序幕。

夫之谈兴正浓。他借着酒劲，拉着二叔的手，一古脑儿把在长沙游学的开心、委屈以及行社的事情都吐了出来，说完，他像是放下了一个包袱，恶狠狠地饮了一大杯酒。

王廷聘见状，哈哈大笑，道："贤侄，为叔的告诉你：人生在世，不如意者十之八九，放得下，不至于心有郁结；拿得起，不至于丧失心志。人之杰者，正在于从人之日常庸俗中磨砺自我，做出常人所不为或不能为者也。"说罢，王廷聘也仿着夫之的样，恶狠狠地喝下一大碗酒。

这时，公鸡叫响了第二遍。王介之立即起身，跳出门槛，点着了挂在房檐上的一串爆竹，顿时，火光四溅，爆竹噼里啪啦响个不停。响毕，村子四周寂静得很。很快，就有爆竹跟着响了起来。

一天上午，在书院的石阶上，郭凤跹、文之勇刚刚从学堂出来，看见夫之。郭凤跹问："夫之，你最近在读什么书？"

夫之说："荒废了多日。眼下正在看白沙先生与东莱先生的大论。"

郭凤跹道："东莱先生？吕祖谦也，朱子友人，宋之大儒。"

夫之点头道："季林见多识广，东莱先生也知道得清清楚楚。"

"惭愧，夫之谬赞了。"郭凤跹道，"郭某只是有所耳闻，却还未能读过其书。"

夫之心想，此言恐怕不是自谦，便道："家父敬仰之。东莱先生提倡读史鉴今，鄙人深以为然。近来尤其如是，东莱先生大著《左氏博议》，深得吾心，刚刚托人从外地带回来的。"

"夫之读书之博之专之深，非吾辈可比也！"文之勇由衷赞道。

"好消息，好消息！"突然，管嗣裘从不远处的学堂里冲出来，挥舞着手，边跑边叫，"你们听说了没有？各路乱民已被平定，李自成小贼已躲进了深山。"

"管兄大惊小怪干吗？"郭凤跹接上话茬儿，打趣道，"天下之乱，非一朝一夕之功也。吾等书生，擅于思，疏于动，有如蚁。然江山社稷沉沉如久病之树，以蚁之力，何以撼之？"

"郭兄此言差矣。"管嗣裘眼一瞪，大声嚷道，"堂堂衡州七尺男儿，岂能自甘蚁民？国家有难，一有号令，当抛头洒血，在所不辞！"

"热血男儿，理当如此！"文之勇叫了一声"好"，冲诸位友人挥手，道，"咱们去石鼓书院吧。再晚些，恐无位置了。"

夫之惊道："何等大人物，惹得大伙趋之若骛？"

"怎么，你们还不知晓？"文之勇也有些吃惊，道，"今日于书院讲学者乃是湖广提学佥事。没有耳闻吗？"

郭凤跹眼睛一亮，道："莫不是前朝高攀龙大人后人高世泰吧？"

听到高攀龙的名号，夫之为之一振，他清楚这个人物的分量。高攀龙是东林学派的精神领袖，和顾宪成一同创立了东林书院。东林党人多为明朝的股肱之臣，只是生不逢时，被阉党给毁了。高著有《周易易简说》《春秋孔义》等，均是大学问，尤其提倡有用之学，以治国平天下为最高宗旨，影响深远。高攀龙不喜欢王阳明，认为王做的是空虚玄学，只适合做做学问，但国难之时，空做学问是没有用的。做学问的根本还是要致用。高攀龙和朱子的学问不谋而合，格物致知，修身方能齐家治国平天下。

"果然是高大人之后来讲学，必当听听。"夫之以手击掌，道，"居与游无出乎家国天下，故立朝大节，不愧古人，发为文章，亦不事词藻而品格自高。讲的就是这位高大人。"

原来，夫之在岳麓书院听高世泰讲过一回，只是那次阴雨绵绵，人又多，声又杂，听得不是很清楚。但即便漏听许多，他也感觉如饮琼浆，十分畅快。总希望有机会再听一课，没想到现今高先生来了石鼓书院！他顾不上跟谁打招呼，拔腿就冲。

"夫之，等等我们！"一干同窗好友在后面边追边喊。

5. 书生梦

高世泰此番讲学，竟然被衡州学子的热情留住数日。他学富五车，却十分平易近人，喜欢与学生打成一片。衡州学子也幸运地得以和他坐而论道，经天纬地，佛道儒释，无不涉及。夫之喜不自禁，还送上自己的诗文，以求教诲。高世泰读罢夫之之作，既惊且喜，竟忍不住在诗文首页挥笔写下了这样的文字："衡州有才，直追屈贾。忠肝义胆，情入诗文。微言大义，境高意阔。假以时日，国之栋梁。"

无疑，这是对夫之诗文的最高评价。夫之当然很激动。他真没想到，高世泰如此看重他。高世泰离开衡州后很长一段时间，他的话常常萦绕在夫之的耳边："各位贤学，眼下各地民不聊生，冲突不断，危机四伏，大乱即将来临。此等严峻时势，正是书生报效国家之良机。读书者应当明天下之大道，做天下之学问，怀天下之雄心，遂天下之民意。读书求学、传道讲学均要与国事紧密联系，做到厚德载物，经世致用。万不能掉入书袋，甘为书虫，进而迷失人生，虚度光阴，一辈子做些虚无空洞、玄而又玄的无用之学。"

实际上，高世泰的这番话，对衡州学子的冲击还是挺大的。文之勇等人热血激荡，夜不能寐，常常聚在一个茶馆，指点江山，无所顾忌。这天晚上，他们几个又一次坐到这家茶馆。一盏油灯，一个方桌，几杯清茶。几个书生谈天说地，不知不觉，肩上竟有了沉沉的使命感。

"高先生对我辈告诫之言，句句是实，声犹在耳。"文之勇摸了一把脸，提高声音道，"自古英雄出少年。读书人从来都是先知先觉，不能坐毙于书本，而以致用为上。看看人家复社，这才几年工夫，已经声势浩大，影响日隆。我等不能效仿吗？"

夫之抢话道："文兄此言极是。此亦我之心声。先前在岳麓书院，我等便结'行社'，有效仿复社之意。如今，回到衡州，仍有此图。"夫之边说边提议，要成立一个具体组织，就叫匡社："北有复社。咱们居南，就叫匡社，各位意下如何？"

文之勇思忖道："好是好，是否过于轻狂？"

"匡扶正义，德行天下，义薄云天，此乃我等之志向，思之已久，绝非一时心血来潮，信口雌黄。"夫之道，"如此真诚，岂敢轻狂？"

众人见夫之这么一说，都附和叫好。文之勇也哈哈一笑："好！既然各位无异议，我也赞同。当务之急，少说多做，行动至上！"

那么，夫之为何想到结社呢？匡社所效仿的复社又是一个怎样的组织？

复社是明末的一个文学社团。天启年间，朝纲大乱，仁德败坏，长江两岸的有志之士成立了各种各样的文学社团，个个以天下为己任，讲学传道，以期望能够改良社会风气，匡扶正义，复兴明朝的中兴正统。他们分布于江苏、浙江、江西、安徽、福建等各个地区，实力分散，没有形成气候，其核心人物是张溥与张采。崇祯二年（1629），在张溥、张采的号召下，浙西闻社、江北南社、吴门匡社、黄州质社与江南应社等十几个社团代表齐聚江苏吴江，成立了复社，成员多为热血青年，先后发展达两千多人。

复社成员大都怀着饱满的政治热情，以宗经复古、切实尚用为号召，切磋学问，砥砺品行，反对空谈，密切关注社会人生，并实际地参加政治斗争。他们认为"兴复古学，将使异日者务为有用"，作品注重反映社会现实，揭露权奸宦官，批判政治上的腐朽，同情民生疾苦，抒发报国豪情。

夫之不是复社成员，但却是匡社骨干成员，而且还是创始人之一。所谓"匡复"，匡和复似乎是分不开的，匡社听上去名头很大，实际上，只有几个人，相比复社，它更有"仿制"的性质。夫之他们之所以搞匡社，更像是一群青年科举落榜、迷惘困顿之下的精神寄托。

就在短短几天内，他们就迅速商讨了匡社的章程条例。文之勇参照"东林书院会约仪式"，大致拟定了几条：第一，匡社作为会讲论坛，属业余自愿性质，参加会讲的通知不一定发给每个成员，但会员一旦接到会讲通知，应积极参加；第二，举行会讲时，根据实际需要，由不同学者担任;第三条,每次会讲推举一人讲《大学》《论语》《中庸》《孟子》中的一段内容,然后,大家各抒己见,发散思维,有问则问,有商量则商量,重在辩论。

夫之看了后,皱着眉头道:"为何只列四书,《春秋》理当在列,且应在前。"

管嗣裘亦道:"报国,需文经,亦需强身健体,懂得一招半式。"

此时,夫之才知道管嗣裘的枪法了得。夫之甚为赞同习武,因为,他也喜欢剑术,王家本是武将世家,王廷聘懂得武艺,从小夫之也学过练过,只是,父亲不准他沉迷刀枪,后来也就摸得少了。

文之勇想了好一会儿,道:"《春秋》在列,武艺亦在列。"

夜半,躺在床上,夫之思前想后,难以入眠。未几,干脆爬起来,以诗抒怀:"我识故人心,相将在一林。以南偕雅籥,意北任飞吟。莫拟津难问,谁言枉可寻。良宵霜月好,空碧发笙音。"①

不久,匡社就宣告成立了。夫之迅速把第一次讲学的告示在郡学院的土墙上贴了出来。次日,傍晚时分,他们在府学的草皮上开始了第一次讲学活动,主讲人是文之勇。

一帮人早早到场,可等了好久不见有听众,他们好生失望。场面的冷清虽在意料之中,却也没想到如此之惨!

管嗣裘道:"今日还讲不讲呢?"

夫之十分生气,跳起来,大声道:"当然要讲!不讲便为失信,以后如何继续?"

文之勇点头道:"有没有人来,都要讲。至少,我们在听!"

正说着,一个洪亮的声音响起来:"此为匡社否?"

抬头一看,一位器宇轩昂的书生站在了眼前,正是那日在街头怒斥乞丐老朽是腐儒无用之人者。来人自报家门,名曰李国相,字敬公。看到他,夫之大喜,心想:此君能来,匡社第一讲便有了收获。眼看还有

---

① 王夫之《匡社初集呈郭季林管冶仲文小勇》,原录于《述病枕忆得》,摘引于《王船山诗文集(下册)》,中华书局 1962 年版,第 512 页。

点时间，夫之又和李国相说起当日街头之事，两人哈哈大笑，很快成了朋友。

李国相之后，又陆续走来一些听众。草坪前慢慢聚集一二十个人。

开讲的时间到了，文之勇开始诵读《论语》。读罢，自己讲了心得，接着提出问题，众人联系现实，开始讨论。

管嗣裘率先发言，他忧心忡忡道："大明之害非在名正，而在正名，天子、臣子、书生皆需正名，若人人守名为分内之事，那么，大明也就无忧了。"

其他人也纷纷发言，观点各异，交锋难免，甚至有些争执。只是没有失控，夫之并不焦急，他用心倾听各位发言。

就在这时，王介之悄悄到了现场。由于太过投入，夫之竟没有看到。王介之也没有前去打招呼。一盏茶的工夫，王介之才凑过去，夫之有些意外，高兴地和兄长打了个招呼。

回家的路上，王介之面色凝重，提醒道："为兄听你等方才言论，大胆直言，针砭时弊，很是危险。你等小心收敛才是。"

夫之深知大哥出于好心，便笑道："兄无需多虑，我们行得直，坐得正，不怕别人说三道四，亦不怕别人听见。我等匡社，原本就是为了发声，听见甚好。"

王介之清楚三弟脾气，也不再多言，只轻叹："莫贪讲学论道，应多作诗文，多读圣书，眼看秋闱将至，我们又要北上武昌赶考。"

夫之对兄长能赶来参加匡社的第一次讲学，心存感激。当晚心情不错，他欣然应诺，点头称是，道："放心，为弟记着赶考的事。"

夏天眼看就要过去，匡社的活动开展得不错，加入的会员并不多，但多为志同道合、血气方刚之青年才俊。主要成员有王夫之、文之勇、管嗣裘、郭凤跹、夏汝弼、李国相、唐克峻、唐克恕、邹大系、刘子参等十余人。他们有了平台，一同研习经文，一同讨论国家大事，一同喝酒吃饭，甚至一同舞棍练剑。每当这个时候，夏汝弼总是抚琴助兴，而众人则跟着音乐，吟诗作对，刀剑齐飞，笑声不断。

在不断的辩论中，夫之感觉自己的认知和学识提高了不少，正因为此，他就对秋闱也更有信心了。

同样对秋闱充满信心的还有匡社的同仁们。

不久，他们乘船北上，个个意气风发，后全部集中到武昌。他们克服种种困难，度过了期待已久却湿冷难挨的秋天。

秋闱之后，他们还在武昌待了一段时间，四处游学讲道，希望能够扩大匡社的影响力。尽管，他们很卖力，但效果并不是很好，官场主流对他们那一套正统之学根本没什么兴趣，这也让他们甚为沮丧。

冬天很快来临，夫之也和两位兄长一起坐船回到了湖南。

第三章

奔丧

绵延的山野，天色阴沉，蒙蒙的雨丝中，一位老人正在赶路。

他手持拐杖，步履蹒跚，气息粗重，身子佝偻。他暗自想："如此走下去，何日才能抵达衡州？"他决定去集市上找一辆马车。

一个人走在雨里，他又想起早晨的事情。

老人在当地隐居多年，与世隔绝。他很少过问外面的事情，外面的人也不知道他是谁。他唯一的慰藉是日日读书。后来，他也开课收徒。他的学生只知道他的学识很深，却不知道他的真实姓名。

当日上午，他如常一样与学生讲课，却有一位学生迟到了。

老人深知此罗姓学生平日甚为守则，想来其迟到必有缘由。

一问才知，原来他父亲的老师过世了。老人知道这位学生的父亲是罗仲宣，也知道罗仲宣的老师。但是，这位学生并不知道老人是谁，罗仲宣也不知道。

"衡州船山先生过世了，家父前去奔丧。"学生道。

老人听罢，顿时瘫坐到椅子里，兀自念道："而农。"当年，罗仲宣是想拜老人为恩师的，那时，他还不收学生，便推荐道："东去衡州，有王而农王夫之先生，从其可得真学。"罗仲宣便从宝庆去衡州拜在王夫之门下学习。

这位老人不是别人，乃包世美，字乃蔚，王夫之的少年同窗。

当天，包世美匆匆结束课程，打点行装，他没有告知家人，便拖着年迈的身躯独自赶赴衡州。他不怕山高路远，也不怕有去无回，因为，他觉得必须"奔丧"，去见而农最后一面。自从张献忠祸乱衡州以来，他便厌倦了世事，选择销声匿迹，与衡州诸生再无联系。多年之间，他见证了大明灭亡，大清崛起；他也听闻了老友们一个个离世，他始终默不作声。仿佛那些血与火的岁月，以及那些热血兄弟再也与他无关。

漫长的时间里，他本以为，自己早已心如止水，此生对衡州和世事再无眷恋，却不承想，听闻王夫之故去的消息的瞬间，他的心脏剧烈震颤，似乎突然感觉自己并没有麻木。他发现自己是那么在乎衡州，在乎那些老友，在乎那永远回不去的纯真年代。

包世美终于坐上马车，几分哀痛，几分紧张，甚至突然有些胆怯。一路颠簸，他却不觉得疲累。车轮滚滚，林木飞过，恍惚之中，他好像并非是"奔丧"，而是怀着一份忐忑，去赶往五十多年前的那场聚会。

1. 青春损

"余既不难夫离别兮，伤灵修之数化。余既滋兰之九畹兮，又树蕙之百亩。"酒馆不大，几个年轻人闷坐在里面。夏汝弼道："但得屈子之心，不问惶惶度日。"

夫之闻言道："叔直与屈子同心，夫之当仰视之。"

崇祯十二年（1639）冬天，似乎比任何一年都要冷，冷得人骨头打颤。

希望而去，失望而归，科举考试，夫之再次名落孙山。二哥参之也是。唯一让家人欣慰的是大哥中了乡试乙科，总算有了一个功名。挚友刘子参也中了举人，他也替友人高兴。

回到衡州，夫之和文之勇等直接进了酒馆。喝着酒，众人的苦水都吐了出来。夫之道:"秋闱,三年复三年,仍困于衡州弹丸之地。"

文之勇更是失落:"你尚且只是两次秋闱,我已经五次。"

管嗣裘大声道:"我之落榜,意料之中,论德论才,自认都比不上各位兄弟。你等皆人杰,却一次次落空,哪般道理?"管嗣裘表面上为他人叫委屈,实际上,还是在给自己鸣冤。

郭凤跹阴阴笑道:"吾辈皆不认识考官,听闻有黑幕,不好讲啊。"

"考场腐败由来已久!"夫之恨恨道,"腐朽之气不除,于我辈,损青春;于国家,误前程!"

夏汝弼突然哀恸起来,道:"我每每自比屈子。看来,终有一天,也得像屈子一样,纵身汨罗江中。"

"可不要犯傻!"此时,旁边坐着的一位书生径直走了过来,不惑之年的样子。夫之一行进酒馆,他就坐在那里,显得闷闷不乐,暮气沉沉,眼睛上仿佛蒙着一层灰。他一直支着耳朵听夫之他们的谈话,脸上逐渐升起一丝喜悦。听闻夏汝弼说到学屈子投江,他再也忍不住了,抱拳过来道:"在下奚鼎铉,字中雪,可否叨个座?"

夫之站起来道:"原来是鼎铉兄,早有耳闻!快坐,快坐!"

"众贤弟都是青春年华,此次秋闱不行,还有下次。"奚鼎铉将长褂捞起,坐下后,不紧不慢道,"为兄年龄要虚长诸位一轮,也曾四次不中呢。后来好歹中了举人。"

夫之行礼道:"佩服兄之毅力坚韧!恭喜奚兄榜上有名。"

"唉,这是一条不归路。"奚鼎铉摇了摇头道,"中举又能怎样?仕途遥遥,在下本想再上高楼,但两次会试皆不中。奈何?"

"兄已是举人,方圆十里,谁个不知?要知足了。"管嗣裘笑着道,"毕竟,我辈皆不如兄啊。"

奚鼎铉却摇头道:"敢问诸位贤弟,难道中举真是各位的人生终点或追求目标吗?"

众人面面相觑。夫之叹了一口气,道:"同是天涯沦落人。吃酒,吃酒!唯酒可消万古愁!"众书生都举起了酒杯,一饮而尽,心头稍微轻松了一些。

奚鼎铉结识了夫之，也就认识了刘子参。十一月，奚、刘二位结伴北上赶考，夫之感慨万千，又有些羡慕，写下《刘子参计偕北上便寄奚中雪》："得第总如君，吾将复论文。老生悲管辂，童子悔扬云。硕鼠江南咏，清人河上军。天人如献策，莫但颂临汾。"①他遥祝兄弟能够成为天下的能臣良将，但想想自己的前途，不禁黯然神伤，空余感叹。

又是新年，千家万户，红灯高挂，喜笑颜开，爆竹齐鸣。夫之躲在房子里，没有一丝欢愉。

家里的气氛总是沉闷的，父亲眉头紧锁，无法欢颜。

王朝聘一生无缘官场，尽管老年之后，在国子监待过好些年，却也只是走了一个过场，对官场门道没什么心得。他对三个儿子的期望很高，尤其对夫之要求更高。整个衡州都说他王家是大户人家，祖上光荣，如今又有三个博学多才的儿子。人们相信，王家的三个儿子终会金榜题名，平步青云，光宗耀祖，取得一番惊人的成绩。人们说了一年，又说一年，年复一年，时光磨平了儿子们的锐气，也模糊了他的希望。

父亲如此，兄长们也是如此，王介之生性温顺，他的科举经历比夫之要多很多，一次又一次落榜，他的心志几乎消磨殆尽。作为家中长子，他更多秉承了父亲的意愿，照顾和管理这个家庭，而结婚生子之后，他看开了很多，心境也越加平和。他中了乡试乙科，年后就要奉命去北京入太学，也算有所收获，不至于太凄凉。王参之的才能与学识相比哥哥和弟弟要逊色一些，对科举和求学的渴望也要少一些，他的性情最为寡淡，随意自然，乐于享受山间生活，更躬孝于父母身前，无欲则无苦，他的生活波澜不惊。

偶尔，夫之去找找二叔。无论有多不如意，在二叔那里，他能够轻描淡写地将那些不如意的事情说出来，然后，卸下所有压力，二叔就是有这种魔力。

和二叔在一起，免不了要喝酒。夫之借着酒劲，倒出苦水："二叔，

① 王夫之《刘子参计偕北上便寄奚中雪》，原录于《述病枕忆得》，清康和声著，彭崇伟编《湖湘文库》之《王船山先生南岳诗文事略》，第96页，湖南人民出版社2009年版。

都说小侄聪颖过人，尽人皆知，我却让众人失望了。"

王廷聘笑了，又摇了摇头说："你自己失望而已。夫之，成败不在一时，求学绝非一帆风顺，若皆一击即中，也就不是科举了。"

夫之叹着气，道："二叔说得极是，但我还是对自己失望。"

王廷聘道："先学做人，再想为官。时候到了，水到渠成。"

夫之道："可是二叔，愚侄若无科举立名，怎敢望官场立功？"

王廷聘无奈道："此言也是。看来，科举乃必经之途。这天路，不好走啊！这独木桥，不好过啊！不过，为叔的还是相信你能够顺顺当当地走上去的！"

年后不久，王介之离家远去京师太学①，已过而立之年，他还是头一次出这么远的门。他一直帮着父亲持家，此一去，王家上下都舍不得，夫之更舍不得。亲自送大哥上船，渡口临别，夫之赋诗道："高堂有老亲，明庭无直士。兄勿悲乙科，行行念欲止。"②

终于是春季开学的时间了，夫之迫不及待地走出了家门。郡学总能给他活力，匡社的活动如火如荼，规模也逐渐壮大，渐渐地也就在衡州地面上成了气候。在郡学、在酒馆、在街头，甚至在石鼓书院，他和匡社的同仁开展着各式各样的讲学和辩论，很多时候，他们的谈话和演讲变成批判现实的言辞，难免又会联想到自己的不幸，匡社的同学们个个都觉得自己是千里马，而世间少有伯乐，所以，他们只能怀才不遇，是天下辜负了他们，而非他们才疏学浅，久而久之，他们就有些偏激，学社的主旨也逐渐被他们抛到了脑后，聚会就成了他们游山玩水、借酒消愁的途径。夫之甚至还写下一首诗，为这段青葱岁月留一苔痕："青藤漏月月如丝，一径霜华涧草滋。夜打酒家门未起，寒梅惊落两三枝。"

夫之年轻气盛，怀才不遇，便以酒为友，借酒浇愁。二哥前去找他，他连二哥都认不出，口口声声说："兄台，你是哪位？"气得二哥

---

① 京师太学，即北雍，明朝比较特殊，在南京和北京分别设立国子监，北京国子监为北雍，南京国子监为南雍。

② 王夫之《送伯兄赴北雍》，原录于《述病枕忆得》，摘引于《王船山诗文集（下册）》，中华书局1962年版，第513页。

砸了酒壶。好事不出门，坏事传千里。关于夫之的谣言四起，足不出户，王朝聘也能听到众人冷嘲热讽：

"王家三公子好不厉害！一晚喝上两斤酒，说的皆非人话。"

"王家三公子声言天道沦丧，秋闱落榜，好似天下都欠他的了。"

"王家居然出了这样一个酒肉之徒，整日满嘴胡言，好不嚣张。小时候，就觉得他有点狂，现在更不得了，连皇帝老子都看不上了。"

王朝聘气愤难当，却一直忍着。起初，他还不相信儿子成了这副模样。但风言风语多了，他不得不信，尤其问了王参之后，更确信无疑，但是，他还是忍着，只觉这是儿子落榜之后的一种发泄，慢慢就会好起来。但一个月这样，两个月这样，最终他忍无可忍了，而夫之却还浑然不觉。

清明时节雨纷纷。头天晚上，夫之喝得大醉，二哥把他带出门，先去见父亲。夫之身上还残留着酒气，走在路上，他兴高采烈地说着匡社的壮举。

二哥终于不耐烦了："夫之，闻闻你身上酒气！如此怎去见祖先？"

夫之扯起衣角，嗅了又嗅："哪里来的味道？"

二哥皱着眉头道："满嘴酒气，你当然闻不出！"

一路上，行人三三两两，擦肩而过，手里提着香火纸钱和点心水果，都是祭祖的，远近各处，树林之中，山野之上，升起道道青烟。

王参之有感而发："到了祖坟前，你不感到有愧吗？"

夫之顶嘴道："我愧对祖先，又能怎样？"

王参之拉下脸，一本正经道："登徒浪子！眼里除了酒，还有什么？清明祭祖，神圣之事，你竟毫不收敛，沉湎酒中。"

二哥很少用这种严肃的口吻与他说话。夫之不好意思地低下了头，进门之前，他才胆怯起来。

厅堂之内，鸦雀无声，祖宗的灵位之前，王朝聘正襟危坐在高处，王廷聘衣衫整齐地站在一旁，一家老小都老老实实站在下方。王参之进了内堂，谦逊地给父亲请安，站到一旁，还不忘向门口看看后面进来的三弟。一进门，夫之就看见妻子忐忑不安、愁云密布的脸庞，母亲也不停地给他使眼色，他突然有种不祥的预感，刚想给父亲请安，就听见父亲厉声道："不肖之子，你给我跪下！"

仿佛遭到了雷击，夫之一时不知如何是好，好多年他都没有见父亲如此发怒了，这次父亲气得不轻。

见夫之茫然四顾，王朝聘气得浑身发颤，又大声吼道："真是朽木不可雕！还不快快跪下！"

"扑通"一声，夫之双膝跪地，脑袋一片空白。

王朝聘缓缓走到列祖列宗的灵位面前，突地跪下。众人惊呼"大人"，也都跟着齐齐跪下。

王朝聘声泪俱下，叩头道："列祖列宗在上，朝聘庸碌一生，一事无成。原本寄望于儿辈，但教子无方。最不可恕的是小儿，最近行为疯癫，有辱斯文，有辱圣人，有辱王门，有辱祖宗，朝聘真有逐门之心……"王朝聘说不下去，连连磕了三个响头，众人也跟着连磕了三个响头。

夫之俯首在地，父亲的话句句锥心。他握紧了拳头，一脸铁青。他看见父亲拖着年迈的身子，硬生生下跪，并说出要将他逐出王家，他顿时意识到事情的严重性，也反省了自己的行为，只顾发泄个人的郁闷之情，却不顾王家的脸面，的确不应该。但是夫之却没有向父亲认错的意思。

王朝聘沉沉地站起身，领着王家男丁，出门给祖宗去上坟烧香。他走过夫之身边，看都没看夫之一眼。王廷聘顿了顿，也只是重重叹了一口气，拂袖而去。男人离开之后，女人唠叨着，要夫之起来。夫之却倔强地跪着，一动不动，仿佛被钉在了地上。从上午跪到中午，从中午跪到傍晚，他滴水未进，粒米未食。

王朝聘从外面烧香回来，也没理会他，由他那样跪着。夫之没有亲口认错，王朝聘也始终都不说话。王朝聘不说话，王家人也都不敢说让夫之起来，也不敢给他送饭送水，甚至不敢去探望他。

夜半三更，突然，面前亮起了一盏油灯，照亮了父亲苍老的容颜和澄澈的眼睛。天啊，老父一直陪在身边。父亲老了，老了的父亲还要陪自己受这番罪，夫之终于情绪失控，痛哭流涕："父亲大人，孩儿错了，孩儿真的错了！"

王朝聘长长地叹了一口气，眼角也流下了一抹老泪，良久才道："知错能改，善莫大焉！你起来吧。"说罢，他拖着苍老的身躯，慢慢地回了内堂。

灯光消失了，夫之从冥想中回到现实，他哭得更厉害，愧疚万分，痛苦难抑。实际上，那一夜夫之并没起来，而是一直跪在祖宗面前，反省、思过、忏悔。陶氏也是一夜未睡，就在几道墙后面的房子里，陪他一起苦着、疼着、熬着。大彻大悟、痛改前非、豁然开朗的他哭得更厉害，却是不敢哭出声音，只趴在地上呜咽，眼泪流尽。

2. 山雨欲来

春夏之交的衡州郡学，太阳从东方转到当空，树叶开始发蔫，热浪也席卷了整个学堂。课堂之内，王澄川老师穿着宽松的袍子，一边扇着竹扇，一边捋着胡子，侃侃而谈，淡定又平静，额头渗出一些汗迹。台下，书生们仿佛热锅上的蚂蚁，心浮气躁，不停地用袖口抹汗。坐在一角的夫之淡然自若，捏着笔，纹丝不动，聚精会神地听课，偶尔，左手抓住右手的袖口，在纸上写些什么。

这时，王澄川提高声音道："平内寇，抑或御外侮？各位学子，今日，我们来议议这个话题。"

夫之心头一颤！难得，王老师要公开讲一堂不同寻常的课。他关注国事很久，大明帝国如今就处在这样的两难境地，相同的问题，他和匡社的同仁们讨论过无数次，每次都是唇枪舌剑，辩论得难分难解，最后又都化成郁郁不得志的苦酒。回顾当年大明的困境，几乎都绕不开后金入侵和农民造反。在这两者之间挣扎几年之后，皇帝下定了决心，平内乱，抵外侮，一个在这头，一个在那头，把明帝国撕裂了。这不是学道，而是时政，是生死存亡的问题。

然而，面对这样一个问题，夫之站在他的角度却一时给不出答案。思索之际，阳光一点点被吞噬，天空逐渐阴暗，闷得人喘不过气来。未几，一声炸雷响过之后，狂风大作，大雨倾盆而下，瞬间就浇湿了一切，大雨冲进课堂，屋内顿时一片狼藉，周围顿时暗如黑夜。王澄川宣布下课。夫之趁着雨歇，冲回宿舍。文之勇他们也刚刚从外面回来。天色仍旧昏暗，雷声还在四起，闪电像火龙在天空游来游去。坐在桌前，夫之他们又接着王老师的话题，讨论起天下的局势。

管嗣裘情绪激昂，道："杨大人此次平寇，决心甚大，直指四川张献忠。千军万马压境，可望一举歼灭贼寇，如此天下才可太平。"

文之勇道："此愿望就要成真。听闻杨大人指挥调度，贺人龙、李国奇将军于太平县玛瑙山夹击张献忠，取得大捷，斩馘三千六百二十流寇，未经统计者更多，坠岩谷而死贼寇不计其数。"

管嗣裘赞道："杨大人雄才伟略，深知乱民脾性。从前，杨父督军陕西，以和定民乱，招降为主。现在，杨大人也用此招。据称，杨大人赦免罗汝才等人罪状，唯张献忠不赦，声言有擒斩张者，奖银万两。说来好笑，张献忠则回敬，有斩杨大人者，奖银三钱。"

众人听了，都禁不住笑了，夫之道："此贼甚是狂妄。"

管嗣裘道："张献忠老贼，恬不知耻。罗汝才等均愿意交出人马，收编入朝，唯独这老贼，投降但不入朝。依我看，他心有恶念，人马握于手中，万人安营扎寨，休养生息，投降乃其伎俩。"

沉思片刻，文之勇道："对付暴民，不能心慈手软，招安降服即为放虎归山。此等小儿本无信义，今日投降，明天再反。"

管嗣裘又道："北方流民不计其数，乱民善蛊惑人心，李自成当初十余人得脱，今势力已大过张献忠。李自成李贼，心腹大患。"

夫之赞同："李自成确非草莽，此贼深谙人性，且妖言'均田免赋'，此招甚为惑人，天下流民贪田图粮，无不为之效死。"

夫之他们躺在床上，卧谈了很久，终因睡意袭来，众人渐渐安静下去，只剩下风雨雷电的声音。夫之睡不着，睁着眼睛，思绪飘到了天外。门外，风雨飘摇，天崩地裂，门里，安静闲适，浑然睡去。这眼前的情景，多像衡州诸生眼下的境遇。可是，天下兴亡，他们能做什么呢？

大雨停了又下，下了又停，几日之后，蒸湘河里的水冲出了堤岸，衡州城一片汪洋。惊慌失措的人们，背着包裹，带着家眷逃向深山。不只是衡州，整个湘楚和整个南中国几乎都跌进了水患的深渊，庄稼几乎颗粒无收。与此同时，中国北方仍旧在大旱。明朝真的陷入冰火两重天。第二年，这一切又再度发生。大灾之后，又是瘟疫。南北同时受灾，难民不计其数，死伤不计其数。

又是一年乡试时，崇祯十五年（1642）春夏之交，王介之也早已回到家中，复习了一段时日的功课，便要与两个弟弟一同北上了。

此时，母亲谭氏突然患上眼疾，看不清东西，下床、走路、吃饭、喝水都成了问题。三兄弟甚为心疼，从衡州郡学回家，照顾在她身边。母亲道："男儿要做大事，读书去吧，家里还有女人。"

慈母之爱，无需多言。母亲深明大道，三兄弟潸然泪下。

夜半时分，母亲咳嗽着醒来，嘴里含着一口痰，不知道该吐向哪里。正巧，王参之不知何时又回到母亲睡房，此刻，他端着盆子，正跪在旁边。谭氏悲叹道："儿呀，娘得的不是大病，死不了。放心奔前程去吧。"

王参之"嗯"了一声，倒完痰，又重新回来，守了一整夜。谭氏怕他父亲责怪，也不声张，只是叮嘱王参之第二天一定要去赶考。

磨叽了好一阵子，王家三兄弟终于要去赶秋闱大考了。刚出王衙坪，听到母亲一阵剧咳，王参之突然停住了脚步，他怎么也不愿意北上了。王介之心疼难耐："为兄知你一片孝心，我们何尝愿意此时离开母亲大人，然则，若执意留下，母亲定会动气，只能病上加病。"

王参之却道："我向来体弱，学业也无长进，对名分也无奢求。"

王参之却不管他们说什么，转身就往家的方向走，口中振振有词："大哥，夫之，你等若是回头，我再不认兄弟。"

看着他决绝的背影，王介之流下了眼泪。夫之的脾气很倔，也要回去，刚刚转过身子，王介之却抓住了他的手，低声道："夫之，不要回头！记住参之所言，莫负兄弟苦心。相信父亲大人也会体谅这番苦心而不去苛责的！"

夫之分明感觉到大哥的手在颤抖，大哥说罢，径直朝村外大路走去，看着两位兄长在忠与孝的人生路口相向而去的背影，夫之不再犹豫，他快步追上大哥，走在路上，他只觉得心很疼，微风之中，眼眶一热，面颊一凉，他竟哭了。

夏秋之交，夫之和他的兄弟朋友再一次来到省会武昌，三年的锤炼，他沉静了很多，说话做事不再像从前那样锋芒毕露。他的住处和同窗的住处相距不是太远，时常也会聚一下，说说天下文章，酒却喝得少了，抱怨也少了，文章仍旧犀利，却是更有深度和境界。此时的武昌看似风调雨顺，在街上走一遭，给人一种国泰民安的假象，实际上却是凶险万分。

转角，路过一个街口，夫之却大吃一惊，一条巷子里聚集了蓬头垢面的一群流民，烈日之下，破旧的大包小包堆了一地，臭气熏天，苍蝇乱飞，流民们就横七竖八地躺坐在地上。老汉垂头丧气，妇人满面泪痕，孩童双目迷离，婴儿哇哇啼哭，壮年男人正在垃圾堆里寻找残羹冷炙，用手捧着腥臭的米汤，便送到嘴里，狼吞虎咽。触目惊心之余，夫之向人打听流民们从何而来？他们纷纷表示，从鄂西而来。

更让夫之惊愕的是，这样的流民不只一群，而是一大片，像溃烂的伤口，布满武昌的几个巷子。夫之知道鄂西出了大事，但是，他没想到形势有多糟糕。

事实上，崇祯十四年（1641）一月，张献忠突然率众从四川杀来，直指鄂中，沿途各地明军措手不及，为求自保，又各自为战，以至于张献忠不费吹灰之力，就长驱直入，杀到襄阳。襄阳乃军事重镇，囤积大量粮草和军饷，攻陷襄阳后，张献忠以所获饷银，分十万两赈济饥民，众多的流民加入他的队伍，张献忠又在西门城楼杀了襄王朱翊铭，并将襄王尸体吊在城楼上示众，然后，烹其肉，分给士兵和百姓，朝野惊恐，一片哗然。

仅仅一个月的时间，张献忠就奇袭千里，将杨嗣昌苦心经营多年的

"四正六隅十面网"撕烂了。屋漏偏遭连夜雨。李自成随后又把这张网撕得更加支离破碎。自杀出深山,李自成每到一处,杀官吏,除恶霸,开仓放粮,深得民心。一年不到,李自成已经拥兵百万,北线孙传庭的军队已经控制不住他了。李自成和张献忠遥相呼应,同年年初,李自成率领军队攻陷了洛阳,杀了福王朱常洵,将其肉炖熟,分给士兵和百姓,威风天下。

听闻张献忠占襄阳,杀襄王,杨嗣昌又是羞愧,又是愤怒,忧惧交加,旧病复发,一下子病入膏肓。再闻李自成陷洛阳,杀福王,杨嗣昌口吐鲜血,自觉已无面目见圣上。左良玉非但不惭愧,还不忘落井下石,须知,杨嗣昌乃朝廷中枢相国,高左良玉几个官级,左良玉却送了他一份平行牒文呈报战事,杨嗣昌更觉得人心不古。戎马半生,他不认为自己是被贼人打败的,而是被自己人给坑了,万念俱灰,自缢身亡。随后,左良玉也获罪连降三级,但是,他的权力却更大了,仍旧以戴罪之身,统领明军,奉命剿匪,却不再受制于杨嗣昌。他立功心切,作战也就更加勇猛。张献忠刚刚夺得鄂北和豫南大部分城池,左良玉就杀来了,一路连战连捷,左良玉又把张献忠逼上了绝境。绝望中,张献忠带着十来个随从,投奔李自成。此前一段时期,李自成势头正旺,攻陷洛阳之后,他一路东进,带着大军围攻开封。然而,一年多时间,三次围攻而不得结果,正郁闷至极,陡见张献忠来投,李自成心情欠佳,竟欲杀之。罗汝才念旧,救下张献忠。张献忠明白一山不能容二虎,只好带着罗汝才赠送的五百人马,向东逃窜。不久,他又死里逃生,东山再起。

内乱如此,外患尤忧。看来,千疮百孔的明朝气数不长了。可惜夫之等人还在象牙塔内做着美梦。

崇祯十二年(1639)初,洪承畴调任蓟辽总督,领陕西兵东来,与山海关马科、宁远吴三桂两镇合兵。锦州有松山、杏山、塔山三城,相为掎角。崇祯十三年(1640)冬,清军攻锦州及宁远,洪承畴派兵出援,败于塔山、杏山。翌年春,为挽救辽东危局,明廷遣洪承畴率宣府总兵杨国柱、大同总兵王朴、密云总兵唐通、蓟州总兵白广恩、玉田总兵曹变蛟、山海关总兵马科、前屯卫总兵王廷臣、宁远总兵吴三桂等所谓八总兵兵马，领精锐十三万、马四万匹来援，集结宁远，与清兵会战。战斗持续一年，崇祯十五年（1642）年初，由于内部矛盾重重，众将离心，洪承畴在松山战败，关外形势急转直下，明军已无兵再战。

至此，明王朝离亡国只差一步之遥了。

山雨欲来风满楼。然而书生们毫不在乎，或者说并不清楚真正的危局。他们最关心的仍是科举考试，夫之亦无例外。此时，各位考官也从各地纷纷抵达武昌，这其中就有江西南昌的欧阳霖，他是此次秋闱的总管房。还有湖南长沙推官蔡道宪、湖北沔阳知州章旷等，此二人均为分房阅卷老师，这些人都是夫之的贵人和伯乐，后来，也都成为南明的忠臣和志士。在考场之上拱手寒暄时，这些老师和学生不会想到，两年之后他们的命运都被逆转了。

颇富讽刺意味的是，明王朝风雨飘摇之际，衡州诸生不负众望，此番秋闱，几乎个个榜上有名。

3. 好年华

崇祯十五年（1642）的武昌，秋高气爽，正是夫之的好时光。

夫之怀着紧张和期待的心情走进了考场。他坐下后，先舒了一口气，然后仔细阅题，思考，再思考，落笔时格外冷静。十余日后，夫之走出考场。等待放榜的时间是最煎熬的，他实在坐不住了，便邀了几个朋友出门散心。等他回去，结果已经出来了。

远远地，唐克峻疯一般冲过来，抓着他的肩膀，哈哈大笑："夫之，你中了，位列第五！老天爷，这回，你可是真的中了！"

虽说是在意料之中，但好消息真的来临时，夫之却不敢相信自己的耳朵，竟顿时愣在那里。唐克峻又重重地拍了一下他的肩膀，他才回过神来，喜极而泣。大哥也中了，只是排名靠后。夫之真是高兴。但美中不足的是：唐克峻却落榜了。

王介之对唐克峻道："天不长眼！可惜，可惜啊！"

夫之一边替挚友惋惜，一边要亲自看看榜单上自己的名字。他向两人打了个招呼，便急不可耐，一溜烟跑向考试院。沿途有人喜笑颜开，有人痛哭哀嚎；有人春风得意，有人面如死灰。

迎面看见夏汝弼，中间还隔着几个人，夫之就挥着手，大声喊道："叔直！"夏汝弼看见夫之，狂喊一声："老天爷，我中了！"随后，他仰天长啸，疯子一般大喊大叫："夫之，你也中了，介之、冶仲、国相、季林、统鲁、乃蔚，你们都中了！哈哈哈！"

贡院放榜处围满了人，人头攒动。每个人仰着脑袋，尽力往里面挤。夫之在榜单第一列就看到自己的名字，心头一热。定定神后，夫之继续看下去，他的大哥王介之也在列，叔直、冶仲、季林、大系、乃蔚等的名字也都在列。他突然想到了二哥，若他来赶考，是否也能名列其中？

夫之回到客栈，还没进门，又快乐地喊："大哥，我中了，第五。"刚要进门，他又拉着店小二的手，大喊："我中了。"

店小二看了他一眼，笑道："恭喜公子，贺喜公子。"

见了大哥，夫之又大笑："大哥，快些找人，给父亲大人报信。"

王介之笑道："还用你提醒！早找了差役，快马加鞭赶赴衡州了。"

提到衡州，想到王衙坪的家，夫之突然又有些怅然若失。是的，他又想到了二哥。他觉得，若二哥也来参加秋闱，那么，二哥一定也会金榜题名。那样的话，他们就是一门三杰了，该有多圆满！

当晚，衡州学子会聚一堂，在饭馆里摆了好大一桌，要了几坛子酒，开怀畅饮。

没过几天，巡抚举办鹿鸣宴，宴请中举之人，各位管房和考官也悉数到场，唱着《鹿鸣》诗，跳着魁星舞，夫之打心眼里高兴。看着满座高朋，他仿佛触摸到光辉的未来，心想："这才是我要的人生啊。"大伙举着酒杯，向各位老师敬酒。

夫之来到一位慈眉善目的老者面前，报上姓名，就要喝酒。听到他的名字，老者眼睛一亮，温敦道："哦，你便是衡州王夫之！"

不知面前是何人，夫之有些诚惶诚恐："学生正是。"

老者道："果然仪表堂堂，后生可畏。老朽甚喜欢你之文章，尤其

《春秋》经义，行文流畅，微言大义，字里行间，很有见地。"

此时又走来两位先生，一位看上去三十岁出头，红光满面，嘴角一颗黑痣格外显眼；另一位则年过不惑，清秀俊朗，神情笃定。

长着黑痣的那位先生向与夫之谈话的老者鞠了一躬，然后，指着老者对夫之道："这位乃此次秋闱总管房欧阳霖大人，大人对你的文章赞不绝口，赏了你一个《春秋》经魁！你算是遇见伯乐了。"

另一位先生则娓娓赞道："欧阳公遇见千里马矣。"听及此，夫之激动万分，赶忙鞠躬拜谢恩师。

欧阳霖捋着胡子，呵呵一笑道："难道只有老朽喜欢夫之文章？章大人、蔡大人，你们不是也对夫之宏文大加赞赏么？"

知道两位先生是章旷大人和蔡道宪大人，夫之又赶忙鞠躬致敬。

章旷爽朗一笑，回礼道："文如其人，果然与众不同。夫之文章藏属天下之心，可见忠肝义胆，凛然正气，又能直面现实，直抒胸臆，且评论时政，掷地有声，将来一定可为有用之才。"

蔡道宪则语重心长地道："年轻人，锋芒毕露虽好，但仍需研习磨练。成大事者，忍为上，屈伸有度。"

当天，夫之和三位老师聊了很久，畅谈千古文章、圣人之学和天下局势。欧阳霖对夫之十分喜欢，夫之对他也尊敬有加，也心存感激，言谈举止，尽显谦逊。夫之同样也感恩蔡道宪的善意提醒。蔡道宪为长沙知州，为人光明磊落，勤政爱民，而且学识渊博，文采非凡。早在岳麓书院之时，夫之就听过他讲课。章旷不一样，他性格豪放，为人刚正，他与夫之一见如故。酒席散尽，告别了欧阳霖，章旷就和夫之、管嗣裘等出去继续喝酒，把酒畅谈到深夜，他期望夫之等能够好好读书，正直做人，将来一同为国效劳，夫之欣然应诺。在武昌的日子，夫之和管嗣裘等还常去章旷住宿之处，向其讨教学问。

有一天，一位学生突然出现在章旷面前，他不请自到，淡定入席，举杯敬酒，自报姓名郑古爱。

章旷眼前一亮，道："你之行文我甚欢喜，古朴、厚重而不拖沓。"

郑古爱言行举止十分得体，看上去，少年老成，沉稳持重，谦和温驯，与章旷也相谈甚欢。后来，他也成了章旷最为得意的门生之一，跟着章旷与清人作战，甚至入了南明朝廷做官，仕途比夫之要顺当许多。

隔日，夫之前去欧阳霖住处，拜师求学。欧阳霖真心收了这位弟子，和他推心置腹，谈经论道，也给予他谆谆教诲。

欧阳霖忽然道："夫之，实不相瞒，以你之才，可位列三甲，章公力推你，但被我拦下。"

夫之大吃一惊：一位考官把最不该透露的秘密都透露了，这非同小可，从中也可看出这位考官的磊落胸怀。夫之惶恐道："愚自知才情不及魁首，请老师指点！"

欧阳霖摇摇头，沉默良久，才语重心长道："你有大才！然则，锋芒太过！历史上，有大才而锋芒太过者，毁之者众矣。"此话不正是蔡道宪大人当面提及过的吗？

夫之的脸上火辣辣的，知道老师讲的是真话，也是实话，内心甚是忐忑。

欧阳霖喝了口茶，意味深长地说："锋芒毕露易招是非。鄙人以文度人久矣，难改本性。蔡大人也是此意。你之文章本应位列三甲，却不可为三甲。磨一下，无害于你。但愿你不至于怨我。"

"岂敢，岂敢！恩师是保护夫之，若不然，也不会收为弟子。"夫之大抵能参透恩师话中玄机，类似的话，他不是第一次听说，父亲说过，大哥说过，身边的朋友也说过，以前均没放在心上。这一次，欧阳霖和蔡道宪特地让他"栽一个小跟头"，却让他心悦诚服，并深深记在了心里。

"老朽在此多言一句：世道凶险。你等前途无量。他日为国效力，切戒冲动鲁莽，天下大事，谋略至上。"欧阳霖见夫之理解他一片苦心，很是欣慰。后来几日，夫之几乎都去欧阳霖那里请安，师徒二人知无不言，言无不尽。

数日后，夫之依依不舍告别了恩师。欧阳霖叮嘱他，有机会经江西，便去看看他。夫之连声诺诺。送走了恩师，夫之迫不及待，和众多好友结伴，兴高采烈地上了黄鹤楼。

当李国相打开酒坛，酒香扑鼻而来，夫之的身子猛然一震，哈哈笑了出来。此时，夏叔直独自在一旁抚琴，郭凤跹就安静地坐在一旁，屏气听琴，欣赏江景。

同上黄鹤楼的不只衡州诸生，还有湘乡的几位举人。听着夏叔直的琴声，众人思绪缥缈，踌躇满志，纷纷自我介绍。

一位年近半百、衣着华贵的老生抱拳道："湘乡欧阳山公镇！"众人连忙起立，点头称诺。

一位眉清目秀、风度翩翩的少年道："湘乡龙孔蒸季霞。"

又一位敦实健硕、阳光硬朗的书生道："湘乡洪业嘉伯修。"

最后，一位温文尔雅、谈笑风生的书生拱拱手，朗声道："湘乡刘象贤若启。"

湘乡与衡州同在南岳七十二峰之内。湘乡诸子与衡州书生都早有耳闻，故而都有一见如故的感觉，不一会儿便打成了一片。与众书生相互寒暄交流一番后，夫之笑着从管嗣裘手中夺过酒壶，仰起脖子喝了几口，接着，他提起匡社的事情，以及他的远大抱负。从前，他苦苦追求功名，怜悯自己怀才不遇，痛骂现实政治黑暗，借酒消愁愁更愁，希望越来越渺茫，他几乎沉沦下去。今日，所有的不快似乎都消失了，他对自己充满了希望，对未来也充满希望，一切都变成了美好的，就连冠冕堂皇的说辞、浮夸失态的表情也都被允许了，而喝酒吟诗则成了恰到好处的表达。

然而，现实却是如此的残酷。

秋闱之后是春闱，乡试之后是会试。那日，走在武昌的大街上，夫之、夏汝弼与湘乡众举人，商谈着第二年春闱之事。

欧阳镇背着手，抬头问："夫之，你等计划何时上京？"

夫之叹了一口气，不无忧虑道："听闻李自成已攻陷洛阳。"

洪业嘉方才还是闲庭信步，闻此停步驻足，幽幽地插上一句："此可甚为不妙。"

欧阳镇思忖片刻，沉声道："最坏打算，总不会攻破京师吧？"

夫之附和道："大明国衰，然，尚不至于京城失陷。"

洪伯修却直言："亦难说。民乱大有愈演愈烈之势。"

欧阳镇道："国事如此，我等徒奈其何！"

夫之鼓气道："京师非比地方，兵雄将多，无须多虑。李自成岂有进京胆量？单兵奇袭，出陕东进千里，已是强弩之末，或将收兵。"

洪伯修忧心忡忡："河南多半于乱民之手，我等何以进京赶考？"

欧阳镇道："大道通天，我等可取道皖冀北上。"

夫之见众人说不到点子上，便不再言语。众人谈天说地时，夏汝弼安安静静地走在路的最边缘。另一边，龙孔蒸在各种摊点上挑来拣去，与商户们絮絮叨叨，不知说些什么。眼见夫之从眼前走过，龙孔蒸追上来，笑道："夫之，明年此时，我等应已在京城。"

此语一出，众人想到了美好未来，也纷纷叫好。

此时的夫之并不知道，张献忠已经快打到武昌了。

几日之后，夫之和大哥登上了东去的客船，一叶扁舟，浮游江上，往南昌开去。多日不见，夫之又想起欧阳霖，他和恩师还没谈够，心中还有很多疑团，他需要恩师传道授业解惑。而王介之也想顺道拜访父亲在江西的旧友和亲朋，毕竟父亲已经常年不出门，不问门外事，临行之时，他特别嘱咐长子代他走趟江西，向各位亲友请安问好，更何况王家兄弟同时中举，委实难得，如此喜事，他们也想告知亲戚朋友。

兄弟二人每到一处，都会受到热情款待，甚至，连原来不再联系王家的亲戚也前去祝贺，风光无限。

夫之一副飘飘然的样子，满心欢喜地进了老师家。欧阳霖却当头泼了他一瓢冷水，告诫他，不要得意忘形，狂妄只会迷失心智。不过，欧阳霖见夫之来拜访，心里终究很高兴，他让家人准备了好酒好菜，师徒二人把酒畅谈，说尽天下事。

临别，欧阳霖拉着夫之的手，殷殷叮嘱道："时不我待，眼下大明正用人之际，省亲过后，尽快北上，准备来年春闱。你为难得之才，定不能虚掷光阴。"

"学生记住了。"听完恩师的话，夫之挥手道别。

鹿回头，雁南归。夫之一行加快了回家的步伐。

4. 一路泥泞

抵达衡州，还在回家的半路上，王介之、夫之就被乡民围住了。

信使早在一月之前抵达衡州，听闻两个儿子同时中举，夫之还得了一个第五名，王家上下欢天喜地。王廷聘也知道了消息，他高兴，逢人就说两个侄子同时中举。加之管嗣裘、夏汝弼他们先于夫之回到衡州，所以，王家两兄弟同时中举之事早已经传遍了大街小巷。

人们啧啧称赞："衡州了不得，湖广乡试，共百余举人，衡州出了七个；王衙坪王家更不得了，衡州七个举人，王家就占了两个。王家兄弟二人同榜题名，奇哉！奇哉！"

郡学里也是一片热闹，学子三三两两，交头接耳，议论纷纷："湖广学子千万，秋闱放榜，中举人者，区区百人，衡州就有七人，不说不知道，这七人均为匡社成员！牛气啊！"

一传十，十传百，匡社一下子火起来。仿佛中举之所，全拜匡社所赐，结果不到一个月，就有上百人前来报名，可谓盛况空前。管嗣裘、夏汝弼、李国相等人因为要准备来年春闱之事，匡社的事情也就落到文之勇等人的头上。那些天，每日都有人前来求学问道、报名入社，文之勇已经忙不过来了，虽说，他未中举，心里也有些不是滋味，但是，见匡社兴起，心情也渐渐好起来了。

熟悉的人向王介之、王夫之道喜，不熟悉的人也都争相围观，仿佛他们和常人长得不同。他们不厌其烦向众人一一回礼，小半天才走完一条街。

进了家门，王介之和夫之先给祖宗们上香，接着跪拜父亲，又给母亲请安。一切礼节走完，夫之走回房间洗漱更衣，才发现妻子怀孕了，原来，他走时妻子就已经察觉到了，只是一来怕他分心，二来也不太肯定，所以也就没和他说。先是金榜题名，接着又快做父亲，夫之感怀颇深，心绪却出奇地平和，仿佛一瞬间长大了不少！这是属于夫之的美好时光，老天对他不薄，短短三个月，他的美梦都成真了，人生仿佛才刚刚开始，一切都是那么绚丽夺目。

王参之并未预见，从此，他再也没有下一次秋闱机会。

当晚，王家大院灯火通明，欢天喜地，王衙坪的父老乡亲围坐在一起，分享着王家的快乐与喜悦。端着酒杯，夫之向每一位宾客敬酒，更是和二叔连干了三碗，满面绯红的他，醉眼蒙眬，开怀大笑。

这是值得记住的日子。王家人沉浸在幸福里。

然而，时不待我。夫之并没有时间享受天伦之乐，他该北上了。

崇祯十五年（1642）深冬，湖湘裹在冷冷的湿气中，江上一叶扁舟摇摇晃晃，舱内，夫之凝眉思索，听着江水，看着远山。

自衡州登船，沿着湘江北去，不知不觉，夫之已经漂了三天三夜，离家足有一百八十多里，赴京赶考的激动已经平复，背井离乡的悲凉早压过进京赶考的喜悦。还好，他不是独自远行，有大哥陪伴，他心里增添了底气，也不觉得孤单。看着巍巍衡山和浩浩湘江，他开始憧憬北方的京城。哗啦哗啦，连日来，只有船桨划动水面的声音在耳边回荡，久了，他又想起爹娘和兄弟，又免不了哀伤。

向北，再向北，然后，向东！夫之早就计划好了，北上之际，他要先拜会自己的恩师欧阳霖，于是，船至朱亭，他们弃舟东行，入江西，到宜春，下袁河乘船一路东上，再入赣江，沿赣江北上。其间，经过每个州县，夫之都会写下文章札记，没写札记的则以诗歌取而代之，后来，统一集为《江行代记》①。七首写完，不知不觉近两个月过去，南昌也到了。

那日，正是新年，两岸倒影万家灯火，烟花四起，爆竹声声，乌油油的江面，安静又冷清。开了一壶酒，点了几个小菜，王介之和夫之对面而坐，也算是过年了，先敬了祖宗，又念了父亲，兄弟二人喝酒谈天。乘着酒兴，夫之向大哥说自己此次北上京城的宏伟计划。在这个计

① 王夫之《江行代记》，原录于《述病枕忆得》，摘引于《王船山诗文集（下册）》，中华书局1962年版，第518—520页。

划里，他会在京城结交很多志同道合的同仁，也会结识一些慧眼识珠的官员，然后，他会金榜题名，接着便会平步青云，一展才华。王介之听后却直摇头，委婉地提醒道："夫之，京城不是衡州，远非你所想象。"

大哥是在京城待过的，可是，夫之却不信。临行之时，他就向父亲承诺，认真准备来年春闱，誓要登科及第，并夸下海口要广交天下君子豪杰，大展拳脚，干一番事业，不然，就不回家。他要父亲等他好消息。父亲却告诫道："勿要狂言，不能轻信于人，更不能攀龙附凤。切记：要坚守读书人的信条和节操，千万不要过那种拉帮结派、酒肉笙歌的生活。"

夜深人静，夫之酒醒难眠，思绪万千，起身点上油灯，挥笔写下《上举主欧阳公》："明堂玉简从封禅，方今圣人待者谁？九韶再奏两阶羽，孤鸟有情唯凤知。"[1] 文章师承古风，大气磅礴，情真意切。夫之回忆心路历程，感叹时事纷乱，陈述远大志向，感谢知遇之恩，当然，也充分肯定了自己的才华。

正元日终于抵达南昌，满街大红灯笼高挂，做生意的小贩喊声震天，熙熙攘攘的人群中间不时出现三三两两灰头土脸的士兵，一副吊儿郎当的样子。他们肆无忌惮地拿这家的糖果，抢那家的包子，众人纷纷侧目，他们却毫不在意，趾高气扬，嚣张而去。夫之并未多想，他在店铺买了礼物，兴冲冲去了欧阳霖家。

欧阳霖出门热情迎接兄弟二人，看茶赐座。夫之拜过恩师，送上礼物，声称北上赶考。

欧阳霖闻此，惊愕不已。只见他垂首良久，才缓缓地吐出一口气，盯着王家兄弟，低沉而严肃道："北京定是去不得了。路途太过凶险。李自成控制了鄂北，张献忠控制了赣北，战事纷乱，刀光剑影，保住性命要紧，最好先行回乡。"

此言一出，夫之当场就呆住了。年前，他们还在武昌欢聚，畅谈家

---

[1] 王夫之《上欧阳举主》，原录于《述病枕忆得》，摘引于《王船山诗文集（下册）》，中华书局 1962 年版，第 517 页。另见，清康和声著，彭崇伟编《湖湘文库》之《王船山先生南岳诗文事略》，第 6 页，湖南人民出版社 2009 年版。

事国事，抒发理想情怀，怎么现在连长江也过不了了？夫之不信！他辩道："听闻刘良佐将军取得了大胜，张献忠是强弩之末，更何况湖北还有左良玉将军大军尚在！"

欧阳霖只顾叹息和摇头。战争的事情都是瞬息万变。仅仅几个月的时间，长江北岸局势就发生巨变。偏安一隅，消息闭塞，在衡州的夫之等人竟全然不知，只一门子心思想着北上赶考。

崇祯十四年（1641），张献忠兵败投奔李自成，险些丧命。后来，他带着五百人往东逃走，一路上招兵买马，无数流民跟了他，很快又成了一支队伍。适逢李自成围攻开封，督师丁启睿和左良玉等明军主力，皆北上救援开封，安徽空虚。是年底，张献忠趁机攻占了亳州，又入霍山，与"革左五营"会合，"革左五营"是由老回回马守应、革里眼贺一龙、左金王贺锦、争世王刘希尧、乱地王蔺养成五营联军组成，均为当年十一路义军七十二营的兄弟。不到半年，张献忠又东山再起了，实力几乎盖过了李自成。翌年二月，张献忠率义军攻陷了舒城、六安，进克庐州，杀知府郑履祥，又连下无为、庐江，并在巢湖训练水军，接着又打败了总兵官黄得功、刘良佐的官军。崇祯皇帝大为震怒，凤阳总督高斗光、安庆巡抚郑二阳被逮治，马士英走马上任，督师刘良佐清剿义军。而在西面，左良玉带领大军撤回襄阳，导致明军溃散，李自成也顺利拿下了开封，转过头，又向西南杀去，与孙传庭的部队过招。

让崇祯稍感安慰的是，当年十月间，刘良佐大胜张献忠等义军。败给刘良佐后，张献忠率残部西走郸水，"革左五营"则一路往北，投靠了李自成。

所以，夫之秋闱之时，虽然周围危机四伏，但武昌当时还算太平。

然而好景不长，李自成很快打败了孙传庭部队，带着合并后的大军一路杀向襄阳。左良玉先前在襄阳和李自成交过手，吃过败仗。听闻李自成大兵压境，他带着二十万部队一路往东，避到九江。李自成不费吹灰之力占领了襄阳。为避李自成，左良玉尽撤湖广兵东下。张献忠也不甘寂寞，乘机攻占了黄梅、郸州，又一路扑向空虚的武昌。李自成攻打襄阳，张献忠西进湖北。此时正是崇祯十六年（1643）正月的事情，而夫之也不偏不倚在新旧之年交替的时候来到了江西，北上武昌又正好赶上左良玉的大军撤退九江。

历史就是这么巧合。夫之走到了历史的交叉点上，但是，他并没有意识到。如果不是恩公欧阳霖的点醒，以他的个性一路执意北上，兴许手无寸铁的他会被李自成或张献忠的悍兵无情地撕成碎片。

这是夫之仅有的一次进京赶考。从此以后，作为一个明朝举人，他将再无殿试可考；这是他最后一次来到长江。从此以后，作为一介书生，他再也无法越过这道天堑。

失望、沮丧、愤怒、恐惧，无数种情绪充斥心中，夫之却不想认命，他还想挣扎，他昂头道："天无绝人之路，鄂、赣、皖不通，在下继续往东，取扬州过江，沿运河北去，总会有办法的。"

欧阳霖既感动，又心疼，叹道："夫之，为师甚能理解你之心情，但是，凡事不能强求，更不要过分坚持。有念虽好，但执念须慎。苏南又能好到哪里去？过得长江，上不得运河；上得运河，过不得淮河。苏北已是流寇天下。人人避战祸，何故命送虎口！"

王介之比较清醒，虽然悲痛，但他还是接受了欧阳霖的规劝。不过，夫之固执，还在挣扎。他心有不甘啊。

欧阳霖又道："你且不要灰心，待时局稳定，再北上不迟。为师估计，眼下局势，天下将有大半举人无法赶赴京师，春闱定要延期。"

听完恩师这番话，夫之心一怔，觉得不无道理。他总算稳住了情绪，道："恩公，真是让您见笑了。您看，愚生还是沉不住气。"

欧阳霖见状，捻了捻胡须，长长地舒了一口气："上次在武昌，老朽特地说过，你要磨一磨。"

吃完午饭，欧阳霖带着夫之兄弟和一众友人去了龙沙。

夫之心里仍是沉甸甸的，玩也玩得不开心，眼见美景，已无兴致，正所谓："池开沙月白，门对杏榆清。墨脱蜗盘重，木乔鸟胴深。昔贤传雪泛，久旅爱冬晴。离乱集师友，兹游未可轻。"①想到江北局势险恶，夫之岂能不忧心忡忡呢？

从南昌折返，夫之兄弟二人并没有沿原途返回，而是沿着赣江南下，抵达吉州（今吉安）。舟车劳顿，抵达炎陵。从炎陵入洣水，乘船西下。过茶陵，经攸县，抵达衡东。一路上，江水清浅，重峦叠嶂，沙汀危石，风景好不秀丽，但是，夫之无心观赏，越往西南，离战场越远，却是更加忧虑北方的战事。这一路，他在《江行代记》系列中写下一诗明志："虏兵入卫气骄横，归路庐陵屡夜惊。取次诸宫成贼垒，萧条淮北尽空城。家山近望怜征雁，溪路含愁听早莺。还恐南枝栖不稳，晓来星影射长庚。"身在赣江却念着长江，身在湘江却想着淮河，他就是征雁，来不及展翅即折返；他就是早莺，刚一啼鸣已泣不成声。

春天里，忽然有好消息传来：皇帝昭告天下，今年春闱推迟至下年举行。虽然来年能否如期举行春闱大考尚不可知，但皇上既已昭告，至少说明大明王朝还在，科考机构还在运转。

然而，夏天刚到，一个坏消息传来：张献忠占领了武昌，处死楚王，与部下分食其肉，同时尽取宫中金银各百万，辇载数百车不尽。发银六百余万两，召集各地流民，在武昌建立大西政权，自称"大西王"，设六部和五军都督府，及委派地方官吏。改武昌曰天授府，并开科取士，招揽人才，共录取进士三十名，廪膳生四十八名，都授以州县官职。

夫之等人惊呆了。

与此同时，李自成占领襄阳，自称"新顺王"，招抚流亡农民，给牛种，赈贫困，畜孳生，务农桑，又募民垦田，收其籽粒以饷军。

夫之更是惊骇：这已经不是简单的流民作乱，而是大有改朝换代之势。流贼如此，书生何为？

屋漏偏遭连夜雨。是年三月，李自成杀掉罗汝才、马首应等，吞并了他们的部队；四月，杀叛将袁时中。此时，浩浩荡荡的农民军千流合

---

① 王夫之《欧阳公招游龙沙同刘曲溟周二丕泊齐年诸子寺有汤临川手题即用为起句》，原录于《述病枕忆得》，摘引于《王船山诗文集（下册）》，中华书局 1962 年版，第 517 页。

一，都举着李自成和张献忠两面大旗。

同时，大明将领左良玉从江西带兵西进，一路斩杀大西政权的官吏。张献忠两面受敌，大西政权眼看就要土崩瓦解。张献忠知道武昌守不住了，情急之下，旋即带兵南下，剑指湖湘。

5. 衡州殛

夫之一生的苦难从此开始，并再无休止，就在那个混乱而不祥的崇祯十六年（1643）。

那一年，本该是他幸福的一年。春天，他本来可以进京赶考，以期金榜题名，走上仕途；那一年，他的第一个儿子王勿药降临世界，他当上了父亲。不承想，喜悦都在刚刚降临之时变成创痛，他去不了京城。接下来，又要与儿子分离，他甚至没有记清楚儿子的模样。

八月间，桂花飘香，鸿雁南归，秋高气爽，衡州郡学，夫之和匡社兄弟正在议论国事和春闱。不知怎的，话题扯到了"国之败始于老实人吃亏"这个议题。夫之道：总有人问，为什么任何朝代开国之初，政治都很清明。道理其实很简单，战争的洗礼中，只有那些不怕死的老实人和不怕吃亏的军队才能最后赢得天下。而在和平时期，一旦不要用性命相搏，老实人总是忍让，结果就是小人得志，最后这个天下就烂掉了。等烂到无法收拾，烂到人人必须靠性命相搏才能获得生存空间的时候，新一代的老实人就会再次坐到新的江山。所谓分久必合，合久必分，此乃天道使然，更是人性使然也。

这个话题要是在平时，一定会得到匡社兄弟的激烈辩论，但这一回，国难当头，谁也没有心思再去思考和辩论了。

管嗣裘跳过这个话题，说起自己赴京赶考的事。他说：年初，他和郭凤跹一起北上，沿着湘江到了武昌，游历了一番，拜访老师同学，不日，就听闻李自成攻占了襄阳。虽然心中害怕，但还是继续北上。岂知刚出城就听闻张献忠杀到鄂北了。他们犹豫不决，又退回到城内。很快就看见一队队大明的士兵往城外走，他们以为士兵去襄阳鄂北杀敌，哪知道是去江西的。国破家亡之际，左良玉竟然带兵东撤！管嗣裘当即就骂他们懦夫，结果被抓了起来。多亏武昌的师友营救才算逃过一劫。师友们都劝他们先回衡州，静观局势变化，再做打算。他们不想当懦夫，誓要与流贼玉石俱焚。师友纷纷说他们糊涂。想想也是，他们这贫弱书生身在异乡能够怎样？战火纷飞读书人也跟着遭殃。很多从鄂北逃回来的读书人说，李自成和张献忠所经之处，到处抓读书人，为他们所用，不归顺服从者，当即被斩杀。在武昌恐惧和踟蹰了很久，管嗣裘和郭凤跹终究还是灰溜溜地回来了。

有着同样经历的还有李国相。他一个人上路，已经到了麻城！却见张献忠的兵勇拿着手册抓人，每个州府都有举人秀才的册子，他们就盯上了这些还没登科及第的读书人。他们杀人放火，打家劫舍，急需一批书生给他们粉饰太平。李国相几次差点命丧刀口，幸而他练过功夫，身体矫健。更何况，他不是麻城人，兵勇也不晓得他姓甚名谁，混在难民当中，他跑了出来。然而，张献忠也懂得计策，烧杀抢夺之后，就给百姓放粮发钱，沿途大批百姓加入了他们的部队，在麻城就有数以万计。他们不仅需要找读书人宣传和造势，更需要找读书人替他们做官，治理地方。讲到这里，李国相愤慨道："各位兄弟，此绝非乌合之众，大有改朝换代之势。"

夫之正色道："万不能为流寇效命！若来犯衡州，吾辈宁死不从。"

李国相拍案而起，道："衡州男儿皆义士，不为流寇始折腰。"

管嗣裘也愤愤不平："唯贪生怕死之徒，才向流寇俯首称臣。"

正在这时，刘子参陪同衡州知府郑逢元来到了郡学，与师生们会面交流。刘子参早于夫之中举，却未中进士，但他结识了郑逢元。郑在衡州先是任同知，后来升任知府。此次，他是通知郡学的举人们商量明年春闱事宜。谈话间，郑大人满面愁云，学子们进京赶考都成了问题，实际上说明京城已经陷入险境，京城北方被清军包围，南方被农民军割断，谁都看得出明王朝已危在旦夕。

郑逢元向学子们讲了一番严峻形势后，道："眼下，李、张势力均在鄂，恐祸及三湘！"

奚鼎铉却不以为然："自古得中原者得天下，想必贼寇关注的应是江北，一时半刻，战祸可能还到不了湖湘。"

刘子参眉头紧锁："诸位不要大意。江南久无战事，百姓安逸，又军力薄弱，疏于操练，若贼寇来犯，后果怕是不堪设想。"

夫之义愤填膺："若寇犯衡州，必挥刀相向，誓与衡州共存亡。"

郑逢元闻此欣慰，看着夫之，道："衡州男儿有此气节，实为难得，然不可逞匹夫之勇，平寇打仗乃官府与军队之事，你等皆为举人，是大明希望，万不能白白牺牲。贼寇若来，郑某当身先士卒。"说到这里，郑逢元停了一下，面对一双双坚毅目光，又提声道："为官者，守城有责；为兵者，牺牲为义。我等死不足惜，你等诸生则务必保清白之身，待时局稳定，没有你等读书人，重振大明当是空话！"

那一刻，夫之觉得郑逢元很正气，很威勇，很高大。

突然，一名信使慌慌张张赶来，远远地就喊着"报"，差点被门槛绊倒。郑逢元肃声道："何事如此慌张？有失体统！"

信使喘着气，低着头，唯唯诺诺，看四周人多，不敢说话。郑逢元道："但说无妨。"

众人这才知道，张献忠率二十万重兵南下，湘北守军纷纷溃逃，张已攻占岳州和长沙，蔡道宪英勇就义。蔡虽然身为文官，却有一腔热血，他招募五千民兵，誓与长沙共存亡，寡不敌众，最终被俘，却宁死不屈，后被张献忠砍了脑袋。

眼下，张献忠正挥师向衡州杀来。

阅卷恩师殉难，夫之等愤慨万分，一时之间，大有冲入战场、杀敌报仇的冲动，完全忘却了惊慌与恐惧。

情况危急，郑逢元顾不上跟各位打招呼，匆匆打道回府。

很快，衡州乱成一团，百姓纷纷收拾家当，四下逃散。读书人个个提心吊胆，生怕被张献忠抓去。夫之三兄弟急忙回到家中，和父亲、叔父商量对策。整个衡州都知道王衙坪有个王家，世代书香，一门举人秀才，张献忠的部下肯定会找来，不逃走是万万不行的。夫之以为父亲会闻风而动，岂知王朝聘一脸肃穆，岿然不动。他已经很老了，老得几乎走不动了，所以，他不相信张献忠还要抓他去做官。不过，王介之不放心，道："不怕一万，只怕万一。请父亲大人一起到衡山暂避。"

王朝聘绷脸道："我哪里也不去，死也死在此处。"

王朝聘让他们赶快走，谭氏也让他们赶快走，妻子们抱着刚刚出生的儿子也让他们赶快走。虽然一万个不放心，但夫之和大哥、二哥还是留下妻儿老小，进了深山老林。由于生怕被张献忠抓住，三兄弟选择分开避乱，夫之和大哥一起，二哥和二叔一起。

他们做了最坏打算："纵使被执，亦不至满门尽丧。"并且打定主意：一旦被抓，绝不偷生。

起初，夫之和大哥直奔南岳双髻峰下的舅父谭玉卿家，各种消息也通过舅父传到夫之那里。张献忠来犯，郑逢元和刘子参率领衡州驻兵与贼寇殊死抵抗，最终，寡不敌众，撤退湘西南。占领衡州后，张献忠四处征募士绅，不归顺者直接就被投入湘江，大批有志的读书人都逃亡到了山中。听罢，夫之胆战心惊，又愤怒不已。

舅父道："听闻，李国相砍去自己一臂！"

舅父又道："管生嗣箕被执，宁死不屈。"

夫之惊愕万分。顿时，敬佩挚友的血性，失去一臂，废人不可用，张献忠抓李国相也就没意义了。而管嗣裘避祸山中，张献忠寻其不得，便抓了他的弟弟管嗣箕，以死要挟其说出哥哥下落。管嗣箕宁死也不说哥哥身在何处，张献忠只好将其押入大牢，等管嗣裘现身。其时，管嗣裘躲入深山，后来，又一路向南，去广州投奔明军，以图报国，所以，并不知兄弟被俘之事。

让夫之痛惜的是，奚鼎铉居然归顺了张献忠，正带着张献忠的人四下搜捕士绅。

夫之扼腕道："中雪何以投贼？此话不可信也！"

说话的当口，一队兵马已经杀到双髻峰附近。情急之下，舅父谭玉卿把他们送到树林深处一个草屋内，半天过后，兵勇遍寻无果，才怏怏离开。

王介之突然提议道："夫之，咱们去黑沙潭吧！"

夫之一惊，道："大难临头，您还有心于山水？"

王介之淡然道："此时不去，更待何时？"

转念，夫之又觉得有道理。不能在此让舅父全家胆战心惊啊。二人遂执意前往黑沙潭。此时空谷幽深，鸟鸣阵阵，看着漫山的枫树林，听着叮咚的溪流，王介之已然将生死置之度外，捧了一捧泉水放到脸上，轻描淡写道："如葬身此地，亦无憾矣！"

夫之心头一颤，转头，看见大哥目光如炬，以至于他不敢相信这是他一向驯良的大哥，关键时刻，视死如归。

拾级而上，在林中穿行，转角处，他们看到了方广寺。性翰法师正好从内堂走出来，看到夫之兄弟二人，他面露恐惧，慌乱道："王家二位公子，兵荒马乱，何故造访敝寺？"原来，一炷香工夫之前，搜拿书生的士兵刚刚从这里离开，而且还抓了一位避难的书生。

夫之道："危难时刻，特借宝寺一避，顺便讨口斋饭！"

性翰念了声"阿弥陀佛"，随后拿来两只野果。实际上，此时的方广寺没有什么和尚了，大火之后，只剩下性翰，还有几个小沙弥，衣不蔽体，食不果腹。

性翰道："昨天下山为数位亡灵超度，差点回不到山上。寺内粮食早断，只找到这两只野果，还望两位海涵。"

时局艰险，无清净之地。了解性翰的难处和疾苦，夫之甚为伤感："法师，您无需为我等张罗。王家兄弟为叨扰您而不安呢。"

性翰双手合十，道："言重了。敝寺尚能避风遮雨。如今衡州已成人间地狱，血流成河，至为痛哉。"言罢，他的眼中闪现泪光。

夫之一声长叹："飞来横祸，衡州不幸。"

一人一只野果，对早已饥肠辘辘的王家兄弟而言，自然填不饱肚子。但乱世之中，人人自危。夫之和王介之不便在此过分打扰，只好告辞，并一路往南，去了西明寺。

西明寺香火鼎盛，木鱼声声，一片宁静。苍枝和尚倚在门口，远远看到两位书生，连忙念了一声："阿弥陀佛，原来是王家两公子，别来无恙？"边说边把他们引进了门。大殿内，悟一大师正在打坐念经，夫之不敢惊扰，便跟着苍枝去了侧殿，不想在里面见了几个书生。他们都是来避祸的，据苍枝说，这些日子，寺里收容了不少流落书生。

"阿弥陀佛！"这时，悟一大师走了进来，几年不见，他显得苍老很多，慈祥的面庞上游走着淡淡的哀伤。他趋前问道："从性翰处过来？"夫之一惊：他怎么知道？来不及回答，肚子咕咕叫了几声，悟一大师便让苍枝去弄斋饭，予以款待。王家兄弟有些窘迫。悟一大师道："兵荒马乱，粗茶淡饭，只能将就了。"

"敢问大师，贵寺也遭战祸之害了？"夫之注意到悟一大师眼角的哀伤，不禁小心问道。

原来，昨日西明寺刚死了一位书生。一群乱兵堂而皇之闯进寺内，抓住了几位避祸的书生，恐惧之下，书生们都跟着乱兵去了衡州，唯独有一位书生执意不愿为张献忠效命，乱兵便要杀人。悟一大师苦苦规劝："佛门净地，勿要造次。请刀下留人！"

但乱兵们甚为嚣张，为首的脸上有块刀疤，他挥着刀，给了那位书生一刀，鲜血激溅了一地，书生当即命丧佛堂，乱兵们扬长而去。

悟一大师既惊又气。惊的是，这伙乱兵如此残忍；气的是，佛家重地，自己竟然无法阻挡悲剧的发生！那名不该死的书生原以为来到佛堂便能自保，哪知世上还有这种无法无天的暴徒！悟一大师气得半天说不出话。过了好一会儿，他才悲愤交加，差僧人清理佛堂，厚葬了书生，并召集众僧为亡灵超度。

夫之闻此咬牙道："张贼乱兵太猖狂。大师功德无量。"

此时悟一大师倒是一脸平静："出家人以慈悲为怀。逆天理者不会有好下场！"

当得知眼前两位书生是王家公子时，从小寺后门里突然走出一位书生，他一脸惊慌，趔趄着走到夫之面前，说出了一个天大的坏消息。他说他刚从衡州逃出来，王朝聘先生被抓走了。那些乱兵本来是去找夫之三兄弟的，但王朝聘谎称，儿子进京赶考去了，不在衡州。乱兵有些不信，但搜遍王衙坪，也看不到三兄弟的影子。乱兵抓着王家一个家丁，一番拷打，家丁只好交代，说是前几日还见过他们三兄弟，但现在不知道去了哪里。乱兵勃然大怒，重新踹开王家大门，一把抓住王朝聘老人，骂道："你这个老东西，你要敬酒不吃吃罚酒吗？"边骂边逼老人交出三个儿子。

王朝聘冷笑道："老朽行将就木，要人没有，要命一条！"

王朝聘神情坚定，一副视死如归的气派。王朝聘从容沐浴更衣，穿着白色长褂，再到祖宗前跪拜告别后，遂跟着众兵走出了家门。

张献忠的部下艾能奇闻讯升堂，当看见王朝聘被乱兵头子推搡着走进来，他立即上前朝乱兵头子赏了一个耳光，骂道："恭请尊贵的客人，怎能如此鲁莽？"边骂边去拉王朝聘的手，想去安抚一番。谁知王朝聘用力一拨，哼一声，凛然道："流寇贼子！休来安抚这一套！"

艾能奇讪讪地缩回手，十分尴尬。两旁卫士立即握着刀柄。艾能奇摆摆手，示意不要轻举妄动。他继续礼让着王朝聘，笑道："久闻老先生风骨，今日得见，果然名不虚传！"

王朝聘走到大厅内，闭上眼，一副冷若冰霜的样子。艾能奇坐在虎椅上，让手下人又是看座，又是上茶，谦逊有礼，客气有加，希望王朝聘能够给面子，为其效力。但王朝聘软硬不吃，连眼睛都懒得睁开一下。

当天晚上，在兵营里，王朝聘不吃不喝，半夜时分，正准备用自身长衬上吊自尽，幸好被一直在暗中观察的奚鼎铉看见，他冲上去，一把抱住老先生，救下来，道："叔父，千万不要如此！"

王朝聘睁眼一看是奚鼎铉，竟破口大骂："谁是你的叔父？亏你枉读圣贤书，居然投贼反明。衡州为你蒙羞！"

奚鼎铉把王朝聘拉到一边，小心道："叔父，您消消气。中雪万般无奈啊。况朝代更替，也是必然。我辈何必鸡蛋碰石头，自取灭亡？"

王朝聘闻此火气更盛，大骂："我真是瞎了眼，当年让夫之结交你这等贪生怕死之徒！你既从贼，就利利索索去奔你的光明前程，何以在此跟老朽纠缠？"

奚鼎铉被骂得哑口无言，脸红脸白，却只能赔着小心，不能让王朝聘有半点闪失。张献忠就是要以王朝聘为人质，让王家三兄弟自动来投诚。王朝聘明白，有奚鼎铉暗中跟着，他想见阎王也肯定见不到。而他不死，三个儿子必定前来。这样一想，心急如焚，一心想着如何逃过奚鼎铉的监视，快快死了。

然而，奚鼎铉却想方设法要把王朝聘保护起来。艾能奇四处放话，只有王家兄弟前来，才能放了王朝聘……

西明寺内，夫之和王介之还未听完，已难自持。悟一大师双手合十，连连道："造孽，罪过！"

王介之当即就要前去营救父亲。他要和父亲一命换一命。他异常严肃道：救出父亲，他就会择机投江自尽，绝不给家里人添麻烦，也绝不会受辱于贼寇。

夫之闻言，气愤难耐，情绪激动，他坚决不同意大哥去。待众人还未反应过来时，夫之心意已决，迅速用利器刺破了手腕，顿时，鲜血如注，上演了一曲苦肉戏。

"三弟，你岂能自戕？"王介之失声尖叫。

"父亲高风亮节，誓死不入流贼。我再逃避，天理不容！"夫之攥着手腕，咬牙道："想想国相自残一臂，只为不与流贼为伍。与国相相比，这算得了什么？"

王介之流着泪，一边替夫之包扎着伤口，一边心疼道："三弟，你救父心切，兄弟同心。你如此决然，让为兄无地自容啊。"

"大哥休要自责。只要能救得父亲，你去我去，都一样。"夫之笃定道："眼下我为废人，相信流贼见我如斯，断不会留我。"

这时，悟一大师已差人从山中找来草药，敷在伤口之上。没过多时，夫之全身红斑，满头大汗，嘴唇发青，片刻之后就奄奄一息了。王介之大骇。

"善哉，善哉！"悟一大师既为夫之的孝心感动，又为王家父子不为流贼效力的壮举感动，但他知道，以夫之的伤情，张献忠不会放过他们父子。因此需要借助药理，做些假象。为了打消王介之的顾虑，他悄声道："那些草药不会要人性命，两天之后，药性就会全散。若无此苦肉计，流贼何以相信他是废人？"

王介之感激悟一大师的用心。夫之醒来后，让僧人抬着他下山，准备前去艾能奇处。临出门，王介之拦住他，握住一根绳，发誓道："三弟，你与父亲大人若有差池，为兄决不苟活！"

下山后，悟一大师派人找来一辆马车，夫之躺在车板上，被人拉着，进了衡州城。但见沿途尸横遍野，硝烟四起，哭喊声、厮杀声乱成一片。

好不容易进了军营，艾能奇的人就把夫之从马车上踢了下来，疼得他撕心裂肺。躺在地上，夫之动弹不得，抬眼，竟看到奚鼎铉。他挣扎着想要坐起来，但却不能。

奚鼎铉脸色苍白，不明白夫之何以伤残至此。

一总兵问："此人果是王夫之？"

奚鼎铉点头应诺，眼睛却不敢看夫之。

很快，这个总兵带来了王朝聘，看到儿子，立刻火冒三丈："畜生！你来此干吗？"

夫之不理会父亲，气若游丝地对总兵道："今我已来，你们该践诺放家父回去了。"

谁知总兵凶神恶煞道："你大哥呢？在哪里？"

夫之流出眼泪，良久道："长兄已经亡故！"

总兵一听，笑道："一派胡言，休要诳我。"

"夫之岂敢用此等毒语诅咒长兄。"夫之十分虚弱，道，"长兄为避战乱，逃入深山，不料，竟为毒蛇所咬，跌入山谷，当即身亡，添土坟于衡山之腰。如若不信，可去查验。"

王朝聘听闻王介之死了，心如刀绞。奚鼎铉也惊出一身冷汗来。

夫之停了一下，喘了口气，又缓声道："我亦为毒蛇所伤，幸得一法师相救，捡回半条性命。"

总兵怒气冲冲，道："此话当真？"

夫之咬咬牙，道："千真万确。"

总兵走上前，一把拉过夫之有伤的胳膊，只见手腕处有两个血洞，胳膊肿胀得发黑，散发一股怪味。总兵捏着鼻子，有些犹豫，忍不住用力捏了一下。夫之疼得浑身抽搐。总兵凑近，再细看夫之眼睛发黑，嘴唇乌青，身上红斑累累，显然为蛇所伤。总兵相信了夫之的话，正不知如何处理。

奚鼎铉趁机说："既是废人，留其何用？不如放了吧。"

"放了？"总兵眼角一歪，道："那大帅那里如何回复？"

"我去说明缘由。"奚鼎铉凛然道。总兵见有人担责，他便作了顺水人情，挥挥手，骂了一声："一堆废物，都给我统统滚回去！"骂毕，扬长而去。

就这样，夫之和王朝聘终于脱离了险境。但此时，王朝聘没有半点死里逃生的愉悦，他真以为王介之死了，愣愣地站着，老泪纵横，万念俱灰。夫之却不敢再说一句话，他不希望再有变故。最后，是奚鼎铉小心翼翼地领着夫之和王朝聘，绕开兵营，送出了城门。行至安全的地方，奚鼎铉松了一口气，停下来道："叔父，夫之，我只能送你们到这里了！"

夫之这才开口，愤慨道："中雪，你认贼作父，太不值了！"

奚鼎铉悲哀道："夫之，你骂吧，我不怪你。"

夫之咬着牙，恨恨道："诸生皆避贼寇不及，你为何犯贱至此？"

奚鼎铉坦言道："夫之，人各有志。识时务者为俊杰。以愚之见，大明亡国不远矣。"

夫之闻此，忍不住破口大骂："中雪，我瞎了眼，当初认你为朋友。你居然说出如此大逆不道之言？匡社的豪言壮语声犹在耳，你却贪一时虚荣，变节堕落！"

奚鼎铉并不恼怒，继续辩道："我已年过不惑，何日才能考取功名？不如从之，张大帅惜我之才，我总算有了方寸之地，可以安身立命矣。"

"张大帅？一流贼矣。"夫之浑身发抖，"你为虎作伥，注定千古骂名。"

奚鼎铉道："死亦不惧，何惧骂名？千古之后，或为良臣亦难说。"

这时，王朝聘从悲痛中缓过神来，催促夫之，道："咱们快走，何必跟这种失德失贞的小人啰嗦！”

奚鼎铉还想说些什么，夫之拦住他，厉声道：“中雪，这是我最后一次如此叫你。今天你救我父子并送出城门，无论你出于何种动机，我都不会感激。我们情谊从此了清，永不联系！”言毕，扔下有些发呆的奚鼎铉，夫之拉着父亲踉跄而去。

看着王家父子的背影，奚鼎铉一下子跌坐到地上，竟呜呜地哭了起来。

走出老远老远，王朝聘还在流泪，夫之看看四周没人跟踪，这才放下心来，小声道：“父亲大人休要悲伤，大哥平安无事。”

王朝聘一下子停步，定定地看着夫之，颤声道：“难道、难道此为夫之脱离之策？”

夫之点点头，把自己与王介之上南岳山上遇到性翰法师和悟一大师等事情一一道了出来。王朝聘听了，长叹一声，心头略为宽慰。

王朝聘被救出来了，夫之的手腕敷药之后也好了，一家人大难不死，算是积了大德，圆满了。但很快，噩耗却又传来。战乱之中，夫之的小姨惨死，谭氏痛苦不已。夫之刚刚出生的儿子王勿药又染上大病，情况危急。面对家中的一切，夫之却无能为力。想到张献忠还在四处搜罗衡州书生，他更加不敢露面，只能和大哥再次躲进山中。

这一躲就进入了漫长的冬季。这时，夫之才发现，由于出走匆忙，他和王介之连一件厚衣服都没带。南方冬季雨雪不断，这一年天气更为恶劣，风雪交加，天地灰暗。蜷缩在莲花峰下，他们又冷又饿，心情同天地一样灰暗。

有一天，夫之和王介之顶着寒风外出寻食，碰巧遇见了夏汝弼和其弟夏仲力，不禁喜出望外。在这深山老林还能碰上故交，可见缘分不浅。夫之激动得有些发抖，冰凉的眼泪不知不觉流了下来。夏汝弼望着夫之的窘态，心疼不已，赶紧脱下棉衣，给他披上，并从怀里掏出最后一个荞饼，塞到夫之手中。夫之此时也顾不上斯文，大吃一口，然后递给王介之。

四位书生，两对兄弟，流落山间，相依为命。饿了便摘野菜、挖竹根、剥树皮；冷了便砍干柴、烧树叶、点篝火。冬日的衡山，雨雾茫茫，深不见底，裹在云雾中，鞋子和帽子都是湿的。天一放晴，夏汝弼便常常斜靠在一石台上弹琴抒怀，夫之他们在一旁静坐，谈起国事家事，当然包括张献忠和奚鼎铉。夏汝弼兄弟也知道奚鼎铉的事儿，但并没有像夫之那样气愤难当，反而认为这是"择良枝而高攀"的本能使然。夫之不服，道："既然夏兄认为张贼是良枝，为何你等不去高攀？"夏汝弼笑而不答。其弟夏仲力道："良与非良，因人而异。适者从之，亦无厚非。"

恰在此时，王介之与夏仲力抓住一只倒霉的山兔。然后，山兔在手中挣扎，两个书生却不知如何是好。王介之让夏仲力用刀子宰了，但夏仲力不敢。最后还是王介之闭着眼睛，用力将山兔摔死，并连连道："我本不想杀你，是你撞到我的手中。罪过，罪过。"

夏仲力很快弄来一捆干柴，支在一个石盆上。对于死兔，他不害怕，帮助王介之到下面小溪边将皮毛和内脏去掉，然后烧烤起来。

不一会儿，潮湿的空气里弥漫出一股肉香。夫之沉醉在自己的白日梦中，以手击拳，自问自答，半吟半唱："今衡州诸生何在？管冶仲嗣裘避祸祁邵，今去南方以报国。统鲁何在？统鲁千里单骑，赴广州求援以救衡州。子参何在？衡州沦陷，子参偕郑大人西走宝庆。明经、季林、乃蔚、克峻何在？皆入南岳避祸，与我等同在。"

夏汝弼抚琴倾听，脸上不时闪过一丝哀伤。这时，王夫之突然念道："壮哉，敬公国相自断一臂！"

夏汝弼用力抚琴。夫之又念："壮哉，管生嗣箕真铁骨！"

两声凄厉的嘶声滚过之后，琴弦断裂，夏汝弼长叹道："残臂铁骨而不可夺志者几何？故天下已至此！"

时局正在进一步恶化。就在夫之等人藏之于莲花峰的当年，张献忠攻占永州，兵威所震，使广东南雄、韶州属县的官兵"遁窜一空"。是年十月，张献忠占领杨嗣昌老家常德府武陵县。

张献忠毫不手软，发令曰："照得朱（诛）贼杨某，昔年曾调天下兵马，敢抗天兵，某幸早死于吾忍（刃）矣。今过武陵，乃彼房屋土田，坟墓在此。只不归顺足矣，为何拴同乡绅士庶，到处立团。合将九族尽诛，坟墓尽掘，房屋尽行烧毁；霸占土田，查还小民。有捉杨姓一人者，赏银十两；捉其子孙兄弟者，赏千金。为此牌仰该府。"

没过多久，张献忠杀光了杨嗣昌一家，至此，整个湖湘大地成了他的囊中之物。

第四章

吊唁

衡州湘西草堂搭起了棚子，支起了锅灶，烧起了火把。村落周围白布飘飘，灵堂内哭声阵阵。友人、弟子、熟人或不熟的人，都纷纷赶来吊唁。

李璟与大伙一样，怀着沉重的心情抵达。此时，院子里已是人头攒动，声音嘈杂。

王攽和王敔一身缟素，噙着眼泪，迎接李璟。执手相看，无语凝噎。一行人进了内堂，夫之就安静地躺在中间的一张床上，周围地面上坐着哭泣的妇人与跪着的孩子。

李璟久久注视着夫之，无法控制自己的悲伤，他含着眼泪鞠躬、烧纸、上香，喃喃自语后，回到了院子里。

守在门口的中年男人突然又喊了一句："有客到！"

王攽与王敔再次满面哀苦地走了过去，来者是位年过半百的书生。

书生甚为哀痛，他哭着进门，径入院子，先是一个鞠躬，接着直直仆倒在地，甚是虔诚。

王敔用力把他扶起来，他仍旧拂袖掩面，痛哭不止，身子抖个不停，看上去，他比王攽和王敔还要难过，似乎过世的是他的父亲。

王敔搀扶着书生的胳膊，低声道一句："兄长！"这个叫声让书生哭得更厉害了，他完全没有在意他的哭声吸引了所有人的目光。

王放神色凝重地劝慰他："贤兄莫要太过悲伤。"

书生有点六神无主，他跌跌撞撞进到灵堂。看着书生在灵堂下跪的身影，李璟这才叹道："唉，原来是须竹先生！当该如是。"

是的，这位书生便是唐须竹，唐克峻的儿子。少时即从夫之学，夫之最后二十年的岁月里，他几乎都长伴夫之左右，甚至比王放、王敔亲密更甚。夫之每次外出必带着他，恩师也就可比亲父了。

唐须竹还在屋里哭泣，门口又有书生哭着前来。

来者是罗仲宣，他的身后，还跟着刘庶仙。他们进了屋里，也跪到地上，哭着向灵堂上的夫之行大礼。随后，他们规劝哀痛至极的唐须竹好好活着，让老师安魂。他们均在夫之归隐山林后从其学，和唐须竹都有同窗情谊。

过了好一会儿，唐须竹总算跟着他们走出了屋子，只是还忍不住频频流泪。

李璟和他们几人相互问候，便坐到了一张桌子前。李璟低声道："先生一生志在大明，未曾有丝毫更改。"

罗仲宣道："先生有经世之才，可惜生不逢时。"

刘庶仙则叹道："半生为我大明奔走，先生着实不易。"此语一出，几个人面面相觑，是的，他们心里，同样只有大明。

正说着话，守门人又大喊一声："有客到！"

一位白发苍苍、步履迟缓、身披斗篷的老人由一位年轻人扶着进了门里。众人停止了说话，鸦雀无声之中，李璟跟着大家一同起立，神情肃穆地望向老人。老人用苍老的手扯去斗篷的系带，斗篷落地的瞬间，看着老人身上的衣服，大家不约而同一声惊叹。王放也呆住了，那衣服和屋里父亲身上穿着的衣服一样，是大明行人司司服。

此人并非包世美，而是同样销声匿迹多时的邹统鲁。与夫之同窗同举的他，后来又与夫之一同在南明朝廷列为行人。

邹统鲁年事已高，听闻夫之逝世，执意前来。儿子拗不过，便陪他来了。不仅如此，他前来为夫之奔丧，还要执意穿行人司司服。他知道以这身打扮见夫之最后一面，夫之在天之灵一定会感到欣慰的。但这要是被人看见并揭发，是要杀头的。儿子说服不了他，只能给他加了件黑色的斗篷，以掩人眼矣。

邹统鲁缓缓走进灵堂里，来到夫之身边，轻轻唤了一声："而农。"当看着夫之一身行人司司服，他顿时老泪纵横，发出一声叹息："而农，大明有你这样的臣子，乃大明之福啊！"言罢，他的心绪便飘向了遥远的过往，那是怎样的沧桑岁月啊。

1. 惊变

崇祯十六年（1643）年底，漫山雾霭中，夫之喜极而泣，他激动得忘记穿鞋子，脚掌踩在荆棘上也未觉疼痛，隔着密密的树林，他高喊："郑大人与子参已收复宝庆！"

夏汝弼闻此，亦大声道："夫之，我已知晓。喜讯，喜讯啊。"

自张献忠攻陷衡州，继而攻陷整个湖湘之际，郑逢元和刘子参就在西南各地奔走，四处征召义军，严肃军纪，勤于操练。功夫不负有心人，他们率部攻占了宝庆，收复了邵阳。闻此大捷，夫之情不自禁，当即写下气壮山河的诗句："微生一日一虚生，为惜鸿毛死亦轻。但使土门能破贼，不教李萼负真卿。"[1]

事不宜迟。夫之当即决定前往宝庆，投奔郑、刘，为国效力。

时值十二月中旬，新年将至，王介之希望夫之能推迟行期，至少过完春节再去。但是夫之显然等之不及。心想：过年每年都过，但机会不是每年都有。他心中仿佛有一团火，点燃了他的激情；仿佛有一道光，照亮了他的前程。

---

[1] 王夫之《闻郡司马平溪郑公收复邵阳，别家兄西行，将往赴之》，清康和声著，彭崇伟编《湖湘文库》之《王船山先生南岳诗文事略》，第11页，湖南人民出版社2009年版。

那日破晓，夫之和夏汝弼悄悄下山，山上的僧人和亲戚朋友一同为他们送行。

灰白的世界，万籁俱寂，只有赶早的野鸟在枝头，不时地鸣叫。

行在路上，他心绪难平，不由得念道："匝地谁堪问，高天吾岂欺。青鞋随短剑，丹穴护新诗。欲向潭龙说，多情一味痴。"

一旁，夏汝弼接话道："好一个'多情一味痴'啊！"

其实，张献忠占领湖南之后，明军一直在对其围剿，郑逢元能够收复邵阳，和张献忠部队的军事战略发展形势有关，也和张献忠部队的特征有关。兵力有限，地方大了，很难控制，所以，张献忠更善于流动作战。占领湖南之后，他又进攻江西，与明军左良玉角力一番后，他的部队更加壮大，转而杀向四川，湖南不再是他的战略重心。

正因如此，管嗣裘的弟弟管嗣箕才能得幸脱险。

而夫之刚离开衡州，明军就从南方杀来，邹统鲁便在其中。

衡州失陷，血气方刚的邹统鲁骑着大马，一路到了广州，上书总督沈犹龙出兵湖南，而不是坐以待毙。他声称："保粤莫如援湘。"

沈犹龙犹疑不决，在座的幕僚力荐道："此湘中奇士，尚气节，负经济才，在南雍同研席，知之最悉。"

于是，沈犹龙派遣总兵宋纪进军湖南，收复了郴州和衡州。

夫之和夏汝弼还未到邵阳，就听闻衡州收复，心中大喜，旋即返回衡州，重新回到了南岳群山的怀抱。此时的夫之心情大好，仿佛大明危难已经解除，曙光渐起，旭日东升。重新登上衡山，他豪言："看山正好北风吹，寒在峰头最上枝。莫漫放松筇竹杖，诘朝晴好野翁知。"[1] 但是，想到挚友们都在为国奔波，尤其第二年春天，郑逢元和刘子参又攻陷了武冈，而自己却避祸不出，夫之甚为惭愧，他也决心做些什么。三月中，偕同夏汝弼再次出山，一路向西，往武冈而去。

一个月过去，滴雨未下，大地龟裂，他们还在途中。看着苍黄大

① 王夫之《即事》，原录于《岳余集》，摘引于清康和声著，彭崇伟编《湖湘文库》之《王船山先生南岳诗文事略》，第 12 页，湖南人民出版社 2009 年版。

地，野蒿遍布，他苦念"乱定兵难戢，年丰国尚贫。苍天知近远，欲开已含矉"。

恰在此时，天大的噩耗突然传来：崇祯皇帝已经自杀殉国。

夫之闻此噩耗，当即倒在地上，面向北方，长跪不起，痛哭流涕！

是年五月，骄阳似火，山野苍翠，长风吹过，江南一片静寂。

在异乡的客栈，夫之躲在房子里，一连多日不吃不喝，不言不语，任凭谁来敲门，他都无动于衷。夏汝弼十分担心，站在门口小声喊："夫之，夫之！"仍旧一片死寂。夜深人静之时，夏汝弼看见他的门里亮起昏黄的油灯，灯光照在窗纸上，夫之的影子仿佛一幅画，静默不语，只有手中的笔在不停晃动。这样，夏汝弼才稍微安心，知道夫之还活着，他瘫坐到门口，倚着木门，咿咿呀呀和夫之说话。

夏汝弼自嘲道："大明开国，二百七十余年，洪武、永乐、宣德、弘治、万历、崇祯，一脉相承，我等承蒙祖宗恩德，泽被大明荣光，读圣贤书，知天下事，谁会知晓，这竟是最后了。"言罢，他摇了摇头，门里传来夫之的咳嗽声。

夏汝弼又道："夫之，不知你有否想过，若吾辈生于中兴，是何光景？愚时常梦见京师，天子威严，也常梦见自己身居高堂，激扬文字，指点江山。彼时你也在愚梦里，我等并驾齐驱，环视宇内。"此番动情之言，出自夏汝弼之口，实为难得。因为，他一向是一个理性而冷静的人，此刻也不觉流下眼泪。

夫之咳嗽得更厉害，床上的影子一上一下耸动。

夏汝弼敲了敲门，道："夫之，你无大碍吧？"

夫之还是没有回应他，不知他在想什么，做什么。月亮挂在中天，月光如水流淌，天下一片朦胧，远处山峰黑黝黝矗立，近处树木密密麻麻，蛐蛐在暗处悠长地鸣叫。

又一个夜晚，夏汝弼依然坐在那门扉前，夫之始终闭门不出，也不发声，他再也受不了了，更怕夫之出事，一脚踹开大门，无数的白纸瞬间淹没了他的视线。原来，这半月以来，夫之一直在写《悲愤诗》，悲大明亡国，哀先帝驾崩，恨臣子不忠不义，痛自己无所作为，惜从此报国无门，一个人，一间房，他陷入了很深的寂静，跌入了很深的黑暗，在其中垂死挣扎，他交出了希望，交出了幻想，交出了勇气，交出了轻狂，也交出了一切信心，行将死去，他却看见微弱的光芒，光芒融化了孤独和寒冷，牵引着他向前行走，穿越黑暗，漫过河流，走过田野，路过人间，跨过草场和丛林，来到一片金碧辉煌……一切都像一个梦，真实而又虚妄。梦里，他无欲无求，睁着眼睛却看不见，支着耳朵却听不见，张着嘴却吃不得，抬着手笔却动不了，举着头颅却空白一片，失去知觉却睡不得。他不停地在纸上涂抹，一张纸写完，落到地上。又一张纸写完，再次落到地上。纸片如雪，雪大如席。夏汝弼前来劝慰，他仿佛没听见，也没有任何反应。他蓬头垢面，胡须长了一寸，头发白了半边，眼圈乌黑，眼睛通红，骨瘦如柴，形若薄纸。夏汝弼推开门的瞬间，长风与阳光推开了窗子，灌入内堂，穿门而出，白纸在地上滚动，飞到半空又落下，无数的光影在白纸上交错，映得屋子熠熠生辉，也照得人头晕眼花，就在白纸都落下的瞬间，夫之也重重地倒在地上——是风把他吹倒了，也可能是阳光把他压倒了，他太虚弱了。

夏汝弼这才发现书台、纸张和他的衣襟上都沾着血，是他咳出来的，咯血最后化成文字，铺满一百多张纸。

夫之昏厥了两天两夜，气若游丝。夏汝弼一直悉心照顾，喂了汤药喂稀粥，喂了稀粥喂汤药，却始终不见他有任何好转。夏汝弼觉得他应该是无药可救了。

夏汝弼已经开始为夫之筹办身后事，他甚至前去驿站准备找人去衡州通知王家，走到半路，突然看见前方街道的人欢呼雀跃，继而，喊声震天，哭声震天。只见人们四散奔走，破涕为笑。夏汝弼丈二和尚摸不着头脑，拉了一个人，想问个究竟，这才知道，福王朱由崧在南京登基帝位，创立了弘光政权。消息一出，大明君臣应和，复兴之光，照耀大地。听罢，夏汝弼兴奋得傻了，半天没有说出一句话，即便是中举之时，他也没有那么兴奋。仿佛一道电光传遍了他的全身，他一阵轻松喜悦，悲喜交加，泣不成声，拔腿就往客栈飞奔。

夏汝弼急匆匆跑回客栈，推开门，大吃一惊！夫之正像鬼一样，耸坐在床榻上。看见夏汝弼，他竟喜极而泣，嘴唇嚅动！原来，弘光在南京登基的消息已经传到了客栈，四下里，众说纷纭，听到众人的谈话，夫之奇迹般地醒了过来。两人四目相对，夫之激动难捺："叔直，大明未亡！快说，大明未亡啊！"夏汝弼拼命点头。但夫之不允："你要把'大明未亡'说出来！"夏汝弼只好道："大明未亡！"夫之笑得孩子般童真。夏汝弼看着好生感动。

夫之又道："我昏睡了几天？"

夏汝弼道："三天三夜，以为你就此……"

夫之笑道："已到地府，奈何阎王不收，言曰大明尚需我这书生。"

夏汝弼道："吓我半死，想想还心有余悸。"

夫之适才感觉到饿，夏汝弼连忙叫店小二送来食物和水。夫之一口气吃了三碗饭，喝了两碗汤，顿时感觉活了过来。

身体痊愈之后，夫之的精神也好了起来，浑身是劲，面色红润，笑容满面。破晓，他和夏汝弼匆匆踏上了归乡路途。背上行囊，穿好粗布衣裳，绑上草鞋，他和夏汝弼向西南苍茫的大地之上走去。

时值中秋，天气开始转凉，身在异乡，夫之无比想念故乡。山野里的萤火，对着天上的月亮，时隐时闪。

夫之对夏汝弼道："叔直，时间过得真快。我等出门已有数月！"

夏汝弼亦感慨："好似走了很久，其实尚在原地。"

此话一出，夫之也难免悲凉。月始终还是故乡明，他们决定回衡州了。

夏汝弼道："今日骑马前行如何？"夫之深呼一口气，洪亮地答道："甚好。"

他们到了驿站，谈好了价格，牵出两匹马。夫之踩住马镫，一个转身，快速飞到马背上。夏汝弼惊叫道："夫之好身段，骑术更见不凡。"夫之颇为自豪："若马背亦上不去，焉能做到'上马杀敌，下马读书'？"夏汝弼也跳上马背，回头道："上马杀敌，下马读书。此乃吾辈之理想！"

"驾！"一身轻松，夫之双腿一夹，一挥鞭，马匹蹿了出去，仿佛上了战场。夏汝弼跟在后面。他们丢掉了所有的不快与沮丧。一日疾驰八十余里，夜幕时分，他们抵达函口，交付马匹，出了驿站。

暮色之中，世界越来越安静，凉意上升，田野之上，泥土芳香，蝙蝠犹如鬼魅飞来飞去，乡间的小路悠长，田垄下溪流哗哗作响。乡里老汉光着油亮的脊背，赶着笨拙的老牛漫步在大地之上，牛铃叮叮当当。夫之的灵魂也在不断下沉，安静与祥和的气息覆盖了他的生命。当一盏盏影影绰绰的火光在远处亮起，他心头一热，顿觉无限温暖与希冀，终于要到家了。

2. 家国事

门"咯吱"一声响了，夫之站到了王家大门的门口。

昏黄的光从厅堂内投射出来，照亮了门口的一片青菜和野草，也照亮了风尘仆仆的夫之。一家人正在厅堂内围着桌子吃饭，听见声响，家人看到了一个身影，母亲谭氏迟钝片刻，挪到门口，胆怯地道："夫之么？真是我儿夫之么？"

夫之轻轻唤了一声："娘！"已经泪水潸潸。

谭氏快步走出门，迎了出来，夫之也走上前去，抓住娘的手。谭氏连连念叨："回来就好，回来就好。"兵荒马乱，能活着回来，还能奢望什么呢？

除了王朝聘保持着父亲一贯的克制，一家人都起身迎接夫之。

王介之道："回来得正好。适逢佳节，我们才能得见。"

王参之也道："我与大哥隐居山中，重阳佳节才下山来。"

侄子王攽也凑上前来，兴奋地喊："三叔，三叔！"

见是攽儿，夫之笑出来，摸了摸他的脑袋。

人群散开，夫之这才看到陶氏，她手里牵着一岁多的儿子王勿药。他带着笑意，抱起儿子，儿子却吓得哇哇大哭，他只好又把儿子送到陶氏怀里。

母亲谭氏安慰道："在家多待几日，孩子便知道你是谁了。"

夫之苦涩一笑，心想：虽然四处奔波，却又一事无成。

王朝聘就坐在饭桌中间，一直静静地看着，没有说话。待过这一阵子，王朝聘终于开口道："去洗洗，换件衣服来吃饭吧。"夫之叫了声"父亲大人"，然后随陶氏去换衣服，很快来到内堂，先给祖宗上香，而后正式给父亲请安，似乎急于说些什么。王朝聘夹了一块肉，放在夫之碗里，道："先吃饭。回来了，就有工夫说话。"

饭后，夫之向父亲详细汇报了自己半年的行迹。言毕，王朝聘已经昏昏欲睡了。父亲的变化太大了。夫之本还想说一说天下的局势，王介之却拦住他，道："三弟，父亲大人有些累了，且让他休息吧。"

谁知，王朝聘突然睁开眼睛，道："我在听，再说无妨。"但王介之向夫之使眼色，拉住夫之，走出内堂，小声道："夫之，千万莫和父亲提及北疆之事。"

王参之补充道："更不能提先皇驾崩之事。"原来，由于知道王朝聘的脾气，也明白他的身体，王家人一直没有把半年来发生的大事告诉他。直到走出父亲的睡房，夫之这才和两位兄长说起国事："耻辱！大明建国两百多年，外邦向来无可奈何，却毁在乱民手中。李自成逼死了先皇，这仇一定要报！"

王介之道："贼寇终为贼寇，乌合之众。李贼随即被清人赶回西安。善有善报，恶有恶报。李贼必有分尸那天！"

王参之问："此李贼帮清人灭大明乎？"

夫之道："今天下未尽失，半壁江山犹在，望我朝知耻而后勇。"

王介之叹道："果能如此，甚好。如若不然，亡国不远。"

话已至此，再说无益。王家三兄弟都沉默了。

夫之等一干血性书生认为：崇祯没了，整个江南还在。北京没了，大明王朝还有南京！南京是大明的祖宗之地，和北京一样重要。崇祯死后两个月，大明遗臣马士英等在南京拥立福王朱由崧为皇帝，建立了弘光政权。新皇帝有了，希望也就有了。

的确，此时的大明，其实还没到穷途末路。武昌还有左良玉的大军，江淮还有刘良佐，湖南还有何腾蛟，福州还有郑芝龙……就算是北方的逆贼吴三桂，此时，其实也还是心向大明，总是以"我朝"称呼大明，他引清兵入关，也是为了"以清灭寇"。可以说，衡量三方势力，大明未必输给大清和农民军。可惜的是，崇祯没有吩咐身后事，太子也没能幸运脱难于李自成，所以，他死后，大明也就没有了正统，以至于后来，大明各势力离心离德。随后几年里，大明立了一个又一个阿斗般的皇帝，却没有一个像样的主子。大明的臣子也一个个背叛、效忠、再背叛，终究没有几个像样的大臣，而各方势力也是分分合合、合合分分，你方唱罢我登场，好不热闹，所以，天下最终被大清平定也就不足为奇了。

时局的恶化，让夫之等人心急如焚。但他们只是书生，纵有经天纬地之才，也无用武之地。

当北京沦陷、崇祯殉国后，明朝留都南京的文臣武将决计拥立朱家王室的藩王，重建明朝，然后挥师北上，光复大明。但在具体拥立何人时发生争议。按照兄终弟及的顺序，第一人选应为福王朱由崧；而史可法则主张拥立桂王朱常瀛；钱谦益等东林党人则由于之前的"国本之争"事件，心存芥蒂，以立贤为名拥潞王朱常淓。最终，福王朱由崧在卢九德的帮助下，获得了南京政权主要武装力量江北四镇高杰、黄得功、刘良佐和刘泽清，以及中都凤阳总督马士英的支持，成为继任的胜利者。五月初三，朱由崧监国于南京。五月十五日即皇帝位，改次年为弘光。

顺治元年（1644）年底，中国大地上竟同时有了四个皇帝，这真是历史上罕见的奇观。除了大清顺治皇帝爱新觉罗·福临、大顺皇帝李自成、大明弘光皇帝朱由崧外，还多了一个想过过皇帝瘾的张献忠。是年底，张献忠在成都称帝，建国号"大西"，以成都为西京。

此时的天下好不热闹！烽火四起，混战连连：大清在西面与大顺作战，东面与大明作战；大明在北面与大清作战，在西面与大西作战；大西在北面与大顺作战，在东面与大明作战；大顺在南面与大西作战，在东面与大清作战。正所谓枭雄横行，群雄逐鹿，但究竟鹿死谁手，一时尚未可知。

大西既斗不过大顺，也斗不过大明，南明皇帝命令四川湖北的军队围剿张献忠，张献忠大败；张献忠欲取得汉中，以定都于此，三番四次，却被李自成的部队打得落花流水，于是，张献忠蜗居四川，凭其天险，自成"独立王国"。

大顺不怕大明，几个月就从西安打到了北京城。沿途，大明的将士丢盔卸甲，要么落荒而逃，要么前来投降；但大顺却怕大清，从山海关一路溃败，吴三桂冲冠一怒为红颜，国仇家恨，杀得眼红，和清军一路把李自成赶到了西安，清军从顺治元年（1644）十二月抵达潼关，却围而不攻，直到第二年二月，红衣大炮抵达，才大举攻城，潼关陷落。李自成没做任何抵抗，仓皇而逃，带着百万大军，流窜到武昌。

大明不敢打大清，即便大清主力在西边围攻李自成，大明军队也未曾想过向北夺回失地，而是想和大清求和。然大明却怕大顺，李自成带着大军逃亡武昌，武昌左良玉的明朝大军，却弃城东逃，宁愿和自己人打个你死我活，也不愿和李自成打上一仗。

大清军队则谁都不怕，打完李自成，再来收拾大明军队。大清的主宰者雄心勃勃，他们通过一系列有预谋、有战略、有部署的行动，开创了一个新的王朝。大清在月黑风高的塞外卧薪尝胆几十年，练得兵强马壮，经过三番五次大作战，他们斗志昂扬，神情坚定，不达目的誓不罢休。

夫之终归是一介书生，虽然知道外面的情况不妙，但哪能了解到局势如此糟糕？回来的当晚，夫之与家人聊了一会儿后，回到书房，闭上眼睛，想安静一会儿。夫之一个人呆坐着，整个书房静悄悄一片。一盏油灯在灯台上晃来晃去，摇摇欲坠，夫之的影子也跟着跳来跳去。抬眼，默然看到墙上的孔孟画像，孔圣人绾着发髻，头颅前倾，衣袖宽松，双手相握，手心向上。孟亚圣则手握书卷，似在问道。不同的面孔，两位圣人拥有一样的神态，慈眉善目，面带神秘的微笑，不管从哪个方位观察，也不管灯光如何跳跃，夫之都能感觉到孔孟的笃定与自信。

3. 重回衡山

夫之把大部分的时间都留在书房里，整理往日的书籍和文稿，翻出家中的《春秋》，又找到祖上传下来的《资治通鉴》，从早晨翻阅到中午，又从中午翻阅到黄昏。剩下的时间，他基本上都和儿子在一起。最初，王勿药还是不认夫之，只要夫之靠近，王勿药就跑；他再靠近，王勿药就哭。夫之想了很多办法，比如在餐桌上给儿子喂饭，可是，儿子却不吃他送来的东西。殷勤献尽，儿子仍旧不为所动，他一筹莫展。

侄子王攽初长成人，聪明上进，懂事好学，写得一手好字。王攽不太爱跟父亲玩，反而更喜欢三叔。王参之管教甚为严厉，动辄打骂，更进一步就要罚跪。夫之对他则比较宽容，就像王廷聘对夫之的宽容一样。王勿药怕夫之，却喜欢王攽。平日在家中，王勿药都是跟着王攽玩耍的。于是，夫之就笼络王攽，让王攽多带王勿药在自己身边转悠，夫之一边教王攽读书，一边和王勿药亲近。有哥哥在身边，王勿药是愿意和夫之打交道的，渐渐地，他愿意让夫之牵着自己的手，愿意让夫之抱着自己。

天道不堪，时局混乱。散兵游勇不时出没，横行霸道，惹是生非。待在衡州城里很不安全，大部分的书生还是归隐山林。王介之和王参之也要上山。临行，王介之道："夫之，今后做何打算？"

夫之道："尚未决定。"

王参之道："难不成还想投身乱世、奔赴疆场？"

夫之道："兄长授我以圣人学，今天下有难，不能苟且偷生。然时局未明，天天盼望，日日紧张，亦不知如何是好。"

王介之道："三弟之心境，为兄甚为体谅。然有心无力，报国无门，可去之处何在？难不成投身行伍？持枪上阵？"

夫之忽然道："若为大明，行伍又如何？最多一死而已！"

王参之道："千万莫要意气用事，你死，大明可复兴乎？"

王介之颇为赞同，点点头，道："我仍住狮子峰下，与郭季林近，若上山，可来寻我。"又特地叮嘱夫之，"我与二叔在莲花峰下搭了竹棚，你有时间，亦可上山。二叔好长时日不见你，甚为挂念。"

听闻二叔的消息，夫之忙问："他老人家身体可好？"

王介之道："身子不比往年，腿脚越发不灵便。近日，一只眼睛也开始模糊了。还好，他看得开，精神不错，就是常常念叨你。"

夫之有些担忧："过些日子，我上山看看。"

已入十月，天气冷了。午后，王朝聘带着王勿药在院子里晒太阳，眼睛一会儿闭着一会儿睁开，仿佛总是睡不醒。王勿药一直在摆弄他的胡子，搔到痒处，他忍不住发笑。夫之从书房走出来，舒展筋骨，悄悄走到他的身旁，请安之后，抱起王勿药，刚想离开，忽听父亲道："夫之，你坐下，我有话与你讲。"

夫之已经习惯了父亲的沉默，面对突然说话，有些诧异，连忙应诺下来，坐在一旁。

王朝聘闭着眼睛，沉吟半天，道："我老了，但还未糊涂。你们都瞒着我，但我已知祸事。"

夫之心里七上八下，他本以为父亲不晓得外面的巨变，听父亲这话，看来父亲什么都知晓了。"事情发生得太突然，原本想等您身体好一些后再禀告您。"夫之说这话时，明显没有底气，他知道，父亲这身体哪里还有"好起来"一说。停了下，只好又道："大明若亡，我等绝不苟活。"

谁知王朝聘厉声道："荒谬！身体发肤，受之父母，岂能胡来！"

夫之一时有些困惑，父亲作为大明官员，对大明一片忠心，当初不告诉他祸事也是基于怕他受不了打击。现在怎么啦？夫之觉得有些奇怪，望着父亲，低声道："小儿委实肝肠寸断，恨不能战死沙场。"

王朝聘咳嗽了两声道："悲者，唯汝辈乎？枉死何意之有？"

夫之悲哀地道："若学无以致用，苟活有如走肉，意义何在？"

王朝聘道："糊涂，亏你枉读圣贤书，从圣人学。经世之学，何以致用？用在吾民，用在人心，用在万世。鲁国不在，《春秋》却万世流传。三尺斗室，一本经书，仰可顶天，俯可立地！生命唯有一次，焉可轻言弃之！"

"死之何易，凡夫俗子皆有一死。然活着不易，此兵荒马乱尤为不易。唯其此，活着并能成其事者才能悟出生命之真谛矣。"王朝聘重重地咳了一下，淡淡地看了夫之一眼，又道："如能以忠君之心，循儒教之理，观万朝之变，行天地之文，不亦功乎？"言罢，王朝聘长叹一口气，再次闭上眼睛，沉了下去，好像睡着了。

这次谈话，让夫之醍醐灌顶，豁然开朗。生命不再只是生与死的两个时间节点，更丰富更饱满更有价值的是生命的过程。父亲看似老矣，其实明察秋毫。几日后，夫之向父亲请辞，欲向衡山读经养心，父亲欣然应诺。

夫之穿着青衫布衣，满脸须发，拄着拐杖，背着书本，行走在崎岖的山路间。溪水流动的声音隐约传来。夫之抬头一望，一阵欣喜，走过一丛灌木，看到一年轻僧人正提着木桶在泉水中汲水。僧人看到他，大吃一惊："阿弥陀佛，竟是夫之先生！"

夫之一眼就认出他是方广寺的僧人："小师父，别来无恙！"

小和尚道："托您的福，小僧一切都好。"

夫之又问："性翰法师可好？"

小和尚道："师父安好，每每念叨着先生。半年之久，先生在外，可有收获？"

夫之叹了一口气，道："虚度光阴，惭愧至极。"

小和尚道："先生过谦了！"没多久，方广寺就到了。小和尚邀请他入寺一聚，他婉言谢绝了。小僧入了寺庙，留下半掩的门扉，那瞬间，他似乎看见了性翰的身影，但是，他终究不敢入门，生怕故人问询，不知如何作答。

夫之一路东行，走到了双髻峰，南岳第十二峰最边远的一座。这里人迹罕至，最为幽静，又在方广寺附近，毗邻续梦庵。这次归来，他已有归隐之心，于是，想选一个地方做自己的草舍，眼前这个地方正好合适，而且夏汝弼也住在附近。他安下心来，顿起诗兴，念道："不觉登处高，上有千嶂争。下方平似水，拟买钓舟横。"意犹未尽，又轻声吟道："岳力偏幽最，平遥眼一新。得从烟月望，拟作钓江人。"

"好一个'拟作钓江人'！"身后忽地传来一句洪钟声音。夫之定睛一看，一个大和尚缓缓走到他身前，抱拳道："阿弥陀佛！贫僧慈枝有礼了。"此人慈眉善目，大腹便便，憨态可掬，正是续梦庵庵主慈枝和尚。

夫之赶忙还礼："大师，衡州王而农夫之有礼了。"

慈枝呵呵一笑，眼睛眯成了一条缝，像极了弥勒佛："原来是夫之先生，久仰大名，怪不得诗句如此妙得！尊父武夷先生可好？"

原来，慈枝和王朝聘也有过交情，昔日曾听王朝聘讲过学。这慈枝曾是山下的书生，少年读书，青年赶考，有些名声，但久考不中，心灰意懒，便遁入空门，隐居在这山野之中。

夫之道："大师何以遁入空门？"

慈枝又哈哈一笑，道："追浮名太累，不如这山野清净。敢问先生又缘何至此？"

夫之也哈哈一笑，道："大师当年尚有浮名可追，眼下夫之想追浮名却无机缘，不如跟了大师，这山野清净啊。"

言罢，二人都大笑起来。随后，夫之极为认真，表达了造房于此并隐居于此的愿望，慈枝甚为欢迎。

约摸半个月工夫，在慈枝大师、悟一大师、性翰法师和方广寺等一些僧人帮忙下，夫之在续梦庵附近靠近黑沙潭的地方真的搭建了两座茅舍，还扎起了一排木篱笆，算是在山上安了一个家。

初冬时节，夫之返回王衙坪，背上一筐书籍，拿了些过冬的衣服，告别了父母妻儿，即将开始长期的隐居生活。临行，父亲给了他一沓关于《春秋》和诸子百家的厚厚手稿，郑重交给他，道："经世之学，儒家之奥，宇宙之妙，全在其中。你且去好好研习吧。"

出门之时，夫之频频回头，看着家中老小，心中有说不出的滋味。

此次上山，夫之绕了远路，先特地去莲花峰看望一下二叔。黄昏时分，他路过一个隘口，风顿时大了起来，吹得他睁不开眼，万木哗哗作响，昏暗中，树枝敲打着岩石，坠下很多落木。树荫下一片湿地上突然出现几个碗大的小坑，定睛一看，原来是老虎的爪印，夫之顿时打了一个哆嗦，心头一紧，定了定神，他东张西望，连呼吸都不敢用力。咽了一口口水，他小心翼翼前行，两行老虎爪印断断续续，他已经头皮发麻了，突然觉得自己不该独自登山，但是，已经走到此处，上也不是，下也不是。红霞正满天，一群飞鸟从天际东飞，应是归巢了，天就快黑了，夫之头皮发麻，两腿发软，他又不敢出声，生怕惊动大虫。天黑时，夫之还没有走出林子，突然，不远处"扑通"一声，惊得暗处的鸟兽四散，夫之撒腿就跑，一口气跑出了树林，等他回过神来，发现自己正站在一片泉水中，泉水刚好没了他的膝盖。惊魂未定之际，他看见油亮的潭水上方，五丈开外，一个黑影正在汲水，头顶处立有两块黑乎乎的巨石，巨石下方亮着微弱的灯火。他赶忙喊："二哥？"

只听那黑影答曰："竟是夫之？"

听到二哥的声音，夫之长出一口气，踩着泉水，他到了对岸，沿着石阶梯，跑到二哥身前，下半身已经湿透，他不冷，却热，是吓得发热。劫后余生，他喘了一口气，对二哥道："来时，我见虎迹，方才闻声，又见鸟兽散，还以为老虎出山，原来是二哥在此打水。"

王参之笑道："当真以为可以得见大虫？"

夫之道："二哥可有见过？"

王参之道："见过！这地方，屋前有只老虎，方圆十里为其领地，刚好此处为空白带；屋后有只大虫，有方圆十里领地，刚好此处也为空白带。我和二叔居两虎之间，每日皆能闻其咆哮。"

夫之吓出一身冷汗，道："两只大虫，亏你笑得出来！"

"其实无妨。虎为百兽之王，却怕人。只要我们不去骚扰，必相安无事。"王参之很淡定，仍是笑，提起水桶，冲夫之道："你裤子湿了，快回屋烤火吧，二叔正在煮粥呢。"

见到夫之，王廷聘大喜！夫之也赶紧给二叔请安！寒暄几句之后，二叔起身去看炉火，又让夫之坐到火堆旁烤烤裤子、暖暖身子。夫之环视房内，只见地上挖了一个坑，坑里烧着柴火，上方吊着一个黑漆漆的铁锅，锅里的野菜粥咕嘟作响，吐着气泡。二叔拿着勺子，弯腰搅动野菜粥，火光照亮了二叔苍老的面容，二叔的须发也全白了，火焰前，他身子佝偻，步履沉重，夫之看着心疼。在一个泥制灶台上，放着另一口锅，王参之已经在那里生火。从墙角抓来一把野菜，放进水中，王参之又到另一个墙角拎来半只野兔，显然是平时舍不得吃。王参之手脚麻利，剁了兔肉，和野菜一起洗了。王廷聘卷起袖子，准备亲自炒菜。

夫之感叹道："二叔，不想您做饭也有模有样了。"

王廷聘笑道："你在山中待过，难道没有生火做饭？"

夫之惭愧道："愚侄在寺中讨些斋饭度日，或靠野菜充饥。"

"你原来是四体不勤，五谷不分啊。"王廷聘摇头，道，"既然入山，厨房琐事都要学会了。"言罢，王廷聘又把野兔剩下的一只腿砍下，涂抹上盐巴，吊到火上烘烤，并得意洋洋道："夫之，你有口福，今晚咱们打个牙祭，吃肉喝酒。"

酒到三巡，王廷聘从墙上取来一柄长剑，长剑出鞘，一声脆响，火光之中，利剑锋芒毕露。"此剑系纯钢打造，乃祖上传家宝。"王廷聘轻轻抚摸着剑刃，有些伤感道，"可惜，在吾辈手中再无杀敌之功！"他凝视片刻，又轻轻一挥，在空中划了一道弧线后，才将剑小心入鞘。

"怎么样，夫之，你的剑法还烂熟于心吗？"王廷聘望着夫之，郑重地把长剑递到他手里，道："这长剑就留于你了。"

夫之颇感意外，他当即拔剑出鞘，映着火光，运气舞剑，手法娴熟。王廷聘拍手叫好。夫之收剑，复又坐下来。王廷聘道："御剑不在术，而在心，在气。夫之，这剑跟着我只会进坟墓，跟着你才有重见天日之机。"

"二叔，您喝多了吧？这种传家宝怎能轻易送人？"王参之慌张阻止道，"况且，您何以鼓动他奔赴战场？"

"参之，想来夫之也不是外人吧？这宝贝原本就代代相传啊。"王廷聘道，"至于能否杀敌，那就要看此剑的机缘，看夫之的造化了。"

夫之爱马喜剑，对于二叔送给他的宝剑，虽然颇感意外，但内心十分欢喜。他装作没有听见王参之的话，庄重地接过剑，宣誓般对二叔道："二叔放心，有朝一日，愚侄一定不辱使命，一定拿贼人之血祭剑立功。"

王参之坐在一旁无语。夫之和二叔哈哈大笑，连着喝了三碗酒。

那晚，醉里挑灯，金戈铁马，夫之看见自己手持祖传宝剑，扬鞭策马，驰骋疆场。

那晚，长风劲吹，寒光飘红，夫之豪情万丈，一路厮杀，来到了梦中的北京城下。

4. 血色山河

夫之的梦在残阳如血的现实中惊醒了。

顺治二年（1645），注定是凶险的一年。早春二月，寒气扑面。长江东去，水浩淼，天空阔。一条小船，载着一个秘密，悄悄驶进了南京城。

宽阔的江面上，船行如织，戴着头盔、披着铠甲的士兵，一船又一船，从江南驶向江北。据传，史可法将军正在江北一带布防，因为，弘光政权和大清的谈判破裂了。

南京渡口，各种摊点林立，青烟四起，香飘满地。小贩的叫卖声乍起乍落。几个布鞋便衣的男子护送着一位身披斗篷的男人悄无声息地穿过人群。人群中有人高喊："清兵攻陷西安城了，闯贼落荒而逃了。"聪明的人这时候便猜到为何大明和大清在这个时候谈判破裂了：先前大清愿意和大明谈，是因为大清要收拾李自成。现在，大清不需要谈了。大清要打大明，要让江山易主了。

更糟糕的是，一个自称为大明太子朱慈烺的人到了南京。

弘光皇帝慌了，不是说太子早已经命丧李自成之手么？北京落陷之时，崇祯派人打扮成贫民，护送太子出城，不承想被李自成的部队当作流民抓获。后来，说是死在押送途中，但也有人说太子逃了出来。关于太子的生死，众说纷纭，却无定论。可如今，太子却堂而皇之地出现在南京。太子来南京做什么？当然是来当皇帝。如若真的是太子，那么，无论忠臣多么拥护朱由崧，他也要交出皇位。如若不是太子呢？

其实，崇祯死后，一直到康熙中期，先后有多个"太子"冒出来，为的无非是权力，打着正统的旗号。且不说这个太子是真是假，把他带进南京的人同样也是为了权力。弘光想到此，如坐针毡。马士英更是心急如焚，他火冒三丈，派重兵搜寻，最终将这个所谓太子关入兵马司监狱，通过百官会审，证明是伪太子。这个人的真名叫王之明，被人利用，马士英便将其重新投入大牢，准备择日斩首示众。

四月。西线，李自成从陕西一路逃到湖北，镇守武昌的左良玉吓得肝胆俱裂；东线，清军挥师南下，一路攻城拔寨，整个黄淮平原收入囊中，眼看就要打到江南。此时，左良玉没有抵抗李自成，反而以"清君侧"为名，高举大旗，率领大军沿江东下，声言"救太子，诛士英"，好不威风。

自古以来，京师之外的大军无皇帝圣谕，擅自挥师勤王都会被视为造反，更何况是这种所谓"清君侧"！大清大兵压境之际，左良玉堂而皇之地造反了，弘光政权赶忙派大军抵御。清军则已经杀到了扬州城下！史可法贵为江北督军，却无兵可用，他的头衔实际就是一个空壳，有名无实，各个有实权的将领纷纷拥兵自重，隔岸观火。史可法率城内民众誓死抵抗，扬州军民伤亡惨重，清军也死伤数万，这可是大清入关以来损失最重的一战。多尔衮没想到，大明的军队不堪一击，民众却如此强悍。数日过后，扬州最终还是沦陷，史可法壮烈殉国。气急败坏的大清军队，封城十日，大开杀戒，扬州八十万平民死于乱刀之下。五月初八己丑，清军自瓜洲渡江，南明各大要员和文武将军逃跑的逃跑，归降的归降。国难当头，五月初十辛卯，朱由崧居然还有心思选淑女，听大戏。当听闻清军兵临城下，他立即摸黑逃出南京城，奔赴芜湖。马士英紧跟其后，也逃往浙江。

乱局之中，所谓的"假太子"王之明则被人从牢狱中救了出来，回归本我，重新做人。夫之万万没有想到：天下竟有如此荒诞之事！

更让夫之没有想到的是：清军攻陷南京之后，弘光政权竟灰飞烟灭了，包括刘良佐在内的明朝大将和大臣悉数归降大清，太子和弘光帝都成了大清王朝的阶下囚。大明正规军如此不堪一击，胜利来得真是太容易了，多尔衮自己都未想过。然而，大明的民众却要有骨气多了。在江阴，在嘉定，大明子民宁死不屈，宁愿掉脑袋也不留辫子。刘良佐带着清军围攻江阴八十天，江阴民众死伤十几万众，清军也伤亡十余万众！江阴陷落，清军再次屠城！同样的故事还发生在嘉定。一时间，鲜血染红了长江，又染红了入海口，江东大地尸横遍野，乌鸦成群，山河痛哭。

夫之肝肠寸断，欲哭无泪。他心疼那些不屈而壮烈殉国的大明子民。半个月左右，夫之又写下百余首《悲愤诗》，句句蘸血，字字带泪。他对着北方，抱诗长啸，长跪不起。

夫之已经在续梦庵居住好长一段日子，并慢慢适应了山里的生活。只因太想念妻儿，夫之便接了陶氏以及王勿药上山同住。有陶氏在，饮食起居他就可以少费点心。而兵荒马乱中家的感觉也让他的焦虑减轻不少。

夫之隐居的地方确实不错。每日晨起，薄雾朦胧，霁光初现，麋鹿在如梦似幻的空气里，聚集在潭水边，低声啼鸣，饮水洗身；每日黄昏，耀日焙云，晚霞无际，野鸟纷纷啼鸣。夫之一家人生活于此，思绪安宁，日子闲适，苦乐自知。读书作文之余，他还抢着锄头和铁锹，躬身开荒，在地里种下蔬菜，又在贫瘠的土地上种下树苗。日子的确很清苦，但是久了，也就习惯了。

每日，夫之阅读书卷，常常至深夜，孤独无声，青灯做伴，父亲的嘱托一直回荡在耳边，一页纸，又一页纸，夫之在认真研习《春秋》和诸子百家。除了读书写字，他还练习剑术。那日，在二叔那里吃酒。醒来之后，二叔把祖上的长剑交给了他，并要他勤加练习。他牢记二叔的叮嘱，日日练剑，不敢有半丝懈怠，总算熟悉了整个剑术。现在，他只要出门，都会把长剑背在身上，因为，去年冬天，他在附近也见到了虎迹，并听到了虎啸。想必，一定有一只新生的老虎成年了，它不能再与母虎生活在一起，只能开辟自己的领地，一不小心，这大虫看中了双髻峰下这片树林，也就成了这片领地的主人。作为与虎为邻的居民，夫之最初有些害怕，但如二哥所言，虎怕人，慢慢他也就放松了。

风乍起。夫之背着背篓和锄头，长剑佩在肩头。他走遍山野，挖野菜，寻山药，时间长了，他对山上的一切都了如指掌，哪里有荠菜，哪里有覆盆子，哪里有何首乌，哪里有竹笋，都在他脑子里。他也会狩猎，常常能抓到兔子、竹鼠和野鸡。收获颇丰的时候，他就会邀请夏汝弼来家中做客。

倘若某天，夫之焦头烂额，满面灰尘，手脚溃烂，衣服上满是荆棘和泥巴，袖口还沾着血，出现在门口，夏汝弼一点也不会觉得意外。事实上，不知不觉之间，夫之已经成了农夫猎人模样。挑水生火，刷锅洗菜，夫之展示着自己的厨艺。看着他的背影，夏汝弼颇为心酸，他不禁问自己：曾经不可一世、名满衡州的天才神童去了哪里？曾经清秀俊朗、器宇不凡的衡州少年去了哪里？曾经志在天下、指点海内的湖广举人去了哪里？眼前的夫之让他觉得很不真实。但书生避乱，是为保命；如果生命不保，还谈什么希望？更何况，夏汝弼自己也好不到哪里去，手上全是老茧，穿着破衣烂衫。稍微好一点的是，他比夫之还胖些，手脚没溃烂而已。

三月，夫之前去方广寺借食物。该寺住持告诉夫之：湖广学政堵胤锡前些日子来过，还问起过他的事情。当时，整个江南还都是大明的，弘光政权将堵胤锡从长沙知府提拔至湖广学政。适逢来衡州公干，堵胤锡便登山拜谒二贤祠。听闻夫之等衡州诸生住在附近，便打听夫之兄弟二人的住处。

夫之听闻湖广大员亲自来到衡山，并垂询自己下落，不觉心头一振，欣慰之余，又想到早已经收起的若有若无的宏图大志，当即豪迈地念出一诗："轺轮鸟道嫩蒲分，岳气相迎一片云。忠孝去天原咫尺，山川与道互氤氲。先贤梦授河图秘，南国将评九辩文。"

夫之对堵胤锡尊崇有加，不吝溢美之词，北方中原，环视朝野，唯寄望堵胤锡等中流砥柱担当重任，重整旧山河。由于受到堵胤锡询问的影响，那段日子，夫之心情大好，久违的梦再次发芽，生活也充满了前所未有的激情。

夫之绝不会想到，他的一生都将与堵胤锡无法割裂。

是年六月，一个消息传来：在郑成功的父亲郑芝龙的拥护下，唐王朱聿键在福州监国登基称帝，年号隆武。

隆武皇帝似乎又给予天下一丝希望。没过几天，更多的好消息接踵而至：李自成在湖北被清军大败，死了；左良玉在"清君侧"的途中病死；何腾蛟就任湖广总督，后又被提拔为翰林大学士兼兵部尚书，节制西南诸省兵马；堵胤锡兼任湖北巡抚，后又被提拔为右副都御史。尤其重要的是，夫之的恩师章旷竟被提拔为总督监军。这是多好的消息啊。

此时，李自成的残余部队、左良玉的残余部队均归顺了何腾蛟和堵胤锡。何腾蛟在长沙岳阳集结几十万大军，与清军隔江相望。天下的焦点都集中在了湖南，整个长江一线，除了张献忠的四川，大明就只剩下湖南了，过了长沙，南中国就彻底危险了。

得知恩师章旷任职总督监军之后，夫之兴奋异常，立即去找夏汝弼，难捺激动道："章公英武不凡！昔为愚等伯乐，今日已为大明股肱之臣。"

夏汝弼道："章公本就雄才大略，你想怎样？"

夫之道："章公既监军湖南，我等何不下山，前去投奔？"

夏汝弼手一击掌，道："英雄所见略同。哈哈哈！"

事不宜迟。两人赶紧收拾好行李，然还未下山，官差飞到！

竟是堵胤锡派来的！

官差传达了堵胤锡的公文，又递上拨款。原来，先前堵胤锡来二贤祠视察时发觉，虽然经过了前湖广学政高世泰的修复，二贤祠还是显得太小，于是决定在前方增建一殿宇，知道夫之等众衡州举人身在山中，便把差事交给了他们。

夫之、夏汝弼等大喜，这是公差，更何况是堵胤锡的指示，这说明他们也入了政府大员的法眼。他们当即表态，一定把这份差事办好，办漂亮。原本他俩商量前去寻找章旷之事，也就只能往后推迟。

岂知，这一推迟，竟阴差阳错，再未成行。

忙碌数月，夫之和夏汝弼遵堵胤锡之命，任劳任怨，精益求精。深秋时节，落叶纷飞，二贤祠终于按要求修好。

夫之长舒一口气。可是，前去长沙投奔章旷的事情却搁了下来，因为此时道路已经不通。其间，李自成旧部不听使唤，又在湘中和赣中犯下了一系列烧杀抢掠的事情。

夫之和王参之担心父亲安危，便下山带着王朝聘南去避游，到了耒阳。这里有夫之的老朋友陈耳臣，这位当年岳麓书院的行社同仁，当时正在耒阳做教谕。兵荒马乱，老友重逢，格外珍惜。不日，陈耳臣将东去绍兴，入隆武朝为官，春风得意之时，却也忧虑重重，因为，他也不知道隆武能够坚持到何时。夫之又何尝不是呢？陈耳臣邀请夫之与他一同前往，夫之以父母年事已高为由婉拒了。

5. 遍地狼烟

隆冬时节，王衙坪，夫之卧病在床。信差抵达，送来一把扇子，上书小楷曰："即将抵衡州渡口，可否叨扰一见？攸县书生。"

这些年，夫之常能收到扇子，扇子上总写着短诗，让他想起当初的岳麓时光。韶华已逝，故人依旧是故人。

刘杜三，当初夫之在行社的"攸县书生"，乡试同举，一直没有忘了他。夫之当然也没忘了刘杜三。尤其，时事艰难，他们都落寞难当时。攸县距离衡州不远，但是，见面也是难事，去京春闱铩羽而归，夫之就再未北去，他和刘杜三之间就只能以书信往来。

岁月虽远，念想犹近。刘杜三也罢，陈耳臣也罢，虽说他们并非衡州人氏，却常常以南岳为念，总归都是七十二峰的范围。同居潇湘，一路同行，同举，同见天下崩颓，同叹报国无门。夫之与刘杜三心思甚同，常有知己的味道。刘杜三特别喜欢扇子，信函皆以纸扇替代。夫之家中摆放着他送来的各式各样的扇子，睹物思人，往事如烟。

今忽听闻他来衡州，夫之自是喜不自禁，病也好了许多。

刘杜三还未见，差人忽又来了。

这一回，居然又是堵胤锡派来的人。夫之立刻起身，衣服尚未穿好，就匆匆往外赶，出了门才发觉自己没有穿鞋子，旋即又回到屋内。陶氏见状给他又披了一件厚衣服。原来，堵公又有任务要交给夫之了。修完了二贤祠，堵胤锡又决定再修方广寺。

差人禀告：堵大人对二贤祠扩建的事情相当满意，于是决定，这次方广寺的事情仍旧交给夫之等人。夫之听罢，大喜。湘北战局正紧，天下危急存亡之时，堵公还能想起自己，夫之热泪盈眶。继而，他又觉得这正是自己的机会，若能被堵公赏识，那么，未来也就不愁无处安身立命了。他进而觉得，堵公既然还有心思处理湖广学政事务，那么，湘北的战事应该尽在掌握之中了。

事实上，夫之对前方战事略有耳闻。何腾蛟和堵胤锡不同于北方的大明将领，他们纪律严明，作风严谨。清军入关以来，几乎未遇明军抵抗，一路高歌猛进，到了湖南，却见到大明军队人心齐整，作战勇猛，连吃败仗，一下子被打蒙了。堵公转而反攻湖北荆州，恩师章旷也在湘阴大胜清军。抑或，天下乾坤，在不久之后就将在湖湘大地被扭转，夫之当然高兴啊。

朔风飕飕，万木萧萧，淫雨霏霏。夫之穿着厚厚的衣服，一边咳嗽，一边赶路，道路破烂，马车颠簸。想起刘杜三，夫之心绪难平。他四下望去，但见河山凋零，人迹稀少。郊原上，野草一片接着一片。到了衡阳渡口，突遇狂风大作，云朵纷乱，鸿雁阵阵，飞过凄冷的天空。

终于，江面上漂过来一叶孤舟。

刘杜三到了。他们问了彼此的情况，聊了一下往事。这时，刘杜三忽然说起崇祯皇帝自缢的事情，夫之心里痛。刘杜三又讲起魏藻德，说这个状元出身的最后一任首辅，在崇祯帝号召捐款救国时勉强捐了五百两银子。李自成破攻京城后，他去投降。李自成问："崇祯已自缢，身为大臣，为何不去殉死？"魏藻德居然厚颜无耻道："方求效用，岂敢死？"刘宗敏指责其身为首辅而误国，魏藻德辩道："在下本为书生，不谙政事，况崇祯无道，天助亡国。"刘宗敏闻此大怒，命人责其数十杖。在筋骨夹断、十指尽去后，魏藻德终于交出白银数万两。但刘宗敏不相信内阁首辅仅有几万两白银，继续用刑，经五天五夜的酷刑，魏藻德因脑裂死于狱中。他的儿子又被刘宗敏逮捕。严刑之下，悲道："家已罄尽。父在，犹可丐诸门生故旧。今已死，复何所贷？"旋即被斩首。

"唉。这些吃皇粮、享皇权的人，竟都是自私自利、贪生怕死之徒，大明被这些小丑误了，可悲复可叹矣。"夫之听罢，浊泪落下。

长夜孤灯，红泥小火炉，二人对面而坐。陶氏端来热饭，又把米酒给他们温热，斟好，然后坐到一旁，绣着针线，看他们把酒谈天，偶尔摸摸怀中的孩儿，不免独自欢笑。

想起这些日子的压抑和艰辛，夫之有满肚子的话要向刘杜三倾诉。他忽然问："对了，你要东去福州作甚？"

刘杜三道："唐王主政福州，正值用人之际，不如前去效力。"

夫之"哦"了一声，道："先前，我见耳臣，他亦如此劝我。"

刘杜三道："耳臣予我信中提及此事。他已到朝前，催我速往。还劝我务必与你会面，再次问你是否愿意前往。他真心希望你过去。"

夫之咳嗽了几声，坦言道："我亦有考虑。但是，眼下确有要务，是恩公交付，不便与你同行。"

刘杜三仍不死心，道："窃以为，未有比唐王更重情谊之人，未有比隆武朝堂更重大之事。大明兴亡全在于此，不知夫之恩公所托是为何之事？"

夫之沉思片刻，并未直言修庙之事，而是就事论事道："先是福王当朝，后有鲁王监国，然后唐王登基，先皇尸骨未寒，大明已有三位新皇，此乃有违纲常。所谓祸起萧墙，我亦相信唐王英明，然则，只怕诸王纷争，并非真心系念我大明。"

刘杜三道："夫之之顾虑，我亦有思量，然则，天下不可一日无主，大明不可一日无君。唐王之志，日月可鉴，为人臣者，尽忠可矣。"

夫之道："兄所言不无道理，只是，夫之委实不便同行。"

刘杜三诧异，问道："却是为何？"

夫之眼见如此，只好和盘托出："堵公之托，重修方广寺。我已承诺，如撒手而去，岂不背信弃义？"

听闻此事，刘杜三反而大喜，道："何、堵二公主政以来，确有一番气象。你为恩公效力，实乃义不容辞。"

夫之笑道："二位恩公雄才大略，实乃大明栋梁。"

刘杜三也笑了，道："二公亦为唐王尽忠，为大明尽义。"

夫之闻此不置可否，意味深长地道："天下事，在福州，在唐王，更在湖湘。我为湘人，生于湖湘，长于湖湘。如今湖湘已系于大明存亡，我断不会离开湖湘。他日如有机缘，定去福州拜会。"

两人你一言我一语，晨曦微启，天色近亮，炉中炭火也已熄灭。

卧病逢摇落，闲愁半醉醒。酒醒之后，夫之送走了刘杜三，彼此叮嘱多多保重。寒江远去，长天一色，不胜依依，此一别，不知何日能再见。

隆冬之后，又是寒春。待方广寺重新修好，已经是春末夏初。

夫之再次回到王衙坪家中，探望父母妻儿。旋即去了湘阴。

湖北匆匆一别，快三年了。当时，章旷只是小小州府，如今，已经被湖北巡抚何腾蛟任命为监军，驻扎湘阴。再见恩师，夫之觉得他更高大了，不再像书生，活脱脱是武将。从前，脸上那颗与书生极不相称的大黑痣，如今也变得恰到好处，每每发号施令，大黑痣跟着上下跳动，生动地衬托出他的威严和霸气。章旷左右，一边站着郑古爱，当年与夫之同中举人，如今已成章旷的左膀右臂；另一位年轻人相貌堂堂，器宇不凡，夫之却不认识。他是蒙正发，章旷的爱将，多年后，他和夫之成了生死之交。

夫之向章旷鞠了一躬。章旷快步走上前去，爽朗地笑了："夫之，今日早些时候见过堵公，他还向我提起你。"

夫之大喜道："堵公亦在帐前？"

章旷道："何公、堵公召集长江南北将士，正于湘阴共商大计。"

夫之惊讶不已，道："弟子早有意来恩公军中效劳，无奈堵公有所吩咐，不敢怠慢，故行程推迟到现在。"

"堵公吩咐你重修二贤祠与方广寺之事我有所耳闻。你办得漂亮，堵公甚为满意，夸奖你至诚至信，耿直可靠。"言毕，章旷让夫之坐下，道："今晚，我和何公、堵公还要会面，你可一同前往！"

夫之喜不自禁，道："一切听从恩师差遣！"

章旷吩咐士卒安排夫之的住处，随后穿戴整齐，挎上大刀，就要出门。夫之跟上去，道："恩公要去哪里？"

章旷道："我去前方巡查战事防御。"

夫之道："夫之愿同往！"

章旷犹豫片刻，笑道："好！你且看看，提些建议。"

夫之真心道："承蒙恩公厚爱。但初来乍到，不敢妄言，只求多长见识。"

二人跨上战马，夫之跟着章旷一路疾驰。三五将领骑护行在章旷左右，随时向他汇报着军情。从他们口中，夫之得知，湘阴守军刚刚跟清军打过一仗，清军战败北去，又退回了岳阳。提起岳阳，章旷竟格外愤怒。岳阳本是湖南门户，与湖北隔江眺望，不承想，竟被清军轻而易举拿下。原来，何腾蛟、堵胤锡和章旷虽为大明将军，手下部队很多，却没有多少自己的嫡系兵马。堵胤锡的部队基本上是李自成的家底，当初，李自成被清军围追，死在湖北九宫山，大顺几十万大军就没了主心骨，见此情形，何腾蛟本欲剿之，堵胤锡则主张招降。

何腾蛟道："李自成旧部均为暴民，如何驾驭得了？"

堵胤锡道："眼下，大清为外敌，我们与之有共同利益，且李自成众部群龙无首，正是劝降好时机，若能为我所用，必能扭转战局。"

何腾蛟对李自成旧部始终不放心，但碍于局势，也只能招抚。

于是，何腾蛟亲自写下檄文，堵胤锡带着一船金银财宝，在大雾天气躬身前往李自成军营，放低姿态，诚恳拜谒李自成灵堂，告慰李自成亡灵，手持唐王口谕，赐封李自成妻子高氏、侄子李锦、妻弟高一功爵位，并抚恤其众，犒劳三军。此时，李自成众部本人心涣散，成为乌合之众，大清称其为贼，大明谓之为寇，无名无分。堵胤锡则大摆筵席，觥筹交错之际，赠以锦衣玉食，又通之以情，晓之以理，渲染抗清即为闯王之忠孝，归顺大明即为民族之大义，洋洋洒洒，滔滔不绝，说得高氏暗自流泪、三军恸哭，誓为闯王报仇雪恨。

翌日，高氏亲自来拜见堵胤锡，感恩戴德，接受了南明的一切赐封，并对侄子李锦说："堵公，天人也，汝不可负！"

于是，李自成旧部一律归顺了大明。唐王立刻加封高氏为贞义夫人，赐李锦名赤心，赐高一功名必正，并加官晋爵。刘体仁、郝摇旗、袁宗第、蔺养成、王进才、牛有勇等六大部各拥数万兵也纷纷来投，曾经的反贼们摇身一变，成了大明的栋梁。

同样的问题，还有左良玉的残部。当日，左良玉死在"清君侧"的路上，余众也乱了阵脚，一边，清军对他们围追堵截；一边，大明也谓其不忠。无名无分，四处流窜之际，章旷建议："此无主之兵，可抚之收之用之也。"

何腾蛟心有所虑，却还是同意了。章旷亲自登船，会见左良玉部将马进忠，定下誓约，以兄弟相称，言曰为大明鞠躬尽瘁，死而后已。

数月之前，何腾蛟手中还无一兵一卒，现在，他已经雄兵百万！从规模上看，的确很吓人。其实，虚有其表，更像纸糊的老虎。

江东已失，中南地区不能再有任何差池，为了守住岳阳，大明将仅剩的黄朝宣、张先壁、刘承胤等部队调遣过来，又把李自成和左良玉的剩余部队在岳阳集结，一个岳阳城，共计十三个营，近五十万部队！大有天下大事毕其功于一役的架势，只是此仗打得十分荒谬。

当时，清军先头部队已过长江，驻扎江边，大兵则在江北，随时准备进犯。明军却不敢主动出击，竟打算死守城防。

一天上午，天边突然飘来一片尘埃，只见一队清军骑着快马而来，左良玉余部王允成立刻带着一营上万人马四处逃窜。王允成一跑，其他十余营的将士也跟着作鸟兽散。清军当场就愣住了，他们本是追一只老虎，误打误撞进了明军的防御工事，哪知道，老虎没打着，却撞见一场闹剧，当即，就汇报江北后方。得知消息，清军将领决定立刻率大军攻城。而明军知道只是一场虚惊后，极为沮丧，士气已经泄了一半，还未等他们完全回到先前的防御位置，清军主力就已经杀到，这一次不是打老虎了，而是真正的战争！说是战争，其实也不是战争，更像是屠杀！

清军一路推进，明军一路逃窜，顿时，尸横遍野，血流成河，染红了洞庭湖和长江。雄兵百万的岳阳城瞬间变成了屠宰场，岳阳就这么沦陷了。

何腾蛟和堵胤锡知道李自成和左良玉等部将是些什么人，用是可以用，但代价很高。为了安抚这些部队，他们煞费苦心，在湖南加征农民赋税，高达从前六倍之多，大户富户出得更多。这帮兵勇却是出人不出力，不出力打仗也就罢了，他们还作乱，在湖南四处烧杀掠夺。一边用着这帮人，一边还要提防着。于是，何腾蛟从西南各省招募了大批乱兵，编制成自己的亲信部队，布防在最核心的战略位置。堵胤锡不同，李自成的妻弟高一功对他感恩戴德，二人成了莫逆之交，时间长了，他倒是把李自成的部队当成了自己的部队。高一功等人也只认堵胤锡，不认何腾蛟。久而久之，何腾蛟和堵胤锡就因为对他们的使用策略问题产生了矛盾。章旷则处在二人中间，他的手下既有李自成的人，也有左良玉的。

其实，兵不在于多，而在于有良将。章旷就是一员良将，何腾蛟就曾感叹：湖湘百万雄师，唯一可用之人就是章旷。丢了岳阳，章旷就被派往湘阴，此时的湘阴成为整个战局的乾坤之地。章旷不负众望，在他的带领下，杂牌军焕发出战斗力，抵御了清军几轮攻击，杀敌几万众，可以说，一夫当关，万夫莫开，凭一己之力扛起了南明。

此时，夫之就站在这个刚过而立之年的将领身边，目光所及，狼烟四起，伤兵满营，但是，只要看见章旷，士兵们马上就会肃然起敬，露出坚定的目光。更远处，就是浩浩荡荡的洞庭湖！如今这里已是战场，湖水中漂着很多浮尸，血腥味扑鼻而来，几艘大船在很远的地方，若隐若现。一位副将对章旷报告："将军，您看，清军的探子又在活动了。"

章旷手一挥："让他们探！他们不下湘阴，我还要回岳阳！"

这时，他们来到一堆尸体前！章旷脱下帽子，众将也脱下帽子，长久默哀。夫之也跟着默哀。活了快三十年，夫之这是第一次看见如此多的尸体，虽说战乱时也在衡州见过哀鸿遍野，却没有这次来得震撼。这些尸体满面污垢，血渍斑斑，伤口满身，有的身上还插着刀剑，或许仅仅几个时辰之前，他们还在同敌厮杀，是一条条活生生的生命。

章旷命令副将："此等大明好男儿，须好好安葬，让他们魂归故乡。"士兵们遂将尸首一个接一个抬到搭好的祭台上。

突然，一名士兵禀报："将军，这里有个清兵。"

章旷沉思片刻，道："此为逆贼祖大寿兵勇。休要与我死士同葬，弄脏了我大明的魂魄。把他扔回湖里！"

这就是战争的残酷！

只听"扑通"一声，很快，那具尸体又漂到了湖面上，随着波浪，越漂越远。原来，攻打湖南的并非清人嫡系，而是大明的军队，将领正是当年在北疆与后金作战多年的祖大寿。

实际上，这是大明的人打大明的人。

大清在灭亡大明的道路上，明朝的叛军几乎成了主力军，前有祖大寿、吴三桂、耿精忠、尚可喜等人，后又有刘良佐等人。为了外人，自己人打自己人，这就是大明！夫之始终都不明白，为何会是这样？火焰在身后熊熊燃起，烤肉味飘满了天空，乌鸦在头顶起起落落。生如草芥，死若蝼蚁。夫之的心却格外地疼痛，那具清军的尸体已经漂到很远的地方，夫之却还想到它！

夫之很快看出军营的门道，看出了他们内部的不和谐。堵胤锡为江北督军，江北却为清军掌握，所以，他和高一功决意征战荆州，希望夺回这座城池，他不想寄人篱下，毕竟湖南是何腾蛟的。何腾蛟同意他们攻打荆州，因为何腾蛟也受够了这帮乱民在湖南烧杀淫掠。章旷则为湖北巡抚，却只能在湖南镇守湘阴，他刚刚击败祖大寿，希望乘胜追击，拿下岳阳，继而再往江北推进。何腾蛟支持他拿下岳阳，派马进忠、王允成等相助，毕竟有了岳阳，湖南才是湖南。这一帮形形色色的人组成的集团实际上各怀鬼胎，只有何腾蛟、堵胤锡和章旷是真心实意为大明卖命，但是，他们三人夹在乱军之中，也不能完全掌控时局。

等夫之再见到章旷的时候，章旷已经为他安排了差事，让他调运粮草。兵马未动，粮草先行，此去攻打岳阳，还不知道要围城多少日，夫之热血沸腾，答应了。一个书生，总算真实地介入了战争。

夫之尽心尽力筹措军粮，这个时候，他才知道，为了支撑这场战争，湖湘百姓吃尽了苦头。三年换了几个皇帝，赋税一收再收，似乎要榨干百姓身上的最后一滴血。杂牌军只一心想着怎么喂肥自己，他们不顾百姓死活。说到底，他们愿意跟着大明干，就是为了有口饭吃，有些钱拿，没有好处，他们定不愿意。而更大的忧虑，也渐渐在夫之心中生起，他觉得何腾蛟和堵允锡貌合神离，虽然两公均一心为大明，却是相互斗气，眼下形势，他们不可能不知道同时攻打岳阳和荆州是不可取的，兵力构成本就复杂，再一分散，可能会落得两线皆败的下场。寝食难安之际，他还是向章旷说了自己的忧虑："恩公，学生有一事不明，不知可否上言？"

章旷道："但说无妨！"

夫之道："眼下，我以为分兵攻打岳阳荆州并不可取。"

章旷顿时不语。

夫之又道："应先合兵攻岳阳，然后，取荆州。"

章旷沉默片刻，道："夫之呀！军中事务，你且不必多虑。何公自有何公安排，堵公亦自有堵公主张。"

夫之道："恩公，此事迫在眉睫，需尽快定夺。南北两军之冲突，唯恩公可与何、堵二位斡旋。"

其实，夫之所言，章旷何尝不清楚。这几十万大军内部是怎么回事，他比谁都清楚。可是，没人能够解决这一难题，何、堵二公何等英明，然而，他们的间隙，章旷是心有余而力不足，唯一所愿，就是能把自己的部队带好，同时，还要祈求杂牌军不要给他添乱子。

走出营帐后，夫之一夜未睡，正儿八经给章旷上书，请其调和何、堵两督师的军队秩序。他声称："若不能为大明社稷安稳献策，留在军中亦无益。"

章旷清楚，夫之性子直，很像当年的自己，这是他欣赏和喜欢夫之的原因。但是，何、堵之事，他确实无能为力，原因是，自己的分量还不够。两强相搏，弱者居中，能左右乎？夫之倔强，不理解恩公的苦衷，以为是自己的意见得不到重用，便真的离开了湘阴。

临行，夫之本想拜别恩公。无奈，章旷公务繁忙，正在前线处理军情。夫之有些伤心，以为是章旷不想见他。夫之留了书信，匆匆踏上了南归的路途。信中，他还是在请求章旷务必重视军队秩序，协调南北二军。章旷抚着夫之的信，手有些发抖，半天没有吱声。

夫之回到续梦庵，仍关注战事，不时上书章旷，陈述己见。

果然不出夫之所料，马进忠、王允成等本来是被委派来援助章旷攻打岳阳的，却见军中有从祖大寿那里缴获的金银珠宝、粮草弹药，于是，他们贼心陡起，几帮人为了这些东西甚至打了起来，不欢而散。章旷非但没有得到援助，军事物资还因此损失惨重。最终，收复岳阳之战也以失利告终，湖湘局势一落千丈。

心知肚明却无能为力，这正是章旷的悲哀，更是大明的悲哀。

再棒的能工巧匠也不可雕朽木，大厦既倾，无力回天。

第五章

大殓

雨水淅淅沥沥。湘西草堂上空响起阵阵哀伤的琴声。

一位绾着发髻的中年男人坐在草棚里拂动琴弦。

他背着一个布袋子，于午后时分抵达草堂。他自称是王夫之先生的故人，但是，在场的亲朋都认不出他来。直到他从布袋子掏出一把古琴，并自报家门，大家有些惊愕。原来，那是夏汝弼的古琴。来者是夏汝弼的琴童，叫柱子，跟着主人与王夫之先生常有往来。那个时候，柱子基本上不说话，只负责斟茶倒水，然后，坐到一旁听夏汝弼弹琴，听先生论道。柱子陪夏汝弼走遍千山万水，夏汝弼最后死在他的怀里，并给他留下了那把古琴。柱子把夏汝弼葬在九嶷山下，便不再游走，而是在一旁守着主人的坟墓隐居。多年之后才又回到南岳，恰好听闻了王夫之的死讯。

他说，他送走了叔直先生，现在来送夫之先生。说完独自落泪。

时光荏苒。天地萧瑟。

王夫之的众亲友学生基本到齐了，该是大殓的时刻了。

此时，柱子纹丝不动，面色凝重，手指轻轻划过琴弦。琴声低沉舒缓，一声，又一声，仿佛屋檐稻草上滴下的水珠，悲伤随着琴音笼罩了院子。棺材里已经铺好玉帛，王家人就要移动王夫之的遗体，众人聚集在门口，女人的哭声更响亮了，男人们也纷纷呜咽起来。

王夫之已经被放进棺木，棺材盖合上了一半。就在这当口，突然一声喊叫："等一下，我来了！"竟是包世美到了，但众人并不认识。只见他迈着小碎步，摇晃而急切地喊道："而农！而农！我要最后看您一眼。"

大家都把目光转移到他身上。只有柱子轻抚琴弦，目光落在他处。

王放问："老先生，您是？家父故人？"

看来真没有人认得他。人群之中，只有邹统鲁年岁最大，他看了老者好久，才突然道："乃蔚？你是乃蔚！"说罢，两位患难兄弟老泪纵横。包世美道："请等一下，让我看看而农，让我再看一眼。"

知道眼前老人是世叔，王放甚为恭敬，还好，棺材盖尚未合起。

借着灯光，包世美把头探到棺材上方，喃喃数语，浑浊的眼泪差点落进棺中。

棺材盖终于合起，上了铆钉。

"而农先走。乃蔚随后就来。"

包世美重重地感叹道。他看着王放率家人垂立两旁，肃静之中，一幕幕往事潮水一般浮现于脑海。

1. 秋风起，离乱频

风声鹤唳，松涛阵阵。猛虎又在山中呼啸。陶氏再次有喜！

在烟熏不止的火炉前劳作时，她知道自己又怀上了孩子。此时，夫之刚刚从永州回来，染上风寒，在王衙坪茅房，卧床不起。面对病中的丈夫，她没有立刻告诉他这个讯息，只是努力操持家务。

再上双髻峰，已是深冬。这一次，夫之和陶氏一起上山。

入了续梦庵，夫妻二人收拾了家当，又修补了漏风的破墙和漏雨的屋顶。陶氏告诉夫之，自己已经有了身孕。

夫之闻此，竟然大怒："既有身孕，何以入山？"

陶氏委屈道："山中日子本就凄苦，一个人不知冷暖，怕你苦。有我在，你至少还能吃上一口热饭，夜来，才能睡暖被子。"她边说边流下眼泪。夫之沉默良久，道："山中荒凉，有何闪失，无处求医问药。你不能待在这里。明日，我送你和勿药下山吧。"陶氏低声道："我不走。我不在，你更苦。你不在，我亦苦。一家人，总归在一起才好。"

八月天，秋风起，离乱频仍。月色中，续梦庵的灯火忽隐忽闪。噩耗不断从北方和南方传来！章旷夺取岳阳的战役失败了，堵胤锡夺取荆州的计划也破产了。大明军队一蹶不振，曾经的李自成部下和左良玉部下再次分崩离析，流窜在湖湘大地，四处作乱，所过之处，鸡犬不宁，血流成河。

更致命的消息传来：郑芝龙在福州背叛了大明，清军攻占了福州，唐王被俘，南明第三个朝廷隆武朝廷破灭了。或者，更严格地说，南明第四个朝廷消失了。因为，先前绍兴已经被攻陷，监国的鲁王一路逃亡到了海上。

夜半时分，夫之弃床而起，穿着一袭白色的薄衣，赤着脚，走出家门。月光冰凉，万籁俱寂。站在黑沙潭上，向北眺望，他始终无法释怀，若当日章旷能够采纳他的建议，或许湘北战局就不会是这样。其实，他并不怪章旷，反而，他对章旷只有敬仰、推崇和怜惜。只不过，以己之心，度天下之情，他看不清那些出生于贼寇的明军的本质。若这些人真的能想他所想，念他所念，对大明有一颗赤诚之心，以死明志，大明何以会迅速土崩瓦解？

已是怀胎十月，陶氏明知孩儿随时都有可能诞生，她却没有告诉夫之。其实，这事情也不用告知了，自己的妻子怀胎多久，夫之当然晓得，加之，陶氏每天都在屋子里进进出出、走来走去，心痛至极，终日恍惚。那晚，夫之梦游般走出家门，下半夜陶氏就从剧烈的腹痛中惊醒。黑暗之中，她呼喊，却没人搭理，伸手一摸，旁边的半张床空空荡荡，顿时慌了，边尖叫边流眼泪，万幸，她在床头摸到了火折子，点亮油灯她踏实了一些，只见羊水已经流了出来，她赶紧下床，忍着剧痛，挪动身子，到缸里打了一盆清水，找不到剪刀，情急之下又拿了一把镰刀，然后，重新爬回床上。油灯昏黄，火焰跳动，此时，陶氏已经没有恐惧和慌乱，她只知道用力才能将孩子生下来。开始，她还努力咬着牙，忍住痛。但很快就受不了，太痛了，索性喊出来。于是，女人撕心裂肺的号叫在深夜突然响起，刺破了夜空，回荡在整个山野，夜鸟惊慌四散。老虎也开始怒吼，不安的气氛在空气中迅速蔓延。

在山后隐居的几个书生从睡梦中惊醒，听着喊叫声惊呼："湘北战局堪忧，难道清军杀来了？"

吹着火折子，他们顾不上穿衣服，收拾包裹，打开门扉，带着家人，就向更深的山里逃窜，但是，书生的家人还是心生疑问：

"都说清兵杀来了？怎么不见火光呢？"

"说不准是遇上山贼了！"

"清军可能已经杀到山后了。看看，现在山后有火光了。"

实际上，碍于双髻峰的地形，很多人在山的这边恰好看到了方广寺升起的一片灯火。此时的方广寺也乱成一团，各处灯火都被点亮，香炉里的火也开始熊熊燃烧。僧人四散奔走，小和尚口中振振有词：

"乱军杀来了！这可如何是好？"

"说不定是清兵。"

一阵骚乱之后，性翰法师淡定道："你们听听！像是妇人的叫声。"

性翰法师又道："分明是妇人在生产。"

僧人们恍然大悟："难道是王夫人？前些日子还见她来上香。"

"应该是了。难道夫之先生不在身边？"性翰法师惊恐，"王先生有恩于我寺。"说罢，他立即带着众僧去了堂内，念经为陶氏祈福。

陶氏用尽了全身的力气，终于把孩子生了下来。听到啼哭，陶氏几近虚脱，满身是汗，长舒一口气。抬眼，看着浑身带血的孩子，是个儿子，她顿时泪如雨下。老天保佑她再为王家添个儿子！她颤抖着拿起镰刀，用力割断了脐带，她再无一丝力气动弹。

幸亏此时，梦游般的夫之回来了。听到门口有响动，知是丈夫回来了。陶氏费劲睁开眼睛，脸上露出笑意，笑着，笑着，忍不住终于哭了。

夫之看着新生的儿子，又喜又悲，手足无措。陶氏便道："请熬一锅艾叶水吧，艾叶在灶台上。"夫之连忙去做。

陶氏生完儿子王敔，身子极度虚弱，再为人母的喜悦也没有维持几天，一个噩耗突然传来：夫之的丈人陶老先生死于乱兵之手！湘北战局大势已去，乌合之众分崩离析，左良玉和李自成的旧将们又开始一路逃窜，沿途为非作歹，陶老先生便被乱兵打死在混乱中。

听闻父亲死讯，陶氏当场泪崩，口吐鲜血，昏死过去，醒来再哭，又昏厥。此后便一蹶不振，终日以汤药续命，也不见任何起色。

看着病中的陶氏，夫之一筹莫展。

没过几天，又一噩耗传来：夫之的舅舅谭玉卿也死于乱兵之手。

母亲谭氏肝肠寸断，泪水涟涟，卧床不起。

国亡家破。王家乱成了一团。

抱着刚刚出生的儿子，守在油尽灯枯的妻子身边，夫之万念俱灰，又担心母亲过不了这一关。还好，在家人照料之下，谭氏活了过来。然而，陶氏则大限将至。霜叶红于二月天时，陶氏走到了生命的尽头。临死，她让夫之把两个儿子送至身前。看着骨瘦如柴、面目全非的陶氏，王勿药吓得哇哇大哭，撒腿就跑，夫之又把他拖过来，狠狠打了他。陶氏用尽最后的一点力气，动了动手指，示意夫之不要打儿子。当夫之把小儿子送到她眼前时，陶氏已经不能动弹。王敔咬着手指，转着大眼睛，咿呀学话，又蹦又跳。陶氏脸上泛出一丝微弱的笑意，旋即，面容僵住，瞳孔散开，咽了气，眼角又滑出两道泪水。

陶氏真的走了，夫之才撕心裂肺地疼，那疼痛一时压过了亡国之恨。亡妻跟着他漂泊一生，生儿育子，照料双亲，从来不说心疼自己的话，聚少离多，夫之也就忘记了她的喜怒哀乐。而她真的走了，夫之才发现生命残缺了。他心疼她此生跟着自己凄苦。

灰色的天空下，时间和思绪变得细致，厅堂茅舍突然变得无比空旷，过往的日子一一浮现，妻子无处不在。他挥笔写下悼亡诗：

十年前此晓霜天，惊破晨钟梦亦仙。一断藕丝无续处，寒风落叶洒新阡……生来傲骨不羞贫，何用钱刀卓性人。撒手危崖无著处，红炉解脱是前因……残帷断帐空留得，四海无家一腐儒。①

写完，夫之又默念一遍，心痛难忍，无法出声。

2. 王与皇

崇祯十六年（1643），张献忠攻占衡阳。早就听闻农民军所到之处，斩杀王族，甚至烹了几个王爷，分肉食之，桂王朱常瀛恐惧万分，带着儿子朱由楥、朱由榔逃到了广西梧州。两年后，朱常瀛病死，朱由楥接过了王位。没多久，朱由楥也病死了，朱由榔成了新一任桂王。

顺治三年（1646），隆武帝朱聿键在福建汀州被清军俘虏，随即被害。大学士苏观生在广州拥立隆武皇帝的亲弟弟朱聿镆称帝，也就是绍武皇帝。

三天之后，广西巡抚瞿式耜在广东肇庆拥立桂王朱由榔称帝，也就是永历皇帝。

结果，两个朝廷为了争夺正统地位，打得你死我活，绍武皇帝占得先机，清军却杀到了广州，绍武魂归西天，此时，离他登基刚刚一个月。

那日，夫之与夏汝弼再次经过往昔的桂王府邸，难免感慨。高墙之外，夫之长久驻足，夏汝弼也放慢了脚步。

夏汝弼若有所思："难道，夫之欲南寻桂王殿下不成？"

夫之直言："叔直，非桂王殿下，乃永历皇帝陛下。"

其时，夫之确实打算南去投奔永历朝廷，无奈家中老母亲卧病在

---

① 王夫之《悼亡诗四首》，原录于《姜斋诗剩稿》，清康和声著，彭崇伟编《湖湘文库》之《王船山先生南岳诗文事略》，第29页，湖南人民出版社2009年版。

床，他不能放心远行。

转眼，到了年底，湘北战事颓败，何腾蛟、堵胤锡、章旷等人败走，长沙沦陷，乱兵横行，陶孺人轰然而逝。夫之悲伤得不能自已，新春佳节亦无一丝喜悦。

满世界的爆竹声响起，仿佛不是节日的庆祝，而是黑暗中的惊慌与呐喊，凄冷之中，微弱的灯火在烛台上忽闪忽扑。坐在书房里，夫之不知道该做什么，一本《春秋》打开了很久，却是一个字也没有看。

冥思当中，王朝聘拖着老迈的身体走了进来。夫之刚要起身向他请安，他挥了挥手，坐到一旁，他对夫之道："在读《春秋》？"

夫之恭敬回道："《春秋》者，每每读来，感悟不同。"

王朝聘甚为欣慰，喘着气，捋着胡子道："为父唯独钟情《春秋》，欲著书立说，奈何时日不多也。夫之，有生之年，你要再写《春秋》。"

听到父亲说死，夫之不明就里："父亲大人，日子还长着呢。"

王朝聘呵呵笑了："《春秋》之事，定要牢记于心。"

夫之点了点头。王朝聘不自觉地说起了《春秋》，打起精神道："详者，略之开也；明者，晦之迪也。虽然，綦详而得略，綦明而得晦，不鲜矣。三《传》之折衷，得文定而明；河南之举要，得文定而详，习其读者之所知也。经之纬之穷于幅，日之月之翳于阴，习其读者之未知也。小子其足以知之乎？"[①]

夫之蹴然而对："敢问何谓？"

王朝聘道："文定之于《春秋》也，错综而密，所谓经纬也；昭回不隐，所谓日月也。虽然，有激者焉，有疑者焉。激于其所感，疑于当时之所险阻。方其激，不知其无激者之略也；方其疑，不知厚疑之以得晦也。"

夫之请教："何谓激？"

王朝聘道："王介甫废《春秋》，立新说，其言曰：'天戒不足畏，人

① 王夫之《春秋家说〈序〉》，原录于《春秋家说》，摘引于清康和声著，彭崇伟编《湖湘文库》之《王船山先生南岳诗文事略》，第31～32页，湖南人民出版社2009年版。

言不足恤'，文定激焉，核灾异，指事应，祖向歆，尚变复。孔子曰：'畏天命'，非此之谓也。畏刑罚而忠者，臣之道薄；畏谴责而孝者，子之谊衰。若此者，激而得滞，滞而得略，天人之征不详矣。载愤辨之心以治经，而略者不一一也。"

夫之惊讶，父亲言简意赅，评点精到，进而请教："何谓疑？"

王朝聘点点头，觉得夫之问得好，于是慢声细气道："宋之南渡，金挟余毒，逼称臣妾，韩、岳、刘、张，拥兵强盛。建炎臣主，外忧天福之覆车，内患陈桥之反尔。外忧者，正论也；内患者，邪说也。文定立廷论道，引经比义，既欲外亢，伸首趾之尊；复欲内防，削指臂之势。外亢抑疑于内僭，内防又疑于外疏。心两疑，说两存，邪正参焉。其后淡庵、南轩师其正，斥王伦之奸；秦、张、万俟师其邪，陷武穆之死。而一出于文定之门，效可睹矣。《春秋》贵夏必先赵武，尊王授权桓文，其义一也。以赵普偏制之术，说《春秋》经世之略，恶乎其不晦哉？或明之，或晦之，而得失相杂，不一而足矣。"

父亲的这番话，不仅让夫之茅塞顿开，更让他感觉一部《春秋》藏天地机缘，奥妙无穷，神秘的光芒再次照射到他的头顶。夫之心怀感激，对父亲道："小儿铭记于心，自当笔耕不辍。"

王朝聘目光渺渺，良久，叹了口气，道："亦不急于一时！清兵眼看要入衡州，不能再耽搁，你与介之明早必须上山。留得青山在，他日方可图。"

翌日一早，夫之和王介之便遵命上山了。

再入双髻峰续梦庵，夫之陷入冷冷的孤独中。新年刚过，夫之家里已无粮食，他忍受着饥饿，点了纸钱，祭拜了先皇，又向天地跪拜，算是给父母磕头。想起自己生命的空间是如此逼仄，他极度压抑，却又无可奈何。都说生不逢时，自己才真正体会到此话的沉重。寂静的深夜里，他不由得想起亡妻与家中幼小的孩儿，悲苦念道："峰端悔不属青畦，偕隐学成断尾鸡。臣朔无聊饥欲死，太常有恨醉如泥……才得悟头魔已过，恰如春尽子规啼。"①

突然一声虎啸，给饥肠辘辘的夫之增添了一份恐惧。

3. 从"活生"到"生活"

正月十五，元宵佳节！面对满山的静寂与空寥，夫之若有所思。

续梦庵空空荡荡，没有一粒米，更别说一个汤圆。门口的菜园几近荒废，再也拔不出一只萝卜，或者采摘一片菜叶。兵灾之前，每年的元宵节十分热闹，街头舞狮耍龙的一队接一队，爆竹也是放个不停。各类好吃的好喝的更是将气氛推向高潮，每个人脸上写满笑意……罢了，罢了，不去想吧。夫之害怕回想这些过往的日子。他必须面对当前的窘境，必须独自承担这难挨的时光。一介书生，在兵荒马乱之际，纵有满腹经纶，又能如何？他叹了一口气，拍了拍破旧的袍子，拿起一根竹杖，背起背篓，出了门。他不知道要去哪里，只想去远方，透透气，散散心，因为，不知道从什么时候开始，他害怕一个人安静地坐着。

夫之在山林中穿行。这时，前方两座山峰中间出现一块巨石，宽一丈多，长三丈，下方悬空为洞，仿佛一道门。在南岳住了这么久，还没发现此处，夫之大为惊叹，他以诗驱饥（他尝试多次，认为这是对付饥饿的好办法），沉思片刻，吟道："偶然一叶落峰前，细雨危烟懒扣舷。长借白云封几尺，潇湘春水坐中天。"

"好诗，好诗！"

突然，伴随着爽朗的笑声，一个声音在树丛深处响起。夫之正在惊诧中，但见一位慈眉善目的僧人走了出来，身披破旧的袈裟，手拿木杖，一手摸着挂在胸前的佛珠。僧人凝望夫之，念道："阿弥陀佛！施主别来无恙？"

---

① 王夫之《丁亥元日续梦庵用袁右公韵》，原录于《姜斋诗剩稿》，清康和声著，彭崇伟编《湖湘文库》之《王船山先生南岳诗文事略》，第32页，湖南人民出版社2009年版。

夫之不敢相信，眼前的僧人竟是法智大师，他赶紧还礼。原来，这位法智大师又名破门和尚，乃明朝进士，学识广博，尤其善于书法，但性格耿直，难为官场所容，后遁入空门。夫之曾在方广寺中得见，甚为倾慕，多次想去讨教，但他并非方广寺的僧人，而是隐居在祝融峰下，具体在什么地方，却不得而知，三番五次打听未果，不料今日竟能在此相见。

夫之道："大师，您隐居何处，竟让夫之寻得好苦！"

"世上哪有这么多大师？破门隐居多年，早已不问世事，寻之何为？"破门笑道。他目光炯炯，脸色红润，声若洪钟。对于夫之和整个王家，破门早就有所耳闻，至于夫之和性翰、悟一等人关系，破门也都知悉。但破门是个散淡之人，一切随缘，能见则见，不见也罢。夫之知道破门个性，道："大师学富五车，夫之有心讨教。"

破门哈哈大笑，摇摇头，道："真正称得上学富五车的是武夷先生，吾辈甚为敬慕。敢问武夷先生还好吧？"

夫之见破门问及父亲，不觉有些感动，道："家父一切尚好，只是年岁已高，身体不如从前。"

破门连声诺诺，眼见夫之一脸菜色，一副落魄之态，遂问道："夫之先生真是为我而来？"

夫之连忙点头，从实道："原无目标。看见大师后，明白目标就在眼前。"

破门哈哈大笑，道："武夷先生有福矣！不仅自己学识了得，三位公子个个不同凡响。夫之先生尤为夺目。"言毕，看了夫之一眼，昂首向前行走。

夫之跟着破门，穿过一片树丛和竹林后，眼界豁然开阔，但见一尊巨石映入眼帘，苍翠遮蔽处，正有一座别致的小院，中间立着两栋茅屋，外面一圈木篱笆，篱笆里伸出一条石板铺成的小路，入口处有一木牌，上面写着"石浪庵"，笔法遒劲有力，必是破门亲笔书写。

院子里清清爽爽，摆设整齐有序。院落一边，长着一棵陈年桂树，树下种了一地青菜。房子里甚为干净，虽说是茅屋，采光也还好，布置亦清新素雅。

刚从正屋出来，破门又带着夫之进了侧旁的茅屋。一进门，夫之就感觉到浓浓的暖意和扑鼻的墨香：这栋茅屋有两间大小，是破门的书房。外面看着不打眼，里面却是别有洞天，十分雅致。

生活在衡州城内，夫之早就听闻破门和尚的大名，如今，同为隐居，看着破门的住所，与自己简直天壤之别，诧异之余，他也相当羡慕。

夫之在院中的石桌前坐下，破门已将一桌食物摆上来，有豆腐、青瓜、萝卜、蔬菜、热汤，当然还有一碗白米饭。破门坐下，道："清门野地，只有这些粗食淡饭，夫之先生请便吧。"夫之没有客气，也顾不上斯文，心想，自己的这番模样，再推辞、清高压根逃不过破门的法眼，毫无意义。夫之狼吞虎咽，将一桌食物风卷残云，食毕，嘴巴一抹，道："大师，夫之肠胃大饱，请赐茶。"

"好，好！贫僧喜欢直性子。"破门呵呵一笑，道，"稍等片刻。"

不一会儿的工夫，破门提着水壶，重新坐到茶几旁，他给夫之斟茶。夫之看着那些小布袋，道："都有些什么茶？"

"全是南岳毛尖。早年在官场得过一些龙井、贡茶、黑茶。但都比不上南岳毛尖。"

"有何门道？愿闻其详。"夫之问。

"这南岳毛尖是贫僧命名的。"破门道，"此茶乃贫僧一叶一叶从茶树上采摘、揉搓、晾晒、清炒。每年春季，这石浪庵后山顶上有一片上好的茶园，常年云雾缭绕，常人难以上去。贫僧不怕，精挑细摘，多有收获。闲时无聊亦去茶园走走，感觉心灵更接地底，每有妙悟，或吟或歌，自得其乐也。"

"原来如此！"夫之道，"大师丰衣足食，夫之自叹弗如。"

破门不紧不慢地冲洗茶具，热水在茶几上冒着暖意。"每年谷雨前我开始上山采茶。每次一芽一叶，带着露珠，楚楚动人。有时，我感觉它们在水杯里是有生命的。你看，这些外形细、圆、光、直、多白毫的家伙，冲在开水里，活蹦乱跳，几番沉淀，色泽始为翠绿，寂静无声，品之，却滋味浓醇，回甘生津。"言及此，破门突然话锋一转，道，"人生不亦如此吗？"

仿佛拉了一个长调，夫之还在聆听他的切音和颤音，他突然一个转身，让你回归当下。夫之喝着茶，连连点头，同时环视了破门的书房，不禁啧啧赞叹道："大师住处，样样俱全。凡有心之人，处处皆有诗意有格调有情趣啊。"

破门道："夫之先生过奖了。"

"句句是实。"夫之道，"想想我那续梦庵，除了茅草泥墙，只剩破床一张，烂瓦两片。"

"不要强求。咱们虽然均在山上，但目的不一。一为生活，一为活生。"

夫之惊奇："此话怎讲？"

破门笑道："贫僧为避世，看破红尘，居此心安，乐而忘返，是谓生活。而先生为避祸，诸念缠心，前程未定，被动居此，偏于一隅，图他日飞黄，活着乃为第一要务，此为活生。"

夫之闻此，心中一热，叫道："真是高人！"继而突觉惭愧不已："夫之实世俗之徒，大师才为真隐士。"

破门哈哈大笑，道："先生过谦了！谁人不知先生大名？先生少年得志，义薄云天，心怀天下，图的是大事。贫僧无法相比。贫僧只是尘世中一微粒或山野间一浮虫，可有可无，亦就无欲无求，安于弹丸之地，喜粗茶淡饭，自食其力，清心寡欲，苦中有乐，如此而已。"

夫之觉破门说得句句在理，不由得感怀道："无欲则刚，散淡有诗。大师有大智慧，所以常乐，不若夫之。夫之所思皆所不能，凭空惆怅。"

其实，破门和尚来头不小，本名包尔庚，祖籍松江，也就是上海，号石浪，于是，也就有了石浪庵。包尔庚乃大户人家出身，他本为崇祯十年（1637）进士，拜官湖广，岂奈他生性不羁，工于诗文与书法，厌倦官场钩心斗角，他便隐居南岳，剃度修行，遁入空门。作为夫之前辈，破门年龄比夫之大整整二十岁。破门去过北京，到过南京，游历过大半个中国，在明朝做过官员，看尽了荣华富贵和世态炎凉。相比之下，夫之的书生之路只有一个开头，再无下文。越是这样，夫之越是心高气傲，心有不甘。他一腔热血，但一直生活在一个地方，总想出去闯荡，既然沐浴了明朝的余晖，理所当然心系明王朝的生死存亡。既然破门说他是"活生"，那就"活生"吧。他没有"生活"，也不能停下。这就是他的命运。想到此，夫之道："惭愧！所念皆无用之物，却常忘身处山间。"

破门道："心定，则身定；心不定，则魂不定。先生乃心未定也，心不在此，万事皆苦，皆非；心若在此，万事皆乐，皆空。"

这一说，夫之又悲愤道："山河国破，百姓流离，怎能心安？诚能复兴我中华寸土，夫之万死而不辞。而今，却只能无奈悲切。"

破门收起笑容，一脸慈颜，念道："阿弥陀佛！善哉善哉。"

夫之轻叹："若有大师境界，夫之何愁没有欢颜？"

破门道："先生有范公忧乐之情怀！然，苦亦无益，何必苦之，又何苦之有？若不嫌弃，可常来敝庵念经论学？"

夫之大喜，这正合心意。他自己也奇怪，从见到破门的那一刻起，就仿佛沐浴到柔和的光，多日来的苦闷挣扎都消失了。甚至，往昔的生离死别、眼下的世事艰难都变得遥远，一切让痛苦都烟消云散了，他整个人一点点轻松安静下来。此刻，夫之已经把破门当成了挚友，亦是先生。

当天，二人相谈甚欢，饮茶吃斋，竟聊到日薄西山。

回到续梦庵，夫之好好收拾了一番，屋里屋外，打扫得干干净净；书房卧室，整理得井然有序。又用纸张糊上漏风的门窗，在屋子一角生起一堆小火，烧一壶热水，泡上一壶热茶，点上油灯，往书桌前一坐。顿时，他暖和许多，也精神了许多。虽然被迫"活生"，但也尽可能像破门一样"生活"。想着白天的事情，夫之挥毫写道："潜圣峰西携杖来，龙腥犹带古潭苔。祝融瞒我云千尺，持向吾师索价回。"等他再拜访破门，便把此诗送上，名曰《石浪庵赠破门》。

那年二月初，天又降雪，雪大如席，簌簌无声，整个衡山笼罩在一片无底的寂静之中。坐在房子里，仿佛身处一个深深的地窖中，只听到大雪落下的沙沙声，偶尔有树枝折断的声音传来。夫之的目光落在长案上，那张纸上写着："西山晴踏已经旬，又破芳菲二月春。尽束千眉输晓色，闲将片影问天钧。当檐乳雀撩虚白，傍砌桃花识苦辛。定里莫矜银地好，天涯弥望长卿贫。"默念之后，他的嘴角升起一丝笑意，卷起纸张，背上包裹，走进雪中。出门的瞬间，几只麻雀从地上飞起，接着，他陷入无边无际的寂静。

苍茫大地早已隐没，仿佛世界只剩下这山野寸地。在崎岖的雪地里穿行，过了祝融峰，穿过飞来船，在一棵松树下，夫之远远看见了破门。他正盘坐在一条长石上，闭着眼睛，捻着佛珠打坐，身上依旧穿着那件红黄相间的袈裟，雪花簌簌落下，地上的积雪几乎没到了膝盖，无数的雪沙沙打在破门的身上。出奇的是，他的身上和周遭一尺的地面上却没有一丝积雪，此时此刻，他的头顶正在冒烟，身子也正在冒烟。寂静之中，夫之不敢惊扰他，也在一棵树下坐了下来。

良久。破门缓缓站起来，念道："阿弥陀佛。"

破门进了石浪庵，打开书房的门，端来一盆炭火，放到茶几旁。夫之把身子凑近，手伸到火上，总算暖和一些。又喝了一杯热茶，他把写好的诗词送到了破门手中。看罢，破门哈哈一笑，啧啧赞叹道："不愧为夫之先生，好诗，真是好诗。"

夫之问："大师每日打坐？"

破门笑道："日日如此，风雨无阻。"

夫之又问："风雪交加，不饥不寒？"

破门道："心定，一切皆定。"

夫之道："所以，大师雪过不留痕。"

破门道："无心无物，处变不惊，饥寒不可怕，人心方可畏。"

夫之把玩着手中的杯盏，感受着热水传递出的暖意，停了一会儿，突然道："大师，我欲离开南岳，动身前去武冈。"

破门没有说话，只是仔细地泡茶。他知道夫之此番前来，不是为了叙旧。夫之语气有些急迫，道："夫之惶惶，不能弃吾国吾皇于不顾。夫之之命在于：或者战死沙场，或者效命君庭。"

"先生之愿令人感佩。先生与贫僧同为读书之人，但先生不因时局艰险而逃避，而是践行自己的心愿，去努力改变现实。哪怕改变一点点，都功德无量。读书人最大毛病就是想的多，做的少；抱怨的多，容纳的少；妄念的多，直行的少。贫僧曾说先生之命是'活生'，贫僧乃'生活'。'活生'不为个人，是为难；'生活'只是顾我，是为易啊。"言毕，破门长叹一口气，道："贫僧不能与先生同行，只能时时祈福。阿弥陀佛。"

听了破门这番话，夫之很感激，也很感慨。破门与夫之交往不多，却能如此理解他，真是缘分不浅啊。夫之道："感念大师不弃夫之之鲁莽冲动，夫之心意已决，但何时动身，却久悬不下。"

破门道："死不怕，生亦不怕，怕在未定，未定则空愁，空愁生久悬，久悬成虚妄。先生心意既定，当断立断！"

"当断立断！好！"但过了一会儿，夫之又突兀问道，"以大师之见，大明王朝还否有救？"

破门顿时正色道："有救无救，自有救与不救者。先生一腔热血，自是早有结论。以贫僧之愚见：救与不救，不在王朝本身，而在天心地心人心民心也。"

破门一席话，夫之顿时下定决心，他要去寻堵胤锡，以死报国。

临别，夫之心潮起伏，写下一首《念奴娇·南岳怀古》，其中有云："何人能问，问天块磊何似。南望虞帝峰前，绿云寄恨，只为多情死。雁字不酬湘竹泪，何况衡阳声止。"[1]

就在夫之下山之时，突然有消息传来：堵胤锡自湖北撤退之后，到了湘西北常德。夫之毫不犹豫，当即决定前往。

临行，夫之回家中告别父亲和母亲。

王朝聘道："生于乱世，我与你母亲、二哥自有办法，放心去吧。"

就这样，夫之出了门。他走过一片竹林，下了一个坡，突然看见前面有两个人，竟是夏汝弼已经在路口等着了，身后是他十二三岁模样的

---

[1]　王夫之《念奴娇·南岳怀古》，原录于《鼓棹初集》，摘引于清康和声著，彭崇伟编《湖湘文库》之《王船山先生南岳诗文事略》，第35页，湖南人民出版社2009年版。

琴童柱子，古琴便在柱子背上。

柱子腼腆地向夫之行礼，夫之笑了笑，对夏汝弼道："先前，你对吾朝与吾皇诸多不满？而今奈何前往？"

夏汝弼淡然道："既为吾国、吾皇，臣怎能不往？"夫之笑了，转过头，他又看了一眼家的方向。

4. 此去湘乡

一路向西北，转过莲花峰，夫之三人赶赴堵胤锡的大本营。为避战乱，他们绕道经过湘乡。

柱子背着古琴，手里拿着夫之和夏汝弼的简便行李，跟在二人身后，很少说话。每次坐下歇脚，他都主动端茶递水送点心，自己却是不敢坐，也不敢吃，就恭恭敬敬地站在一旁伺候。看他如此敦厚有礼，夫之甚为喜欢，让他也歇歇，吃点点心。他恭敬道："先生慢用，小生不饿。"

夫之笑道："给你，拿着便是，不为失礼。"

柱子看了看夏汝弼，又看了看桂花糕。夏汝弼笑着点头道："且收下吧。夫之先生与我，亲如兄弟，先生吩咐，照办便是。"

柱子这才俯下身子，双手接过桂花糕，却没有坐下，而是站到一旁，侧着身子，细嚼慢咽起来。夫之更是喜欢他了，对夏汝弼道："叔直，此童子甚知礼数，你从哪里寻得？"

夏汝弼嫣然一笑。原来，柱子为夏汝弼同乡远亲，自幼丧父，从小与母亲相依为命，母亲希望其读书成才，便将其送入夏家做书童。夏家原本不收，因为多一人虽然只是多一张嘴，毕竟小孩成长不是小事，过程漫长，变化太多。接收了就得当家人看待，容不得半点疏忽。然没过多久，张献忠祸乱衡中，柱子母亲不堪乱军践踏，上吊了。柱子因此成了孤儿，夏汝弼只好收到身边。柱子性格内向，少言寡语，但通晓事理，细心体贴，夏汝弼越来越喜欢，见他对韵律有些天分，遂偶尔教他弹弹古琴。从此，柱子便以琴童自居，夏汝弼也不在意。

再次上路，夫之要柱子和他们齐行。柱子道："小生惶恐，不敢与先生并肩。"

夫之哈哈大笑："山野之地，不必拘泥于礼节。"

柱子又看了看夏汝弼。夏汝弼淡然道："且上前来，无妨。"

走到一起，夫之便对柱子问这问那，比方，多大年龄了，读过书没，想读什么书，等等，每问一句，柱子答一句，却始终不敢抬头。当问到有何志向时，柱子小声道："但愿柱子将来能如先生一样，心系苍生，慈怀天下。"

夫之闻之一震，就连夏汝弼都为之侧目。夫之想：柱子居然说出"心系苍生，慈怀天下"这八个字。他觉得这八个字仿佛有千钧之力，竟从一孩子口中轻然而出。夫之想：自己做到了吗？他觉得惭愧。他只是空有一腔热血，却远未达到这八个字的境界。他又想起破门所言读书之人"想的多，做的少"之劣根性。幸好来日方长。眼下所为，正是践行这八个字的具体体现。柱子聪慧忠厚，夫之甚为喜爱。

此时的湘乡，还没有被战火燃及，镇子上一片和平。

走在人群中，夏汝弼突然发出阵阵咳嗽，身子猛烈摇晃，嘴唇也有些发白了。舟车劳顿，他染风寒已有数日，无奈囊中羞涩，也没买什么药材，只在山野里找了一些草药，煮了吃下，病情却不见减轻。整个晚上都在发烧，估计这会儿他的头脑都是昏沉的。刚才夫之与柱子谈话，他大多也是听见了。柱子能说出那八个字，也让他感到欣慰。觉得此番带他出来，让他有些历练，长些见识，有利于他未来成长。

柱子见夏汝弼不舒服，立即走到他身边，脸上有些焦虑，他想去扶一下，却被夏汝弼推开了："走吧，不碍事。"

夫之有些担心，道："叔直，再不吃药，会出大问题。"

夏汝弼道："只是风寒，已熬过来了，无须大惊小怪，赶路要紧。"

柱子小心道："恩师，身体要紧。您脸色苍白，气喘如此，如何赶路啊？"

夫之又看了一眼夏汝弼，摇了摇头，道："柱子说得对。叔直，我们不能蛮来。先在湘乡暂住吧。"这时，夫之想到了欧阳镇，他上前拦住一位路人，问道："敢问老伯，欧阳镇先生家在何处？"

湘乡无人不晓欧阳镇的大名。顺着老伯的指点，夫之他们很快找到了欧阳镇的家。那是一座大宅子，红砖碧瓦，高墙大院，好不气派，门口还有两座石狮子。

通报了门童，夫之他们被请进院子，见到了欧阳镇。

四年不见，欧阳镇的气色还是那么好，只是比之前更加富态了，面庞宽了一些，肚子也大了些。他从门里快步走出来，哈哈大笑，拱手道："稀客，稀客！而农、叔直，别来无恙！"

夫之也笑了："山公，您还是如此精气神。"

夏汝弼也吃力地拱手："山公，叨扰了。"

欧阳镇引路，把他们带进客厅，坐定，命仆人斟茶，又快人快语道："前日还与季霞提起你们，今日你们就来了，真是心有灵犀。"

夫之感慨道："武昌一别，我与叔直亦每每念叨兄长。今过湘乡，定然要见您一面。"

欧阳镇"嗯"了一声："路过？你们此番是去何处？"

夫之道："听闻堵胤锡大人身在湘西辰沅，我二人欲前往效命。"

听到堵胤锡的名字，欧阳镇顿时摇头晃脑道："想当初与二位贤弟在武昌欢愉共饮，仿佛昨日，今已天翻地覆。"

夫之也叹道："山公兄所言甚是。昔时，我已与兄长动身前去京师准备春闱，行至武昌，复又折回。不想时局凶险，再无京师之缘。"

欧阳镇更是做气愤状："我本抵到京师，还未落脚，又匆匆折返回湘，险些命丧乱军之手。"

谈及往事，难免神伤。夏汝弼坐在一旁，一直未说话，突然扑通一声，他竟倒在椅子里。柱子失声叫了起来："恩师，您怎么啦？"夫之与欧阳镇吓了一跳，这才发现夏汝弼脸色苍白，额头上全是汗水，喉管里发出痛苦的呻吟。柱子凑到他身前，急得快哭了。摇了他几下，他没有回应，夫之担忧道："叔直染上风寒已有几日，未及汤药。想是烧糊涂了。"

欧阳镇赶紧命仆人把他扶进内室，给他盖了两床被子，又命人去请大夫。欧阳镇道："如此赶路，亦要顾及自己身子。"

夫之道："我有劝他，他不听。"

欧阳镇道："话说回来，世道这么乱，你们何处寻找堵公？一路多有乱兵，你们却不害怕？万一丢了性命，真不值矣。"

夫之自嘲道："皮囊，空留何用？轰轰烈烈死去倒亦不错。"

欧阳镇道："轰轰烈烈固然是好，就怕未见堵公，白白牺牲。"

夫之叹道："我怕白白牺牲，更怕白白活着。"

欧阳镇亦叹道："夫之之叹，亦为我叹，这世道乃天下大不幸。"

吃了一服汤药，夏汝弼睡下，烧也退了一些，大家这才稍微安心。欧阳镇邀请夫之到前厅喝茶，夫之欣然答应，又叫柱子一同出门。柱子忧心忡忡，不愿意离开："小生在此等我家恩师醒来。"

夫之看着柱子，点了点头："此生年纪虽小，却情深意重。"

这时，已近傍晚，门里突然进来两位书生，夫之大为惊喜："季霞、业嘉！"

二位正是龙孔蒸与洪伯修，见到夫之，他们颇为激动。

龙孔蒸道："听闻夫之和叔直到访，我和洪伯修就赶紧过来了。"

洪伯修道："怎么未见叔直？"

欧阳镇道："他病倒了，刚服下汤药，正在内室休息。"

众人一听，就要去探望。

欧阳镇道："刚睡下，别去打扰他。"

龙孔蒸道："上次黄鹤楼宴会，他的琴声震撼全场。"

洪伯修点头："叔直琴声，直指人心，三年回荡，音犹在耳。"

欧阳镇道："今日，佳朋满座，等他醒来，定会抚琴的。"

说话间，进来一位英俊少年，眉清目秀，一脸稚嫩，却浮现出智慧的光芒。他走到欧阳镇身前，喊了一声"父亲大人"，又给龙孔蒸和洪业嘉请安。此少年就是欧阳镇的儿子，大名欧阳淑，字予私，只有十七八岁，却是少年有为，博学多才。年少成名的他，很多诗作已在整个湘乡广为流传。欧阳镇向他引见夫之。他给夫之鞠了一躬。看着他，夫之十分高兴，道："真是虎门无犬子。看着贤侄，心就高兴。"此为真话。因为从他身上，夫之仿佛看到了自己年少时的影子。

黄昏时分，又有两位宾客上门，分别为李广生、郑石，都是书生。他们见了欧阳镇都十分尊敬，隐约可以看出，欧阳镇就是远近文化圈子的领袖。这也难怪，众人之中，大部分是隐居避祸的知识分子，要么就是漂泊流浪的落魄书生，身上都没有什么钱，如同夫之一样，经常饥一顿饱一顿，只有欧阳镇家境殷实。欧阳镇广交朋友，不问出身，只看才学和人品，他很乐意容留和接济他们。

丰盛的晚宴准备就绪，美酒也已经端上了桌子，欧阳镇和众客人坐下，欧阳淑也被应允入席。夏汝弼还在沉睡中，欧阳镇没有把他叫醒。看着满桌的酒菜，夫之打趣道："好久未见如此晚宴。换作别人，哪能如此慷慨？也只有山公礼贤下士。"

欧阳镇摇摇头，道："有朋自远方来，不亦乐乎？"

"乐善好施，乃山公本色。诸君尽兴吧！"洪伯修昂首擎杯，朗声道，"莫使金樽空对月，千金散尽还复来。"

"好！"众人一饮而尽。天色已晚，门里亮着昏黄的灯光，门外也就显得格外黑了，不知何时又下起淅淅沥沥的雨水。夫之道："可惜今晚无月，雨水又来捣乱了。"

李广生道："梅雨季节，多半如此，湖湘尤甚。我来此一月有余，半数都在雨水中度过，无雨亦为阴天，朦胧不见日月。"

夫之敬了李广生一杯酒，问道："先生为江陵人，不知有否见过堵公？"

李广生道："自张献忠作乱江陵，我已离乡多年，未曾谋面。"

夫之道："何公、章公失事长沙，堵公在江北大事亦未能成功，听闻越江转至辰沅，夫之此行，意欲前往效力。"

郑石吃了一惊："众人唯恐躲战事不及，先生何故一心寻难？"

夫之道："男儿志在四方，浮生于世近三十载，无寸功寸业，甚感虚度光阴，苟活如此，尚不如痛快一死。"

洪伯修大声叫好："此等气节，甚为佩服。如不嫌，我当同行。"

欧阳镇拉过夫之，连叹了几口气："休要提死！既无寸功寸业，何不留此性命，以图大业？枉死之事只会让亲者痛、仇者快。"

龙孔蒸亦道："我乃俗世之人，万不敢轻言死。好死不如苟活。但既为读书之人，我当永铭：生为明之体，死为明之骸。"

欧阳镇则冷静地道："我等皆为读书之人，以愚之见，投身行伍未尝是上乘选择，读书人有读书人的使命。夫之有心报国，冒死前往，这是夫之的选择。我辈尊重，但不贸然效之。平心而论，愚辈更向往科举仕途，唯此才是读书人之正途。"

欧阳镇的话又勾起了众人伤心之处！寒窗苦读近三十载，为的就是金榜题名，荣登朝堂。榜上倒是有名了，朝堂却已经破败不堪，仕途之路陡然变得遥遥无期。几年下来，各人也有了各人的遭遇和心境。

郑石自饮一杯，自嘲道："诸位乃意气书生，一身傲骨，愚生自不能比。只求一隅安身，图三餐果腹，知足矣。不问国事，问亦徒劳。"

欧阳镇也不恼，反而笑道："郑先生已入禅境，我等比不得。"

"哪里是'禅境'？'馋劲'罢了！哈哈哈！"郑石不解欧阳镇之好意，只顾任性放纵，大饮一杯，道："今朝有酒今朝醉。过了今朝，愚生再无美酒佳肴。什么家事国事，不如酒事实在。来，来，喝！"

夫之一听，顿感胸闷。先是对欧阳镇之言抱有异议，什么科举正途，天下乱局如斯，他们还痴心梦想。读书读的是死书。却不知，读书原本不是目的。若读书人都如欧阳镇这样等待天下太平，天下就能太平了吗？至于郑石之辈，夫之更是瞧不起。这些人，胸有点墨，自负浅薄，装疯卖傻，放诞不经。夫之正欲厉言驳斥，谁知李广生突然道："夫之先生既有心报国，何不投奔永历朝廷？"

仿佛遭到一记响棍，夫之惊愕万分。此时，他才知道永历帝已经到了武冈。其实，当年四月朱由榔就已经移驾武冈，李广生等书生只知道圣上在武冈主持明朝大局，却不知朱由榔实际是被大明的余将刘承胤挟持才到了湖南。说到底，还是窝里反。明朝的皇子皇孙们为了皇位你争我夺，明朝的遗老遗少们也没闲着，都仗着手中的兵权争权夺势。谁立的皇帝，谁就拥有头功；而挟天子，更能号令诸侯。环视那时的天下，明朝的正统血脉，只剩朱由榔一人，大家都想抓住这根救命稻草。当年年初，张献忠的几个义子带着剩余的部队逃出了四川，也在湖广大地上游荡。这些队伍人数众多，犹如孤魂野鬼，四处烧杀淫掠，每到一地都要涂炭生灵。实际上，这些乱民比清军杀的人只多不少。然而，关键时刻，明朝廷还要看他们脸色，尽管是他们直接导致了明朝溃亡，此仇不共戴天，但是，他们的确是为数不多的有生力量，明朝廷也想招抚他们，为其所用；同时，他们也想有个名分，从前他们是逆贼，现在是群龙无首，他们希望有所依靠，于是，比如高必正（一功）等也纷纷归顺了明朝，开始抗清。然而，应当看清楚，他们并非后知后觉，而是迫于无奈，说到底熙来攘往皆为自我利益，归顺了朝廷，他们也不会安心为朝廷效命。清军一来，他们还是自顾逃命，又走上烧杀抢掠的老路上来了。

一腔热血的夫之当然不知道永历皇帝是怎么到了武冈。得到这个消息，他激动万分。他放下手中的碗筷，有些颤抖地问道："此话当真？"满眼里都是热热的希冀。

欧阳镇诧异道："夫之当真不知道？眼下时局异常危险，情势亦是瞬息万变，瞿相亦在南方抗清，何公、堵公、章公仍在湖湘与清军周旋，湘潭一带已是战火四起。湘乡并不安全，衡州亦不安全，广西等地皆不安全。永历帝只能四处奔走，而我等真不知命丧何时矣！"

敢情这是末世盛宴？欧阳镇话一出，全场顿时寂静。还是郑石机灵，打破沉默，道："天下之事想也白想，还是美酒佳肴更好！"

洪伯修突然高声应和："对对！来，举杯！"

众人面面相觑，随即笑道："好，一醉方休，万事皆空！"

夫之早已没有喝酒的心思了，但他并没有当即离席。

四盏蜡烛烧在不同的方位，把整个厅堂照得亮堂堂一片。洪伯修饮毕，缓缓站起来，晃动着身子走到一角，拿出一柄剑来，站到中央，道："今日雅聚，无丝竹悦耳，且让我献丑弄舞吧！"言罢，身子一正，将剑舞在空中，一招一式，忽慢忽快，忽上忽下，红色的剑穗在他手腕跳来跳去，一条条雪亮的剑光在空中来回晃动，仿佛游龙戏凤，煞是耀眼。欧阳镇大呼："舞剑无歌怎行？夫之，快赋诗一首。"

众人也跟着附和。夫之道："在座者，哪个不会赋诗填词的？山公为甚独独推举在下？"

欧阳镇道："休要推辞。你是上宾，才华最旺，你不作诗，谁敢先行？"

夫之原本不想，但转念克制下来。心想，此等场合，不能由着性子。先前多位恩公都言自己太耿直，要善于收敛内心，攻坚克难，这坚与难，必然包括个性的打磨和锤炼。凡成大事者，莫不面色淡定，能屈能伸，能纳能容。就像郑石之流，欧阳镇未必真心喜欢，但能容他敬他，这就是气魄。这样一想，夫之笑着应承下来。他也慢慢站起来，端着酒，冥想片刻，吟唱道："长歌短剑负双轮，绿醑红灯尽一旬。"洪伯修的剑锋运行得恰到好处，节奏、速度、力度都应和了他的拍子。夫之又接着唱下去："昨夜隔江春半雨，去年草阁小寒身。夷门有酒谁浇墓，破壁无家惘问津。燕子衔愁消未得，"唱到此处，他停了下来，洪伯修的剑也跟着停在了半空，昂头，夫之喝下一杯酒，轻轻吟道，"相留莫待落花晨。"① 泪光已经闪现在他眼中，众人没有鼓掌，也没有说话，只静静看着他。洪伯修也停了下来，片刻过后，又重新舞动手中的剑，速度越来越快，招式越来越乱，高声诵唱着"相留莫待落花晨"，猛地摔倒在地上，似醉非醉。

众人吃了一惊，想去扶他，却见他躺在地板上，仰天大笑起来。夫之深知他心中之苦，也感谢他以剑为诗，与夫之互为唱和。当年，他们曾多次在武昌一起参加秋闱，但洪伯修并不走运，数次均落第。隆武皇帝继承大统，又广开科举，那年秋闱，就在衡阳，洪伯修意气风发地前往，其间，也和夫之等人有过见面。那时的他满眼发光，看得见无限希冀。岂知，运气欠佳，他再次名落孙山。接着，隆武皇帝没了，又有了新皇帝；新皇帝又没了，又出现新皇帝，却是再无科举。从那之后，他

---

① 王夫之《上湘剧饮阳山公宅上，同李广生、洪伯修、龙季霞、山公、郎君郑石，夜分归蠡庆庵，月上有作》，摘引于清康和声著，彭崇伟编《湖湘文库》之《王船山先生南岳诗文事略》，第 35 页，湖南人民出版社 2009 年版。

把一切抱负与志向藏进心中，郁郁而生。夫之的到来，让他重新燃起生命的激情。

正当众人都在替洪伯修惋惜之时，忽然一阵清幽的琴声从屋角缓缓升起。

原来，夏汝弼喝下汤药，昏昏沉沉睡了小半天，醒来之后，便听到外面人声鼎沸，好不热闹。柱子见恩公醒来，大喜，遂要急着去报告夫之，却被夏汝弼拦住了，他支着耳朵听动静。不一会儿，他听到是洪伯修在舞剑，又听到夫之赋诗吟诵，甚为感怀。这时，他再也按捺不住，起床悄悄进到屋内左角。众人浑然不觉。当夫之吟唱"夷门有酒谁浇墓"，仿佛一下子击中了他。伤感之余，总觉得少了些什么，于是，夏汝弼让柱子把琴抱来。其时，众人都已七八分醉意，焦点全在洪伯修与夫之身上，却压根儿没有注意夏汝弼已经把古琴支起在屋子的左角，直到琴声响起，众人才惊觉。

毕竟都是读书人，都有过见识。既然夏汝弼醒来，且以琴助兴，自是最好不过。惊喜之余，便没有即刻前去打扰。

夏汝弼一弹琴就没有停下来的意思。众人聚精会神，安静聆听。琴声在寂静的厅堂里静静流淌，婉转悠扬，如歌如泣。那琴声开始如泉水，叮叮咚咚，余音不绝，空气里弥散着一层愁绪与哀伤，众人的心跟着下沉，陷入很深的沉思。最后，琴声突然急促起来，仿佛狂风大作，暴雨倾盆，又仿佛有人在死命地捶门。琴声在最疾处陡然停了下来，寂静持续了十几秒钟，没有人出声和走动，他们都似乎在等待什么，仿佛处在黑暗之中渴望一缕光明，这琴声不敢在此结束，也不能在此结束。夫之的心脏已经提到嗓子眼里，就等着有什么东西打破这寂静。又是十几秒钟，一声商音响起，夫之的心脏猛然抽搐，已经潸然泪下，抬眼望去，当座之人也都流下眼泪，又响了一声羽音，再响一声商音，如此反复，频率越来越快，声音越来越大，然后，又越来越慢，越来越低，最终，平静下来。

"叔直！"

众人齐声叫道，纷纷站起来。夏汝弼从屏风后走出来，眼睛还是红的。众人一一与他行礼。洪伯修抢先一步，紧紧握住夏汝弼的手，道："几年不见，兄的琴声里多了一份悲怆与凝重。"

夏汝弼苦涩道："我怕是再也弹不出当年的书生豪情。"众人面面相觑，脸上也都有了失落之感。

"看你脸色好些，我宽慰许多。"欧阳镇拍着夏汝弼的肩，道，"适才见你昏睡，没敢叫你。"

"快快吃点东西。大病初愈，先喝些热汤。"夫之赶紧弄了一碗汤，放在夏汝弼桌前，同时回头，示意柱子坐过来，道："陪你恩公一块儿吃吧。"

欧阳镇特地让厨房为二人加了三个热菜。

当晚，欧阳镇要留夫之与夏汝弼在府中住下。夫之婉辞，道："见过众兄，心满意足。既已尽兴，不如离去。"欧阳镇勉强不得，只好随之。夫之和夏汝弼一前一后与众人出了门，临别，夫之对欧阳镇道："山公！你宅心仁厚，有孟尝君之遗风。今日一别，不知还能否再见。无论如何，请务必珍重。"

欧阳镇执夫之左手，握夏汝弼右手，依依不舍，道："真担心你们安危。还是那句话：前程重要，生命更重要。世道不虞，人心不古。兄弟好自为之！"

就在转身离开之际，夏汝弼又多看了欧阳镇一眼，突然很怕那是最后一眼。他嘴唇嚅动，终究没有说出话来。

大街上，灯火寥落，甚为灰暗，几个人走着，一一告别。

"等一等！"突然，郑石一身酒气追了上来，道，"这黑灯瞎火的，如蒙不弃，郑某诚邀诸位到敝僧舍过一夜。"

"这？"夫之有点吃惊，正要拒绝。谁知郑石道："夫之先生，郑某知道先生心里其实瞧不起酒徒之辈，郑某虽是口无遮拦，却非得过且过。如此夜里，叔直先生又大病初愈，如何经得起风雨折腾？"

郑石把话说到这个份儿上，夫之没有理由再推辞，况夏汝弼确实需要休息，便点头同意。郑石立即前面带路。此时渡口起了很大的风，夫之、夏汝弼和柱子在郑石的带领下一一登船，他们要渡过涟水到对岸。

因为郑石寄宿在对面的僧舍蠡庆庵。桨声响起，黑色的夜里，雨终于停了，乌云一点点散开，一弯新月出现在天边，淡淡地照亮了乌油油的水面。摇摇晃晃，他们到了江心。

"夫之先生，叔直先生，当真要寻堵公而去？"郑石问。

夫之道："堵公当朝重臣，亦是我等伯乐，愿意前去效力。"

郑石道："然堵公亦四处奔走，行踪不定。正所谓当局者迷，旁观者清。恕郑某直言，你等不如前去投奔永历。"

一语言罢，夫之未作声。心想，这个郑石，看起来粗鄙，思路倒还缜密清晰。

沉默。无人说话，各怀心思，天地空寥，水流湍急，桨声频仍。风更大，夜更凉了。

一行到达蠡庆庵时，已是黎明时分。郑石把自己的床位让了出来，先把夏汝弼安顿好，又找出两个空位，让夫之和柱子睡。但柱子一定要给夏汝弼做伴，且随他去。柱子的空位就由郑石躺下。夜深人累，倒头便睡。

翌日一早，夫之刚起床，柱子已经为他打一盆清水，伺候他洗漱。夫之走出门时，夏汝弼已经坐在门口迎候，精神好了许多。

柱子忙着收拾行李。

门外突然响起笑声，道："莫道君行早，更有早中人。"

抬眼一看，竟然是龙孔蒸与洪伯修、欧阳淑一同出现在寺庙之中。夫之大惊，还来不及开口，龙孔蒸笑道："叔直没有被吓着吧？"

洪伯修走上一步，道："一夜未眠，终究还是寻你而来。"

夫之指着欧阳淑道："贤侄莫不是偷偷出门吧？山公会同意你冒险而为？"

欧阳淑摇头，朗声道："父亲大人对夫之先生甚为敬重。况小侄业已长大成人。昨晚听了先生吟唱，心潮澎湃。恰两位叔叔要寻你而来，小侄心向往之，请求父亲大人，即刻准允。"

夏汝弼道："山公人品学识俱佳，非迂腐之人。"

夫之颇为欣慰，又回头问道："季霞，伯修，你们当真不与我们同往？"洪、孔二人还未作答，欧阳淑却大声回复："小侄愿与先生同往武冈。"见他初生牛犊不怕虎的模样，夫之笑了，众人也都笑了。

这时，郑石提着一篓斋饭，大声嚷嚷："都来凑合吃点早点吧。"众人围坐一起，边吃边议。

洪伯修道："国难当头，同室操戈。所谓朝廷，不过乌合之众；所谓圣明，不过同流合污；所谓复国，恐怕只是空谈。"

夫之严肃地道："伯修，此等妄言，因何而起？"

龙孔蒸道："夫之，伯修之言虽然难听，却是实情。"

夫之突然笑了，道："三位此来，不是同行，而是送行？"

"无论行或送，总得有个目标。今堵公在常德偏安一隅。何腾蛟在永州自行其是。永历在武冈前途未卜。"洪伯修长叹一口气，道，"愚辈思量再三，看不到目标。故此只能在此一别。希望他日你们真能位列朝堂，畅所欲言，一展救国之志。"

夫之十分惊愕，却也只能长叹一口气，道："既为送行，终有一别。三位渡河过山，一夜未眠，寻踪而来，道出缘由，说出顾虑，夫之感慨万千，亦尊重各位选择。"停了停，夫之又抱拳道："前程渺茫，但友情殷切，夫之定会记念各位！"

洪伯修一脸惭愧。

龙孔蒸道："如有叮嘱，请兄开口。吾等当尽力而为！"

夫之想了想，迟疑片刻，终于从行囊里掏出一本手稿，名曰《莲峰志》。他凝视这本手稿，轻抚再三，道："既如此，今夫之确有一不情之请。"夫之特意停下，见龙、洪二人紧紧地盯着手稿，便坦言道，"今夫之欲前寻吾帝，想有一番作为，然有一事长念于心。此为《莲峰志》①，陈述南岳七十二峰之事，成稿已有段时日，唯恐疏漏错误，更怕战火毁之，故交与学兄校正保存之。"

龙孔蒸抢先拿着那书稿，欣然答应："此为吾之荣幸！"

---

① 《莲峰志》序言有记："王子曰：岳为峰七十二，莲居其一，为岳西偏，为郡东北，为邑西，为上湘东侧，又南为中湘南址。"

洪伯修道："我亦会认真学习。"

一声惊雷响起，刚刚放晴的天，又突然大雨倾盆起来。夫之默然道："春雷巨响，此为天怒，抑或吉兆？"

5. 报国无悔

洪伯修和龙孔蒸离开后，郑石道出了实情："夫之先生，以愚之见，洪孔二位原本是打算跟你去武冈找永历帝的。可你们偏要去常德找堵公。不管怎样，在皇帝手下做事，才叫真正的尽忠报国。"见夫之沉吟不语，郑石又进一步直言："即便不去找永历帝，去永州找何腾蛟也胜过去常德找堵公，何也？距离近许多啊。你们想想，没有马车，没有舟楫，靠双腿，何年何月走到常德？道句不该说的话，等你们到达常德时，兴许堵公又挪到了别处。别以为这是妄语！"

夫之和夏汝弼陷入沉思。是啊，这兵荒马乱的，大路不敢走，只能走山路，没有交通工具，即便有也不敢用，如何到得了常德？

见郑石走远了，夫之想：这个郑石，别看他吊儿郎当，其实是一个很实际也很清醒的人。夫之将目光投向夏汝弼，正好夏汝弼也掉头看他。四目相对，夫之问："叔直如何思量的？"夏汝弼道："郑先生说的是实情。堵公和何腾蛟都是拥戴永历帝的，不如去武冈，这毕竟才是一条正途吧？"

"好啰，我们终于可以去武冈啰！"夫之还未回答，就听一个声音从后面冒出，一看，竟是欧阳淑！夫之大惊，道："予私，你怎么没有随洪、龙二叔回去？"

"夫之先生，愚侄既已出来，没长半点见识，岂能就此回去？"欧阳淑理直气壮道，"适才跟着洪、龙二叔往回走，半途中瞅个机会，又溜了回来。愚侄要随你们去找永历帝，在皇帝身边谋个差事。嘿嘿。"

柱子见欧阳淑回来，十分高兴。毕竟，他俩是一辈的，都青春年少，正是无限幻想的时候。不过，柱子与欧阳淑家境不同，个性也就不一样。明知内心喜欢，柱子也不敢表现出来。倒是欧阳淑直道，他走到柱子身边，回头又对夫之道："夫之先生，如不嫌弃，您就收愚侄为书童吧？"

夫之哭笑不得，道："予私，愚叔喜欢你这个贤侄。但要知道，去找永历帝是要吃无数苦头的，而且，也不知道能不能找得到。在此期间，你若有何闪失，山公怪罪下来，我和叔直如何担当得了？"言毕，他又望了一眼夏汝弼。夏汝弼点点头，提醒道："予私，这可不是儿戏。你要思量清楚，现在回去还来得及。"

欧阳淑斩钉截铁道："两位长辈放心，予私所言，决非戏玩。万一缺肢少臂，只要还有一嘴，当自会向父亲大人解释清楚，不会损长辈之间任何情谊！"

事已至此，夫之反对也无用。他们四人重新上路，朝着武冈永历帝方向进发。由于不敢走大路，每天在山路上辗转，走了三天后，突然发现，像是回到了一个似曾相识的地方，却不知道叫什么名字。周围人迹罕至，没有罗盘，没有方向，山高路险，夫之一身泥泞，心情十分焦躁。夏汝弼也很无奈，自言自语道："这南岳七十二峰，我们都不知是在哪一座峰下。"

若真是迷路了，从深山老林逃出来都困难。夫之意识到问题的严重性。他不仅焦躁，而且有了恐慌。他让欧阳淑和柱子分别去探路，特地叮嘱："不要走得太远。我和叔直在此等待。若没有碰到山民，就即刻原途返回。"

两位少年应声而去。

夫之找了一块巨石坐了下来，他望着一旁的夏汝弼，突然道："叔直，讲心底话，此番出来，有否后悔？"

夏汝弼忽地用陌生的眼光看了夫之一眼，慢慢地，站起身来，严肃道："夫之，吾辈非孩童矣。此番行动，皆凭内心驱使，你我志同道合，如此而已。"言及此，又特地看了夫之一眼，继续道，"既如此，吾辈则不能亦不该有'后悔'二字！其实'报国'不难，亦非日日张口'报国'，更非得侍奉君王或奔赴疆场杀敌立功才算'报国'。吾从不认为，世上有一既成之路，曰'报国路'！吾辈在路上，在途中，时刻为君想为国想为民想，此番所为，即为'报国'！虽此路之尽头在何方尚不清楚，这正是吾辈寻之理由！虽此路十分艰辛凶险，亦正是吾辈依凭内心驱使努力前行之动力所在！"

"叔直之言，真黄钟大吕也！"听了夏汝弼这番肺腑之言，夫之十分感动。他觉得自己以前并没有真正理解这个看起来瘦弱、有着天生忧郁气质的书生。他紧紧地握住夏汝弼的手，道："叔直，夫之从你言辞中找到二字：信仰。对，就是此二字。你是有信仰之人！"

"古人云：朝闻道，夕可死矣！此之谓也。"夏汝弼道，"常听人说'报国无门'，此言大错！发此论者盖为自己不行动找理由。果乎报国定要站在官府、戴着官帽才算为之？非也。有心报国，处处可为！"

正在这时，欧阳淑和柱子折返。

夫子道："此为何处？问到路否？"

两位少年十分沮丧，连连摇头。欧阳淑道："不见任何人。亦无山路可寻。"柱子道："怕走太远，迷路，回不来。"

没有办法。夫之只能凭着雨歇后阳光出来的瞬间辨识方向。接下来的漫长日子，他们在山林里摸索，走走停停，一直试图朝着西北武冈方向进发，但效果甚微。

无边无际的雨，下了又歇，歇了再下，电闪雷鸣之间，无穷无尽的水淹没了世界。此刻，大雨歇脚，小雨来袭，整座山野笼罩在氤氲的水汽中，打湿了人的思绪，漫山的竹林也是湿漉漉的。晶莹剔透的水珠缓慢而轻柔地从焕然一新的竹叶上颗颗滑落，仿佛时间的脚步，滴滴答答，数着这漫长而沉重的等待。

夏汝弼坐在一块光滑的石头上，淡然自若地抚着琴弦，清澈悠扬的音乐穿透深不见底的水汽，回荡在空空荡荡的寂静山谷。柱子站在他的身后，一言不发，背着竹筒，里面装着清水，只在夏汝弼弹琴间隙，为他斟上一杯。

不远处，一位俊秀的白衣少年正在舞剑，身子闪转腾挪，一招一式，时而绵柔轻盈，时而刚劲迅疾，他全情投入，甚至没有在意剑锋割断了竹子，竹叶就那样一片片飘落，簇簇落叶正好跟着他一起舞动，蓦然之间，有了一种说不出的韵味。夫之站在林间一片开阔地上，举目眺望，只有浓浓雾气。一阵大风吹过，雾气散了些，大地若隐若现。夫之心无旁骛，有板有眼地唱道：

> 天涯天涯，吾将何之？颈血如泉欲迸出，红潮涌上光陆离。涟水东流资水北，精卫欲填填不得。丰隆丰隆尔既非兕抑非虎，昼夜狂呼呼不止。牵帅屏翳翻银潢，点滴无非蒈血髓。行縢裹泥如柿油，芒屦似刀割千耳。两人相将共痛哭，休留夜啸穿林木。自有生死各有乡，我独何辜陷穹谷。残兵如游蚕，偾帅如骇鹿。荒郊无烟三百里，封狐瘦狗渐相扑。但得龙翔雨驾天飞，与君同死深山愿亦足。①

听罢夫之诵唱，夏汝弼若有所思，停下了手中的琴弦。舞剑少年是欧阳淑。他愣了一下，朝夏汝弼道："叔直先生，为何停下抚琴？"然后走到夏汝弼身前，他拿起一杯水，一饮而尽，感叹道："我羡慕二位师叔。都说人生得一知己足矣，说的应该就是您与夫之先生。"

夏汝弼苦涩一笑，夫之已经走到他们身前，坐到了石头上。

"夫之先生，天天在山里绕来绕去，已一月矣。"欧阳淑问，"何时启程赴武冈？"

"予私，咱们天天朝向永历帝方向进发啊。只是遇到暴雨，暂时无法前行罢了。"夫之一脸严肃，道，"莫不是想家了吧？"

"在家里，从未遇如此大雨。"欧阳淑不好意思，叹道，"不知何时能停歇？"

夫之与夏汝弼去武冈朝圣，雨水不断，艰难曲折，当向西北行至车架山时，又遇特大暴雨，接连多日，暴雨就再也没有离开过。暴雨冲垮

---

① 王夫之《淫雨弥月，将同叔直取上湘间道赴行在所不得，困车架山，哀歌示叔直》，原录于《述病枕忆得》，清康和声著，彭崇伟编《湖湘文库》之《王船山先生南岳诗文事略》，第36页，湖南人民出版社2009年版。

了道路，也淹没了山路。而乱兵又突然出现在各地，鸡犬不宁，人心惶惶，他们就此被困在那车架山之上。

天意弄人，这雨何时能停住脚步？欧阳淑问，夫之也在问。

一个月里，他们寄宿在山中的寺庙中，夫之心存感恩。多年来，夫之一直避世山里，多半都是僧人接济他，给他容身之所，活命之道，即便简陋狭小，却可以挡风遮雨，即便每日粗茶淡饭，亦可果腹充饥，更重要的是，这些不问世事、心无旁骛的僧人们给了他无限的宽容与仁慈。

当晚，漆黑的夜色中，僧寺里一直亮着微弱的油灯，夏汝弼一宿未睡，柱子一直站在一边，笔墨伺候，陪着他一同沉默。第二日，夫之去叫他，他和柱子还在休息，书案上摆着一首长诗：

> 阳春沈白日，飞雹杂惊电。洞庭生紫波，席卷失乡县。同心誓死友，歧路开生面。行行背岳莲，苍翠曲折见……墟烟青一缕，落英飞万片。亘碧四天合，同云平野遍。心理讫古今，宁我得独擅。琐琐相坐嘲，悠悠谁生唁。抱影终微生，道枯随丘窆。①

不曾同日生，但愿同赴死！这就是"信仰"的力量。有此同道，是夫之的幸事和福气。看着床上的夏汝弼，夫之潸然泪下！

武冈之路不通，二人商量很久。思来想去，决定继续北去追寻堵胤锡。"至少，若真能寻得到堵公，他更能明白学生的决心。只要能为堵公效力，就等同于为永历帝效力。"这是两位书生的共识。

然一路上心惊胆战，随处可见乱兵过境留下的满目狼藉，辗转多个村落，他们躲过一劫，又躲过一劫。夫之三番五次警告，路上乱兵甚多，希望欧阳淑回去。但欧阳淑死活不肯，拔出身上的利剑，信誓旦旦表示，有乱兵，他也不怕。

---

① 夏叔直《车架山同夕堂作》，原录于邓湘皋《沅湘耆旧集》，摘引于清康和声著，彭崇伟编《湖湘文库》之《王船山先生南岳诗文事略》，第37页，湖南人民出版社2009年版。

事实上，让他一个人回去，夫之和夏汝弼也不放心。

那日，他们刚走到一个村庄，打算进去寻找一些吃的，不想，突然冲出一群惊慌失措的乡民。这些乡民惊恐万状，携家带口，背着大包小包，拉着板车，扛着箱子，腋下夹着孩童，呐喊声、哭泣声、号叫声散落一地。夫之一行四人愣在那里，目瞪口呆，还未来得及询问他们何事惊慌，他们已经像一阵洪流瞬间汹涌而去，又像一阵狂风突然偃旗息鼓。世界突然清静了，村子里、道路上、田野中，再也不见一个人影。死寂的氛围有些诡异，乌鸦飞过天空，嘶哑地鸣叫，让人毛骨悚然，不寒而栗。

夫之脊背一紧，大呼："不好，有乱兵。快躲！"

他们拔腿而走，一路跑向附近的大山。他们刚刚爬进斜坡上的密林，狂乱的呼喊声就从后方传来，越来越近，越来越大，越来越急，就连空气都跟着震动，山野也跟着摇晃。躲进灌木丛，蹲到地上，他们屏住呼吸，一支乱兵从山脚呼啸而过，传来叮叮当当的刀剑声，还伴有浓浓的臭味，混合着一丝不易察觉的血腥味。山野寂静了好一会儿，夫之的心还悬着，他有一种直觉，感到危险并没有过去，相反，正在逼近。欧阳淑已经耐不住性子，起身就要前行，夫之一把把他拉住。

恰在此时，前面突然传来一个女人凄惨的尖叫声，继而又响起几声淫荡的奸笑。夫之并没有拉住欧阳淑，年轻气盛的他轻灵地跃过灌木丛，蹿到林子里。

过了好一会儿，树林里突然响起一声惨叫。紧接着，就看见欧阳淑提着长剑跳出树丛，剑锋上正在滴血。一个蓬头垢面、衣衫破烂的大汉提着大刀，在他身后紧追不舍，口中大喊："快来人！杀人了！"

夫之、夏汝弼和柱子下意识地趴到地上，欧阳淑刚好迅捷地跃过他们的头顶，疾驰而去。那个大汉也追着跳了过去，完全没有意识到灌木丛后面还有人。

说时迟，那时快，夏汝弼突然站起来，抢起棍子，死命砸向那个壮汉的后脑。壮汉惨叫，转过身子，愤怒地看着夏汝弼，就要挥刀相向，柱子突然跳了出来，挡在夏汝弼身前。大汉的刀已经举到了半空，柱子吓得闭起眼睛，伸手阻挡，不想，刀却没有落下来，但见刀光一闪，一剑插入壮汉的后背。壮汉抽搐片刻，流了一摊血，很快没了动静。欧阳淑气喘吁吁地折回，又愤怒地拔出剑来，重新给了那壮汉一剑。柱子恐惧万分，双腿发软，额头冒汗。

一切发生得如此之快。夫之惊魂未定，手握长剑，走出来，小心翼翼蹲到地上，战战兢兢摸了摸那壮汉的鼻息。这是二叔把祖传的宝剑交给他后，第一次用它杀了人。夫之感到震惊和不可思议。

"夫之剑法精准，如若不然，性命难保。"夏汝弼道。

夫之把血拭去，让剑入鞘，然后站在尸体前，一言不发。夫之擅剑术，但很少炫技。那天在欧阳山公府，夏汝弼琴声如泣如诉，他有股冲动要去舞剑，但最终还是忍住了。前些日子，看欧阳淑大秀剑术，他又心里痒痒，但终究还是克制住了。然而，刚才，他再也无法克制了，因为如果再不抽剑，倒下的就是夏汝弼和柱子了。

欧阳淑道："该死的畜生！死了？活该！"但当确认壮汉真的死了之时，欧阳淑却一下子瘫坐到地上，气喘吁吁，浑身发抖。

原来，两个乱兵流子抓了一位村姑，他们强行把姑娘拖带到山林里，不顾村姑苦苦哀求和大喊大叫，撕开她的衣服，就要施暴。欧阳淑哪里受得了如此暴行？他迅即跳将过去，大叫一声"该死的畜生！"用力刺了其中一个乱兵一剑，此人应声倒地。另一个乱兵猛一抬头，发现是一少年坏他们好事，立即反扑。看着这个乱兵凶神恶煞的模样，欧阳淑撒腿就跑，乱兵紧追不舍。他没料到树林里还有别人。

夫之一行赶回现场，那姑娘还半裸着身子躺在地上，恐惧已经让她动弹不得，见到夫之他们，她又大惊失色，慌乱地号叫。解释了半天，她才相信他们是好人。姑娘嘤嘤道，乱兵来的时候，她和爹娘逃得慢了，因为她爹眼神不好。她爹让她先逃，她不愿意，结果，一家人被乱兵追上，爹娘都让乱兵杀了，她也被乱兵掳走。

欧阳淑骂道："可恶！禽兽不如的东西！"

夫之仰天长叹："大明非亡于清人之手，而毁于国人之恶。"

他们让姑娘赶紧逃命，姑娘不愿离去。她想跟他们走。欧阳淑道：

"姑娘还是逃吧，去寻你的亲戚。"

姑娘凄苦道："天下还有安全的地方么？家人全死光了。"

欧阳淑忽地报出自己的姓名，然后豪爽道："你且去湘乡寻欧阳镇山公吧。报我名字便可。"

夫之大为惊愕，他们未料到欧阳淑竟有如此侠骨仁心。

但姑娘仍旧目光迷离："欧阳镇山公是谁？小女子如何找得到？况且到处都是乱兵。"

欧阳淑道："山公乃家父！到了城内，只需一问，便知我家何在。"

姑娘不说话了，低着头，身子仍旧抖个不停，嘴唇已经乌青。

欧阳淑叹道："也罢，送佛送到西，我护送你一同前往。"

夫之更为吃惊，乱兵压境，怕他遭遇不测，夫之道："予私，你不能前往，性命要紧，有何不测，为叔的如何向山公交代？"

欧阳淑却是铁了心，信誓旦旦道："两位先生且上白石峰避祸，有几处僧寺，可以安身。我去去就回，与你们会合。"

"白石峰？"夫之摇了摇头。是的，这白石峰与先前的车架山都还是南岳衡山的范围。南岳峰峦叠嶂，千沟万壑，以祝融峰为中心，东南西北，方圆八百里，与浩浩荡荡的八百里洞庭相得益彰。离家已经数月，求索逾千里，到头来还在南岳诸峰范围内，夫之难免觉得只是原地打转。

夫之道："予私，此一路凶险，莫回，到家切莫折返！"

欧阳淑淡然一笑，打定了注意，最终，还是带着那姑娘下了山。

这时，夫之才看到夏汝弼仍旧失魂落魄，方才他一句话都没说，整个身子都在颤抖。说来也是，作为书生，第一次杀人，他被自己吓到了。柱子也是惊魂甫定，方才英勇救主，实际上，他也是怕极了。若不是夫之挥剑及时，恐怕师徒二人之命难保。

过了好一会儿，夏汝弼才回过神来，道："两具恶尸如何处理？"

掩埋了吧？若不然，必为野禽虎狼分而食之。夫之叹了一口气，道："此等恶尸，虎狼食之亦会中毒，反而疯狂伤人。"

夏汝弼明白夫之苦心，此乃书生之性善也。恶徒虽死，掩而葬之，合乎人世伦理和孔孟之仁爱矣。

他们合力而为，花了一个时辰，总算草草埋了。然后略作休息，吃了几颗干果后，便一同登上白石峰。

在山上寺庙寄宿下来，夫之和夏汝弼又陷入了煎熬与等待。

雨仍是没有完全停歇，山洪暴发，泥石乱溅。比这更恐惧的是乱兵猖獗，强盗横行。登高望远，常常只见大地一片狼藉，烽烟四起。夫之欲哭无泪。另一方面，他还在担心欧阳淑。

庆幸的是欧阳淑活了下来。

当欧阳淑践诺来到白石峰已是半月之后的事情，与他同行的竟还有洪伯修与龙孔蒸。当时，夫之正在白石峰铜梁山观瀑布吟诗，夏汝弼就在一旁抚弄琴弦。

龙孔蒸突兀出现，抱拳道："夫之、叔直，你们受苦啦！"

夫之望见三人，惊喜莫名。故人重逢，高兴之余，夫之还是有些赧颜，先前他信誓旦旦要去辰沅寻找堵公，后又要去武冈寻找永历帝，结果，近两个月了，他还阻在这里，仿佛只是做了一个荒唐的梦。

龙孔蒸不以为然，高兴道："此乃天意。"

夫之也只能淡淡一笑："确为天意弄人。"

龙孔蒸上前掏出一本册子："此书敝人已修订完毕，特地送来，请过目。"

捧着《莲峰志》，看到上面的勾勾点点，夫之越发痛心，感叹道："季霞书稿已订，夫之仍裹足不前。"

洪伯修犹豫片刻，突然道："听闻清军已占长沙，又克常德。"

夫之大惊失色："此言当真？"

龙孔蒸点点头，道："千真万确，堵公已至永定。"

此时的堵胤锡贵为永历朝廷的东阁大学士、兵部尚书。常德失守，他率兵退驻慈利。当年七月，堵胤锡又退守永定。眼看城池一一失陷，他悲愤不已，羞愧难当，当即拔剑想自刎，以谢失职之罪。众将士都抱住他不放，求死不成，他放下剑大声痛哭，诸将也都流泪，三军也跟着哭。李自成老部下马进忠、王进才也甚为感动，纷纷请战，以死相报，誓言为国效命。

堵胤锡见将士如此,信心大增。他重整旗鼓,抱着必死之心,督师出战,亲赴沙场,将领和士兵也跟着他奋勇杀敌,以一当十,血战数日,大败清兵。随后,常德、辰州相继克复。与此同时,王进才复桃源,袁宗第复澧州,李锦等连拔荆门、宜城等州县,一时军声复振……夫之困居山野,与世隔绝,哪里知晓这些大事!

洪伯修道:"湘北战局混乱,情势不利,我劝你等勿要前往。"

夫之道:"混乱时事,生死一线间,我该做何打算?"

"要见到堵公,难于上青天。"龙孔蒸诚恳劝道,"你们休整一下,然后回去吧。"

长久被困在湘乡一带,雨水不断,时间碾过,伤痕累累。夫之不能遏制心中哀苦。俯仰天地,一片茫然,这不是他想要的生活。夫之心中苦不堪言,他努力挣扎,长啸一声,含泪吟道:"铁网罩空飞不得,修罗一丝蟠泥藕。呜呼七歌孤身孤,父母生我此发肤。"①

三天后,龙孔蒸和洪伯修带着半篮食物,匆匆赶来,看见夫之,他们老远就喊:"不好啦,衡州已沦陷清人之手!"

夫之与夏汝弼大为震惊,半晌说不出话来。夏汝弼身子发抖,柱子亦害怕。

事不宜迟。夫之突然下定决心,大声道:"回衡州,马上走。"

---

① 王夫之《仿杜少陵文文山作七歌》,原录于《述病枕忆得》,摘引于《王船山诗文集(下册)》,中华书局 1962 年版,第 532 页。

第六章

守灵

夜色沉了下来，火焰升起，映红了棺木。

王攽、王敔等王家的兄弟正为王夫之守灵。

女人的哭泣声乍起乍落，哭累了，她们坐着睡着了。

哀伤之中，王攽只偶尔和其他人说话，王敔亦如此。王家人心知肚明，王攽和王敔已经好些年互不说话。

这对同父异母的兄弟，同为当地的大儒，王夫之还活着时，他们就分别开课收徒。几年间，他们的学识也随着父亲的名字传遍了南岳群山，但是，他们却有着不同的经历、习惯和趣味，又有着不同的心事、性格和追求。

王攽自幼丧母，父亲又常年在外，就像当年的王夫之一样。王攽幼年都是跟着伯父王介之和堂兄王敞学习。但又和当年的王夫之不同，那毕竟不是自己家，尽管伯父和堂兄弟对自己甚好，他却不能摆脱寄人篱下的感觉。久而久之，他变得生性多疑，又孤傲刚烈。

王敔同样不幸，也是幼年丧母，但幸运的是，他生下来之后就没离开过父亲，王夫之亲自教会他做人做事，成年之后，他依然与父亲住在一起。常在父亲膝下，他醇和驯良，温润如玉。

当年，二人跟随父亲生活，王敔却总觉得王敌太过公子气。常常因为一些生活上的小事争吵，时间长了，两人在为人处世上有了分歧，就连学术上也持不同偏好与观点。

王夫之娶了第三任妻子之后，王敔便在与王敌的一次争吵中负气出走，带着妻儿搬出了金兰乡。

多年来，兄弟二人有些陌生，不大说话。父亲死后，他们亦不商量什么。其实，王敔心里清楚，他只是不喜欢父亲再娶。对着一个女人称呼"母亲"，他不习惯，他更觉寄人篱下。同时，他一直觉得父亲对王敌的爱胜过了对自己的爱。他觉得父亲对自己做得不够，他固执地有些恨父亲，但是，他又承认父亲是十分疼爱自己的，他无法真正去恨父亲，只能把一切怨恨转嫁到王敌身上。多年之间，他恨得很辛苦，他清楚他们是家人，是兄弟，可是，很多心里话积压、累积在一起，他再也不知道怎么言说了。

坐在棺材前，王家的宗族兄弟们突然无限感怀地说起了家事，说了王家祖宗的种种，又说了王朝聘、王廷聘，再说王介之和王参之，最后，又说到王夫之。他们说："宗族之内向来情深，兄弟之间不分你我。犹记众位大人在世之时，同喜同忧，同苦同乐……"

听着众位兄弟与小辈们絮叨，王敌轻轻起身进了书房，片刻又回来，将一张纸悄悄递到王敔面前。起初，王敔只佯装听堂兄说话，后来，他才看了一眼那张纸，之后就再也无法转移视线，那是父亲大人生前的叮嘱："汝兄弟二人，正如我两足，虽左右异向，正以相成而不相戾。况本无可争，但以一往之气，遂各挟所怀，相为疑忌。先人孝友之风坠，则家必不长。天下人无限，逆者顺者，且付之无可如何，而徒以兄弟一言不平，一色不令，必藏之宿之乎？试俯首思之。"[1]

所谓"知子莫若父"。王夫之疼惜两个儿子，看到他们水火不容，他甚为忧虑。他和王敌谈过，王敌说："我对长兄并无异议，愿和好。"

于是，王夫之又亲笔写书，留给王敔。

————————
[1] 罗正钧《船山师友记》，岳麓书社1982年版，第176～177页。

此时此刻，看罢父亲文字，王放声泪俱下，抚着王敔的胳膊，不能自已。王敔忍不住，也泪如泉涌……

1. 王家有丧

春末一别，屈指一算，夫之离家已有小半年之久，现中秋即临，夫之心情格外复杂："叔直，我们能否在中秋之前，赶回衡州？"

夏汝弼很理解夫之，道："尽量赶回去与家人团圆吧。不过，能否如愿，非你我所能左右。"

恰好天气放晴。夫之、夏汝弼和柱子一路向南，穿越了崇山峻岭，数日之后，蒸湘河近在咫尺，家也就不远了。

很快，熟悉的渡口就在不远处，夫之快速奔了过去，却骇然发现空无一人。轻舟摆在水面上，摇摇晃晃，草棚已经坍塌，仿佛很长时间无人踏足。放眼望去，他才发现脚下的江水有些浑浊，黄色的泥浆中渗着丝丝血色，腥膻的味道扑鼻而来。夏汝弼率先大叫一声，手指向了江面，那里赫然漂浮着一具尸体。再往远处眺望，但见多具尸体或隐或现散落在水中，整个江面一片血红，像在发出无声的哭泣。空中飘动着一股难闻的血腥气。夫之心头一紧，不祥的疼痛汹涌而来，他的手心冰冷，却又流出汗来。

"清兵杀进衡州，一定屠城了。"夏汝弼一声哀叹，夫之顾不上说话，跳上一条破船，随即，他发现船舱里竟然还有两具发臭的尸体：一个老人，一位姑娘。姑娘的衣服全被撕扯烂了，下体裸露在外面，老汉腹部上则插着一把刀子。"苍天啊！"夫之哀号道，迅速找来一条白布把两具尸体盖上，眼泪"唰"的一声，止也止不住地奔流而出。夏汝弼和柱子也早已泪流满面。夫之又急忙跑到船头，抓住了船桨。就这样，他们乘着一叶孤舟，飘零在茫茫的江面上，不忍直视那些浮尸。几百米开外，摇摇欲坠的衡阳城晾晒在残阳底下，陷入沉寂之中。一条条烟柱直冲云天，仿佛远古留下的荒废遗迹，乌鸦般乱飞的恐惧爬满了夫之和夏汝弼的全身。

　　船只悄无声息地靠了岸，三人小心翼翼下了船，落地的瞬间他们仿佛穿越了百年沧桑。往昔人声鼎沸的大街，如今空无一人，酒肆和商铺都关了门，走街串巷的市民销声匿迹，墙上不时留有大火烧过的痕迹。转过一个街角，他们顿时傻了眼：一步之遥，一条死狗暴晒在太阳底下，身体已经腐烂，黑压压的苍蝇嗡嗡飞来飞去。放眼望去，满地狼藉，货物、水果和大米散落一地，乱七八糟的杂物中，还躺着几具已经发臭的人的尸体，地上的血块已经变黑，恶臭熏天。听到他们的脚步声，几只正在撕咬尸体的乌鸦飞了起来，更多的乌鸦在屋檐的瓦片或树木上起起落落，哀哀尖鸣。

　　眼前的惨状令人震惊。步过一个街口，夫之和夏汝弼就此别过，两人一言未发，只用眼神相约几日后再碰头。柱子身子发抖，流着泪向夫之挥挥手，跟随夏汝弼去了。

　　夫之独自行走在路上，听着孤独的脚步声，他总觉得周围气氛有些怪异，琢磨不透。就在拐向王衙坪的街口，一个小女孩突然出现在十米之外的地方，她刚才就应该在那里，只是一直蹲着，听见夫之的脚步声，她才刚刚起身。只见她穿着暗红色的绸布衣服，蓬头垢面，一动不动地站在那个店铺门口，面前躺着一具尸体。她用呆滞的目光茫然四顾，满脸泪痕和血污。夫之被她吸引了，慢慢走近，看了看身旁的尸体——这一定是她家什么人。小女孩死死地盯住夫之，满眼哀伤，又投射出几分怪异的戾气。她慢慢伸开手掌，举到半空，仿佛在讨要什么东西。夫之停了下来，就要靠近她。看到她的手和胳膊，他又如梦初醒，心头一紧。她的手和胳膊上长满了脓疮，与她近在咫尺的就是一具腐烂的女尸，刚才她应该就是趴在这女尸旁边。

　　"大灾之后，难免会有大疫。"夫之喃喃自语，心存恐惧。

　　可那个小女孩依旧眼巴巴望着他，仿佛一个乞讨者。离开，夫之于心不忍；不离开，他又不敢靠得太近，正当他不知如何是好的时候，一位暮气沉沉的老人从门缝里走了出来。"小花，过来。"他喊了一声，那个小姑娘却纹丝不动。他又喊了几声，那位小姑娘终于动了，侧着身子，但依然直直盯着夫之，慢慢挪到老人身边。

谢天谢地，夫之总算见了一位能说话的人。从老人口中，夫之得知，门前的女尸是他儿媳，也就是小女孩的母亲。"暴徒，暴徒！"老人说不下去。原来，清军在不久之前攻占了衡州，四处烧杀，无恶不作，然后又往南去了，留下哀鸿遍野、伤痕累累的衡州城。接着，就暴发了瘟疫，人们纷纷逃到乡里和山上去了。他们惧怕清兵，也怕瘟疫。一时半刻，都不敢回来。

临别，老人仔细看了看夫之，突然道："啊？你不是武夷先生家的三公子吗？"

"老伯，在下正是。"夫之苦涩答道。老人却摇着头，一直叹气。夫之又慌了。只听老人道："赶紧回去吧，家里好像有人过世了。"

犹如遭了当头一棒，夫之飞速往回赶。是谁遭到不测？父亲？母亲？抑或……夫之不敢猜想。哪一个都不该这么离去。夫之恨自己没有翅膀，飞过这地狱般的地方。目光所及之处，颓败不堪，一片死寂。田野满是萧索，人丁稀少，野鸟哀号，乌鸦乱飞。

夫之的心底已经被掏空了。

当听到村庄上空响起的一声哀号，夫之几乎难以自持。那正是从家的方向传来的母亲的声音啊。快快，一阵踉跄，夫之转过一个弯，步过一座桥，家门突兀在眼前。顿时，夫之见到了不忍看的一幕：几条缟素之下，一个苍老消瘦的背影，拄着拐杖，颤颤巍巍地走着，那背影夫之再熟悉不过了啊。

"二叔！"夫之抖抖地叫了一声，眼泪再次奔涌而出。王廷聘"哦"了一声，停下来，转过身子。四目相对，叔侄二人愣了好一会儿。王廷聘抓住夫之的手，叹了一口气，道："你总算回来了。"

夫之惴惴不安道："二叔，这是怎么了？"

王廷聘道："参之走了。参之昨天走了。"

真是晴天霹雳，夫之身子一颤。他用力推开家门，王廷聘也跟着走了进去。院子里支着一口大锅，烟火升起，锅里的水滚沸，家里的几个女人正在那里忙活，脸上遮着白布，把沾满屎尿的破衣烂衫，放进锅里烹煮，似在消毒清洗。看见夫之，她们都站起身，脸上写着悲哀，想说些什么，却又没有说出来。屋里母亲的哭声还没停止，伴随着一阵阵咳嗽声，恐怖的气氛溢满了院子。大哥刚好走出门，看见夫之，一脸凝重道："回来了，快进屋吧。"

正堂屋里放着一口用破旧木板临时制作的简陋棺材，腥臭的液体从木板的缝隙里慢慢滴出来，在地板上形成了一摊浑浊的积水，棺材周围洒满了硫磺，地上也有硫磺粉的痕迹。夫之刚想凑上前去，就被王介之拉住了："夫之，不要过去。"

夫之吃了一惊。

王介之面露难色："参之可能染上了瘟疫！"

夫之只好将一块艾草熏过的白布绑到脸上，才又凑到棺材前。此刻，王参之静静地躺着，仿佛一根腐朽的木头，嘴巴张开，眼睛紧闭，脸色发黑，瘦骨嶙峋的身上裹着一层白布，白布已经被他身上流出的液体浸透，腥臊的气味隔着遮在脸上的白布钻到鼻孔里。夫之顿时难受极了，哀叫一声："二哥，夫之回来了！你睁开眼睛看看吧！"

王介之叹道："参之命苦，躲得过清兵却躲不过瘟疫。"

从大哥口中，夫之知道清兵攻陷衡州之时，一家人逃进深山避难，千辛万苦，总算躲过一劫。不料体弱多病的二哥却染上了瘟疫。其时，衡州城人口锐减，死于清兵炮火之下的甚多，染疾病而死的人更多。

更让夫之预料不到的是，另一个不幸的消息又从大哥口中说出：勿药贤侄夭折了。

夫之闻之难以置信。此时，人群之中，侄子王敉已扑进夫之怀里，哭个不停。原来，大儿子王勿药早在春末夭折，也就是在他离开衡州不久。沉默半晌，他才凄声道："药儿怎么死的？"

王介之道："病死的。你知道他一直体弱。"

"唉。"夫之的目光呆滞，"我料定他可能挨不到成人。"

王介之痛苦道："勿药之事，为兄的难辞其咎。你外出后，他跟我进了深山。有病无处问医。为兄的找了不少山药草药，无奈身子一日不如一日，最后也就油尽灯枯了。临死前，说好想见你。"

　　夫之闻之，如针刺心一般，却道："生死之事，不能怨天尤人。大哥为我照料他，我已感激不尽。只怪他命薄。"停了停，又道："药儿是跟着他娘走了。他娘走了，他注定活不久了。"

　　王介之重重地叹了一口气，道："勿药还是白纸一张，竟就去了。"

　　夫之道："这样也好，是解脱，不用活着受罪了。"

　　祸不单行的还有：夫之的小叔王家聘也归西了。那是清兵攻陷衡州之时，王家聘随家人逃往山中，半途中从一山崖旁摔下，流血不少，也无法问医，最后死在深山中。夫之出去不到半年，不想竟有三位亲人成了阴阳两隔。见夫之悲痛欲绝，王介之安慰道："不必过于悲伤。此等乱世，能活下来，就是奇迹。王家如此，周围百姓更如此。快去看看父亲大人吧。"

　　恰在此时，夫之听到父亲的咳嗽声，他抹掉泪水，移步内堂。昏暗之中，王朝聘坐在躺椅里，身上盖着一张破旧的毯子。虽是小别，父亲却不可遏制地苍老了。他的背影沉重，哀伤爬满了额头，喘息粗重，双手颤抖，眼睛却始终睁着。夫之叫了好几声，他才有所反应，眼皮半睁，低低吐出一句："真是夫之？"

　　"扑通"一声，夫之双膝跪下，头磕到了地上："孩儿不孝！"

　　王朝聘突然责道："糊涂。为何此时还回来？"

　　夫之道："家里悲事接二连三，孩儿竟一无所知。"

　　"蠢材！知之又如何？"王朝聘斥道，"先前，我托人送信于你大哥，让他千万莫回，他莫名回来，令我失望。因不知你之所踪，也就未通知你。我不想让你回来。时局如此艰险，回来徒生不测。国将不国，家破人亡，回来又有何意？可你还是回来了。"

　　夫之道："二哥怎会染上瘟疫？"

　　王朝聘道："你二哥一向心善。衡州瘟疫肆虐，死伤无数，有患者路过家门，昏死过去，他悉心照料。多番接触，终染瘟疫。"

　　夫之道："二哥本就体弱，哪里扛得住瘟疫？"

　　王朝聘道："参之积德行善，去得堂堂正正。"

　　悲哀的父亲还能自持，母亲却不一样。就在父子对话间，谭氏坐在被子里，靠着墙壁，边哭边咳嗽。看见夫之，她哭得更厉害，似乎有说不完的悲痛，最后，又不知道怎么说了，以致神情恍惚。夫之坐到床边，握住了她的手，心头一颤。母亲骨瘦如柴，身薄如纸。她不停地咳嗽，整个身子跟着不停抖动，床也跟着抖动，蚊帐上的灰尘和墙角经年的蜘蛛网也跟着抖落了。他突然觉得当时就不应该外出，而是应该留下来与家人同甘共苦，如若不然，药儿可能也就不会死了，二哥也可能就不会死了，可是，不去真能改变这些吗？

母亲痴痴唠叨："清人杀得衡州血流成河。你二哥背着我上山，我让你二哥歇一歇，你二哥不歇息，背着我一路走进了深山……"

夫之眼前立刻浮现出瘦弱的二哥艰难背着老母的一幕，不禁心如刀绞，自责不已，心想，如果自己在，至少可以分担一些。

夫之泪流满面。

尽管，母亲无意责怪夫之，可是，她的话都仿佛大石头压在了夫之的心头，听得夫之越发觉得自己不孝。夫之也不说话，任由母亲絮叨。兴许是悲伤至极，母亲说了小半天，最后累了，睡了。

良久，夫之才记起今日已是中秋佳节。滚圆的大月亮已经爬上山头，挂在树梢。回头望了望屋里，昏黄的油灯正亮着，单薄的棺材在灯光里格外安静，夫之突然觉得二哥是睡着了，他坚定地认为，只要他呼唤一声，二哥就会像从前众多的中秋节一样，安静地从屋里走出来。

从前，中秋佳节，月光底下，各处总充斥着爆竹的声音和硫磺的味道，还有起起落落的人声和忽远忽近的犬吠，如今什么都没了，衡州城陷落在瘟疫与清兵的双重恐惧中，空气里充斥着胆战心惊。清兵来了不会轻易离开，直到衡州人对他们俯首称臣。他们带来了死亡杀戮，掠夺了微笑幸福，他们要把衡州城变成他们的天下。

月光已经探进了厅堂，夫之突然有些恍惚了。他有些后悔当初不该一走了之。一个书生，这一头是家，另一头是国，如何抉择？难道家与国真的不能两全？

夫之对自己道，天亮之后，一定要去药儿的坟地看看。

2. 哭恩公

秋风凉，落叶黄。

二哥葬毕，夫之与夏汝弼再次碰面，他仍是满心伤感："国事未能尽力，家事未能尽心……"

听闻夫之丧子丧兄，夏汝弼不知如何安慰他，只是握着他的手，连连道："珍重啊。"

夫之语塞之时，管嗣裘突然走了进来，他双目通红，满脸泪痕。管嗣裘比夫之还悲伤，仿佛丢了魂一样，道："刚刚惊闻，章公去了！"言罢，管嗣裘一下子颓坐到地上，似乎再也站不起来。

哀伤过度的夫之有些恍惚，迷迷糊糊地问："谁？"问完，似乎明白了，他怔在那里。良久，他如梦初醒般呓道："章公……章公……竟也去了。"胸口翻滚过一阵剧痛，他几乎喘不过气来，只能失声疾呼。

顺治四年（1647）二月，清将孔有德、耿仲明、尚之信，所谓"三王"率领大军进军湖南，章旷死守湘阴，亲自到新墙和潼溪督战，清军几番进攻，章旷都守了下来，直到最后，弹尽粮绝。章旷传令王允成、王进才即刻带兵前来救援。但二人抗命不从，先后逃回了长沙，以至于湘阴终于失守。清军兵临城下，湘阴城三面被围，章旷披着斗篷，戴着头盔，背着长剑，走上湘阴城头，他气壮山河地怒吼："城存我存，城亡我亡，湘阴城，吾棺也。"

众将士热血激昂，与章旷并肩作战，竟然抵御住清军的几波进攻。无奈之下，清军又亮出了红衣大炮，城墙在炮声中纷纷坍塌，清军如潮水般一拥而上，明军与清军展开了肉搏。眼看大势已去，章旷悲痛欲绝，来时路上的一幕幕又浮现在脑海，他又羞愧万分，吼道："湘阴城亡，乃旷之罪责，旷已无颜面对吾皇。"话毕，他拔出了长剑，大喊："旷乃一介书生，承蒙先帝与当今圣上垂爱，授以守护疆土之重任，今旷守土不力，唯有以死谢圣恩。"就在他将长剑抹向脖子时，众人一拥而上，夺过他手中的长剑，将他扛到肩上，下了城墙，任凭他怎么呼喊，众人也没有将他放下。然后拉出大马，架上马车，蒙正发和几个随从将他带出湘阴城，直奔长沙。

见到何腾蛟，章旷惭愧万分，叩首谢罪，请求一死。何腾蛟长叹一声，道："相外将内，主弱客强，事势久不可为。湘阴之所以不失，半壁江山之所以立于危局，全凭公与某一片心血支撑两载。公何罪之有？若有罪，亦是吾治军无方之罪责。"

至此，再言死已矫情，退敌才是正道。章旷缓缓起身，万分忧虑道："何公如今有何打算？"

何腾蛟道："湘阴失守，则长沙危在旦夕。若再失长沙，大明江山亦将岌岌可危，南天一壁至此瓦解，贼寇可长驱直入矣。"

章旷悲愤道："湘阴丢于吾手，吾断不会再拱手相让长沙。何公，旷定当与长沙城共存亡，即便只剩一兵一卒亦抗争到底。"

何腾蛟唏嘘道："吾于心不忍。公有王佐之才，当堪大用，请珍重此身，以再造中兴。长沙城埋吾与道宪之骸骨足矣。"

何腾蛟的此言显然是要殉国，他让章旷出走。章旷不答应，道："何公，知遇之恩，无以回报，您若殉国，吾当随行。"

何腾蛟还欲坚持，但章旷已经铁了心留下来。大敌当前，二人立刻整顿长沙防务，紧张忙碌之中，何腾蛟仍在思量如何把章旷劝出长沙城，他似乎已经预感到长沙城不保，也做好了必死的准备。他爱惜章旷之才，大明到了这般田地，多一位良将就多一分希望。正在此时，何腾蛟听闻云南两位明军将领胡一青和赵印选在云南战败，出逃至湖南攸县，二位与章旷有些交情，何腾蛟便委派章旷前往招抚。与此同时，何腾蛟又派人去湘西北各地调集军队，誓与清军决一死战。

章旷领了新令，当即启程，乘着小舟，带着蒙正发等几个亲信，沿着湘江一路南下。想到气焰嚣张的清军，再想到硝烟弥漫的湘阴，他胸口突然又一阵疼痛，头晕目眩之际，一个踉跄，他倒在船头，吐了一大口鲜血。蒙正发赶忙上来扶住他。蒙正发刚想大叫随从，章旷一把抓住了他的领口，低声道："休要声张！当务之急，不能乱了军心。"

蒙正发话到嘴边，又咽了下去，眼睛已经湿润了。

这不是章旷第一次吐血。这两年他一心忙于湘阴防卫，整顿军务，操练士兵，战术布置，储备粮草，调兵遣将，大事小事，事必躬亲。各路军队成分复杂，各自为政，事事掣肘，他有很多不顺心。总算是挺了过来，解决了内部一个个难题，抵挡住清军的一次次进攻。然而，他不知道受了多少怨气，且每天他只有两个时辰的睡眠，精力耗费殆尽，身子便垮了。半年来，他多次吐血。

看着大好河山，章旷不无感叹道："大明之殇，祸在人心，人心不齐，恐难有复国之望矣。"

蒙正发道："大人何出此言？"

章旷道："自宦官篡政起，就已经人心不古，袁崇焕将军被杀，只是一个开端。此后，北疆再无安宁，旷以为，清军只是皮毛，人心尽丧才是根本。民乱即为失民心，若无李自成张献忠他们，大明何以落到如此地步，加上吴三桂之流投敌叛国，大祸就已经临头了。"

蒙正发道："大人此话句句属实。"

章旷道："如今，吾辈仍旧深受其害，且不能自拔。环顾我大明军队，赤胆忠心者几何？多半仍出自民乱之军，此等小儿只会见利忘义，能不惹是生非便好，更何指望其忠心报国，一心杀敌？"

蒙正发道："可不？湘阴危难之际，若王允成与王进才听从军令，前来会合，决不至于到今天这步田地。"

章旷道："打造一支义勇之师谈何容易。"言谈之间，章旷突然想到了夫之，他记得上次见面，夫之关于兵权和军心的问题多次向他上书，虽然，他清楚军队的问题，也能体会夫之的良苦用心，却是无能为力，如今，他已是败军之将："正发，此去攸县，必经衡州，可以去见一见学生了。"

蒙正发道："您是说王而农夫之先生？"

"正是。"章旷道，"还有管嗣裘、李国相等，人品学识俱佳，皆为我朝难得之人才。"

蒙正发听章旷经常说起衡州诸子，言语中多为欣赏，对夫之尤甚。

但此刻，他格外忧心战事，遂道："每念及军队，莫不让人担心。眼下只望长沙城不要再出乱子。"

章旷愤慨："长沙若丢，南国尽失，国难当头，希望他们自重。"

话音未落，其时的长沙已经响起了隆隆的炮声，这炮声不是清军的，而是明军自己的。

长沙城里的明军，居然自相残杀起来。

镇守长沙这几年，因为归顺南明的农民军不听指挥，恣意横行，何腾蛟吃了很多亏，深感力不从心，他觉得只有建立亲信部队，才能树立自己的绝对权威。为此，他特别从湖湘各地征召组建了一支队伍，并将其培植成中坚力量。他把这支部队当成"何家军"看，放在长沙自己身边。清军攻占了湘阴，各路兵马都撤回了长沙，其中就包括对章旷的军令视而不见的王允成与王进才。这支原本就是草寇成兵的部队还是没有丢掉长期养成的恶习，加之两人治军无方，又无严令，这伙乱兵在长沙城里为非作歹，他们要求很多，嫌弃何腾蛟给他们安排的营地面积太小，地段不好。

王允成盯上了何腾蛟的"何家军"营房，派人索要被拒绝后，他恼了，亲自带着部队前去闹事，两方大打出手。无奈之下，何腾蛟出面调停，但也没调停出个结果，两方不欢而散。何腾蛟来回奔走于两方之间，希望能平息干戈。他正要前往"何家军"大营，一发炮弹从他头顶飞了过去，就在他百米开外的地方炸响，天崩地裂之间，浓烟滚滚。紧接着，一颗又一颗炮弹从他头顶呼啸而过，在四处炸开了。

王允成恼羞成怒之余，居然对何腾蛟的亲兵开炮了。那些亲兵也不是吃素的，他们也向王允成开炮了。一时之间，炮声隆隆，喊声震天，长沙城乱成了一锅粥。

何腾蛟从炮火里急忙撤出来，已经满身污泥，满面乌黑，不禁大怒，立刻去找王允成，还没到达王允成的营房，远远地就看见那些士兵正在将从长沙搜刮来的金银财宝和柴米油盐打包装车，等何腾蛟到了帐前，王允成和王进才刚好走出门来。他们竟然还要兴师问罪、恶人先告状，见此情状，何腾蛟大为不解，赶忙质问他们究竟要干什么。

"老子为国卖命，却被你们戏弄。哼！"王允成怒气冲冲道，"此处不留人，自有留人处。老子不稀罕这里。"

何腾蛟大惊失色："大敌当前，你要临阵脱逃？"

王进才亦愤愤不平，道："享福的事情轮不到我们，该拼命时想到我们了。再不走，有何意义？"

何腾蛟义正词严："你们敢走！擅自出城者，军法处置。"

王允成啐道："去你娘的军法。老子就是军法。想来就来，想走就走。哼！"言罢，看都不看何腾蛟一眼，王允成与王进才头也不回，便带着一干人马扬长而去。

何腾蛟的亲兵人数有限，王允成与王进才的部队才是原本的主力，于是，当清军来犯，长沙已经无力抵挡。

章旷得此消息，掉头回长沙，人还未到，就已经听闻长沙沦陷的噩耗。长沙沦陷之际，何腾蛟也欲拔刀自刎，同样被部下救了下来，一路南撤，在衡州与章旷会合。

"又是这个王允成！"章旷听闻事情的来龙去脉，气愤万分。

何腾蛟也无奈感叹："我等均败于己人之手，怎能甘心！"激愤之余，何腾蛟又道："吾与君及堵公组建临时军政，看似百万大军，遍及两湖，实为虚有其表，环顾帐下众将，唯君有军人之正人气。其他人尔，均为以抗清为名而烧杀抢掠之鸡鸣狗盗之辈。"

章旷闻此心头一热，却深感羞愧。

还没等何腾蛟和章旷部署停当，清军就一路追了过来。何腾蛟和章旷只好一路南逃，溃不成军。衡州的百姓也跟着四处逃亡，衡州就这样沦陷了。

起初，章旷带着一千多人退守到了永安，清军紧追不放，他们又退守至永州。此时的永州城几乎已是空城，舟车劳顿，又无粮草，部队步履维艰，何腾蛟则四处奔走，借粮募兵，企图在永州重振旗鼓，与清军决一死战。因为，此时的南明朝廷已在广西全州，若永州沦陷，清军则可直捣黄龙，大明江山只怕也就万劫不复了。

面对困境，看着衣衫褴褛、食不果腹的士兵，还有瘟疫之下四处惨死的黎民百姓，章旷忧心忡忡，他又开始大口吐血。这次不同以往，他吐血的频率更高，吐血量更多，咯血呈黑色块状。他感觉自己的胸腔就像要被刀子割开了，但是，他依然瞒着士兵，主持军务。他在自己的卧室立了一副对联，对联上赫然写着："指顾河山还在手，宁辞病骨炼风霜。"

章旷已经预感到自己时日不多，他死也要死在沙场上，可是，他对手下的这支部队不放心，对大明的江山社稷更是不放心，环视手下众将，他最信得过蒙正发。

那晚，章旷把蒙正发叫进了营帐，与之促膝长谈："正发，你跟着我一路过来，你的品格我清楚。军中众将士，唯你最能让我放心。我日日吐血，命不久矣，军中重担就要落于你肩。切戒疏忽。"

蒙正发闻此立刻下跪，诚惶诚恐道："大人，正发不才，恐难当此大任。大人，您定会康复，带领我等重拾河山。"

这时，章旷拉住蒙正发的手，将他扶起。二人坐下，章旷历数了从前的种种，又语重心长地对蒙正发道："我等都是大明将士，赤胆忠心，早将生死置之度外。我死以后，你们继续这未完成的事业。"最后，他缓缓起身，站在案前，挥笔泼墨，写下："血为水火心作炉，熔铸湖南土一块。指心誓日与子期，死报君恩身不爱。"他看着未干墨迹，郑重其事，将此幅字赠予蒙正发。

蒙正发受宠若惊，道："大人，请保重身体，您一定可以痊愈。"

章旷苦涩一笑，道："世人皆以身病为病，我以国病为病。但得粮草不竭，兵士精锐东下，重拾河山，我身自当豁然而愈矣。"

然事与愿违，章旷不可救药地病倒了。八月七日，章旷已经骨瘦如柴，双眼发黑，经过几度吐血，油尽灯枯之时，他拉着蒙正发的手，缓缓道："感足下三载共事，有如形影，亲如家人。无如鬼伯催促，唯有幽明千古矣。"

众将士围着章旷，纷纷痛哭。他却使出最后一丝力气，大吼："吾毕生以祖士雅击楫渡江、刘越石闻鸡起舞为师，下马读书，上马杀敌！此旷之所愿。你等皆七尺男儿，不去杀敌报国，却在此效儿女之态，作哀哀断肠声何耶？"

众人闻之一振，顿时停止了哭泣。寂静之中，章旷的喘息越来越重，只听他连呼三声"圣上何在"，吐出最后一口黑血，哀魂飘出，最终离开了人世。此时，军营哀恸一片。蒙正发拿着一封奏书，泣不成声，那是章旷举荐蒙正发为翰林院庶吉士的折子。

何腾蛟闻讯赶来，手扶章旷灵柩，他的心空了，仿佛少了一臂，他赠下一挽联，肯定了章旷的功绩："振军声于菜色之时，复残疆于桑榆之日。"

听管嗣裘追述了章旷的生平，大家都陷入了悲痛之中。

后来，夫之在《永历实录》中写道："身履下湘危疆，独当门户之冲。练兵于万难练之时，筹饷于无可筹之地。事事艰难，刻刻拮据。"并赞颂章旷"垂千秋之生气，留不死之孤忠"。在夫之眼中，这才是一个大明男子汉应该有的死法，这也正是他追求的死法。

康熙十四年（1675），夫之为了躲避吴三桂叛乱来到湘阴，还在行舟上留此一吟："残烟古堞接湖平，认是湖南第一城。云闪灵旗魂四索，波摇旅梦月三更。愁中孤掌群眉妒，身后伤心九庙倾。近筑巴丘新战垒，可能抉目看潮生。"

3. 惊天地，泣鬼神

十月桂花遍地香，衡州却是满地荒凉。王家一直笼罩在哀伤里。

夫之最喜欢的二叔王廷聘也在一个月后过世了。王廷聘本人很豁达，"生当洒脱，死亦清白。"这是他的信条。实际上，他对自己的生命早有预感，先走一步也正是他的愿望。衡州陷落，他的日子更加清苦，难得他是一个清寡之人，凡事看得很开，看不开的事，也能被他藏在心里，安安稳稳。别人看不出他有太多的情绪波动。去世之前，他最后一次找夫之喝酒。坐在火炉旁，他的脸色蜡黄，形容枯槁，拖着颤颤巍巍的身体，道："夫之，王家祖上乃大明忠臣，我等不能背叛祖宗。"

夫之点了点头。他又道："皇恩浩荡，我们无以为报，恪守本分，不能忘本，大明存亡，我等皆为大明子孙。"

夫之道："清军来犯，夫之愿以死报国，亦不愿苟活。"

王廷聘笑道："若唯有一死方能证明清白，天下人皆可死矣。"

王廷聘又道："夫之，书生报国未必只能一死。勿苟活，但亦勿枉死。千万记住，你是大才，不要白白送了性命。学海无涯，足够你一辈子探索。不能立功，至少立言。你让叔留个念想，让你的文字伴着你的学识、智慧流传下来，此乃你之责任。"

夫之怔怔地看着二叔，二叔一生从未督促自己在学业上如何精进，每次见面，除了喝酒聊天，也几乎不谈学问之事。为何此时要说这些？夫之不解。直到晚年，当他守在草堂在学海里孜孜以求时，二叔最后眼里的光芒似乎一直照射着他，给他温暖和慰藉。

几日后，王廷聘最终走完了自己的生命。没过几天，他的妻子也因病跟着他去了。

多年之后，夫之仍时时忆起二叔，曾记下如下文字：

> （牧石）先生少攻吟咏，晚而益工……夫之早岁披猖，不若庭训，先生时召置坐隅，酌酒劝戒，教以远利蹈义，惩傲抑谦，抚慰叮咛，至于泣下。[①]

王廷聘死后，王家越加显得寥落与安静。两位兄弟先后离开，王朝聘的身体更加一天不如一天。他拖着苍老的躯体，仍念念不忘与清人的国仇家恨，更让他牵肠挂肚的是他的经世哲学。作为衡阳地方有名的大儒，他的一生几乎都在与经书打交道，师从伍定相，研习王阳明，尊崇胡文定，他始终恪守孔孟之道，尤其对《春秋》情有独钟。那些日子，

---

① 王夫之《述病枕忆得》《武夷先生行状》《南窗漫记》《牧石先生暨吴太恭人合祔墓表》等，均有关于其二叔王廷聘，以及自幼从其学的文字记录，详见《姜斋文集》等，摘于《王船山诗文集（上）》，中华书局 1962 年版，第 38 页，以及《船山师友记》，罗正钧纂，岳麓书社 1982 年版，第 8 页。

他终日忙活在书房，翻了这本书，再翻另外一本书，写了一个时辰，歇息一个时辰，再写，始终不离书房，最多，他就是到院子和屋后散散步。

那段日子，夫之都在家里，陪伴父亲，阅读那些经书，和父亲讨论经文。偶尔，他会出去见见夏汝弼和管嗣裘。

某日上午，王朝聘拿着一本书，坐在躺椅里，道："余此生心血全系于此。"

《春秋》？夫之定睛一看，果然就是《春秋》，道："三《传》说尽千古事，果然说不尽、道不完。"

王朝聘道："余未完成之事，唯寄望于我儿夫之矣。"

乱军又在衡州一带作乱，担忧之余，民众又要躲进衡山了。夫之与王介之只得带着王朝聘与母亲入了山。王家兄弟拉着板车，堆上棉被和稻草，他们把父母拉到了山脚。一个背着父亲，一个背着母亲，登上潜圣峰峰顶，暂时住了下来。

王朝聘唠叨："苟活如此，疲命逃亡，何日是尽头？"

听闻王朝聘入山，山中的僧人和一些书生纷纷前来拜访，性翰法师率先前来，为他们送了一些粮食。夫之展露出一丝难得的笑容。重修方广寺，多亏了有性翰里外打理，节俭从事，夫之才能顺利完成堵公交付给他的任务。

"阿弥陀佛！武夷先生别来无恙？"放下两斗大米，性翰向王朝聘请安，并向王家兄弟问好。

夫之感激之余，道："年景不好，法师还能为我们想，受之惶恐。"

王介之也道："贵寺僧人众多，尚不知食能果腹否？"

性翰道："佛门中人向来粗茶淡饭，再说，寺庙还是香火不断。"

夫之惊道："世道离乱，何以香火鼎盛？"

性翰解释道："天灾人祸之下，烧香祈福者甚多，我等皆不收取香烛钱。他们感激，取而代之送些柴米油盐来，积少也就成多。且不止百姓，还有官与兵，其不予物，只予银两。"

夫之道："衡州官兵一早跑光，何来官与兵？"

性翰犹豫了一下，从实道："贫僧所指，并非南人，而为北人。"

所谓北人，即为清军。

夫之等人都愣住了，气氛一下子有些紧张。夫之疑惑地道："大师身为明人，何故受清人嗟来之食？"

"阿弥陀佛！"性翰合掌作揖，念道，"先生此言差矣。贫僧乃出家之人，早遁入空门，再无明人清人之分，只有无缘人与有缘人之别。佛陀乃天下之佛陀，众生之佛陀，向佛者不分南北，南人可以跪拜，北人亦可矣。"

王朝聘断然道："荒谬！方广寺乃明人所建，堵公所修，何以接纳清人之许愿祈福？难不成要佛陀保佑贼人灭我大明乎？"

"阿弥陀佛，罪过罪过。"性翰再次念叨，"佛家有云，'放下屠刀，立地成佛'，佛家只教人向善，善念皆得庇护，恶念自难圆满。"

夫之摇了摇头，道："法师所言差矣。恶人偶有善念，但终为恶人。倘人无善恶之分，则天下无恩与怨、亲与仇矣。"

王介之亦插话道："佛家虽以慈悲为怀，博爱众生，但善恶不分，此等做法断断不可。"

王朝聘尤为不快："是故吾终生不在佛前下跪！所谓博爱，往往善恶不分，南人北人怎能混为一谈？"

性翰赶紧鞠躬，道："阿弥陀佛。贫僧记住武夷先生责斥。"

众人有些尴尬，皆不说话，一时突显安静。性翰环视四周，不见王参之，便问："参之先生一向仁孝，何故此次未能同行？"想来，他还未知王参之已经亡故。此话一出，夫之悲从心来，王介之也叹了一口气。王朝聘却淡然很多，轻轻道："衡州遭清兵屠城。参之不幸，已于月前离我而去。"

王朝聘特意把王参之的死归咎于清兵之乱。但想想又不无道理。性翰意识到自己问了不该问的话，愧疚之余，甚是心痛，长叹一声，道："阿弥陀佛。我与参之先生交好。他常来寺中，上香求家人平安。偶有夜宿小寺之幸，每每秉烛夜谈，论国事，论家事，论学问。不想，参之先生竟就去了。"

聊了一会儿，性翰告辞。

第二天上午，破门和尚闻讯赶来，他一手拿着拐杖，一手提着御寒的衣服和毯子。进了门，他先是"阿弥陀佛"，随后安详道："夫之先生，别来无恙吧？"

看见他，夫之甚为感动，回敬："法智大师，一向安好？"

破门笑道："苍茫众生中一蜉蝣尔，贫僧随遇则安，得过且过矣。"言毕又特地去向王朝聘请安："武夷先生，久仰大名。贫僧内心一向崇敬。"当看到老人家身体欠佳时，便不多打扰，退了出来。破门也跟王介之打了招呼，然后道："王家老少上山，南岳顿时灵动起来。"

夫之道："若能修得大师之境界，夫之亦可安居此山中。"

破门道："贫僧区区境界，生活至上，偷度浮生而已。"

接下来的日子，夏汝弼、李国相和管嗣裘也来了，他们一来探望王朝聘，二来会见夫之，商议一些事情。李国相清瘦了很多，精神却还矍铄，夫之已经记不得有多久没有见过他了。回想过往，夫之动情道："这些年，一直疲于奔命，竟是疏忽了兄长。"

李国相摆摆手，道："国家有难，皆身不由己啊。"

没谈多久，从李国相那里，夫之又得到一个噩耗：挚友文之勇已死。"真的？"夫之几乎不敢相信。

其实，文之勇一直过得并不如意。当年，乡试不中，大部分同时参考的人都中了，他不中，心情之压抑可想而知。他原本想继续准备应考，哪承想张献忠进了衡州，断了他的求学之路。大难来临，他也只能躲避山野，在耒阳和永州一带飘零，困顿之中，得了虐疾，大病一场。身子刚刚恢复元气，却遇见清军来犯衡州，家人躲之不及，被清兵革命。文之勇大吼一声，拖着病体，拿着长刀，冲向清兵，砍倒一人后，来不及从那清兵身上拔出刀来，就被另一个清兵拦腰劈倒。文之勇至死都怒目圆睁，结果被一个清兵剜去一对双眼，尸体被扔进蒸水河中。

"一介书生，以卵击石，明知不可为而为之，义薄云天，死得其所啊！"夫之发出感慨。

夏汝弼又说出了另一个噩耗。这个噩耗，简直是"惊天地，泣鬼神"，悲壮至极！

原来，就在夫之和夏汝弼等三人决计回家、往衡州方向行进不久，清军大举逼犯湘乡。乡民四散，守军也纷纷逃窜。欧阳镇不愿逃离，掷地有声道："乡民逃，守军亦逃。若人人皆逃，清兵如入无人之境。大明子民还有一点骨气和血性吗？鄙人虽一介书生，手无缚鸡之力，但尚有一腔热血，一把骨头。清兵来犯，虽螳臂当车，但至少让犯者披一身污血，着一脸碎骨！令其惊慌狼狈，不亦有种乎？"

欧阳镇之言，令闻者无不动容。他抱着"宁为玉碎，不为瓦全"的决心，誓死与清军战斗。龙孔蒸与洪伯修见欧阳镇决心已定，多劝无用，亦同仇敌忾。欧阳镇打开粮仓，把家中剩物全部赈民。又拿出全部银两，收编了一支五十人的乡军，每人发了钱饷。如战斗中杀了敌人，提了人头还可领赏。一批乡民饿得半死，欧阳镇这一招挺奏效，留下来的五十来人个个都很拼命。欧阳镇随后命儿子欧阳淑和家仆一起外逃，倔强的欧阳淑起初不愿意离开，但欧阳镇厉声道："你难道希望欧阳家族全部葬送于此吗？"龙孔蒸与洪伯修二人也赶紧劝说，欧阳淑才不情愿地离去。龙、洪二人又迅速联络了湘乡一些书生与志士，搜罗了一批刀棍剑棒等武器。一切安排妥当后，便在欧阳镇大院四周埋伏。

很快，清军蝗虫般呼啸而来，未遇任何抵抗，他们顺利占领湘乡后，只留下三百余名清军守城，其余大队人马继续一路向南开进。

关键时候到了。

当晚，清兵正在城中狂欢。欧阳镇兵分两路，一支由自己带着三十余名义军，趁着夜色，从东门杀进了敌营；另一支由龙孔蒸和洪伯修带着二十余名义军，从北门冲入敌军粮库。由于守军主力在城中狂欢，守营清兵只有十余人。欧阳镇等人偷袭成功，将十余名守军悉数杀尽。与此同时，龙、洪二人率领的义军也将清兵粮库成功烧毁，自己也损失了近一半义军。城中狂欢的清兵闻讯后飞速赶回，欧阳镇与龙、洪等人会合，准备全力突围，但已经晚了。大批清兵将欧阳镇等人四面包围，刀光剑影，杀声震天。激战中，欧阳镇受了重伤，龙孔蒸也受了伤，情况万分危急。

恰在此时，西面方向的清兵突然发生骚乱，洪伯修抬头一看，有十余条硬汉挥刀杀来，为首的竟然穿着僧服，近了，才看清，居然是蠡庆庵的郑石！与他同在的还有江陵人李广生。郑石穿着僧服，让清兵产生错觉，结果吃了大亏。否则，他们这点力量根本杀不进来。郑石浑身血迹，见欧阳镇和龙孔蒸血流不止，便让洪伯修带着他俩朝西南撤退，他和李广生殿后。

欧阳镇坚决不从，为不拖累大家，他从带血的上衣口袋里掏出砒霜，大吼一声："大明皇天在上，臣欧阳镇无力回天，就此报国！"吼毕，将早已准备好的剧毒丸和着血吞服下去，顿时七窍流血，魂归西天。龙孔蒸见状，也大吼一声："山公，吾随你而去！"拔剑自尽。

洪伯修、郑石和李广生等人眼睛一红，齐声嘶吼："杀啊！"便什么也不顾了，挥刀杀向清兵。战斗持续了一个时辰，洪、郑、李和所有义军全部壮烈殉国。

天亮后，人们在清理尸体时才发现，欧阳淑也死于乱军中。原来，欧阳淑遵循父命，将一家老少带至深山安顿后，当天晚上，他亦佩剑出山，寻义军而来，当欧阳镇杀入敌营时，欧阳淑已经赶到。隔着敌阵，他还来不及见父亲一面，说一句话，就被两个清兵从背后突击，残忍地斩去头颅。

听闻欧阳镇等湘乡诸子如此英勇，夫之如锥锥心，悲痛不已，数月前的一幕幕尚历历在目。夫之想不到欧阳镇竟如此决绝，当初他对夫之投身行伍不以为然，认为科举才是正途，夫之尤其记住欧阳镇所言"读书人有读书人的使命"。当时夫之还把欧阳镇视为"只想不为"一类人物而心有不悦之感，现今想来真是惭愧。更令夫之惭愧的还有郑石，当初差不多要把他视为酒肉之辈，对他冷讽有加。没想到关键时刻，郑石用鲜血证明了自己。国难当头，这些或正统或边缘的书生都成了报国的英雄。夫之更加领悟了夏汝弼所言"有心报国，处处是门"的深刻内涵。想到此，夫之长叹一声，扼腕道："山公等湘乡书生如此有血性，明知不可为而为之，壮我大明之威。此大明之幸，亦为大明之不幸啊。"

"夫之所言极是。湘乡书生皆为我等楷模。"夏汝弼道，"夏某尤为心痛者乃欧阳公予私贤侄！多么英武的少年，本该有大好前程，不料于乱世中死于非命。"

提及欧阳淑，夫之终于忍不住，泪水再次涌出，哽咽道："予私本不当亡啊。"

"湘乡诸子皆硬汉，吾辈亦非贱骨头。"李国相突然慷然道，"清人若然再犯衡州，我等亦奋死反抗。"

十一月，王朝聘与世长辞了。临死之前，他缓慢而决然地对王介之和夫之道："切记：务必明理明智，务必深明大义，确保读书人之尊严。家事是小，国事是大。若清人再犯衡州，一定不能任其妄为。纵然一死，也要反抗到底。"

"放心吧，父亲大人。"夫之与王介之流泪点头。王朝聘又道："我一生清白，未吃清人一粒米，未饮清人一口水，未言清人一句话。我死后，将我葬于南岳，勿让灵柩在衡州清人土地上停留。湘楚之地，有先君屈子等千古壮士，威武不屈，贫贱不移，是为我等之先驱楷模。"

"孩儿记住了。"王介之与夫之含泪应诺。王朝聘最后叮嘱："《春秋》乃为王家几代悉心研究之书，他日时机成熟，定将《春秋》之说续赓，此乃遗愿矣。"

顺治四年（1647）十一月十八日，一代名儒王朝聘病死山里。乱世之中，虽然艰难，享年七十九岁，他也算得上寿终正寝了。当父亲真的离开时，夫之忍不住哭了。他感觉到前所未有的孤独与虚弱。

天气寒冷。夫之和王介之用破席裹着父亲的尸体，一路下了潜圣峰，将父亲装进棺材。众人在山下挖了一穴，将王朝聘棺材埋了。性翰与破门亲自赶来，要为王朝聘做一场法事，超度他的灵魂。但被夫之婉拒了："父亲大人向来不信佛法，无需木鱼香火。谢谢大师了。"

王介之也道："谢过两位大师。大人去得安详，已得永生。"

衡州太乱，无法安宁。葬下父亲后，夫之草草收拾行囊，上了续梦庵，与他随行的是侄子王敉。看着王敉，好像看到了自己的药儿，心里稍有一丝慰藉。二哥原本有两个儿子，可惜，小儿子王致早夭。因为心疼二哥，他就格外疼爱敉儿，也就成了他的抚养人。王敉十二岁，也算懂事了，后来，很多年里，他跟着夫之南行北走，寸步不离。

夜深人静时，夫之经常会想起父亲，想起父亲临终的叮嘱，耳边响起屈子的歌吟："畦留夷与揭车兮，杂杜衡与芳芷。冀枝叶之峻茂兮，愿俟时乎吾将刈。"不知不觉，夫之似乎看清了屈子"上下求索"的背影。

4. 易而经天下

午后，南岳刚刚下了一场细雨。随着夜幕的降临，天气又晴朗起来。深山之中，树叶上的雨水还在滴答作响，几只夜鸟掠过，留下乍起乍落的悲鸣，山野更显宁静了。

当夫之正在想好久没有听见那只老虎的啸声时，王敉朝他喊了一嗓子，是吃晚饭的时间了。他比一般山里人吃饭要晚。好些天没有吃到大米和油饼了，幸亏还有粗盐巴。夫之吞了一个饼，喝上几口野菜菌子汤，简单的一顿饭，他们倒也十分满足。饭后，生上一堆火，坐在简陋的木屋里，用破门送来的茶叶泡上一杯茶，夫之又开始读起了书。

其时，王敉在一旁向火里加着木头，恭敬地问道："叔父，您读的是《春秋》么？"

夫之喜欢听王敉的声音，声音让他想起逝去的药儿，这令他虽然伤感，却也温暖，一生一死，死者已矣，哪里知道生者的惦念？夫之看着侄子坐在火光旁通红的面庞，他又不由想起父亲和二哥，也不由想起母亲和大哥。亲人一个个去了，再也感觉不到他们的呼吸，听不到他们的声音。他叹了一口气，回答道："此乃《周易》，穷天地之书。"

王敉疑惑道："愚侄不懂，愿闻其详。"

夫之道："你尚年幼，不宜诵读《周易》，以后便知道了。"

王敉悻悻然地"哦"了一声，便低头不再说话了。

夜深人静，王敉已经睡去。夫之对着《周易》，若有所思。仿佛在无边无际的黑夜里看见了光，世人都争相研究《周易》以占卜运势，他认为这种纯功利的行径玷污了这本书的"灵魂"。正如多年以后他在《周易内传》中写到的那样："夫之自隆武丙戌，始有志于读《易》。戊子，避戎于莲花峰，益讲求之。初得观卦之义，服膺其理，以出入于险阻而自靖；乃深有感于圣人画象系辞，为精义安身之至道，告于易简以知险阻，非异端窃盈虚消长之机，为翕张雌黑之术，所得与于学《易》之旨者也。"①

那年夏天，陌生而熟悉的虎啸又回来了。当时夫之领着王敉，穿越树林，正走在生机盎然的山中。突然之间，不远处传来一声巨吼，伴随着另一声哀嚎。哀嚎持续好一会儿，最终消失。王敉吓得魂不附体，两腿发抖，呆在原地。夫之朝他招手，领他飞快地跑到一片空地，爬上巨大的石头。四处张望，在一片肥厚的灌木丛中，他隐约看见了那大虫黄白相间的皮毛，还有它的血盆大口。它在林中动了动身子，随即安静下来，抬起头，看见高处的夫之，立即叼起刚刚捕获的一只小獐，迅速消失在灌木丛林中。

往日，曾有人丧命于虎口的传闻，世人都惧怕山中之王，甚至谈虎则色变。然则，如今为了活命，人们竞相躲进了这山中。真是清兵猛于虎。夫之眼睁睁看着这山里的人一天天多起来，尽管郁郁葱葱的山野似乎看不清任何人迹，但是，每日清晨、午后和黄昏各处升起的袅袅炊烟和夜幕降临之后的火光，还是泄露了有人在此居住的消息。夫之也有了新的邻居，一位陌生的乡绅搬到了黑沙潭的另一边。在清人面前，人们早已丢掉了对猛虎的畏惧。人气越来越旺，山间的老虎也开始纷纷逃离，或者被捕杀。据说，隔壁的山头就有七八个汉子，夜半挑着火把，拿着刀叉，合力杀死了一条大虫，然后顺理成章地抢下一片生存之地。

本以为再也见不到老虎，没想到它再次出现。夫之有些欣慰。这仿佛成了夫之的老虎，陪伴它的声音，夫之度过了一个又一个漫长的白天与黑夜，老虎已经长在夫之的心里，时而沉睡，时而咆哮。看见王敉恐惧万分，夫之淡然道："斗转而星移，草长而鹰飞，人稀而虎盛，林即为林；人盛而虎衰，山已非山。莫道人惧虎，只见虎怕人。大虫降临，

---

① 本节关于夫之易学论述主要引自《周易内传·发例》，摘引于夫之撰，李一忻点校"船山易学集成"《周易内（外）传》，此为《周易外传》书附录《周易内传发例》，第 345～383 页，九州出版社 2004 年版。

此山仍为山，林仍为林，南岳仍为南岳。"

一天，当夫之再次穿越山间拱门，忽又看见正在打坐的破门。

"大师是否听到山间的虎啸？"夫之趋前问道。

"阿弥陀佛！"破门道，"夫之先生亦有闻虎啸？"

王敉抢着道："风声鹤唳，地动山摇，怎会有听不到之理？"

破门道："树欲静而风不止，风不止却心已定。贫僧每日稳坐高台，皆闻虎啸，实则非有虎啸，乃心中有虎，便闻虎啸。"

破门告诉夫之：他每日在此打坐，春夏秋冬，从不间断。从前，虎豹豺狼之踪迹，时常可见。某日，他正沉思冥想，一只老虎突然出现在巨石之上昂首挺胸，对着他怒吼。破门纹丝不动，甚至没有睁开眼睛，眼耳鼻口舌皆空，四周也陷入了一片虚空，虚空之中，他只觉有风向他吹来，风声越来越大，风速越来越疾，他看见一个幻影向自己靠近，停在他离咫尺之遥的地方。老虎轻巧地跃下巨石，就站在他面前，再也不动，看了他好一会儿，最后竟摇了摇尾巴，眨了一下眼睛，转身离去。破门道："贫僧常与野兽对话，以聆听天地之声。"

夫之感叹道："大师境界，常人实难企及。"

破门道："先生言重了，看破则无畏矣。"

破门将夫之和王敉带回自己的斋舍，领进书房，给他们沏茶，又准备了一些点心和水果。夫之道："大师处从来不缺食物，夫之有此挚友，不怕饿死矣。"

破门道："寒舍之门为先生而开，如不嫌弃请常来。"

夫之无奈地道："夫之已然打扰多矣。"

王敉插话道："叔父度日，三天饥寒，一日饱餐，向来不求于人。"

破门听后哈哈大笑。

夫之也无奈地笑了，道："最近，夫之常常感怀，有南岳天佑，真乃生之大幸。若非这片自然宝地，我等早已无处藏身。尤其读《易经》以来，更念及此处一草一木、一叶一花，乃至猛虎之自然灵性。"

破门道："《易》乃源于上古之奇书，千年以来，道不穷尽。"

言谈之间，破门烧好了一壶开水，茶叶还没换掉，倒是越泡越香了。没喝茶还好，喝了茶，夫之无法控制地感觉到饥饿。王敉虽然闷声不响，只听他们说话，大抵也是饿了，桌上的点心几乎被他吃完了，不愿再喝茶的时候，他的腹中开始咕咕作响。破门听了呵呵一笑，夫之也跟着笑了，王敉害羞地低下头。破门道："若不嫌弃，今日就在敝门中用餐吧。"

夫之欣然接受，又道："大师不用亲自下厨，敉儿动手即可。"

破门吃惊道："哦？小小年纪可以做饭？"

夫之点点头。自父亲过世，王敉就跟着夫之过活，与其说是他跟着夫之讨生，不如说夫之跟他过活。夫之曾很长时间一个人度日，风餐露宿，衣衫不整，向来不善厨艺。王敉至善至孝，性情驯良，像极了他父亲，他主动请缨，大半年来，生活琐事都由他包办了。有他，夫之现在有幸也能吃上热饭、喝上热汤了。

王敉在柴房里生了火，一个人忙活去了。

夫之和破门继续聊天。谈及南明局势，破门忽又问道："夫之先生去年远行投军不成，是否还有出世之念？"

夫之感叹道："家父驾鹤西去，至今半载，夫之有愧，老人家生前未能躬身伺候身前，守孝之期未满，断不敢弃之而行。"

破门道："先生何不打消出山念头，在此闲云野鹤，安静度日？"

"书生原本读书为本，走科举正途。夫之何尝不想如此？"夫之突然想起欧阳镇，心一沉，道，"然则，学以致用，国无宁日，夫之亦不敢懈怠安逸，所谓致用，唯有誓死报国。"

此时的夫之仍旧有仕途之心，只是此仕途非彼仕途，不是为了平步青云，不是为了名扬海内，也不是为了光宗耀祖，而是一份难以割舍的书生情怀，一腔热血，夫之希望在国家危难之际，能够出一份力，哪怕拼上性命，只要还有一丝希望，他都不会放弃。嘴里说着不敢远行，实际上，他的心无时无刻不在想着外面的事情，密切关注着时局的千变万化，最为细小的信息都萦绕在他脑海之中。清军重返衡州，都督堵胤锡辗转肇庆，何腾蛟重返朝堂，这些都瞒不过他的耳目。

王敉做好了饭，一锅野菜粥，一碟咸菜，一碟豆豉，还有三碗热腾腾的米饭放到桌子上。夫之还没动筷子，王敉已经吃了半碗饭，看来他真的饿了。看他狼吞虎咽的样子，夫之又笑了。夫之眼里，侄子终究还是个孩子，难免会做出一些有失礼节的事情。破门不会往心里去，他让夫之赶紧吃饭，不觉说漏了嘴："这是上好的官米，最后一锅，多吃些。"

夫之顿时怔住了："哪里来的官米？"

破门也愣了，支支吾吾也没把话说明白。夫之再三追问，他才道出实情。原来，清军重回衡州，为死去的清兵举行一次盛大葬礼。破门和性翰等人被清军召去做超度，事毕，便送了一批米粮等以示酬谢。

知道此番缘由后，夫之立刻放下碗筷，一脸铁青。王敉被吓到了，也赶紧放下碗筷，不敢再吃碗中的白米饭，口里含着的饭也吐了出来。三个人都不说话，场面一时有些尴尬。

夫之强忍恶心的情绪，半晌，才冷冷道："夫之万万料想不到，大师居然去给清兵做超度！大师难道觉得清兵祸害衡州尚不够而去招清兵魂兮归来？"

"出家之人敬畏生命。超度只是佛家对生命的尊重，而非对清兵行为的尊重。"破门有些不以为然，道，"先生今日既来论《易》，贫僧就斗胆问一句：此碗清军米粥会否致使大明亡国，大明今日危局果真与此碗清军米粥有关？"

"错！"夫之愤然道，"清兵杀我良民，侵我财物，奸我妇孺，毁我家园，此等血债向谁讨还？如以'敬畏生命'之幌子掩盖好恶不分、认贼作父之丑行，则天下耻笑矣！"

破门没料到夫之如此生气，更没想到其言语如此严厉。

"不过是碗米粥，竟有如此严重？"破门似要辩解。

"冤有头，债有主。佛家重因果。"夫之不让破门说下去，掷地有声道，"天地之理在万物，万物一体在阴阳，你我皆不能免。有因方有果，有果必有因，动则变，变则新生。一碗米粥自不能定天下兴亡，然而，天下兴亡却在一碗米粥；若昨与前，大明百姓皆有米粥果脯，自不会有乱民之便，以致我大明顾此失彼，予清人可乘之机；若昨与今，重臣悍将皆不受一碗米粥之贿赂，自不会有叛明归清之徒，致使清人不费吹灰之力，铁骑踏长城，破天京；若今与明，残兵胜勇皆不顾一己碗中米粥，自不会罔顾国家安危不顾，只管明哲保身争权夺利，以致战事连连溃败。夫之自知大师乃出家人，心无一物，心有万物，然而，夫之宁葬明之虎腹，亦不嗟清之粒米！"

破门被驳得哑口无言，好一会儿，才自嘲道："也罢，贫僧今日起，陪先生绝食。"

夫之对破门道："夫之从无绝食之心。身体发肤受之父母，岂能轻贱之！野菜生于山中，长于山中，与夫之同命，可食之。"言罢，夫之拉着王敉，头也不回，昂首而去。

5. 乱世残阳

衡州的秋天总是阴沉的，微雨凝结成雾气，萦绕在崇山峻岭之间，仿佛怎么也化不开了，裹在潮湿之中。夫之感觉到淡淡的凉意，走了只有上百步，他所居住的茅屋就被淹没在一片白茫茫之中，近处草木和道路湿漉漉的，浑然不觉，他的衣袖、长靴和发髻也被打湿了。步过一座石桥，父亲的坟冢就在眼前，隆起的土堆上，赭黄的泥土还是松软的，稀疏的青草正在其中突出嫩芽，破损的白幡倾斜着插在坟头，坟前立着一块木板做成的墓碑，写着"王氏武夷公朝聘之墓"。坟冢背后就是潜圣峰，雾气萦绕在山腰。一年之前，他和大哥运送父亲的棺椁，走到名曰马迹桥的石桥前，车辙就深陷路上的泥潭之中，一家人都跟着推拉，任凭他们怎么用力，车子却是一动不动。于是，他们认定父亲就该葬于此了，这应该是父亲的意思，因为，过了马迹桥，就是朝着衡州城的方向了。他清楚地记得父亲叮嘱过："勿以柩行城市。"是的，此时的衡州城已经不是大明的，父亲再不愿意回去。他和大哥商议，决定将父亲之墓命名为"岳阡"，并在旁边盖了一栋茅草房。

王介之住了进去，为父亲守丧。夫之本来也想住下，大哥劝道："地方太小，且我二人均在此，家中便无人照料。"

夫之便应了大哥，但是，不在岳阡，他也是有家不能回，还是住到了双髻峰，隔三岔五，他会回去一趟，他也曾劝母亲上山。可是，母亲体弱多病，多有不便；他也想留在家中，然母亲担心清军盯上他。离别总是无可奈何的，除了母亲，他难以割舍的还有儿子王攽。儿子刚刚学会说话，但是，他也不能带儿子上山，毕竟儿子还小，一时半刻适应不了山里的生活，更何况他也不懂得怎么照顾一个刚刚会走、总是哭闹的孩子。

秋天，夫之带着侄儿王敉，离开了双髻峰，来到潜圣峰下的岳阡。王介之则回了家里，没过多久，又去南岳群山隐居，情况大抵和夫之在双髻峰时一样。在岳阡一个多月了，夫之每天都会去一趟父亲的坟前，给父亲上一炷香，磕三个头，用扫帚清扫墓前的落叶，用手拔去坟上的青草。有时候，他坐下来和父亲说说话；有时候，他只是站着，看着坟冢发呆。

坐在父亲的墓前，夫之又想起父亲临终时所说的话："生为大明人，死为大明鬼，与清人只有恨。"

这时，大雾之中，走来三人，一位是乡绅模样的中年人，戴着员外巾，身着对襟的锦帛马褂，穿着灰色绸缎裙；另一位是个老实巴交的小市民，戴着黑色的毡帽，穿着灰色的薄棉袍。身后跟着一位童子，挎着篮子，篮子里放着元宝蜡烛香和一沓纸钱。夫之以为是路人，步过马迹桥，他们却在父亲的坟前停了下来。

夫之仔细一看，原来竟是两位故人，一位是城内的刘善人，一位是近郊的陈乡绅。他们都是父亲生前的学生。夫之曾在衡州与他们有数面之缘，父亲死时，他们并没有出面，不只他们，很多知交故友和学生都没到场。遵从父亲的遗命，一切从简，王家也就没有通知外面的人。在岳阡住了一个多月，隔三岔五，夫之总能碰到前来给父亲上香的故人，见惯也就不怪了。

到了坟前，刘善人和陈乡绅、夫之寒暄。多年之前，二人跟着王朝聘学会了四书五经和仁义礼智，一个做生意成了商人，一个继承家业成了乡绅，逢年过节，他们常去拜访恩师。张献忠占领衡州，他们便结伴外出逃难了，等他们要回衡州之时，清人又来了，清人再没有离开衡州，他们只有冒险回来了。

刘善人道："漂泊多年，今方知武夷先生辞世，特来祭拜。"

陈乡绅道："每念往昔，先生之声不绝于耳，如今却是永别了。"

夫之拱手道："难得二位贤兄未忘家父，多谢一片心意。"

刘善人道："师恩大于天地，怎敢忘却？"

童子已经点好香烛，烧着纸钱，刘善人与陈乡绅走上前去就要给王朝聘跪拜。看着他们的背影，一道亮光在眼前闪过，夫之吃了一惊。他们的后背垂着两条一模一样的辫子！这是清人的打扮！

夫之慌忙喊道："二位且慢！既然前来拜祭，烦请脱帽。"

刘善人与陈乡绅面面相觑，犹豫了一下，还是脱了帽子，低下头，露出半个光亮的脑袋。夫之的脸色霎时就变了，厉声道："你们竟然剃了头发！成了清人！"

刘善人哭丧着脸道："夫之先生，我们也不想如此。然时下满城都是清人，刚一回来，刀就架到我们脖子上了，不剃头就要掉脑袋。"

夫之愤慨难忍，道："脑袋重要，还是头发重要？"

陈乡绅赶紧道："别怨我们，都是为了活命。"

夫之喊道："活着并非贪图一命！"

刘善人道："命不存矣，何以活之？"

"清人霸我土地，侵我良田，你等忍了认了？"夫之厉声道，"生为明人，当堂堂正正！岂能认贼为亲？"

刘善人摇头道："果如此，唯有一死方为正道？"

陈乡绅亦规劝夫之："古今兴亡多少事，一朝天子一朝臣。谁人做皇帝，谁家天下，与百姓有何关系？衡州仍是衡州，百姓依然是百姓，锅碗瓢盆，柴米油盐，求的还是一个活法。"

"浑话！"夫之气得发抖。

若没有发生破门为清兵超度之事，夫之可能会当即赶走眼前二人。他睁开眼睛，长叹一声，低声道："感谢二位对家父一片情谊，可是，父命难违，二位今已为清人，夫之万不敢让二位祭拜，家父九泉之下亦应不愿与清人有何干系。元宝蜡烛和这纸钱，你们且收回吧，还望见谅。"

刘善人还想再做解释，陈乡绅见状拉住了他，对夫之道："果真如此，我等只好改日再来祭拜恩师。"

夫之冷冷道："往后，二位也不用再来。"言罢，他的心隐隐作痛。

刘善人和陈乡绅无可奈何地看了夫之一眼，又望了望眼前的墓地，默默地掉过头，怅然离去。

一天，李国相匆匆跑来找他，激动地道："夫之，你听说没有？耒阳民众起义了！"

夫之大吃一惊，道："此话当真？"

李国相道："耒阳书生谢焴和龙尚可、大冶人周师文带着民众反清了。近日，耒阳清军大部南去攻打明军，城内防务空虚，几位志士步湘乡诸子之后，召集了几百人，星夜突袭耒阳城，大快人心。"

夫之闻讯眼前一亮。他早就听说过周师文，此人为义士，后跟随了堵胤锡反清。只是夫之有些不解：按说堵公的人应该都在湘西北，周师文为何跑到了湘南？实际上，夫之并不知道周师文正是受堵胤锡所托，前去征兵。

正说着，管嗣裘和夏汝弼也风风火火地赶来了。管嗣裘喘着气，大声道："听说否？耒阳城出大事了。明朝宗室朱蕴金起兵反清了，各路志士都在向那里汇集，听说有上千人马，好似已经占领了耒阳城。"

李国相道："何止义军反清？数月来，南线战事同样捷报频传。不知各位听闻否，何腾蛟大人在广西一带大破清军。"

管嗣裘道："此等消息，真振奋人心也。"

原来，章旷死后，南线战势风云突变：顺治五年（1648）年初，清军大举进犯广西，何腾蛟返回桂林，与瞿式耜并肩作战，抵御了清军进攻，还在兴安、松林等地展开反攻，经历大小几十战，杀敌无数。五月，又率部进攻全州，经历五次进攻，八次大战，取得大捷，收复了全州；六月江西的清降将金声桓、广州的清降将李成栋先后反正，据地归附，声势复振。其时，何腾蛟已经进驻全州。

短短一年，天下局势出现了转机，人们也看到大明死而复生的希望。西南的两广、云贵和江西等地重新夺回，大明军队开始反攻湖南。堵胤锡率部在西线反攻常德等地，何腾蛟则在南线率领大军进攻永州。湘南大部分清军均奔赴永州驰援，颇有顾此失彼之窘迫。随着此次反攻高潮，湖南各地的民众也纷纷起义反清，耒阳地区的民众起义则是众多起义中声势最大的。

夫之感叹道："何公、堵公真乃我大明之股肱也！"

李国相道："我大明收复河山，有望矣。"

"金声桓、李成栋之流，先是降清，后又反清，如此反复，墙头草所为，怎堪大用？马进忠、王进才之流，几次抗命出走，烧杀抢掠，见利忘义，唯利是图之流，焉能指望？"夏汝弼倒是头脑清醒，他不无忧虑道，"然而，此等墙头草、利益之辈眼下却是重要力量，朝廷百般安抚，何公、堵公等正直之士，皆敢怒不敢言，如此，是福是祸，难以预料啊。"

"前车之鉴，血迹未干矣。"夫之点头，这是他最担心的。

管嗣裘亦点了点头，附和道："叔直所言，正中大明当下之痛处，更是真正之困境。"

"金、李、马、王既是墙头草，定会审时度势。"李国相较为乐观，道，"清军虽有虎狼之势，却并非不可战胜。事实就在眼前。相信他们能同仇敌忾，奋勇杀敌，收复河山。"

夏汝弼仍是不以为然，道："果如此，大明早不至于此矣。"

管嗣裘手一挥，大声道："诸位暂且不论这些，眼下战局正好，反清声势空前，我辈甘受困于山上乎？"

"诚哉此言！"夫之亦颇为激愤道，"想当日，清军在嘉定屠城，在扬州屠城，在东南各地屠城，我大明子民均有骨血，奋起反抗，誓死不降。如今，清军已到湖湘，依然在各地屠城。耒阳起兵，我辈当学湘乡诸生，步耒阳后尘，高举义旗，报仇雪恨，收我家园！"

几位衡州书生面面相觑，仿佛有一团火，在每个人眼中熊熊燃烧。李国相道："我今日前来，正是想和诸位商讨此事。"

"眼下最是良机！"管嗣裘道，"先前，我已与衡州各地志士有过联系，目前衡州城内清军兵力空虚，只有数百守城官兵。此时不反，更待何时？若我等揭竿而起，未必不能夺回衡州；即便不能，亦能打乱清军战局，令南去清军必有后顾之忧，亦有助于天下大局。"

李国相沉默片刻，低声而严肃道："若然起义，誓做赴死打算。"

"最坏也就如此吧。"管嗣裘也道，"倘能为大明战死，岂不是我等之荣幸？"

管嗣裘道："若要起兵，我等需尽快联络衡州众义士。另外，联合各地义军，形成一线。我与大冶人周师文有些交往，即日就差人与之联系。"

那几日，夫之与几位挚友徒步行走在崇山峻岭之间，怀着相同的报国之志，四处奔走。衡州各方志士纷纷响应他们的号召。很快，几百人的队伍应势而生。夫之成为起义领导小组重要成员。大家又推举在战场上与清人有过作战经验的管嗣裘作为总指挥。经过细心筹划，他们制定了作战方针，目标十分明确：占领衡州城。

第七章

出殡

声乐阵阵，哭声频频。安放着王夫之的棺木缓缓离开了湘西草堂。王敔和王敔身着缟素跟在后面，他们的身后是王家的妇孺们，再后面是一些亲朋好友、学生和衔坊邻居。数十人的队伍，没有什么名人，也没有什么高官。他们步履沉重，艰难行走在苍茫的南岳深处。

雨潇潇，风瑟瑟，纸钱飘撒，林木也在呜咽。

行走中，邹统鲁忍不住道："南岳之子，而农当之无愧。"

唐须竹亦哀伤道："统鲁先生言之有理。"

罗仲宣道："先生生于衡州，长于衡州，终生托付大明，以南岳为凭罢了。"

包世美道："书生报国，处处可为。而农做到了。"

送葬队伍走走停停，停停走走，哭声起起落落。邹统鲁和包世美偶有交谈。邹统鲁道："乃蔚，你避而不出，与我等断了联系，实不应该。"

包世美苦涩道："乃蔚不才，国变以来，知势不可挽回，遂遁入山林，与世再无关联。与而农不同，他晚年虽隔居草堂，仍心怀天下。"

"乃蔚心中之苦，我岂会不知？"邹统鲁叹息道，"国亡不可逆，保全名节不为过。如我等奔走而救国，亦徒劳。然而农所为，真书生，真义士！"

包世美道："你等皆为真义士。"

邹统鲁摇头，道："真义士，唯冶仲、叔直、敬公也。"

听着两位老先生的话，唐须竹、罗仲宣等又禁不住落下眼泪。

送行的队伍走到一个岔路口，一边是大路，也就是衡州官道；另一边是荆棘丛生的小道，该走哪一条？

王攽毫不犹豫地选择小道，语气坚定："官道乃清人之路，莫要玷污家父名节。"

于是，队伍走进了深林小径，变成线形，举步维艰。

看着王夫之的棺木，李璟则有些怅然若失。看着苍茫的南岳群山，踩着湿漉漉的落叶与枯木，他突然觉得眼前的道路是那么熟悉。

林深之处，又响起扣人心弦的渺渺琴音，李璟落下眼泪。

他仿佛又看见了那些火把的亮光；听见了那些厮杀的声音。

1. 书生仗剑

衡州以西为南岳，南岳以西为渣江，渣江以西有河田，山坡之上，葱葱郁郁的树林之中，有一片开阔地带。夫之等义军的营帐就扎在此地。夕阳西下，篝火熊熊升起，闪闪发亮的刀枪剑戟搁在木架子上，一堆又一堆的铁锹镰刀和锄头摆在柴火架旁。义军当中，除了书生侠客，不乏衡州当地的百姓，虽四下征集求助，兵器依旧短缺，于是，这些农业生产工具也成了他们杀敌的武器。三三两两的兵勇正在平场上操练，一个黑影格外扎眼，身高大约五尺，身形略显清瘦，似乎尚未完全成人。此少年手持长剑，一人对阵六人，闪转腾挪，上下跳跃，拳脚如风，长剑如电，六个对手围在他身边，却不能靠近，几十招过后，六人便败下阵来。

"李公子，功夫真是了得。"倒在地上的一人道，其他人也跟着附和："我等若能像公子以一敌十，拿下衡州便轻而易举了。"

此少年名曰李璟，乃李国相之子，自幼文武兼备，少年成名，颇有其父李国相之风范，一身是胆。在他身后，李国相正在和几十个乡民操练阵法。

管嗣裘、夫之与各处义军代表正在营帐内研究战略部署。他们约定，以火把为信号，七日后的夜半时分，趁清军休息、防备最弱之时，分散各处的义军集体行动，从四面八方合围城防清军，同时，耒阳也会有一部分义军前来支援。

夜已经很深，兵勇已经歇息了，李国相走了进来。夫之站在一旁，盯着地图上的南岳群山和衡州城池，又一次陷入沉思。

夫之想到起兵的事情，问道："耒阳义军当真会前来支援，助我等一臂之力？朱蕴金旗下现有数千人，此番会派多少援军前来？"

管嗣裘道："具体数字尚不确定，据季林所言应不少于二百。"

想到郭凤跹，管嗣裘又道："若非季林前去耒阳，我们便无法与南方义军取得联系，全凭他三寸不烂之舌，才能争取到援军。"

李国相道："衡州与耒阳唇齿相依，虽说义军已夺取耒阳，然则衡州在清人手，耒阳始终羊在虎口，不得安宁，轻重缓急耒阳自能分辨。再者，同为大明子民，共守大明疆土，耒阳岂会坐视不理？"

夫之道："季林必定会披甲上阵。"

管嗣裘道："我等诸生之中，季林最为敦厚，亦最为柔弱。季林一心只读圣贤书，不善舞刀弄枪，他披甲上阵似有不妥。"

李国相坦言道："此去衡州，凶多吉少。无需季林再添一命。"

管嗣裘道："季林求战心切。可留他与叔直善后。"

夫之道："这样也好，慈母亡故，希望叔直不至于太过哀伤。"

夏汝弼原本一直在河田军营，不料柱子突然前来寻他。原来，他的母亲亡故了，他必须回家奔丧。临走之时，他表示，一定在战斗之前赶回。夫之要他宽心："百善孝为先，专心处理家事。"

两天后，夫之正与义军一同操练，果真看见夏汝弼缠着白纱出现在眼前，随他一同前来的还有初长成人的柱子。夏汝弼憔悴不堪，形容枯槁，蓬头垢面，眼圈都是黑的。见他如此，夫之心疼道："为何不在家中安心处理大人后事？"

"均已安排妥帖。再待在家里亦无意义。"夏汝弼道，"眼下正是起兵关键时刻，母亲在天之灵也会体谅为儿的孝心。"

柱子道："我愿与先生同行。"

夫之理解柱子的一片孝心与真心，他很感动，不再言语。

终于到了约定的日子。整个白天，夫之如坐针毡，不敢独处。他手握长剑，不停地摆弄着招式，又和李璟对打了几个回合。刚坐下来，喘了几口气，夏汝弼就闯进营帐，找不到管嗣裘，他便对夫之发脾气："衡州诸生今日起兵抗清，为何我独自被排除在外？"

夫之道："叔直，你并非置身事外，而是与我等同在。"

夏汝弼坚持道："何故我不在攻城义军之列？"

"不能上阵杀敌即不是抗清？非也。你曾说过，有心报国，处处可为。"夫之试图解释。

"叔直请勿激动。大家理解你一片报国之心！"夫之安慰道，"然冶仲安排亦有道理。同处一支队伍，职责各有不同，正规军队，亦有人不能手刃敌人者，但是他们需负责车马粮草等大事。叔直，你处理善后事项，其责任甚为重大。衡州义勇，谁无父母，谁无兄弟，谁无妻儿？若然反清，胜固然好，败则牵连家人。我等信任于你，故将妻儿老小一并托付矣。"

这时，郭凤跹见自己的名字亦不在列，亦激动道："夫之，叔直有孝在身不上前线，我很赞同。有何道理把我也落下？大刀我都准备好了。"

夫之道："季林，你并非不上战场，唯先后有别而已。耒阳方面先前由你互通有无，今此，且在约定地点等待援军到达，待我等先锋与清军交战，你等引援兵从天而降，一举歼灭清军。此为总体目标。"

见夏汝弼、郭凤跹仍在犹豫中，夫之抱拳道："叔直、季林，我等皆为大明书生，情同手足，皆为大明而战。战争很残酷。军令如山。休要争论了。待凯旋时，希望还能与两位于衡州相见。"

与夏汝弼、郭凤跹一样，李璟的名字最终也被排除在首发义军之列。尽管李国相心甘情愿让儿子披挂出战，但是，夫之和管嗣裘仍旧于心不忍，瞒着李国相做出了这个决定。李璟誓死不从，管嗣裘却称"军令如山"，他再不从，管嗣裘便说："此亦是你父亲大人之指令。"无奈，他也只能与郭凤跹一道，前往事先与援军约定的接头地点。

入夜，篝火生起，在架起的木柴上吊着铁锅，锅里放着水和大米，火里还烧着从山林中猎杀的一头麋鹿。有人道："好久没有吃到白米饭了，还有肉。"又有人道："这应该是咱们最后一顿。但又何妨？吃饱喝足，杀敌有劲！"众勇士填饱了肚子，开始在灯火里检查装备，擦拭武器，刀剑、斧头、铁锹都磨得锃亮。夜深之时，义军召开最后一次大会，管嗣裘详细部署了行动安排，李国相做了战前动员："衡州为我等之家乡，清人乃外敌，占我河山，杀我百姓，夺我家园。清人一日不走，我等一日活在刀口之下，有田无人耕，有屋不能住，有亲不能聚，有父不能养，有子不能教。与其惶惶度日，苟且求活，不如奋力一搏。我们今日聚首于此，我等抱定必死之心，誓要夺回家园，光复衡州……"

"杀！杀！杀！"李国相话毕，队伍喊声震天。

时间到了。李国相命人在高地上堆起干柴，浇上松油，然后举起一支熊熊燃烧的火把，他坚毅地走到柴堆前，对着众人高呼："众位兄弟，此刻开始，我等便将性命交由苍天与大明矣，拿起武器，奔向衡州，夺回我们失去的家园！"

一位大汉抱着一坛酒，给每位勇士斟上一碗。管嗣裘举起酒杯，嘶声吼道："喝下这碗酒，挥师回衡州！"

酒一饮而尽，众人用力摔碎了酒碗。

李国相高高扬起手臂，身前的柴堆已经被点燃。

无边无际的黑暗之中，又亮起火光，接着是另一片火光，无数的火光仿佛天上的星星一样在黑色的大地上亮起。

管嗣裘再吼一声："进发！"

瞬间，夫之浑身一紧，他下意识地握紧了长剑，紧紧行走在队伍的前面。队伍穿越黑黝黝的丛林，步过熟悉的山涧。夫之的血一点点热起来，他的心跳动得厉害，手心里已经全是汗水。此刻，他全然忘却了恐惧，只剩下兴奋的战栗。

突然，夫之看到一个熟悉的背影，惊喊一声"璟儿！"那人停下脚步，转头看他，果然是李璟。原来，白天他和郭凤跹等几人一同前往衡山东南据点，走到半路，他又跑了回来，一直躲在河田附近的林子里，等到队伍出发，他混进了人群当中。

"你怎么回来了？"夫之有些生气。

李璟铁了心要当急先锋。他小声求夫之道："先生，千万别声张，我不想家父知道。"

微弱的光亮里，看着李璟青葱的面庞与澄澈的眼神，夫之不能自抑地想起年少的自己，又想起了年少俊美的欧阳淑，都是如此意气风发，都是如此无所畏惧，然而，璟儿毕竟是个孩子，不希望欧阳淑的悲剧再次发生。夫之决然道："这是违抗军令！快回去。"

李璟道："我不回去，季林先生与援军接头足矣，我要上阵杀敌。"见夫之仍旧一脸严肃，李璟又道："如不能上阵杀敌，我当立马自刎。"言毕，就去拔剑。

"休得胡来！"夫之赶紧制止。事已至此，再责无用。夫之软下来，道："切记：一会儿投入战斗，只可跟在我身后，万不可冒进。"

"璟儿记住了。"李璟兴奋异常。

不知不觉，队伍走出了南岳群山。衡州城头的灯火越来越近了。黑暗之中，众人蹑手蹑脚向前行走，连呼吸都小心翼翼。

衡州城近在眼前，管嗣裘挥了一下手，众人俯下了身子。

大地沉睡在深深的寂静与黑暗中，有些躁动和不安。

战斗一触即发。

2. 激战

衡州义士终于抵达他们的衡州。

夫之几乎无法控制自己的情绪，此刻，他与清军只有一步之遥，然而，他只能趴在草丛之中，无法动弹。四下望去，微弱的火光中，管嗣裘一脸铁青，空气似乎凝固了。

突然，一里之外亮起一点火光，接着，蒸湘河对岸也升起一星火把，但耒阳援军的方向仍旧没有任何动静。五更时分，月光挂在西天，整个天下涂抹着一层淡淡的光，凉意一点点升起。

情况有变，但再也不能等了！

"杀啊！"随着管嗣裘一声令下，李国相已经站到垄上，独臂挥刀，向天长啸。数百位义士齐齐站了起来，挥动手中的武器，喊声一片，杀声震天。

守城清军还在睡梦之中，几路义军已经杀到帐前。手忙脚乱，很多清军还穿着睡衣，没抓到武器就已经命丧黄泉。

突袭战很快转为阵地战，数百名清军与数百名义军混成一片，短兵相接之际，火光四起，鲜血乱溅。火光之中，人头攒动，刀飞剑舞。乱军之中，夫之身如疾风，剑如流星，几个清军已命丧其剑下。李璟竟冲到了最前面，在数名清军的包围中，他闪转腾挪，左砍右刺，飞起之际，他刺中了一名清军的肩膀；翻滚之时，他砍到了两名清军的脚踝。很快，更多的清军围了过来，他且战且退，且退且战，忽然后背碰到一个人，他用余光看见那人正是他的父亲李国相。李国相独臂挥刀，正与三名清军砍杀，袍子和脸上沾满了血污，看见儿子，他大吃一惊，喊了一声"璟儿！"身上已经挨了一刀，李璟一个转身挡到他身前，刺死了那名清军。

战斗持续了半个时辰，义军占据了绝对优势。衣衫不整的清军节节败退，仓皇逃窜之际，突然侧面传来震耳的呐喊声与马蹄声。夫之以为耒阳的援军到了，没想到一支满身裹着皮制铠甲的部队气势汹汹冲了过来。为首的是一位身骑高头大马、满身银光铁甲、头戴银光头盔的七尺大汉，头盔上还有一根尖顶，飘着红缨。大汉跃马跳到地上，挥舞着长刀，与数百人一同冲杀过来，原本望风而逃的守城清军也突然精神振奋，掉头杀过来，义军陷入腹背受敌的境地。

面对这突如其来的变故，义军没有心理准备，一时间乱了阵脚，片刻之后就被冲得七零八落，跑的跑，死的死，被俘的被俘。夫之和管嗣裘也被逼到了墙角，但是，他们仍旧在挥剑砍杀，眼看义军大势已去，又杀死几名清军，管嗣裘决定撤退，夫之还要向军中冲杀，他一把拽住了夫之，转身进了巷子。在这片熟悉的土地上，他们巧妙地避开了清军的追击。伤痕累累的李国相也被几位义勇拖进了巷子，转至渡口，乘船避到蒸湘河对岸。

一路上，李国相捶胸顿足，几次要重回战场，都被拉住；他悲愤至极，要投江自尽，也被拦住。他的儿子杳无音讯，他认定儿子已经战死。李璟确实没有逃出来，原本他和父亲并肩作战，但是，杀得兴起，冲得太前，清军援兵一到，他和父亲失去了联系，十几名清军合围之下，他最终被俘。

夫之深切体会到战场上的瞬息万变。喊杀声远了，火光也熄灭了，呜呜的风声中，月光有些凉，树上的寒鸦扯着嗓子哀号。夫之彻底清醒了，仿佛做了一个梦。

管嗣裘道："我等并非败于清军威猛，而是毁于兄弟背信弃义，不守誓约。帐前气壮山河，战前临阵脱逃，此衡州之不幸。"

夫之更为痛切道："此更为大明之不幸。"

衡州起义原本有十路义军响应与参与，然则，最后参战的只有三路，其时，有几路义军确实抵达了指定位置，但是，他们却按兵不动，隔岸观火，妄图等战事收尾，再杀上去抢夺功劳。如此打着小算盘，注定这次起兵的结局。因此，当突然见到清军大队人马赶来，他们立即未战先怯，最终也没有露面。

而耒阳援军也迟迟没有出现，郭凤跹入夜就抵达了约定地点，但三更不见援军踪影，四更没有风吹草动，到了五更，心急如焚的他只能看着自己的影子声泪俱下了。本来，早在傍晚时分，周师文就准备带着数百人的队伍挥师北进了，然而，耒阳义军推举的盟主朱蕴金却硬生生把他拦住了。

再者，衡州起义，管嗣裘认为他们已经做了充分的准备和布局，为了摸清清军的实力，他多次派人到城中查探，确定城中只剩百余名守军，而且都是归降清军的大明部队，军纪不严，士气涣散，所以，他觉得夺取衡州有七八成把握，为何会突然杀出一支正规的清军？

原来也是天命。其时南线战事正紧，何腾蛟指挥大军，在永州和清军交战正酣，且清军开始出现败退迹象，所以，北方清军纷纷接到命令支援永州城防。同时，耒阳起兵之后，起兵反清的浪潮迭起，为了守住湖湘各城池，更多的清军被调到衡州、常德、湘潭等城市。那支突然出现的清军就是当晚才抵达衡州的部队，这些人听闻起义的风声，立即星夜赶路，加入了战斗。

李国相在为儿子的事情担忧。探子风风火火地赶来，他得知儿子仍旧活着，被关在大牢里，清军要他说出义军的一切，严刑拷打之下，他却一个字也没说。然而，有一名被俘义军却受不得皮肉之苦，把所有事情和盘托出了。清人知道此次起义乃管嗣裘、李国相与夫之等人发起，军营就在渣江西岸的河田，正欲派兵前来。同时，他们留下了李璟的性命，要挟管嗣裘、夫之和李国相等人前来自首。

十万火急之下，李国相当即就要前去衡州营救儿子。管嗣裘与夫之拉住他，道："敬公，当下不是拼命的时候。务必保持冷静，三思而行。"

"小儿怎么办？"李国相问。

管嗣裘思忖道："前往衡州，只是徒劳，清人万万不会归还璟儿。"

夫之冷静道："你若不去，璟儿还有一线生机。"

然李国相心急如焚，他顾不得那么多了，道："我不能让小儿一人独自送命。"

"既然如此，我与你一同前往，希望我二人能换璟儿性命。"夫之慨然道，"我本应照顾璟儿，或死于战场。他有难，我有责。"

"你去，我亦去！"管嗣裘也要一同前往，"作为总指挥，我亦有责。"

见两位兄弟如此决绝，李国相又不忍心了，于是，暂且搁下了前去衡州营救之事。而河田已不能久留，何去何从？管嗣裘等一时都难以决定。权宜之计，他们向南方耒阳方向撤了十几里地，在丛林之中暂且扎下营帐。

几日过后，噩耗便接踵而至：被俘的义军大部分都在衡州的广场上被斩首示众，头颅被清军高高悬挂在衡州城上。管嗣裘一家更是遭了殃，从变节的义军口中，清军知道了管嗣裘为主事，又知道了他家眷的行踪，于是，派兵前去捕杀，管嗣裘妻儿老小皆被杀死。

儿子管永叙当时不在家中，幸免于难。

夏汝弼闻讯赶去，但见满院的尸体和血泊，他懊恼万分，自责不已，觉得有负于挚友所托。但清兵的残忍岂是他的责任所能抵挡？

起义之前，夏汝弼负责安置众将士的家眷，夫之的儿子王敔和侄子王敉就被他带进了山中，李国相的其他家人也被他安置在了隐蔽的地方，还有更多义士的家属都有了各自的避难所，唯独管嗣裘的家人不愿随夏汝弼而去。管嗣裘的妻子说，管家二叔也在山中，他们自会前去投奔。是的，自从得脱于张献忠，管嗣箕已经隐居山野多年，山高林深，那里十分安全。听她这么说，夏汝弼也就安心了，说了一句"快快上山"后，便忙别的事情去了。不承想，管嗣裘的妻子只是口上说说，却没上山，于是，才招来这杀身之祸。

起兵失败，夏汝弼很痛心，知道清兵会疯狂报复。没想到报复得如此之快。当路过衡州城，远远地就看见那几颗高高悬挂的头颅，夏汝弼气得浑身发抖，他攥紧拳头，眼泪却只能往心里流。起兵失败不在于义军不勇，而在于一群贪生怕死之徒关键时刻的临阵退缩。

惊闻家中变突，管嗣裘如遭雷击，差点晕厥过去，但是，他没有哭，只是坐着发呆，任凭谁来劝慰，他都没有反应。

当李璟突然出现在大家面前时，夫之已经惊得说不出话来。

原来，周师文带着部队北去寻找堵胤锡，路过衡州，与清军打了起来。起初，明军人数占优，清军节节败退；后来，清军援兵杀到，寻堵胤锡心切，周师文也就没有恋战，带着部队迅速撤离了。正是趁着两军交战的当口，李璟逃了出来，途中还杀了两个清兵。

一路逃到河田，义军却不见踪迹，李璟幸运地找到了夏汝弼。

李璟活生生出现在自己面前，夫之万分高兴，但是，更让他高兴的还是当前的战局。他又听闻，明军牢牢掌握两广，永历皇帝已从广西移驾回了肇庆。和管嗣裘商议之后，他们决定南下，一来寻找耒阳义军和何腾蛟的队伍，二来直接去肇庆，效命朝廷。

当晚，夫之等潜回管嗣裘家，将管家妻儿老小的尸体偷偷运出来安葬。翌日，夫之便要动身南去，临行，他见了夏汝弼与郭凤跹。

夫之道："我与冶仲决定南去寻皇，请一同前往。"

夏汝弼不说话，郭凤跹则面露难色："夫之，经此一战，我心力交瘁，天下非我等可左右。"

夫之道："怎能说此等丧气话？国一息尚存，当鞠躬尽瘁。"

郭凤跹摇了摇头，叹息道："徒劳尔，我愿归园田居。"

夏汝弼突地长叹道："此朝廷还有望乎？朱氏还能依否？哀其不幸，怒其不争，明知不可为而为之，我等不幸也，徒增悲愤，莫若死。"

夫之清楚，此一役，夏汝弼对大明失望极了。他理解夏汝弼，可是，他却不能放弃大明，因为这是他艰难活着的唯一价值与意义。

几日后，夫之和管嗣裘一道，毅然决然，踏上了南去的路途。

3. 舟上的大明

耐园何处？耐园者，王介之的隐居之地。自从父亲大人过世，自南岳归来，岳阡守丧之后，王介之便在衡阳长乐乡石仙岭下修葺了茅屋，名曰"耐园"，意谓"忍耐者之家园"。耐园与大云山接壤，亦与南岳群山相邻。耐园修成，王介之接了一家老小到此居住，夫之起兵之时，家人皆已寓居在此。

南去路上，夫之特地来到这里。白发苍苍的母亲坐在窗子下面，身子倚着墙壁，晒着暖阳，昏昏欲睡，又好似醒着。侄女坐在她的身边，轻轻地给她梳着头发，她怀里抱着的是王敔的儿子。王敔已经长大成人，娶妻生子。夫之、管嗣裘和王介之坐在树荫下喝茶聊天之时，王敔背着弓箭，从后山提着一只野兔回到家里，身后跟着活蹦乱跳的王放与王敉。

"夫之，你当真要南去肇庆？"王介之问。

夫之道："弟在外，代兄行忠君之义；兄在内，代弟行人子之孝。一切有劳兄长了。"

为了方便赶路，王敉和王攽都留在了耐园。吃了一顿饱饭，喝了几口热汤，背上行囊，夫之感到一股力量，那是全家支持他一个人前行的力量。

刚刚上路，走了十余里地，夫之就发现他们被跟踪了，他以为是清兵，哪知道竟是王敉。自从父亲死后，王敉大部分时间都是和夫之在一起度过，他早把小叔当成了父亲，小叔走到哪里，他就要跟到哪里。此去肇庆，前路如何，夫之心里没底，加之兵荒马乱，他不想王敉跟着，万一有个闪失，他很难向死去的二哥交代，他还是想让敉儿留在耐园，和众兄弟都有照应。再说，母亲身体有恙，敉儿留下来也多一个照应。

王敉还是不依，他追来，也是祖母大人的意思。夫之一人在外，母亲不放心，特让敉儿前去照应。

王敉道："敉儿想跟二叔到外面闯荡。"见他不听话，夫之发了脾气；他还是不回去，也只好由他了。兵荒马乱，每个孩子都懂事得早。既然欧阳淑、柱子、李璟等能够漂荡于战乱中，王敉也没有理由只能守在耐园里，做一只见不到山外的鸟儿。况且，富贵有命，生死由天。夫之也管不了那么多了。

他们抵达耒阳之时，这里正是一座太平之城。

大明的军队在何腾蛟的统一指挥之下，由南往北前往衡州去了。

寻找何腾蛟扑空，夫之有些失落，但是，知道明军北上，夫之还是十分欣慰。在城郊寻得民宿，他与管嗣裘喝了几杯，王敉从农家弄来几个小菜。

管嗣裘喝下杯中酒，道："沧海桑田，星移斗转。你我初心竟然未改。"

夫之听了，没有吱声。

国不成国，战事离乱，有志难以抒怀，有才难以立命，有家难以安身，如浮萍一样飘零浪迹，如草芥一般蝇营苟活，又如老牛一般徒劳奔命，但他们依然怀着一颗热血沸腾、怦怦跃动的心。

是的，入朝做官，建功立业，这是作为书生的夫之从未放弃过的梦想，是欧阳镇所言的书生追求的正途。而一想到欧阳镇，夫之又是一阵剧痛。好在他把欧阳镇的梦延续下来了。大明崩塌，进京无门，可入朝做官的梦想从未消失，就藏在夫之心底的某个角落。如今，他又坚定了信念：危难之中，应大明亟待能臣良将之需，位列朝堂，图经国复兴大业。就像他的祖辈随从洪武皇帝打江山一样，他要跟随永历皇帝再造大明。

在耒阳，夫之又与管嗣裘走访了杜甫的陵墓。故地重游，想到三年之前，与二哥一起带着父亲避难游历此处，他无限感慨。当时，挚友陈耳臣也在身边，且如今，父兄皆已过世，而陈耳臣也音讯全无。听闻隆武皇帝被杀之后，他就隐入深山，再也不见踪迹。此刻，杜甫的坟墓已经荒废，覆盖着白霜的厚厚枯草淹没了一切，地上的小径早已消失，看起来很久没人过问此处了。江山依旧，物是人非，他无限感怀，但是，他相信大明气数未尽，只要万千义士志不灭，枯木总会再逢春。夫之触景生情，念了一句"郴江无限水，不与挽流波"后，便和管嗣裘一道义无反顾地奔赴肇庆。

就在夫之正赶往肇庆之时，大明军队已经收复了衡州。

此时的何腾蛟几乎是永历朝廷最重要的一个人，所有的军队的指挥权几乎都在他的掌控之下。与他相互应和的是堵胤锡。何腾蛟委派曹志建、卢鼎、焦琏、赵印选等率军围城三月，大小三十六战，终于攻下永州。何腾蛟自己也亲率大军一路向北上，取下衡州。何腾蛟驻扎于衡州后，又派部队北上，夺取了湘潭与长沙，攻占永州。西线堵胤锡则指挥部队又夺取了宝庆等地，湖湘以前所失的土地，渐次恢复，抗清声势为之大振。

与此同时，广东、四川等地归降的明军也发起了抗清斗争。清军后方的榆园军、吕梁山的起义军和关中农民义军都发动了广泛的攻势，同时，郑鸿逵、郑成功也从台湾反攻，收复福建沿海州县。一时间，永历政权控制的区域扩大到了云南、贵州、广西、湖南、江西、四川、广东七省，由此，出现了南明时期第一次抗清高潮。

自清军进入北京城以来，没有比这更令人振奋的消息了。占据着半壁江山，大明似乎真的重现复国曙光。

夫之对此坚信不疑。

临近春节，夫之与管嗣裘怀着忐忑的心情抵达了南明的核心肇庆，虽说这小小的肇庆与大大的北京和南京不同。但是，走进城门的一瞬间，夫之还是有了如沐春风的感觉，这是他第一次抵达南明的首都。虽说这帝国已是破败不堪和苟延残喘，然而，这样的大明毕竟还是大明，而大明是他唯一的祖国。即便国不成国，君不像君，但是，只要有个皇帝在，他的梦就可以有所依托。现在，他终于踌躇满志，意气风发，走在那石板路上，仿佛触摸到了自己的梦。

夫之与管嗣裘穿行在街道上，目光所及，一派欣欣向荣的景象，楼宇栉比鳞次地列在两旁，饭店和酒馆的生意火爆，织坊和药铺门前人头攒动，气派的妓院门口站满了花枝招展的女子和南来北往的客人，沿街摆满了各种摊子，卖肉的、卖包子的、卖绸缎的、卖鞋子的，等等，花花绿绿之中，那些大红灯笼和红色的春联格外抢眼，节日的气氛正浓，形形色色的人们漫不经心地走着，脸上都挂着笑容和一份莫名的安详，这本就应是新年的氛围。

然而，夫之却觉得有些诡异。人们何以如此放松，甚至享受普天同庆与歌舞升平？就连那偶然经过的几顶官员的轿子也是不紧不慢，一下一下懒散地晃着。若不是亲身经历，夫之一定不会想到，天下正是危在旦夕之时。只有几个闲散逛荡的士兵，无精打采地走过，算和战争有了点联系。

终于看到那传说中的皇家船队，夫之激动难平。

宽阔的河面上，波光荡漾，上百只华贵的大船聚集在一起，仿佛一片硕大的陆地。风吹过，船只金光闪闪，旌旗飘动，这便是大明皇帝的行在，永历就身在那最大的龙舟上，每日，在船上召见群臣，商议国家大事。而大明大大小小的官员，以及大小机关也几乎都分布在这些船只中。看似气派，实际上，却又恰好说明了大明的尴尬。而水面和陆地之分，也将平民百姓与王公贵族们自然地分开成两个世界，只隔着一道窄窄的舢板和几个守卫，皇朝便成了遥不可及的地方。

夫之和管嗣裘拿着帖子，找了半天，才算找到贡院的船只，刚一上前，就被哨兵拦挡了下来。皇城毕竟是皇城，想见哪个官员都不容易，无奈之下，他们请求哨兵传话，哨兵却懒得搭理他们，好不容易碰上了一个识字的差役，他们上前拜会。这人果然是贡院的一个当差，真是喜从天降，夫之和管嗣裘赶紧细声细语，请求他递上帖子。听闻夫之二人是当年的举人，差役瞥了他们一眼，嘀咕道："大明举人遍布天下，都想求个一官半职，这还得了？"

看着他们手里的帖子，那人又说："前儿还有几位举人前来送帖，说是想参加阁试，被我给回了。官不好当，皇上的面更不好见。"

夫之觉得这个差役可恨，他们是在按规矩办事，否则也不会站在门口，千辛万苦等着递帖子。还好，这差役最终接过了帖子。

差役道："回去等着吧。"

接连好几日，夫之与管嗣裘都往贡院跑，却是音讯全无，也没见到那差役。

新年那日，三人的盘缠眼看就要用光了。夜幕降临，满城火树银花，河面上大船更是灯火辉煌，好像所有人都是喜庆的，好像天下真的太平。三人沮丧又灰心，走在喧闹的大街上。

夫之一肚子火气，嚷道："以忠义之心前来报效朝廷，奈何真的报国无门乎？"

夫之拉着管嗣裘，去了饭馆，不承想酒馆里客满了，寻了几遍，也没找到空位，却看见了一位熟人，一怔：竟是邹统鲁。

原来，张献忠入衡州，邹统鲁就做了明军的幕僚。清人作乱之后，他跟过唐王，后来，桂王称帝，他转投桂王，入朝被授中书舍人。

一番叙旧之后，夫之说出了送帖后无回音之事，已经有几分醉意的邹统鲁告诉了他们其中的门道。

原来，在朝廷行走，没有银子是不行的，送帖之事更是如此。且如今，半个中国的举人贡生都在向肇庆汇集，想要入朝做官的人不在少数，要入门就要孝敬，尤其是那些看门的奴才和差役。这些举人大多有名无实，无才无德，出钱买官，他们乐得其所。于是，一些有真才实学的书生就被埋没了。

夫之听了颇为心寒。再破败的朝廷也是朝廷，再窘迫的官场还是有官场之道。后来入朝，他才深刻体会到在朝中做官比他起兵杀敌还要凶险与困难。得知他和管嗣裘刚刚在衡州起义反清，差点战死，邹统鲁肃然起敬，面露赧颜道："两位在衡州血战沙场，我却在此苟且度日，实在惭愧。"

夫之道："这是哪里话？你在朝堂也是为国效命。"

之后的十几天，夫之和管嗣裘每天都在为进入朝廷的事情东奔西走，邹统鲁则为了他们的事情到处求神拜佛，却是没有一点起色。沮丧之中，夫之正在感慨做官太难的时候，噩耗突然从天而降。

4. 风悲雨愁

何腾蛟自杀殉国了！部队四分五裂，大明岌岌可危。夫之听到这个消息，只觉得天旋地转。自己历尽千辛万苦，来到朝廷旁，本想过些时间就能见到何大人，并在他手下谋事。不料，人算不如天算。他竟然自杀了！这不等于夫之的梦想眼睁睁破灭了吗？

"夫之，你别难过了。也许我们本就不该前来！"管嗣裘看见夫之如此痛苦，有些手脚无措，轻声道，"你还记得叔直说过的话吗？连他都对大明绝望了，我们还在一厢情愿！"

提到夏汝弼，夫之立即想起与他分别时他恨恨地发出的长叹："此朝廷还有望乎？朱氏还能依否？哀其不幸，怒其不争，明知不可为而为之，我等不幸也，徒增悲愤，莫若死。"的确，夏汝弼比夫之要清醒，他早就意识到大明已无救、朱氏不可依了。作为朝廷之外的人尚有如此感叹，在朝廷之中的何大人岂非感触更多、体会更深？当他承受不了时，他唯有一死啊。否则，你能指望他把天支撑起来吗？在朝廷自杀难道不比在战场战死更凄苦、更悲壮、更痛楚吗？但是，若他的死对大明还有一丝震动、对大明的图兴还有一丝帮助的话，他的死倒还值得。只怕他的死，对朝廷并无半点影响。

果真，夫之看不到朝廷有什么变化。大明就像一只烂透了的苹果，外面看起来还光鲜，里面早已腐臭生蛆。夫之人微言轻，像一只蚂蚁，无法撼动历史的大树。他突然想要回衡州，管嗣裘惊道："夫之，不要把大明跟某一个人联系起来。何大人固为人杰，但一个何大人顶不起大明的天穹。大明需要的是更多像何大人这样正直的人。若正直的人都自杀、都逃避，这岂不中了那些小人的计？那些小人不是更加得逞，大明不是灭亡得更快了吗？"

管嗣裘的这番话，又让夫之觉得口服心服。是啊，若正直的人都离开朝廷，天下岂不更乱了吗？自己就这么离去，对得起那些死难者吗？更何况，何腾蛟何大人虽然殉国，但堵公恩师还在啊。自己这一次来，更多的不是奔堵公来的吗？想到这里，夫之的情绪稳定下来。管嗣裘见状，立即拉着他，再次来找邹统鲁。

这些日子，邹统鲁在朝中找了很多人，最终找到了已经入朝做官的蒙正发。

原来章旷死时，曾举荐蒙正发为翰林院庶吉士，后来，何腾蛟又举荐他入内掌户科事。"若蒙大人还不能帮你入朝，那就再也没有办法了。鄙人能做的极限莫过如此矣。"邹统鲁如此告诫夫之。

实际上，蒙正发从章旷嘴里多次听闻过夫之的事情，章旷曾多次提及夫之和衡州诸生，尤其提到夫之与他的脾性很像，欣赏之情写在脸上。正因为此，当邹统鲁提到夫之已经到了肇庆，正希望得到他的推荐时，蒙正发当即表示见见夫之。

夫之本来还有些紧张。幸亏蒙正发十分和气，没有一点架子，见到夫之，他笑道："早闻而农冶仲之名，今日得见，实乃幸事。"

夫之连忙行礼，道："久仰兄之事迹，见兄如见章公。"夫之将章旷搬出来，显然更拉近了与蒙正发的距离。

果然，提到章旷，蒙正发顿时感慨道："当日南下衡州，章公说及二位，尤言入衡当相邀请。若章公还在，我们当早见面于军中矣。"

管嗣裘趁此奉承道："蒙兄深得章公首肯，当为我等之首。"

蒙正发摇头，无奈道："说来惭愧，朝廷莫若军中，蒙某不善权谋，疲于应对个中杂事，未有功绩可言，实在有负于章公所托。"

蒙正发发此感叹，自有他的道理。南明朝廷乃鱼龙混杂，充斥着尔虞我诈的人群。他不善权谋，亦不想与乱臣贼子同流合污，在此党派林立的朝廷，正义耿直的他未敢碌碌无为，他不归属于党阀，凡事他都仗义执言，得罪了不少人，很多事情也就办不成了。

不过，对于夫之和管嗣裘入朝之事，蒙正发表现得热心、积极。他答应委托朝中方阁老以智代为向瞿式耜、严起恒等引荐。有了这样重量级人物的引荐，入翰林院学习的事情终于有了眉目，夫之甚为高兴，然而，和方以智见了面，还没说上几句，夫之突然有一种不祥的感觉：刚刚开启的报国门，似乎马上就关闭了。

方以智是安庆枞阳人，出身名门，方氏是桐城地区这一时期主要的世族。曾祖父方学渐为当地大儒，祖父方大镇在万历年间曾任大理寺左少卿，外祖父吴应宾同样是有名的大儒。父亲方孔炤则是万历四十四年（1616）进士，崇祯朝官至湖广巡抚，著作颇丰。方以智自幼饱读诗书，年少成名，忠正刚毅，崇祯十三年（1640）三十岁时中进士，被选为庶吉士，在翰林院任教，是几位皇太子的老师。李自成攻陷北京，方以智被俘，虽经严刑拷打，但他誓死不降。后李自成逃出北京，方以智也流落南方。最初，他加入了弘光政权，但他看不惯朝中辅臣把持政权，仗义执言，遭到排挤后，他寄居岭南，以卖药为生。再后来，跟着瞿式耜拥立朱由榔称帝，成为永历朝廷的左中允、少詹事。

方以智的大名，夫之早就听闻，此人精通儒释道，且长于中医，与西洋人也有交道，懂得物理，可以说经天纬地，学贯中西。初一见面，夫之就惊诧于他身上的平静与祥和，仿若一位高僧，又似乎一位入定的道人。夫之恭敬地自报家门："衡州王而农夫之见过方大人。"

方以智捋着胡子笑道："你就是武夷先生之子？"

这方以智对憨山德清甚为尊重，也听过王朝聘的大名。夫之听方以智提到父亲的名字，有些欣慰，道："家父正是武夷先生。"

寒暄数句，夫之刚想说引荐入朝的事情，方以智立即轻轻摆了摆手，道："风雨飘零，退却南疆，仍不改恶习，痛心也。"

方以智也是性情中人，他比夫之年长近十岁，为大明多年奔走，见证过几位皇帝，亲历过几个朝堂，亲见宦官乱政、奸臣弄权、党派林立，他总是不畏强权，敢想敢做，被一次次诬陷弹劾，差点掉了脑袋，如今的永历朝廷比之前的弘光、隆武也好不到哪里。对于夫之的入朝为官，他颇感力不从心。多年来，在朝廷行走仿佛行走在刀口上，他对明争暗斗的宫廷生活有些心灰意冷了。不过，这些内心想法他自然不会讲给夫之听，作为大明的一员，他理当为大明鞠躬尽瘁，事实上，他为大明守贞洁一生的心却从未变化。因此，虽然时局艰难，但他依然鼓励夫之："你等有报国之心，甚为可佳。若真想入朝，我自当引荐。然朝中谋事并非易事，须得好好准备才是。"

夫之坚定道："我大明书生自当为大明出力，为朝廷分忧。"

方以智喝了几口茶，不再谈朝中之事，似乎有一些避讳。夫之也不好多问，两人随便聊了一些读书之事。这时，方以智突然问道："方某一直参佛论道，对武夷先生与憨山大师之事多有耳闻。"

憨山大师是佛道思想融合的大师，对老子与庄子均有解读。把家父与憨山大师列在一起，显然是提醒夫之家有渊源，不要轻视自己。方以智接着道："憨山常言，三界唯心，万法唯识，心外无法，心外无事，除此一心，无片事可得，识乃心迷而有，已失真如之名。"

夫之答道："修心、融净、修行，三者合一是也。"

方以智道："方某有所感同，自认不懈于智，有穷理极物之癖。寂感之蕴，深究其所自来，是曰通几；物有其故，实考究之，大而元会，小而草木蠢蠕，类其性情，征其好恶，推其常变，是曰质测。"

喝着茶，方以智和夫之聊起了学问，感觉不错。说到最后，他又提及"儒释道"的合而为一，意味深长道："无执则可修心，融圆则为最高境界。"

显然，方以智的这番话实则暗示夫之不要太过执念，入朝当官也是如此。

但夫之有自己的坚持，他和父亲一样，是儒家的坚定守护者，却并未从方以智的话中体会到弦外之音，只就事论事道："道者，虚无也；佛者，空寂也。无执则无以达天下，融圆则无以明是非。修心所以通晓义理，有识乃为真知，若非如此，何谓圣人？"

方以智抚了抚胡须，淡然而笑。

夫之又道："老氏之说不可全信，释氏之说亦全非真言。"

不知不觉，他们谈了一个多时辰，方以智依然坚持自己的论断与见解，夫之也不改变自己的看法。智者交锋，就在这泰然自若中，一笑了之。方以智没想到夫之竟然有如此见识，感到超越了武夷先生，于是，更有了惺惺相惜的感觉。

正在这时，一位随从慌慌张张冲进来，大声禀报："大人，不好了，出事了。"

方以智不紧不慢道："何事慌张？"

一问才知，何腾蛟殉国后，明军内斗严重，清兵趁机进犯，南明军队在湖南接连大败。短短几天的时间里，原本大好的形势急转直下，朝廷摇摇欲坠了。

原来，南明朝的军队原本就是一锅大杂烩，各路人马，各怀鬼胎，各有各的小算盘，何腾蛟名曰督师，实际上，他对部队没有绝对的领导权，没有多少人对他言听计从。以江西明军将领金声桓为例，他是大明逆臣左良玉的部下，左良玉死后，他归降了清军，但是，因为封侯不成，甚为不满，于是又反清复明。再说广州的李成栋，这位仁兄原本是李自成的部下，打倒了明朝，他带着部队归降了清朝，此人是个狠角色，嘉定屠城就是他干的，他从江东一路杀到江浙，再杀到福建，又肆虐广东，两位大明的"唐王"都是他端掉的，可以说是恶贯满盈，但是，当他反清复明，大明朝还是要依靠他。再说马进忠、王进才之流，他们都是李自成的老部下，虽说没有归降清朝，但是，也不是全心全意为大明卖命，他们只会为自己着想，先是在湘阴坑了章旷，又在长沙坑了何腾蛟，后来，他们还坑了堵胤锡。就连高一功和李锦带领的"忠贞营"也不够忠贞。忠贞营直接接受堵胤锡的指挥，但是，堵胤锡有时候也指挥不了他们，当年，何腾蛟、堵胤锡原本想东西齐头并进占领湖北，何腾蛟委派章旷在湘阴作战，堵胤锡指挥忠贞营攻打荆州，然后，会师武昌，但是，湘阴失守，围攻荆州也以失败告终，堵胤锡屯兵常德，忠贞营却不听使唤，跑到了巴蜀，结果，湘西北城池尽失。

说完李自成，再说说张献忠。大西皇帝死后，张献忠的"养长子"孙可望便和手下大将李定国带着部队从四川出走，一路烧杀抢掠，占领了云贵。后来，又投奔了永历，并顺理成章地成了云贵合法的占有者，在后方隔岸观火，养精蓄锐，就是不出力。

大明自己的嫡系部队也不是什么好东西，个个贪生怕死，谋权夺利：刘承胤当初就在武冈挟天子以令诸侯，何腾蛟与堵胤锡没有上他的当，事情败露，他也归降了清朝。何腾蛟也罢，堵胤锡也罢，手里都没有自己的嫡系部队，说到底，是南明没有能堪大任的王牌部队，万事都要求人，用兵打仗要看别人脸色，再能耐的将领也都没辙了。同时，南明的将领忠勇有余，而才识却都有限，这也决定了他们难以成大事。更糟糕的是，南明朝廷昏庸无能，内部党争不断，将归降农民义军与南明正规军区别对待，以至于农民军顾虑重重，不敢誓死效命，继而反复无常，这些也是南明后来战事失利的原因。

是年年底，清军正在围攻江西南昌，并对长沙虎视眈眈，危急之下，朝廷委派李成栋从广州千里奔袭驰援江西金声桓。堵胤锡则决定进攻长沙，一方面可以稳定湖南局势，另一方面，围魏救赵，也可缓江西局势。最重要的是，若他打下长沙，便能抢了何腾蛟的头功。堵胤锡下令马进忠东出长沙，但是，马进忠不从，此前，他得到的命令是等待进攻荆州，他觉得自己的实力不足，已经四处求援。此时，与马进忠在一起的是郑古爱，此人与夫之同期中举，深得章旷器重，后来，一直追随章旷。章旷死后，又追随堵胤锡，当时，受命监军马进忠和王进才的军队。郑古爱是个人才，刚柔并济，他与马进忠相处得十分融洽，马进忠也很信任他。马进忠说，要进攻长沙，需要有援兵，郑古爱便想到了身在怀化的马蛟麟。此时的郑古爱身为堵胤锡的监军，还在湖北的时候，他就与这位左良玉的旧将有所交往，二人很投缘。郑古爱差人前往求援。马蛟麟哈哈大笑，在他的记忆里郑古爱应该是一名秀才，于是便问："郑秀才何以至此？"

使者答曰："郑大人已经贵为御史监军！"

"原来如此。"马蛟麟大喜，拍着胸脯道，"吾当为此秀才效死力！汝归告马将军、郑秀才，期十一月下武陵合营，明春取武昌。若吾至而郑秀才不在，是绐我也，必不轻饶坑蒙诓骗我之人。"

使者归来，马进忠和郑古爱大喜，立刻准备粮草等其来。

马进忠铁了心要养精蓄锐，然后，攻打荆州。

眼见马进忠不听军令，堵胤锡便召回了郑古爱。

听闻郑古爱离开了马进忠，马蛟麟也不愿意前来常德了。

这边，堵胤锡又以攻打荆州为名，急忙前去调遣身在巴蜀的忠贞营，李锦与高一功的部队此时正缺少粮草，便听从了堵胤锡的调遣。带着忠贞营，堵胤锡又一路向常德奔来，距离常德还有百余里，他差人给马进忠传话：在常德合兵一处，一起攻打长沙。马进忠却惶恐不安，他觉得堵胤锡带着忠贞营是来抢粮食和地盘的，说不准还要治他违抗军令之罪，因为，把郑古爱带走正是不信任他的表现，于是，他迅速带兵撤离常德，临走，在城中杀人无数，并将城内财产和粮食洗劫一空。堵胤锡抵达之时，常德已经变为一座死城。马进忠带着部队一路抢掠烧杀，迅速席卷了益阳、宁乡、湘潭和湘乡，堵胤锡带着忠贞营一路追赶，所到之处，却只见死伤者无数，等忠贞营抵达湘潭时，整个湘西北变成千里赤野，以至于后来，清军不费吹灰之力就占领了常德。堵胤锡又恨又气，然而，他却拿马进忠一点办法都没有，因为，大明比任何时候都需要马进忠这样的部队，他命马进忠立刻来湘潭。

此时，江西比湖南的局势更凶险。李成栋的救援部队被堵在半路，南昌眼看就要失守，江西不保，肇庆也就危险了。新年刚过没多久，何腾蛟便急忙从衡州出发，带着几十名侍卫便上了船，沿着湘江抵达湘潭会见堵胤锡。风高浪疾的江面上，南明两位相知相交、互敬也互斗的最后脊梁，于四面楚歌中见了面，也是最后一面。他们商议后决定，堵胤锡带领忠贞十三营火速驰援江西，何腾蛟则坐镇湘潭，此时的湘潭已近空城，何腾蛟身边只有他亲自带过来的三十名侍卫，数百名守城军队，而马进忠的部队还在前往湘潭的路上。

孔有德探知何腾蛟在湘潭空城的消息，昼夜兼程追至城下，派降将徐勇以轻骑突入湘潭，何腾蛟被俘，徐勇劝何腾蛟投降。这个徐勇原是左良玉部将，和何腾蛟共过事，见其一副奴颜婢膝的模样，何腾蛟怒火中烧，骂不绝口，举剑要砍他，他赶忙退避。既然何腾蛟不投降，清军就只能打了，战斗没有持续多久，明军的营垒就空了，湖南副总兵杨进喜战死殉国，四下环顾，只剩何腾蛟一人，他戴着方巾，穿着便服坐在堂内，悲怆涕零道："五年督师，心血呕尽，未尝有一丝懈怠，今日竟落得这样地步，此难道天意？天亡我大明乎？"

清军从四面八方涌来，把他团团围住，押送至城外慧德庵。

清军想劝降，何腾蛟却一言不发。料到会是这个结果，清军便杀进了他的老家，俘获了他的全部家人，何家四十余口先后全部死难，他始终一言不发。清军又送来了劝降书，书曰："公幼习儒业，岂不闻子舆氏云：'顺天者存，逆天者亡'乎？若顺天命而归真主，富贵共之。若不然，亲尸被掘遭鞭，更有妻辱子戮，虽悔何及矣。"

这一次，何腾蛟说话了，目光如炬的他，坚定而决绝地答道："为天下者，不顾其家，为名节者，不顾其身，且腾蛟赋性砒拙，各奉其事，各为其主，各存其体耳。文王之政不及妻子，今偶及之，岂是先生之初意乎？欲掘吾亲之墓，吾亲已归三尺，难保百年不坏之坟。擒吾之子，身旁有长子在，可奉祖宗礼祀，次子未见面而生，仍付之未见面而已。执吾之命妻，年几六十，欲挟吾顺，不能也。"

何腾蛟死意已决，然而，清军仍旧不甘心，又以清军主将名义送来书信："今天厌于明，神器有主。尚思收既覆之水，燃久死之灰，弃身不顾，而单骑被执，心与文文山一辙，而境遇之艰难倍过之。忠贞亮节，谁不怜惋？先生之道尽矣。若肯承合天意，知命来归，当不让洪承畴之一席也。"

面对如此威逼利诱，何腾蛟始终不为所动，他慷慨答曰："腾蛟少壮登朝，运逢屯胜。甲申三月，自分一死，所以苟延至今者，思步汾阳后尘也。不意志切才疏，致兹狼狈，负恩辱国，臣罪当诛，尚可苟延人世乎？头可断，心可剖。先王、先公实式凭之。"

何腾蛟居庵中，正襟危坐，不卑不亢。清军几次请他不去，几次馈送饮食不吃。好几天过去，清人命庵中一僧将一钵清水献给他喝，他摇了摇头，推手道："此清人之水，我不能饮。烦劳大师，为我另取一壶江心水，饮了好上路。"僧人念了一句"阿弥陀佛"，从蒸湘河中取了一壶水，递给何腾蛟。捧着那碗水，何腾蛟痴痴地望着南方，流泪说道："此水取自湘江，自衡山而来，源自粤桂，有吾皇之恩泽！可涤我五脏六腑，洗我七魂八魄，死，我亦瞑目矣。"

绝食七日之后，何腾蛟居然还活着。清人进行了最后的劝降，他依然拒绝，慨然道："孔曰成仁，孟曰取义，衣带之遗，彼则行之，我则继之，吾志决矣，勿复多言。"

前来劝降的清将说道："此等忠勇，日月可鉴，我亦感佩，其志不可移，可遂其愿，留其名节。"

清人遂为他送来一捆丝绳，一面汗巾，请他自裁。湖湘的雨中，他走到自尽的地点，从容地留下一首绝命诗：

> 天乎人事苦难留，眉锁湘江水不流。
> 炼石有心嗟一木，凌云无计慰三洲。
> 河山赤地风悲角，社稷怀人雨溢秋。
> 尽瘁未能时已逝，年年鹃血染宗周。

何腾蛟自杀殉国后，与何腾蛟近在咫尺的马进忠带着部队一路西窜，逃到了宝庆，与王进才会合。不久之后，清军来犯，他们又将宝庆城洗劫一空，向西南逃窜，一路奸淫掳掠，躲到了武冈。而忠贞营走到茶陵和攸县一带突然徘徊不前，堵胤锡三令五申，李锦与高一功无动于衷，以人困马乏、粮草不足为由而再三推辞，援军犹豫不决之时，南昌已经失守，弹尽粮绝之际，金声桓杀死了妻子，投水自尽，杀身殉国。清军一路南下，在赣州与李成栋大战十九日，最后，洪水泛滥，李成栋在信丰落马跌入江水中溺死，至此，江西尽失。

这些历史细节，都是方以智告诉夫之的：堵胤锡带着忠贞营撤回衡州，此时，忠贞营已经不听堵胤锡的命令，一意孤行去了广东，以至于堵胤锡在衡州孤军奋战，数日之后，东走耒阳，又赶上了忠贞营。此时的忠贞营几乎成了无头苍蝇，粮草缺乏，好些日子没吃上饱饭，他们竟然企图抢掠大明将领曹志建的营地，杀了足足三千大明兵士。曹志建率兵抵御，一路把他们追到了郴州。还未刚刚喘口气，清军再次追来，忠贞营又跑到了岭南。无奈之下，堵胤锡则带着亲信士兵狼狈逃回曹志建的军营，此时，曹志建将忠贞营的恶行怪罪到他头上，也不礼待他，后来得到当地乡绅的援助，领着一群民兵，他才得以逃脱清军，赶赴广西梧州。

"堵公确为大明脊梁矣。"夫之感叹道。方以智亦表示赞同。

江西沦陷，广东告急，肇庆不保，此时的永历朝廷已经将皇宫行阙迁到了桂林。令人意想不到的是，忠贞营也到了梧州，又一路西进到浔州，永历朝廷大为恐慌，生怕李锦与高一功造反，赶忙派大学士严起恒与副都御史刘湘客前去慰问安置，途中，二人恰巧遇见堵胤锡，于是，将堵胤锡请进桂林面圣，永历皇帝亲自出门迎接。

只是短短几年，大明却有过多位皇帝、多个京城，但是，无论政权怎么变，堵胤锡始终身居要职，且将在外，南征北战，没进过"京城"，没见过"皇帝"，甚感疲惫。这次他找回了久违的归属感。即便为败军之将，但是，堵胤锡确实是大明的脊梁，永历皇帝对他甚为敬重，他在桂林享受着无上的待遇，众人竞相拜访他的住处，纷纷邀请他参加各种饭局和宴会。

肇庆危急之时，方以智暗示夫之，声称既然无法立功，立言乃当务之急，意思是夫之可以回衡州隐居，作些千古文章。但夫之心有不甘，选择了与朝廷同行，到了桂林。

实际上，自从见了方以智，夫之便和他成了无话不谈的朋友。他们常常会面饮茶，参经论道。夫之一再向他提及引荐之事，但他始终不紧不慢："而农，此等事情急不得，时机未到，说亦无用。"他将称谓从最初的"夫之"改为"而农"，显得更加亲近。

到了桂林，他们再次见面，方以智仍旧一团和气，古今中外的学问说了个遍，还谈了中药和养生，唯独不说引荐之事。

夫之急了："大人，夫之入朝之事，何时才是时机？"

方以智终于叹道："而农，方某现在已自身难保。"

夫之大惊失色，方以智却好似没有什么事情一样。

原来，此次危机，他又一次仗义执言，得罪了朝中太监王坤等，抵达桂林，他就被参了一本，"莫须有"的罪名又落到了头上。多年之间，他对此习以为常。但这一回，他终觉疲惫不堪。原因其实就是对明朝的绝望。他再不想过问尘世之事。

与夫之桂林见面后没过多久，方以智下定决心离开朝廷，选择隐居湘桂交界的新宁一带，出家为僧了。

后来，永历皇帝曾多次召方以智回朝任职东阁大学士，他始终不为所动。夫之有些遗憾，但也无法左右别人的选择。方以智不喜欢官场，却喜欢学海，并且和夫之一直保持着书信联系。不止一次，他劝夫之随他一同研学，相信学有所成；而夫之则劝他重新归朝，相信能成大事。两人惺惺相惜，却最终无法一起共事。

多方辗转，方以智又从湘桂边境回到广东，永历朝廷危急之时，夫之再次请他出山，并赋诗曰："愁里关山江北杏，尊前星汉粤天寒。棋枰应尽中原略，莫遣苍生属望难。"可是，方以智始终不为所动。最后，他寄居江西青原，成为青原草民，直到终老。

入朝之事，夫之原本寄希望于方以智的引荐，岂知此公看透朝廷，进而离职而去。夫之和管嗣裘为自己的前程，再次头疼不已。

就在夫之和管嗣裘徘徊纠结时，突然峰回路转，蒙正发带了一个好消息：恩师堵公回到桂林了。

春天终于来了。果真，没过多久，通过蒙正发的牵线搭桥，夫之在舟上见到了堵胤锡。那一刻，夫之真想大哭一场。

见到夫之和管嗣裘等，堵胤锡很是开心。一别多年，他想不到会在这里见到衡州诸生。夫之激动连连，不由说起当年修葺南岳方广寺之事，说起当年他和夏汝弼北去欲寻找堵胤锡报国之事，还说起他们在衡州起兵失败的事情。堵胤锡很是喜欢夫之的耿直与骨性，喜欢他的个性与本色，以这样的人品和忠心，堵公建议夫之不要跟随他，而要争取留在朝中，以辅助永历皇帝治理朝政。

"将你留在我身边，我轻松省事。但你效命于朝廷，作用更大。"堵胤锡坦言道，"眼下朝廷正需要你等血性正直之人。"

管嗣裘急不可待，道："恩公，我等何尝不想廷前效命，只恨报国无门呀。"

堵胤锡沉思了片刻，对二位道："你等入朝之事，包在我身上。"

堵胤锡是爱才之人，当然，眼下的他也颇有一股衣锦还朝的味道，所以，动不动就是豪言壮语，做事也是理直气壮，难免在朝中就有些锋芒毕露了。各个党派都在极力拉拢他，向他进言献策，其中不乏谗言媚语，但是，他听来却觉得舒服，有时候就失去了判断力。毕竟他是武官，习惯了刀枪剑戟，南征北战，不太习惯阴云诡谲的朝堂，把一些不该说的话说了，把一些不该递的折子也递了。没过多久，满朝对他都有些不满，却只是敢怒不敢言，他也就浑然不觉了。然而，他对夫之等还是真诚的，举荐之事对他来说只是小事，只需说句话，他自然愿意成人之美。

自那之后，夫之与管嗣裘就常去堵胤锡家中吃饭。闲暇之余，堵胤锡就会与夫之谈天下棋。夫之棋艺了得，每每都能逼得堵胤锡无路可走，堵胤锡总是要求悔棋，而且，一悔就是十余步，夫之性子直，便道："残山剩水，能有几十数子可易乎？悔已无用。"听着弦外之音，堵胤锡直摇头，他不怪夫之实话实说，只怪自己执错了子，走过了棋，以至于国家到了这步田地。但是，在棋盘上他还是不由分说地要悔棋。夫之呵呵笑着，还是由他从头再来。

夫之给他面子，但有些人则不给，比如金堡。有一回在饭桌上，众人都在奉承："督公乃大明之希望，重整河山仰仗公矣。"堵胤锡嘴里说着"哪里，哪里"的话，实际是有些得意忘形，并未厉言驳斥。

金堡觉得大家太虚伪，他喝了酒，借着醉劲，竟高声质问道："公复湖北，而弃湖北者亦公也；督师复湖南，而蹂湖南以及于陷者亦公也；公与督师誓援江西，顾引忠贞营入粤，蹂内地；而致南昌之不救者亦公也。公忠孝闻天下，一旦所为如此！公不疾出楚，他日何面目见曹志建，况天下乎？"

此言一出，整个酒桌鸦雀无声，堵胤锡羞得面红耳赤，却无言以应。场面一时有些难堪，夫之也跟着羞愧，然而，他却打心眼里佩服金堡的胆识与品格。

夫之晚年在回首这段经历时，在山中写下《永历实录》，探寻大明灭亡之因时，提及何腾蛟与堵胤锡，有云："腾蛟仁爱有理，而雄断不足"；"堵公胤锡忠直磊落，负有为之志，非腾蛟所及；而轻信自恃，专意刑赏，屡启偾败，腾蛟亦轻之。交相猜薄，以至于败亡，各有以也。"此二人均有性格缺陷，亦敌亦友，相互支撑，又相互猜忌，不能形成统一格局，是为失败之因。

当然，不管何腾蛟与堵胤锡有何种不足，他们都可以称得上是民族英雄，从国家的层面上，夫之对于二公只有尊崇之意；从个人的层面上，他又对堵胤锡充满了感激之情，因为，堵胤锡对他有知遇之恩。

5. 天不佑，壮士折

"二位乃大明辅臣瞿式耜瞿大人与严起恒严大人。"

夫之听完堵胤锡的介绍，他坐在饭桌的边角，不免有些紧张与忐忑。再看着两位气定神闲、笃定自信的男人，夫之禁不住在心中赞叹：瞿式耜不动声色，坐如泰山，一脸不苟言笑；严起恒慈眉善目，不时抚一下胡须，面带安详的微笑。

当然，堵胤锡坐在主人位，饭局正是他组织的，为了管嗣裘与夫之入朝的事情，他特地请来了朝中两位重臣，这是天大的面子，也只有这位名震朝野的大都督才有这样的能耐。堵胤锡带着武将特有的粗犷气息，不拘小节地哈哈笑着，大大咧咧地招呼着客人，频频举起酒杯，全然不顾严起恒若有若无的局促，以及瞿式耜忽明忽暗的脸色。瞿式耜与严起恒平日里很少私下会面，党派林立的朝野，他们怕别人说闲话，但是，堵胤锡做东，他们又不得不到场，虽然，此时的瞿式耜为全军督师，严起恒为首辅大臣，实际上是皇帝的左右膀。要知道，其时的堵胤锡可谓是朝廷的大红人，何腾蛟死后，放眼满朝，能战者只有堵胤锡一人，至少永历皇帝是这么认为的。永历赐堵公龙旗十二，天下兵马均受其节制，可随意调遣。然而，在夫之眼中，大明最强的人并非这位恩师，而是旁坐的瞿式耜；大明最德高望重的臣子亦并非这位恩师，而是旁坐的严起恒。以至晚年，夫之以《永历实录》陈述永历朝廷时，卷一描述的是永历皇帝行在的前后种种，卷二赫然即为瞿、严列传，为众将群臣第一位。几百年后，无论谁提及大明那段惨痛历史，都认定瞿式耜是民族英雄。

夫之对瞿式耜的经历早已熟知。瞿大人出生于官宦世家，亦是理学世家，年少拜理学大师钱谦益为师，万历四十四年（1616）中进士，崇祯元年（1628），擢户科给事中，一身正气的他，不畏强权，不结私党，为了挽救危难时局，他仗义执言，屡屡进言，上疏劾斥掌权佞臣，举荐贤才良将，皇帝多采其言，触犯了当权集团的利益亦无所畏惧，后遭受周延儒等人的排挤陷害被贬，一气之下，他罢官归田。崇祯十七年（1644）李自成攻克北京，福王在南京建立政权，是为弘光朝，瞿式耜巡抚广西，从此与桂林这座城市结下生死之缘。顺治四年（1647），他与丁魁楚等拥立桂王朱由榔在肇庆登上皇位，建立永历朝，作为“开国之臣”，他的地位是无可撼动的。更难能可贵的是，在叛臣当道的大明朝，他从始至终都对大明保持着至高的忠诚。他不只是贤臣，也是良将。几年间，他与何腾蛟一内一外，支撑着永历朝廷的存亡大业。何腾蛟督师主要在湖南、江西、湖北作战，可以说是前线，一旦清军越过前线，守卫城池的任务基本就是他的了。如若无他，永历可能早和弘光隆武相同的下场了。

"吃菜，喝酒。"堵胤锡一边布菜，一边起身给严起恒和瞿式耜倒酒。严起恒赶忙起身，谦逊道："怎能让督公给我斟酒！起恒自问受之有愧。我自己来吧！"

堵胤锡笑道："严公，这是哪里话？您贵为首辅大臣，放眼大明，除了我皇，就数您严公。还有瞿大人，怎会受不起？如若是其他人，堵某以武夫之倔，自不会屈尊降贵。但您与瞿大人，德才兼备，忠勇有加，您与瞿大人是我大明之左膀右臂，国之楷模，为您敬酒，乃堵某之荣幸。"

堵胤锡说的是实话，严起恒德行甚高，崇祯时期考中进士，当时，考生内部有这样的说法，若想得到一份好的差事，需向周延儒供奉四百金，严起恒听罢哈哈大笑，甩了衣袖，不以为然地走开了。后来，他果然没有得到什么好差事，但他问心无愧。后来，他在广州任知府，将管辖地带的经济社会整顿得井井有条，而他自己两袖清风，一分钱财也不贪。永历朝廷中，他主管户部，管理钱粮。战事连连，军费和粮草成了大问题，何腾蛟在湖南督军奋战，为了军粮也曾经肆无忌惮地征收赋税，郝永忠、曹志建等部队也变本加厉地横征暴敛，搞得百姓苦不堪言。他便根据实际情况制定了相关的政策，使得军粮和军饷得以为继，又让百姓能够调养生息，有个活法。所以，军中各将领都敬他三分，而百姓则夸他是个好官。夫之感佩他"清慎端和，不为捭阖赫奕，而骄帅悍兵，服其德望"。说到底，他是永历朝的财务总管，没有他，这皇家就不能维持生计，前线的战事就无法开展。眼下，他更是贵为首辅大臣，堵胤锡当然敬他三分，也惧他三分。另外，他和瞿式耜也是老搭档，曾经共同镇守桂林。

严起恒道："此言差矣。没有堵公，就没有我永历朝，若非您在两湖运筹帷幄，奋死抵抗，清军早已杀到桂林，哪有我等在此吃酒机会。如今，您更是重任在肩，我大明光复，都要仰仗堵公了。"

这话说得有点过，但是，堵胤锡听着高兴，当然，他也应当谦逊，赶紧道："光复我大明，岂是我堵某一人之事？堵某纵有天大之本领，一人也难以成事，且看如今各路兵马，哪一个好使唤？"

严起恒道:"成事在天,谋事在人,如何应对,想必堵公自有办法。眼下,忠贞营就是烫手山芋,李锦在浔州欲要何为?"

堵胤锡接到了十二龙旗,节制天下兵马,永历皇帝下的第一道命令就是把忠贞营调走,赶赴湖南。永历皇帝是怕忠贞营造反。堵胤锡心里也明白,说是节制天下兵马,又有几支兵马对他言听计从?那几日,他正为此事烦心。既然严起恒问及,他只好摇了摇头,道:"为匡扶大明,堵某死不足惜,堵某战前杀敌,只希望严公确保我军饷与粮草万无一失。缺钱少粮,谁会替我卖命,替大明卖命?忠贞营之事就是例子。"

此话一出,严起恒又面露赧颜,如今,他虽贵为首辅大臣,但是,更多只是面上的事情,实际上,此时的永历朝廷和从前的大明历朝相似,宦官依然乱政,党派依然林立,锦衣卫依然盛行,内阁王化澄就是他的死对头,加上陈邦傅、马吉翔、朱天麟、胡执恭与严云从等奸臣小人钩心斗角,败坏朝纲,而永历比之崇祯都远远不及,更谈不上明主圣君,无事则亲小人远贤臣,有事则留忠臣善后而已逃之夭夭。很多时候,严起恒也力不从心,但又不能割舍对大明的深爱,所以,风云诡谲之中,仍竭尽所能尽忠尽责。面对堵胤锡的发问,他亦从实道:"严某何尝不想钱粮充沛,也好不让督公为难,然则,南国三年几易其主,战事连连,土地失而复得,得而复失,如此反复,商市不能开,田地不能耕,江山千疮百孔,百姓苦不堪言,钱粮均取之不易。"

堵胤锡略为惊讶,道:"言下之意,严公亦无能为力乎?"

严起恒正色道:"堵公放心,纵有千难,起恒也难不过堵公,起恒一定想尽一切办法,保障堵公无后顾之忧。堵公只管斩杀清人,打到哪里,起恒支持到哪里,纵使拿出起恒所有家当与俸禄。"

瞿式耜摸了摸酒杯,自饮一杯后,不失时机地插话道:"堵大人尽管放心,抗清乃我朝第一大事,堵大人又是我朝抗清第一人,我等万不会亏欠堵大人军饷,必要时把我的俸禄也拿去,再不然,我劝圣上减少皇家俸禄。"

堵胤锡为永历朝抗清第一人!这话从谁口里说出来,堵胤锡几乎都可以听得理直气壮,因为,何腾蛟已故。但是,唯独从瞿式耜口中说出来，堵胤锡又显得有些心虚，毕竟瞿式耜如今贵为督军，即便不比官位大小，只比战功，这瞿式耜相对堵胤锡也有过之而无不及。

顺治四年（1647），永历朝廷刚刚成立，正月间，清兵破肇庆，逼梧州，瞿式耜带着将士誓死捍卫城池，护卫朱由榔抵达桂林，与之形成鲜明对比的是同为拥立之臣，丁魁楚、曹晔投降清军，吕大器、王化澄则逃命而走。朱由榔刚到桂林，就听到平乐被袭，他马上又要逃全州。瞿式耜反复劝说，痛哭流涕他也不听。临走时，他要瞿式耜一起走。瞿式耜说："吾皇怜爱，臣感激不尽，然则，臣有保卫桂林之责，万不敢弃城而走，哪怕粉身碎骨，臣亦心甘情愿。"永历帝最后答应他，升任文渊阁大学士兼兵部尚书，赐尚方宝剑。瞿式耜一面调度粮草，一面把驻在黄沙镇的焦琏部队调回桂林，甚至把自己的俸银也凑上去犒赏将士。不日，清兵果然袭击桂林，攻入文昌门。瞿式耜沉着指挥，依靠焦琏、白贵、白玉等部队奋勇厮杀，清兵全面溃退。

是年五月，奉命到桂林驻防的刘承胤部和焦琏部发生摩擦，刘承胤一怒之下将桂林洗劫一空，带着部队和永历皇帝回了武冈。当时，何腾蛟苦苦进言，不让永历出走："驾不幸楚，楚师得以展布。兹乃半年之内，三四播迁，民心兵心，狐疑局促，诚不知皇上何以为国也？"但是，永历去意已决，加上刘承胤和马吉翔等合谋，挟持了永历的老娘，永历最终去了武冈，让瞿式耜留守广西。刘承胤走后，焦琏也在盛怒之下撤出了桂林。此时的桂林几乎成了空城，瞿式耜立刻预感到大事不妙，派人将因雨破损的城墙缺口修复。清兵果然来犯，满以为这一下子不费吹灰之力可占桂林，甚至委派了占城之后的官吏，并带来一切生活物品。瞿式耜一边差人召回焦琏，一边安排分门防守，发炮轰击城外敌兵，自早到午，亲自督战，又把存储的粮食蒸成饭，亲手送到将士手中，这些残兵剩将甚为感动，以死效命，竟然抵御住清军的数次进攻。第二天清晨，焦琏率部队冒雨从天而降，杀了清军一个措手不及，混乱之中，清军吓得丢盔弃甲，纷纷逃窜……这些历史大事，夫之不是亲历者，听起来就有些云里雾里。但他倒是能够从言谈者表情的变化中感受到彼此的客气与敬重。

听闻瞿式耜称堵公为大明抗清第一人，堵胤锡有些汗颜，赶紧道："瞿公言重了，堵某受不起！大明抗清第一人，愧不敢当。除却我朝何公腾蛟大人，谁敢当此抗清第一人？"

堵胤锡觉得自己这话说得甚好，将自己与一个死人比，没让自己落下风；将瞿式耜与一个死人比，也没有让瞿式耜占上风。他没承认自己是第一人，也没否定自己是第一人，于是，便心满意足了。

岂知瞿式耜严肃道："何公乃英雄！独立两湖，厉兵秣马，危难之际，缺兵少粮，仍能挽狂澜于既倒，扶大厦于将倾，保湘楚几载不破，为我大明留存复国之一线希望，其死重于泰山，可歌可泣。"

堵胤锡听了这话就有些不高兴了，瞿式耜抬高何腾蛟，堵胤锡便觉得自己丢了面子，更何况在瞿式耜口中，守卫两湖都成了何腾蛟一人之功，而对他只字未提，但是，瞿式耜所说均为发自肺腑之言。堵胤锡不便反驳，更何况，心里的想法也不能轻易让同僚知晓。

瞿式耜见堵胤锡不语，又补充道："当务之急，乃忠贞营之事。去年郝永忠作乱仍历历在目。外战之将，战败入城，胡作非为，烧杀抢掠，甚至祸乱朝廷，杀害朝廷命官，蛊惑乃至要挟我皇帝，此为兵家之大忌。"这话击中了南明的痛处。

顺治五年（1648）二月，联明抗清的农民军将领郝永忠，在灵川战役中受挫，退到桂林，受到当地驻军的歧视，发生了所谓"二月兵变"，事态扩大了，郝永忠还派军官难为瞿式耜。随后，事态发展到不可收拾的地步。瞿式耜只得退驻樟木港。郝永忠请永历帝向西逃走。瞿式耜力争，永历帝不听。左右的侍卫都簇拥着永历帝赶紧离开，瞿式耜又争。永历帝道："瞿卿不过想尽忠社稷。"瞿式耜为此涕下沾衣。郝永忠随即大肆掠夺，杀太常卿黄太元。瞿式耜的家被抢掠，家人拿出何腾蛟的令箭，才混出城去。不久，赵印选诸营从灵川赶到，也是掠夺一番，城内外遭受洗劫。郝永忠逃向柳州，印选等逃向永宁。而正是在这个当口儿，清军从湖南一路打了过来。直到瞿式耜回城，料理后事，安定人心，加强战备。督师何腾蛟带兵来保卫桂林。瞿式耜和何腾蛟研究作战方略，指挥三路出击，将士奋不顾身，反复冲杀，清兵全面溃退。桂林几次转危为安，大大安定了民心，鼓舞了斗志。瞿式耜当时以大学士兼吏、兵两部尚书，力主调和主客，联合农民军共同抗清，又由于何腾蛟指挥得当，各路军队相互配合，故而取得了麻河、全州等几次大战役的胜利，随后才有南明第一次反清高潮。无奈，此高潮来得快，走得也快，转眼间，何腾蛟死了，只剩下瞿式耜。

要说只有瞿式耜，似乎有些过头，毕竟还有堵胤锡，而且还有严起恒。虽然，严起恒贵为首辅，一向不带兵打仗，但是，很多人却觉得，何腾蛟死后，群龙无首，最好的办法就是让严起恒出山督师。比如，夫之挚友刘惟赞就在湘潭失陷、何腾蛟殉国之时，徒步赶赴永历皇帝行在，冒死上疏，疏言："今日所恃为一线之计者，惟楚而已……大湖南北，黄童白叟，所信为必能辑兵而安己者，自辅臣起恒而外，抑无其人……陛下诚遣一使，遍察江、楚、黔、粤将帅兵民，有一不谓臣言为允者，臣请尸两观之诛。若因循不果，势必一营一督，简任非人，连鸡骇散，民怨兵疑，更无可为之势矣。"[①] 此事虽经廷议，然而，最终严起恒也没答应，毕竟他久居朝中，无实战经验。权衡再三，朝廷把天下军权交了堵胤锡，后来的事实证明堵胤锡确实指挥不动那些悍兵强将。

"瞿公之言，深以为然。"堵胤锡敬了瞿式耜一杯酒，道，"忠贞营之事，堵某当尽快解决，不日便去浔州面见李锦等。眼下，堵某有一事拜托。"说完，朝夫之二人看了一眼。

严起恒明知故问："督公有何事？只要严某能力所及。"

堵胤锡指了指夫之与管嗣裘，道："此二位乃衡州举人管嗣裘与王夫之，皆为章旷之学生，皆胸怀大志，满腹学问，且忠勇有加，执念报国，有胆有识，以效命大明为己任，适前，曾在衡州起兵反清，大难不死，特地前来投靠朝廷，望二公思量，予以提携。"

堵胤锡言罢，夫之与管嗣裘立刻起身向瞿、严敬酒，道："小生初来乍到，望多加指教、培护。"

严起恒向夫之与管嗣裘点了点头，又摆了摆手让他们坐下，笑道：

---

① 罗正钧《船山师友记·刘孝廉惟赞》，第 102 页，岳麓书社 1982 年版。

"堵公所托，严某一定慎重考虑，此事我记在心上了。"

瞿式耜却一脸严肃，道："堵大人，丑话我且说在前头。入朝之事，非我等所能决定，然则，我朝正急需人才，若然二位确有真才实学，老夫一定尽力举荐。若然德才有失，人品有疵，则恕老夫无能为力，还望海涵。"

堵胤锡拍着胸脯，道："这个自然！堵某虽为一介武夫，荐人一向严格。若管、王无德无才，堵某断不会如此隆重推荐。"

严起恒笑道："此事堵公大可放心。瞿大人向来求贤若渴，朝堂之内尽人皆知。"

为了不让堵胤锡有什么误解，瞿式耜亦赶紧道："适才瞿某之言，乃对事不对人。瞿某向来举贤不避亲。堵公以个人名节担保，想来二位一定能堪大任。"

夫之与管嗣裘一时半刻也插不上话，但是，夫之能感觉到第一次见面，瞿式耜对他的印象并不是特别好，他说不清为什么，兴许瞿式耜把对堵胤锡的一些不满投放到了他的身上？他不敢这样想。他相信瞿式耜做事是有原则的。既然瞿式耜对堵胤锡十分敬重，也必定相信堵胤锡的眼光。不过，他还是要先考察夫之与管嗣裘的德才，才能做出最终的决定。后来接触下来，他对夫之与管嗣裘还是充分肯定的，甚至对夫之关照有加。

酒席结束之后，大家也就散了。先后看着瞿、严、堵三人离开，夫之心里有种说不出的滋味，眼下的大明真的就在这三人肩上，而三人能为自己入朝的事情聚到一起，实在是他莫大的荣幸。

不日，堵胤锡前去浔州去找忠贞营，要他们赶赴湖南，正好碰上李锦过世。高一功以老帅刚死、新帅刚上任为由，断然回绝了他的请求。堵胤锡一点办法也没有，拿着龙旗也没辙，憋了满肚子气，忠贞营也就此一直驻扎在浔州。此时，朱天麟与陈邦傅向堵胤锡进言，表示高一功和忠贞营已经不可依仗，不如发一龙旗向云南找孙可望。手下有张献忠的残余部队，孙可望的军力比忠贞营还要强大。堵胤锡觉得有些道理。但是，要拉拢孙可望就要给他一些好处，孙可望乃贪得无厌之人，一直无心为大明卖命，先前他就要挟，若要他归顺，朝廷必须封他为秦王，朝中正派大臣纷纷不齿，如此作恶多端、祸害大明之人，且未有寸土之功，就要封王，简直异想天开。胡执恭则进言，不如姑且把秦王之事应允下来，真的控制孙可望之后，再从长计议，堵胤锡便以龙旗为令，口头上允诺了此事，哪知这胡执恭偷偷做好了册封宝典，送到了孙可望那里。

事情败露，满朝哗然，堵胤锡这才知道自己被出卖了，铺天盖地的指责声传来，他后悔已经晚矣。忧愤之中，这位大明最有权势的武官尚未开创自己的时代，便郁郁病死在了浔州。

"苍天啊，国难当头，恩公怎能撒手西去？"

惊闻堵胤锡病逝，夫之痛心疾首，泪如泉涌。刚刚有了些门道，看到了入朝的希望，突然之间，最大的依靠没有了。夫之自己的心脏仿佛被人狠狠割去了一块肉，魂儿都不知道散到哪里去了。

第八章

入
土

王夫之的灵柩被缓缓地放进了墓穴。接着，第一抔土落下。

王敔又一次泪水涟涟，在场的人也都跟着落泪。

一位老和尚恰在此时带着几个小沙弥抵达，此人名曰：戴日焕。

戴日焕本为衡州书生，多年避难山中，住在莲花峰，他的住处和王夫之所居住的续梦庵很近，两家常有往来。慢慢地，戴便成了王夫之的学生，与王敔、王敔相熟。此时，他亦年逾花甲。

见是故人，王敔和王敔便上前与他相互行了礼。

"阿弥陀佛！"戴日焕念了一声，"贫僧特来为先生送行。"说罢，他便要带着众和尚做一场法事，为王夫之超度。那些小和尚已经席地而坐，闭上眼睛，就要念佛。王敔赶紧说："大师心意，我与家兄心领了。然则，万不能行此佛礼。"

王敔也说："大师为俗时，从我家大人学，应知其脾性。"

戴日焕面露难色："夫之先生深谙佛法，怎会不向佛道？"

王敔和王敔异口同声道："大人既已驾鹤西去，定升天堂。生前习性，晚辈尽悉。大人一生不愿张扬，此刻就请他安息吧。"

戴日焕见状，虽然有些尴尬，却也没有勉强。取而代之，他率领众僧在王夫之灵枢之前上香、洒水、行礼，念了一声："阿弥陀佛，善哉善哉！尘世攘攘，先生安息矣。"

哀乐声再次响起，众人开始为王夫之之墓填入坟土。

肃穆之中，王攽和王敔跪在一旁，默默无语，兀自流泪。

突然，唐须竹不知何故，又冲出人群，奔向墓穴，再次跪在地上，并声泪俱下地叫了声"先生"。王敔上去抱住他的胳膊，哭着劝慰他。最后，两人又哭成了一团。王攽也哭得十分厉害，但他只是没动，眼睛却一动不动地盯着上方落下的一铲一铲泥土。

约半天工夫，一座新坟已经落成。哀乐低沉，白鸽轻飞。

很快，一块墓碑也立在了坟前。王攽呜咽着，跪到墓碑前，又仔仔细细看着父亲的墓志铭。这墓志铭和王夫之自己所定的还是有些区别。主要是考虑到时局的关系，生怕清人破坏父亲的坟地，王攽等人便特意把落款日期都删掉了。于是，坟冢也就成了乱世的象征。但是，在场的所有人都清楚，这坟冢埋的是大明的人，而不管其时已是康熙几十年，日期依然停止在大明的岁月里。

哀乐终于消失的时候，人群慢慢散了。最后只剩王家兄弟和王夫之的几位学生和老友。琴音再次响起，柱子正在墓地前悉心抚琴。

天地无声，雨雾朦胧，那座新坟好小，好瘦，一如王夫之生前的身子骨。

想想也没什么。偌大的衡州，在更加大的天空下，那么多的人，王夫之只是无数中的一个，去了也就去了。独处在这一隅，当时的人们，的确没有多少人注意到他的生与死。

孤独一生、穷困一生的王夫之终于走完了人生的全部旅程。

坐在坟前，邹统鲁与包世美并不在意后人的评判，他在意的是与夫之一起走过的那些日子、那些坎坷、那些疼痛、那些过往。

1. 祸起党乱

历尽艰辛，夫之终于穿上了朝服，行走在龙舟之上，行走在前途渺茫、风雨飘摇之中。盼望了三十余载，努力了三十余载，挣扎了三十余载，在最后时刻，总算位列朝堂，成为其中一员。即便是破败不堪的朝廷，即便是摇摇欲坠的国家，他毕竟有了归属，有了无数书生梦想一生也没能实现的官场位置，哪怕这个位置只是一个微不足道的从八品小官——行人之职，与管嗣裘的七品中书舍人相比，还要略低一些。但夫之心满意足，毕竟这是已故功臣和恩师堵胤锡的鼎力举荐，更是当朝巨擘瞿式耜的充分肯定。

当时，父丧守孝之期未过。是年夏天，夫之从桂林返回衡州耐园。与管嗣裘分别前，夫之挥毫写下《桂林偶怨》："灵药成虚旧恨空，征衣无那楝花风。丝丝春雨垂帘下，又向天涯识塞鸿。"[①] 这是自期与自励，更是与管嗣裘共勉。此时的夫之还是踌躇满志，犹如浮萍终有归依，虽然感慨心有鸿鹄大志却无处施展的郁闷，然毕竟有了"天下谁人不识君"的功成名就之感，来日定展宏图。

在耐园，夫之陪伴在母亲与大哥身边，度过了一段恬淡的日子。见该入朝，母亲和大哥劝他早日返朝，但夫之迟迟未动。原因很简单，他在朝廷并未受重用，所做之事表面上很关键，实际上也是有他不多无他不少。而且，由于性格使然，不谙官场曲通，凡事耿直，得罪他人自己还不知道。管嗣裘为此委婉地提醒过他。

"鄙人尚未伸开手脚，怎么就得罪人了？"夫之不服。他只好借戴孝之名告假，想让自己冷静一下，竟很快得到应允。这样一来，夫之觉得与其这样可有可无，不如在家多陪伴一下母亲和家人，以弥补多年来自己在外漂泊聚少离多的遗憾。

闲暇时光，夫之整理了从前的书籍，读书写作之外，便是在山中走走，在院落里坐坐，家中的孩子就围在他身边玩耍，看着儿子王攽已经渐渐懂事，他倍感欣慰，不时心中又泛起一丝始终都未抹去的寂寥与孤独。

---

① 王夫之《桂林偶怨》，原录于《五十自定稿》，摘引于清康和声著，彭崇伟编《湖湘文库》之《王船山先生南岳诗文事略》，第50页，湖南人民出版社2009年版。

半个月后的一天，夫之提着一壶杏花酒和一块腊肉，带着王敉去斗岭拜访夏汝弼。之所以没有一回来就拜访，是因为他想若太过急迫，朋友们会觉得他有炫耀之意。在官场待了一段日子，夫之对人性的思考更多，对别人的心思也更在意。回家十余天，披了孝，见了母亲和家人，这时再去访友，是为适中。但他的内心早就飞到了朋友身边。因此，这天一早，他便带着侄儿出发。穿越崇山峻岭，一片桂树林跃然而出，桂花飘香四溢，花香与露水混在一起，打湿了夫之的衣袂。一条小径在丛生的杂草中崎岖蜿蜒。小径尽头，竹篱笆与柴门若隐若现，悠扬的琴声在这个时候响起。夫之心中一阵喜悦。

夫之推开门扉，叫了一声："叔直！"

李璟从门里迎出来，一脸微笑，喊了一句"夫之先生"，接过夫之手中的酒与腊肉。四处长满了青草，裸露的泥土里布满了一些石子，李国相的妻子正在推着石磨，石磨上堆着稻谷，院落一角长着一丛青翠的竹子，流水从那里潺潺而过，旁边放着一张桌子和几个木桩。李国相和郭凤跹正在那里品茶。一步之遥，夏汝弼盘腿坐着，纤细的手指拨弄着身前石台上的古琴，看见夫之，他停了下来。

生离死别之中，没想到还能活着再见，四人都淡淡地笑了。

夫之道："敬公、叔直、季林，别来无恙吧？"

"托你的福，我等现在逍遥悠闲。"李国相笑道，"听说你来看叔直，就提前在此候你。"

郭凤跹亦微微起身，腼腆一笑，算是打过招呼了。

夏汝弼却一言不发，兀自弹琴。一曲终了，他才道一声："终于入朝为官，理当祝贺！"但声音和表情看不出有什么欣喜的。

夫之略感生疏，他大大咧咧坐了下来，问了众人近况。随即与四人继续侃谈。他们说到李国相父子相聚的事情，庆幸不已，李璟在旁边添水加茶。当然，他们也提到了管嗣裘和管永叙。管永叙已经被夏汝弼送到了他的叔父管嗣箕那里。

李国相忽然问道："夫之，这半年你在两广境况如何？"

"一言难尽，喜忧参半。"夫之长长地叹了一口气，道，"目前，我朝可分为正邪两派，内阁瞿式耜、严起恒，连同蒙正发、金堡、丁时魁、刘湘客、晏清等可算正义之臣，李元胤、袁彭年、黄奇遇虽从李成栋先降清后归明，却能拨乱反正，今在朝堂，亦有赤胆忠心。然则，严公贵为首辅，瞿公乃为督师，脾性却不尽相同，各有顾虑，实则二公并非结党于朝，而一心为国矣。唯内阁王化澄、朱天麟，连同宦官王坤、马吉翔、严云从等则可谓结党营私误国之徒，又有尚书吴贞毓、郭之奇之流，以及万翱、鲁可藻、程源，内侍胡执恭、夏国祥、陈邦傅等封疆大员，均为两面派，个个虚有其表，实则包藏祸心，且与王化澄等沆瀣一气，互为表里。环顾朝野，我朝廷仍旧是小人得志，奸臣当道，宦官乱政，忠臣事事掣肘，直言常不为纳。”

夫之如实相告，感觉心里轻松了不少。因为这些话在同僚中是不敢谈的，在旧朋乡党面前，却可无话不谈。

听了夫之的叙说，夏汝弼甚是哀伤。李国相则淡然道：“夫之所言甚是。我虽未入朝，然个中事由亦有所闻。”

夫之见大伙情绪低落，便又给自己打气道：“诚然，我朝并非藏污纳垢之所，有志之士大有人在，仗义执言者亦不在少数。比如金堡，窃以为此人乃大明之希望。”

接着，夫之说起金堡当面顶撞堵胤锡的事，并且将金堡陈年旧事亦向乡党娓娓道来。

卫公金堡，别字道隐，浙江仁和人。为诸生时，孤介旷远，不屑为时名。弱冠，博通群书，熟知天下利病。后中崇祯庚辰进士，授临清知州，安抚流离，士民欣戴之。弘光元年（1645），南京陷落，鲁王监国于浙东，金堡忍痛丢下家人，前去投奔，面见鲁王之后，他便觉得鲁王没有匡扶大明之志。恰好隆武皇帝在福建监国，他便前去投奔，面圣之后，被授予礼科给事中。金堡仗义执言。当时，郑成功的老爹郑芝龙拥戴隆武有功，十分嚣张，无人敢谏。唯金堡不惧，冒死进言：“陛下不可恃之，以致不测之虞。”隆武皇帝爱惜其才，又怕郑芝龙迫害金堡，便没有公布他的折子。后浪游湖南，在沅州为官。

郝永忠自桂林作乱之时，金堡从沅州抵达桂林。瞿式耜奏请永历帝召他入朝。他一入朝就上疏："今日天下败尽，陛下据一隅而望中兴，非有夏少康、汉光武之忧勤刚断，终无济理。"① 云云。折子一经递上，举朝哗然。朱天麟告诫他以后不要胡言乱语，招惹是非，但是，他并不听从，天生仗义，他是谏臣。大权在握的严起恒、德高望重的瞿式耜都对他又爱又怕，忌惮三分，敬而远之，唯独丁时魁、蒙正发、刘湘客等人敬重他，和他推心置腹，他们也成了莫逆之交。满朝乌烟瘴气，人心涣散，众臣面对陋习心知肚明，无能为力；面对顽疾淡然处之，不思进取。朝廷上下，谎言当道，仗义执言者寥寥。

"真没想到皇家宫阙如此复杂，不若衡州弹丸之地简单清爽。"李国相听后感叹，"夫之可得处处留意，事事小心。"

"小小行人，权不高，位不重，小心何为？"夫之明知李国相所言是真，但他不愿承认，反而笑道，"吾辈志不在加官晋爵，只求秉公行事，为国尽绵薄之力而已。"

"如此当好。"李国相深知夫之所言亦非官话，只好转而激励道，"官不在大小，重在行为正气之道。"

"今次多亏恩公堵胤锡大人举荐，瞿式耜大人与严起恒大人亦为此事前后操心，才始有小成。"夫之道，"国家危急之时，还让诸位担忧，夫之委实惶恐。"

夫之提起的几个人，个个如雷贯耳。李国相等乡党听闻，委实惊愕不已。心想，夫之能得到朝中如此大人物赏识，他日必能一飞冲天，飞黄腾达，为国分忧。

然而，夫之虽然照实提起了朝中大人物，但他心里知道自己的真正分量。每次谈及国事，夫之莫不喜忧参半，大抵都是因为国事而担心、为朝廷而焦虑。此刻，他重重地叹了一口气，道："时局堪危矣。何公驾鹤西去后，举朝惶恐。瞿大人主管内防，严大人操劳朝政。抗清重任独落堵公肩头，终因不堪重负而病故矣。"

---

① 关于金堡，参见王夫之《永历实录》，摘引自罗正钧《船山师友记》，第 45 页，岳麓书社 1982 年版。

夏汝弼是至为冷静之人。他深知夫之个性，也了解他的雄心，对时局的认识较之夫之更为客观，对朝中腐乱不堪他早有所料，因此，当夫之说出这番肺腑之言，他并不因为堵公病故而觉意外，相反，他冷冷地笑道："依愚之见，眼下朝廷无为，纲纪混乱，乱臣当道，钩心斗角，君与臣，臣与君，离德离心，将与兵，兵与将，包藏祸心。堵公纵有逆天本领，亦难驾驭悍将匪兵，不病死亦会气死。瞿公、严公纵有经天纬地之才，亦难理顺匡扶时政。人心惶惶，一盘散沙，天下早已分崩离析，我等却空存幻想。"

夫之虽然明白夏汝弼心灰意懒，不愿入朝为官，但听了这番言论，他还是大吃一惊，赶紧道："叔直，不到最后，不能如此绝望吧？"

"难道在下说得有错么？"夏汝弼不以为然，提高声音道，"先前，北疆何以失守，先皇何以驾崩，你我心知肚明。远的不说，且说近的，衡州一役，我等搏上性命，却遭竖子小人变节，不仁不义者朱姓皇孙首当其冲，外有对我等生死置若罔闻未施援兵，内有言而无信之徒，害我多少义士白白牺牲。其时，我已心灰意冷，却心存一丝渺茫之希望。大军北上，恢复河疆，本以为前车之鉴，吾皇与朝臣将士已知耻而后勇，谁承想，不过镜花水月，转瞬间，复土尽沦丧，何以如此？夫之，你已身居朝中，理当更加清楚耶！"

夫之摇摇头道："诚如叔直所言，诸事皆令我等沮丧。然则不能如此绝望，更不能放弃希望与信念。国已将倾，若然国人皆信念与决心不再，何谈重整旗鼓，何以卧薪尝胆，何能重拾旧河山？"

"哀莫大于心死，我恨不能身死。"夏汝弼再也不说话了，低着头长长叹了一口气。多年之间，怀着书生意气，他奔波在救国路上，如今，救国图志的热情在他心里偃旗息鼓了，灯光灭了，他已经无所谓失望与希望，也就是心死了。

听了夏汝弼一席话，夫之甚为沮丧。

李国相闻言亦感叹道："夫之，莫怪叔直。我等自幼相识，结伴成长，叔直品性你我皆知。我等并非眼见国土沦丧而坐视不理，能做之事我等皆已实践，哪怕倾尽全力，向死一搏。然则，事已至此，有心无力，热血不再。目下只求粗茶淡饭，琴棋书画，聊以度日。衡州之光，寄托你与冶仲统鲁矣。"

"情同手足，你等之心我岂会不知？"夫之道，"然我固执认为，对君之失望、对臣之失望不等于对国之失望。无论谁君谁臣，国总是大明之国。我辈终归是大明子民。既如此，只要一息尚存，我辈就有为国想为国奔波为国效力之职责矣。"

"此番言说，道理自明。亦曾砺人摩拳擦掌。然时过境迁，再难激荡矣。"李国相摇头道，"叔直决绝之心不可挽回。至于我，残留一臂，废人之躯，空留余恨徒奈何，可阵前战死，再无缘效命朝堂。"

夏汝弼忽而笑道："从此只做山野人，但求不辱名节。"言罢，他的笑容瞬间消失，一脸的苍白、忧郁与痛苦。

直到此时，郭凤跹才低声道："我等不可与夫之比志。夫之执念，终有所成。我等做个山民，亦逍遥自在。"郭凤跹甚为柔弱，性情寡淡。自从张献忠破衡州，他就在山中开始了隐居生活，开荒种田，养花栽树，再也不过问大千世界的事情。平日，只好诗词书画，舞文弄墨，亦不善辞令，正合了他的心意。

见夫之不语，郭凤跹又善意提醒道："凡事切忌不可为而为之。以我之见，与其赤胆尽忠报小人、殚精竭虑难挽朝廷之既倾，倒不如投身山野，沐风享雨，活在天地自然中，省却种种烦心事。"

夫之平静地对郭凤跹道："季林，若有你脾性，我早无忧矣。"

从夏汝弼处回来，夫之决定再次启程，赶赴永历皇帝行在，归期与生死皆不定。临行，他再次去看望友人。酒入愁肠，话就多了，郭凤跹颇为伤感："今日之后，不知何年何月还能再见，也可能再也不能相见。夫之，你且珍重。"

李国相道："夫之你品性正直刚毅，官场一切留心，希望有朝一日，你能位列朝堂高位，衣锦还乡。倘那一天到来，大明业已复国。"

夏汝弼则什么都没说，又坐下去抚琴，琴声甚为哀伤。最后，琴声完全乱了，琴乱则是心乱。夏汝弼脸色死白，泪流满面。

夫之无可奈何，长叹一声："国事为重，夫之不敢贪图虚名，只求问心无愧。"话不投机，少说为佳。夫之就此告辞。

风萧萧兮蒸水寒。夫之心情沉重，带着王敉，一路辗转颠簸，花了二十多天时间，终于抵达永历皇帝的行在。

顺治六年（1649）年底，夫之接到了一个喜讯。朝廷已经任命其为行人司行人，系瞿式耜保荐，不日将对他进行阁试。夫之心存忧虑，毕竟父亲丧期未过，他还是守孝之身，为朝廷效命他在所不辞，但是，此时参加阁试后，真的就任官职了，显然不够妥当。为此，夫之找管嗣裘与邹统鲁商量。邹统鲁直言道："以愚之见，今已年尾，武夷先生丧期半年后将毕，不如等半年后再定。"

"以前种种皆为虚名，即有任命，亦为虚职。此次阁试一过，即为朝廷实职。此等机会难以弃之。然以戴孝之心上朝，亦恐事事小心，忌讳重重。更有甚者，如遭小人谗言，后果不堪设想。"管嗣裘这般分析后，给他提了一个建议："两难之下，不如请奏免除阁试，不接行人之务，但入行人之责，如此，可家事国事两不相误，忠孝可两全。"

虽然朝廷风雨飘摇，机会稍纵即逝，夫之身处两难之境，夜不能寐，但权衡再三，觉得邹、管二人真心为己，不接行人之职为好。于是，夫之拿出纸笔，直抒胸臆，尽叙前尘往事，以有孝在身不便身居官职为由，虔诚地写下《请终丧免阁试疏及奖许明旨》①。

最终，永历批准了夫之的申请，未授予其官职，但可在宫中自行其事。

2. 涡斗

迁都，又是迁都。或者这压根儿称不上迁都，只是皇帝移驾罢了。永历朝这样一个在正统历史上并没有得到认可的朝廷，苟延残喘地存在

---

① 王夫之《请终丧免阁试疏及奖许明旨》，原录于《龙源夜话》，陈述自己的报国之路，以及父丧在身，请求免除阁试以及暂不接受官职。

了十五年。这十五年间，永历帝像一个难民，都城的地点以及迁都次数之多达到了令人难以置信的地步。最初，永历帝在肇庆监国，随后三四年中，行在前后有桂林、梧州、武冈，只看这几个地方可能还不觉得太多，不过，反复迁徙的次数却甚多。顺治四年（1647），永历行在于肇庆、梧州和桂林间反复漂移。夫之出衡时投奔朝廷和军中，走到湘乡，永历到了武冈。等夫之回来时，永历帝又到了桂林。顺治五年（1648），夫之第二次出衡投奔朝廷和军中，永历帝在肇庆，随后，便到了桂林。顺治六年（1649），夫之第三次出衡投奔朝廷和军中，永历帝又到了肇庆。没多久，又到了梧州。永历帝频繁迁都实际是永历朝廷极其混乱、永历帝极其无能的怪象和缩影。

而这些时光，又恰是夫之一生中的黄金岁月。可以想见，夫之是多么痛苦与悲惨、无奈与尴尬。

在艰难的过程中，瞿式耜坚决反对朝令夕改，每次迁都，他都劝阻，但都无用。最后，他只能无可奈何，独守桂林。是的，瞿式耜始终坚持应将行在设在桂林，并非因为桂林是他的地盘，而是因为，圣驾频频迁移乃国家大忌，迁徙一次，伤一次，反复无常，朝廷再也没有什么威信，人心也都散了，朝堂和三军再无凝聚力。即便"郝永忠叛乱""清军压境"，他都力主圣驾留在桂林，但永历一次也没听他的。永历帝从来无定都桂林之心，每次前来梧州或者桂林，他几乎都是来临时避难的，逃去武冈也是临时避难，他心中只有肇庆。即便形势大好，他仍要折腾着离开桂林。尤其是顺治五年（1648），金声桓与李成栋反清，湖南江西业已收复，永历帝又要从梧州迁都肇庆。瞿式耜再次苦苦相劝。瞿式耜认为，在当时大明的版图上，桂林为战略要地，依桂林可图天下，至少是南中国；定桂林亦可定民心和军心。然而，永历帝最后还是铁心要移驾肇庆。这是李成栋的意思，更是内阁王化澄、朱天麟的手段，其中，还有陈邦傅的参与。内臣与外将相勾结，祸乱朝政。以此次移驾肇庆为例，李成栋当然想圣驾身在其控制的广东，王化澄、朱天麟顺势而为，迎合李成栋的美意。实际上，他们想返回广东。因为，广东比广西富庶，此次，他们又打出了皇太后的旗帜，挟太后以令皇上，与外将刘承胤让永历移驾武冈如出一辙。刘承胤当时与宦官马吉翔、严云从等合谋，挟太后以令皇上，等永历到了武冈，刘承胤又想挟天子以令诸侯。总归来说，王化澄之流皆为永历的佞幸之臣，国事本就紧迫，百姓本就离苦，又摊上永历这样亲小人远贤臣的主子，大明不灭亡也就难了。

"所谓自取灭亡，亦不过如此吧。"夫之人微言轻，只有暗恨佞臣误国，自己一次次焦急而已。

尤其可恨的是，陈邦傅、朱天麟、胡执恭、马吉翔等勾结孙可望。孙可望早就想当秦王，传话永历皇帝，一旦封王，便归顺朝廷。

金堡闻讯知其阴谋，上言力阻："祖训昭垂，一旦而王之，则真王矣……今可望据滇，顺则归本朝，逆则折入于虏，处两可之势而决意效顺，无亦耻为乎？"①

结果，孙可望封王的事情落空了。陈邦傅、朱天麟等想借孙可望之力除掉金堡。此时的朱天麟因为金堡被赶出了内阁，偏居南宁。陈邦傅也被金堡参了一本，于是，朱天麟与陈邦傅遣胡执恭作伪敕册，铸宝封孙可望秦王，想借孙可望威逼永历杀掉金堡。

夫之并不知道朝廷斗争如此白热化，但他知道明箭易躲，暗箭难防，因而替金堡担心。幸而金堡久经沙场，对付奸臣自有一套。

那么，金堡是如何参了陈邦傅的呢？

原来，陈邦傅上奏要做"浔州留守"。与瞿式耜留守桂林一样，永历也批了诏书，但是，他却说自己是"浔州世守"，狼子野心，不昭自明。如此心术不正之人，想在天子脚下拥兵自重，他是想效仿刘承胤，挟天子以令诸侯，国事衰败之时，手握数十万大军，不想如何为朝廷出力，却恣意妄为，只想着如何谋求自己的利益。

金堡立即参了他一本，言其"矫诏"，即欺骗皇上之意。陈邦傅恼羞成怒，言辩自己从未有谋逆之心，日月可鉴。他还请求永历委派金堡

---

① 关于金堡，参见夫之《永历实录》，摘引自罗正钧《船山师友记》，第45页，岳麓书社1982年版。

做他的监军，以证清白。

但金堡不为所惑，继续参他："邦傅何人？而敢请天子从官为其监军，妄意臣且惧之，得复其矫诏称世守之罪。乞追原敕，视有无'世守'字样，令罪有所归。"最后，拿出了诏书，果然没有"世守"，白纸黑字，陈邦傅也只能认栽了。

这样一来，陈邦傅对金堡等一帮人更是恨得牙根痒痒。

何止是陈邦傅，王化澄、马吉翔、朱天麟等人也都把金堡等看成了眼中钉、肉中刺，但是，他们拿金堡没有办法，一来有李元胤撑腰，二来金堡这帮人，不贪钱，不图名，清正廉洁，一年四季，就穿着一身青衣，从不在贪腐方面授人以柄，让他们无从下手。

此时，清军又大兵来袭广东，据说南雄州已经失守，这些奸臣开始蠢蠢欲动了。夏国祥造谣李元胤、杜永和要挟持皇帝归降清军，消息传来，举朝哗然，永历帝下令西撤梧州。西江之上，大大小小上百条船只齐齐升起了白帆，浩浩荡荡向西逃窜。对于这些，当地的老百姓已经司空见惯，这些船只是永历的"皇家方舟"，平日里都停在肇庆的江面上，时刻准备整装待发。

这一回，夫之十分仓促，还没在肇庆暖热新房，就带着新婚的妻子随队伍上了船。

而在梧州，永历朝行在，以及内阁六部也都在船上办公，甚至关押犯人的牢房也在船上。永历皇帝始终惶惶度日，风雨飘摇，时刻准备好逃命了。

由此不难看出，其可笑、可悲与可怜，如此皇帝，如此朝廷，灭亡是迟早之事，怎么可能拯救大明？

永历离开了肇庆，抵达梧州，脱离了李元胤控制的广东，来到了陈邦傅的地盘，这帮奸臣开始行动了。王化澄、朱天麟与马吉翔怂恿兵部尚书吴贞毓、礼部尚书郭之奇等人联合上疏，状告金堡、袁彭年、刘湘客、丁时魁、蒙正发把持国政，裁抑恩纪，谋危社稷。

明知是谗言，是污蔑，永历居然相信了。结果，金堡、刘湘客、丁时魁、蒙正发等一干忠臣立即被锦衣卫押入了大牢，个个打得皮开肉绽。袁彭年因为是李元胤的人，算是得以幸免。

金堡等入狱，有如晴天霹雳，令满朝惊讶。奸臣得意地笑，忠臣则陷入两难的境地。其实明眼人很清楚，王化澄、陈邦傅、朱天麟等人的终极目标并非金堡，他们是恨金堡，欲除之而后快。但是，斩除金堡只是前奏，他们更想除掉的是那些位高权重的政敌，确切地说，是严起恒与瞿式耜。

在这样的风口浪尖，严起恒做何抉择？是缄口沉默，还是挺身而出？是忍辱而退，还是冒死一拼？

入朝为行人以来，夫之与金堡、蒙正发、刘湘客等交往甚密，深知几位为人正直，忠君爱国，日月可鉴。他们同时含冤入狱，夫之已经义愤填膺，而满朝文武居然明哲保身，不敢置喙，生怕惹火烧身，夫之简直出离愤怒了。虽然，他只是小小的行人，但他顾不了那么多，"位卑未敢忘忧国"，他立刻与管嗣裘等前去找严起恒，希望严大人出面，以营救金堡等人。

"金大人等忠臣蒙冤，大人听闻乎？"夫之明知故问，急切道，"诸君弃坟墓，捐妻子，从王于刀刃之中，而党人杀之，则志士解体，虽欲效赵氏之亡，谁与共之？"

严起恒岂能不明白其中的道理？金堡等均为朝廷之忠义之士，抛妻弃子，甘愿效死忠于危难之大明，刚正不阿，一心为国，若把这样真心实意为朝廷办事的人杀了，天下人当然会心寒，还有谁愿意为大明效命？夫之与管嗣裘等不是第一个请他营救金堡的人。事情刚刚发生，他就和近臣做了商议，后来，又陆续有人来找他。然而，官场毕竟是官场，朝廷毕竟是朝廷。他顾虑的更多，不是怕惹火烧身，也不是怕奸臣们的最终图谋。站在他的位置上，策略十分重要。现在考虑的不是个人的安危，而是国家的危亡。挺身而出很容易，赴汤蹈火亦不难，但是，这样不管不顾地做了，能救出金堡等人吗？永历皇帝难道不明白金堡是忠臣？而一想到永历，严起恒就打了个寒战。这个永历真是个无能的软主，是一个糊涂皇帝，更是一个任人愚弄的皇帝。此次是内阁、宦官、内侍、尚书大员等众多朝臣对金堡的集体发难，来势汹汹，永历一见这阵势就怕了。更何况，还有陈邦傅对金堡等人的不利奏折，而陈邦傅不仅掌握着十万大军，皇太后也被陈邦傅等拿捏在手中。可以说，永历无论糊涂与否，都必须治金堡等人的罪。否则，不仅他这个皇帝不要做了，个人的性命恐怕也不要留在世上了。永历尚且如此，他严起恒又能做什么？若此时他挺身而出，无异于飞蛾扑火，也正中乱臣贼子的下怀。要知道，朱天麟等勾结孙可望，其实最重要的一个目的就是"挟上"，以除去严起恒与瞿式耜而后快，而非金堡等人。

后来，这些奸臣还企图联合高一功"挟上"除去严、瞿二人。

"营救金堡！"

这是严起恒奋力的呐喊，也是他的最终决定。这么做，不是因为夫之与管嗣裘的劝说，也不是简单地说为了心中的正义。他豁出去，是不计后果的冒险，是"明知不可为而为之"，是受书生的血性与骨子里的大义所激励，是向充满妖气、戾气和腐气的朝廷投下一道闪电。如果这道闪电注定不能撕开厚厚的铁幕，那么，他被闪电烧成骨灰，撒向青山绿水，也无怨无悔。

严起恒率领众文武大臣前去觐见，却被拦在了永历皇帝的龙舟外，他站了半天，永历皇帝也不为所动。无奈之下，严起恒跪在河滩上，流着眼泪哭谏。他还是比较小心的，他没有直言金堡等无罪，而是说局势危急，人心惶惶，正是需要万众齐心抵御外敌之时，这个时候掀起如此风波，势必影响整个局势，人心不定，恐万劫不复。

夫之与管嗣裘等人也跪在河滩上，一动不动，泪流满面。

严起恒叩拜道："谏臣非今所宜谴，严刑非今所宜用，请贷堡等。"

龙舟外死一般寂静。永历一直没有回复。严起恒绝望了。

瞿式耜也急了，身在桂林，他却接连上了七道折子，救援金堡，永历仍是没有回复。

在这一事情上，内臣外将，格外齐心。曹志建、焦琏、胡一青、杨国栋、马进忠、王进才、马宝等领兵之将也纷纷交疏申救，要求查明真相，再做结论，而不是草草给金堡等定罪用刑。不难看出，金堡还是很得人心的，也说明严起恒很得人心，大是大非面前，这帮悍将还是有点底线。然而奸臣太强大，王化澄等趁机进谗言，金堡与马进忠等内外勾结，企图把持朝政。

马进忠闻此，立即上言："臣等于堡，从无阃外之交，但缘皇上今日具官济济，而中外舆论，谓可心膂寄者，唯一金堡。乃忽举此崇祯、弘光取败之敝政，而加诸直臣，军民之心无不惊骇。乞速宥堡，置之言路，以回天意、收人心。"

永历皇帝仍旧置若罔闻。

此时，高一功出面了。

金堡等人还在狱中。

忽闻高一功偕同手下将士前来觐见皇上，王化澄便授意吴贞毓、万翱、程源、郭之奇、鲁可藻等密遣使于藤县与他会见，企图联合他，依靠他的势力杀掉金堡，并把严起恒、瞿式耜逐出朝廷。

高一功听了之后，哈哈大笑，假装同意了。但是，到了庭前，他却对永历帝真诚道："以兵归兵部，赋归户部，简汰疲弱，分汛战守，较勘功罪，则事尚可为；如因仍离析，兵虽众，将虽尊，皇上求一卒之用亦不可得，有主臣皆陷而已。"

高一功掷地有声，言谈从容，颇有见地，尤其可贵的是他并无谋反之心。见他如此虔诚，永历有些动摇了，满朝大员为其言说而动容。这一回，高一功不仅没提杀金堡之事，更没弹劾严、瞿之意，甚至暗中为金、严、瞿等开脱。

王化澄、吴贞毓等十分不满，怀恨在心。

朝见之后，一些大臣与高一功在舟上举行宴会，吴贞毓亦在场，他表面上对高一功唯唯诺诺，暗地里观察是什么人参加了这次酒会，说了些什么话。高一功似不在意，对吴贞毓亦客客气气。酒过三巡，高一功忽地拿出一纸手书，向诸大臣摆动，道："此乃有人密谋高某入朝杀人，不知各位欲知此人是谁乎？"

吴贞毓顿时目瞪口呆。众人立即把目光投向他。高一功却慢吞吞地收起手书，小心翼翼地将其塞入腋下，故意道："吴大人当然不会做此等小人。好了，各位无须猜测。喝酒，喝酒！"

众人也不愿吴贞毓被当面揭穿，立即应和高一功："喝酒！"

吴贞毓无地自容，后悔莫及：他没料到高一功如此狡猾。吴贞毓和王化澄等人不仅没有达到目的，而且还将一把柄留在高一功手里。

实际上，高一功非但不愿意杀金堡，他还十分敬重金堡。知道金堡已经下狱，他还特地要夫之带他登上关押金堡的船只，看着皮开肉绽的金堡，他心疼不已。当获悉金堡已被打断一条腿，他更是恨得咬牙切齿："中外想望者，唯公一人，今公杖疮若此，其如社稷何？"

夫之闻此，忍不住潸然泪下。

不久之前，夫之还和金堡对酒当歌，吟诗作对，畅谈天下大事，针砭时弊之言，今犹在耳，那时是何等的意气风发，不想转眼间，金堡只剩下半条性命。真是"伴君如伴虎，忠君莫如狗"。

最为痛苦的是，抓捕金堡、抄金堡家的密令，也正是夫之供职的行人司依圣旨草拟并最终签发的。夫之获悉后惊恐万分，曾冒着掉脑袋的风险，偷偷跑到金堡家，希望他快逃亡。然而，金堡毫不畏惧，声称"金某无罪，为何逃之？"结果，一炷香的工夫，金堡被捕并被抄家。面对锦衣卫的严刑拷打，金堡正气凛然，大声指责奸臣乱党祸国殃民。金堡的怒骂招来更猛烈的虐待，被打得半死。金堡血性十足，宁死不屈，让夫之见识了什么是"硬骨头"。

这厢，金堡的事情还在焦灼之中。那边，王化澄、朱天麟等迫不及待地对严起恒发难了。他们借着严起恒为金堡等请命，指使党羽给事中雷德复上疏弹劾严起恒，声称严起恒与金堡结党，金堡所行皆为严起恒密谋指使，并罗列了严起恒的二十四条罪状，包括贪赃枉法、结党营私、把持朝政等等，每一条都是重罪。

尽管早有准备，但当这些"莫须有"的罪名真正罩在自己头上时，严起恒还是气愤难当，有口莫辩。心力交瘁之余，他只好以病退为由，请辞朝廷。

争斗至此，永历帝一时也拿不定主意。

身为行人司职位最低的小官，夫之本没有资格向皇帝上疏，但是，他别无选择，还是寄希望于圣君明鉴。怀着一腔热血，夫之和同为行人的董云骧抱着必死之心，越职为严起恒进行辩护。

夫之上疏言："大臣进退有礼，请权允辅臣之去，勿使再中奸毒，重辱国而灰天下之心。"言外之意，就是要永历皇帝尽快下决心留下严起恒，如若再犹豫不决，一旦严起恒真的离朝，人心就散尽了，国家将更乱，朝政将不堪，皇上也会蒙羞。

"使天下后世，谓皇上为何如主？"同行的董云骧亦以死谏："不惜以颈血，当众人之怒。"

此时的夫之完全置个人生死于度外，真可谓"以卵击石"、不顾一切。他不仅与董云骧一起替严起恒辩护，而且还与管嗣裘一道，义正词严，上疏弹劾王化澄。

这真是石破天惊的壮举！

虽是壮举，但一边是位高权重，一边是位卑人微，皇上当然会掂量谁重谁轻，他没有理会夫之等人的拳拳之心。

接着，夫之又上疏，指出雷德复弹劾严起恒乃受了王化澄的指使，完全是颠倒黑白，斥责雷德复"奉密谋，出险论，备极诬陷，谋害忠良，无视上旨，非人臣所为。若其奸计得逞，只会令忠义之士心寒，长此以往，往而不复，国将不国。请上明鉴"。

一个小小的行人，居然敢弹劾自己。若是个疯子，王化澄可以不管他。可这个小小行人弹劾的奏疏字字似箭，句句如刀，无不击中他的要害。这下王化澄恼了，怕了，他必须尽快除掉夫之、董云骧和管嗣裘，于是立即罗织了一个"莫须有"的罪名，将王、董、管三人一同投下了监狱。

历史如此荒唐可笑。夫之等人的"以卵击石"或"不顾一切"，不仅对金堡、刘湘客、丁时魁、蒙正发四人的定罪毫无影响，还把自己的身家性命搭了进去。唯一的好处就是，夫之的上疏一经传开，朝野上下都很震动。一个小小行人，居然有如此胆气，如此血性。也让朝野更多的人关注起金、刘、丁、蒙这四人最终的下场。永历一直沉默，这是不祥之兆。看来，倘若没有重量级的人物出面，这四人能否活命，就很难说。

夫之的奏疏对高一功和李元胤震动甚大。高一功对夫之这个小人物有些刮目相看。他赶紧携手李元胤，上殿觐见永历帝。其时皇太后也在座。袁彭年亦一同抵达，上疏："臣与四人同罪，不当独从宽宥，请自诣廷尉服罪。"

永历皇帝见高一功、李元胤和袁彭年一干重臣均为金堡等人辩护，十分难堪，心情复杂。如果说夫之等小小行人可以忽略不计的话，那么，眼前的几位，都是重量级人物。如果把握不好，后果不堪设想。永历帝当即下旨，让高、李、袁三人回去，"各位忠心可表，请先回去，朕自有安排"。

眼看永历有些摇摆，特别是李元胤也出面要营救金堡等，陈邦傅等人有些慌了。如果不一棍子打死他们，自己就会难逃罗网。想起吴贞毓所言高一功握有他们的把柄，此事更要速战速决。否则，夜长梦多，难以预料。因此，陈邦傅赶紧伙同王化澄，连夜密谋，罗织罪名，言之凿凿，声称李元胤和金堡是一伙的。金堡所为亦受他指使。

这一招果然狠毒。

李元胤闻讯，慌不择路，赶到殿前，长跪不起，泪流满面，恻然道："若然上认定元胤与堡为同党，堡有罪，臣愿请死。"

永历帝明知有冤，却软弱得不敢为之伸张。

倒是皇太后镇定许多，她见李元胤如此刚烈，连忙安抚道："卿大忠大孝，朕不疑卿。然卿莫认金堡等为忠良，卿忠义如此，堡却谤卿为谋逆之贼矣。"

"此事当真？是谁上疏？抑或面奏圣上？"李元胤闻言，更为激烈，连连叩首道，"若为传言而中小人奸计，当误国矣。"

永历皇帝和皇太后顿时哑口无言。

紧接着，李元胤声泪俱下，高声奏道："言者谓臣党金堡等，臣父自虏中归顺，堡从黔、楚来，从无交往；袁彭年与臣父子同谋归正，陛下自擢彭年都宪，臣父子不敢以一字荐彭年功。彭年、堡自行其志，于臣何涉？臣父子自以归顺功蒙不次之赏，何求于堡？堡间关从王，而登籍十年，官止七品，抑思文皇帝所授也，堡亦何藉于臣父子而为之援？

今援师逗留，臣旦夕与广州俱碎。臣父死，臣且继死，而言者必欲中臣，不知何心！"

永历皇帝面露难色，似有触动。李元胤又伏地痛哭，道："诸臣从皇上，幸而成，取富贵；即不幸，固有余地。佟氏世仕虏中，固山、公、侯、文武大吏将数百人，臣为陛下手刃佟养甲，岂复有余地求活耶？臣誓以死报国家，如此其决，而犹谓臣结党欺君。臣不足恤，恐天下怀忠愤之心者，将以臣为戒矣！"

见李元胤泣不成声，永历皇帝一时不知如何是好。因为，永历皇帝知道这位重臣不好惹，他赶忙下旨命恭候一旁的高一功将他扶起来。

高一功扶起李元胤后，方才上疏。他也是替金堡求情，道："皇上重处堡等，是也。然则上疏奏堡之人，实不如堡等。若然处堡，亦无胜于堡等之事。国事堪虞，窃以为此时此地不便如此。"

永历皇帝让高一功站起来。

但是，高一功继续伏地，道："另奏，臣以为中书舍人管嗣裘、行人夫之等出于忠心，一时轻率，触犯圣颜，恳请宽大处理。清贼大兵压境，当此时，勿要再令事态扩大，以定民心军心。"

高一功言罢，满朝沉默。

众臣没想到高一功不仅为金堡等人辩护，而且为舍人管嗣裘、行人王夫之等出面说话。永历皇帝顿时面露赧颜。因为高一功说得在理，天大的事情没有抗清重要。可是，一帮乱臣贼子就是那副德行，大难临头还要窝里斗，是何居心，有何意义？如此，只会让仇者快、亲者痛。然而，永历的确是个无能的皇帝，他没有能力维护正义，只能亲小人以图一时之安，或者说，只能接受奸臣们给他设计的圈套。

但是，高一功和李元胤是明显向着金堡的，永历皇帝担心如不做些妥协，一旦高一功和李元胤生变，后果不敢想象。毕竟朝廷还要靠高一功和李元胤抗清。

纠结再三，权衡再三，永历皇帝最终下旨：赦免了金堡、刘湘客、丁时魁、蒙正发四人。夫之等三人也随即化险为夷了。

经此一遭，严起恒深知虽然逃过一劫，但自己身处险境，稍有不慎，家破人亡，遂执意托病辞官。他连上了七道奏折，但永历皇帝都没批准。于是，他决定不辞而别，登上前去平乐的小舟。

高一功和李元胤闻讯进谏，请永历皇帝务必留下严起恒，谏曰："严公不在，恐军心大乱。"

永历皇帝大惊，又急令高一功、李元胤等追上了严起恒的行船。同时手谕王化澄同去，务必要将严起恒挽留下来。

王化澄拿着手谕，本来还想耍点花招，采取"拖"的战术，让严起恒远离朝廷再说。

就在此时，高一功、李元胤与军中众将发出联合声明："半壁存亡，恃严辅臣一人，不索钱，不滞军机，何物雷德复，受逆贼赂，思加逐害？愿与同死！"

听到此言，王化澄吓出一身冷汗，赶紧捧着皇上手谕，连连赔不是，请严起恒立即回朝。

但是，此时的严起恒却是心灰意冷，虽然最终回来了，却是离开了内阁，再也不愿做首辅，只勉力做了一位侍臣，为永历帝效死命。

永历皇帝觉得这样也好，至少王化澄等人满意了。

奸臣当道，前途何在？听闻严起恒失势，高一功、李元胤等军中众将又被现实浇了一盆冷水，斗志顿时锐减了一半。

3. 丹心雨，汗青香

"昭州迁谪地，清冽道乡泉。过岭金风缓，当秋暑日悬。重开初度酒，莫诵四愁篇。萧艾吾何有，灵椿正大年。"[1]

死里逃生后，夫之在院子里摆了一张桌子，特意邀请刚刚出狱的刘湘客前来吃酒，同请的还有挚友兼"同案犯"管嗣裘。看着刘湘客一

---

[1] 王夫之《刘端星学士昭州初度，时初出诏狱》，摘引自清康和声著，彭崇伟编《湖湘文库》之《王船山先生南岳诗文事略》，第 55 页，湖南人民出版社 2009 年版。

脸失落的表情和还未消肿的小腿，夫之念了这首小诗，希望能够激励友人，并道："此番含冤入狱，过不在你。小人无得，你算受辱，亦算无损，不必如此气馁。你之气节情操，天下皆知。"

话虽如此，刘湘客既感谢夫之等人的正义，又咽不下这口恶气。他不恨自己含冤遭受了酷刑，而是恨小人把持了朝政。刘湘客气愤道："刘某死不足惜。若我之死可挽救败坏之朝纲，则我之大幸矣。然而，忠言不得谏，善言不得听，逆言不得进，实在可气。更气鼠辈当道，弄权误国，长此以往恐万劫不复矣。"

管嗣裘亦道："夫之，我等虽保住性命，又有何用？朝廷昏聩，大明的希望何在？"

这话说得不是没有道理，永历朝廷早已乌烟瘴气，非但不能明察秋毫，制定救国良策，反而尽干些残害忠良之勾当，怎能不让人心寒？就在几天前，夫之应邀见过金堡。二人把酒说愁，金堡执夫之之手，动情道："如今人人畏见于我，畏言于我，唯恐麻烦上身。唯夫之你等乃小小行人，竟何以如此仗义，甘冒忤逆奸臣之险，置个人生死于不顾耶？"

"无他。陆放翁诗云：位卑未敢忘忧国也。"夫之朗声道，"卫公与我光明正大，哪怕别人颠倒黑白！我明卫公之言，知卫公之心，敬卫公之胆。如朝廷人人如卫公之忠直，我朝有望也。"

"休要夸我。"金堡长叹一声，"有罪之人，还有何望可期？"

夫之道："卫公之冤屈，夫之感同身受。然万不能自轻且弃。"

夫之本来还要请刘湘客、蒙正发等人一同前来聚首，但是，想了想，总觉得不妥。本来朝廷给他们定的罪就是结党营私，才刚刚逃脱牢狱之灾，如贸然聚首，更免不了"结党"的嫌疑，怕授人以柄。

说到结党，金堡尤为愤然："言堡结党？且问谁系我党同？袁彭年？非也，其心中有私。丁时魁？非也，其并非赤胆。唯湘客、正发与我志同道合，亦非党同。堡未有结党营私之心，更无把持朝政之意。所谓欲加之罪，何患无辞乎？"

夫之默然。略停一下，金堡忽而低声吟道："挑灯说鬼亦无聊，饱食长眠未易消。云压江心天浑噩，虱居豚背地宽饶。祸来只有胶投漆，疾在生憎蝶与鰷。劣得狂朋争一笑，虚舟虚谷尽逍遥。"①

面对满朝小人的卑劣，此时的金堡对朝政也心生倦意，竟是有了向佛的打算。这是夫之所没有想到的。但是，在官场浸淫大半辈子的金堡，其内心的痛苦和纠结，非夫之所能体味。

历朝历代，魏征可能常有，但唐太宗却太少了。换言之，不是每个皇帝都能听得进忠言，毕竟忠言逆耳矣。金堡和刘湘客等倒是脾性相投，刚正不阿，大公无私，然而，他们都是纯粹之书生，并不懂得权谋之术，为了正义和理想知无不言，言无不尽，有时候不免天真，甚至失于天真。当初，金堡和刘湘客还曾相信朱天麟是朝中栋梁，还在朱天麟面前参马吉翔败坏朝政，应该严惩不贷，哪知道他们一个鼻孔出气，由此，得罪了马吉翔。夫之当然知道金堡与刘湘客等的一片赤诚之心，见他们含冤，不顾身份，舍命相救，然而，他虽对朝纲失望，但他入朝时间太短，还存有天真的想法……

夫之正和刘湘客、管嗣裘说着话，这时，一位端庄的女子送来了酒菜，此人乃夫之的新婚妻子郑氏。郑氏系襄阳大户人家出身，其祖父郑继之曾是礼部尚书，其父亲郑仪珂后来也入了永历朝廷做官。是年二月，夫之重返永历行在，担任行人之职。见他品行端正，于是，便有人给他说了这门亲事。见到夫之，郑家人比较满意。郑氏自己也很满意，也不嫌弃做续弦。夫之对她可谓一见倾心，此时，她芳年十八，如花似玉。成亲之后，夫之才发觉她是一位难得的好妻子。上得厅堂，下得厨房，又读过书，见过大世面，举手投足之间，颇有大家闺秀的气质，知书达理的同时，又心思细腻，体贴入微，仿佛心有灵犀，夫之的喜怒哀乐，她一眼就能领会，又总能以最恰当的方式给予安慰。

夫之也很珍惜这难得的缘分，对她百般呵护。然则，国事在前，他有时又顾忌不了她的感受。他冒死救援金堡等人之时，她曾劝过："满朝文武都在看着，不差你一个行人，用不着拿命犯险。"

---

① 关于金堡，参见王夫之《永历实录》，摘引自罗正钧《船山师友记》，第45页，岳麓书社1982年版。

夫之体会到其中的爱意和担心，但终究没有听她的，夫之道："若皆顾忌性命，谁还敢言？"

郑氏哀伤道："你不替我着想，难道要我年纪轻轻就守寡不成？"夫之何尝没想到这些，他却无奈："果如此，亦只能委屈你了。"

见无法说服夫之，郑氏最终改变主意，她顿了一会儿，叹道："你且去吧。既为人妻，有祸同担；夫为国事，妻当同往。"

郑氏如此深明大义，令人感佩。看她坚定的样子，夫之又心疼又愧疚。郑氏很少抱怨生活的离苦和困顿，她把委屈都放在心里，从不在夫之面前哭，只有一个人的时候，她才会垂泪。如今，夫之终于虎口脱险，她也有了笑颜。

吃着酒菜，刘湘客不忘夸奖郑孺人的手艺，管嗣裘也附和道："夫之好福气。"夫之有了难得的笑容，心里感觉很甜。但一想到国事，他又难免惆怅。清军已经进攻广东，不日应该就会进攻广西。他问刘湘客有何打算。

刘湘客道："有罪之臣，能有何打算？愚已无心还朝。"

管嗣裘道："眼下危机四伏，外有贼寇，清兵不日将大兵来犯；内有奸臣，朝纲败坏，吾皇落入逆贼孙可望之期不远矣。且天时亦不利于我大明。近日惊闻南海飓风，我广州水师尽毁，大凶兆也。"

夫之道："形势迫在眉睫，我等更应为朝廷分忧。"

事实上，就在金堡等人含冤下狱的时候，清军已经攻占了整个湖南。马进忠、曹志建、杨国栋等部皆败退，战事急转直下，清军马上就要打到广西。刘湘客对此清楚，但此时他已经心灰意懒："且问如何为朝廷分忧？君不见朝廷上下奸臣当道，不可一世，忠臣敢怒不敢言。况皇上一叶障目，良莠不分，岂会听罪臣之言？"

管嗣裘点头称是，道："情势委实如此。尊贵如严公起恒大人，亦无能为力，我等又能奈何？"

夫之见状只能叹气，他何尝不知这永历皇帝之无能？但是，谁让永历是大明最后的希望呢？若这面旗倒了，他们还有活着的意义吗？未到彻底无望之时，夫之绝不放弃。即便永历是一头死马，只要有人说这马还是活的，他就要为这头马竭忠尽智。这就是夫之的性格。执迷也罢，愚忠也罢，夫之不在乎别人的劝诫，只听凭内心的驱使。

其实，刘湘客与管嗣裘又何尝不是这样？嘴上发着牢骚，心里还是惦念。所谓爱之深，恨之切也。

不久，管嗣裘接到御令，赶赴平乐县任职。

刘湘客也有了新的打算。

是年八月，夫之正在桂林为朝廷效力。此时清军来犯，满朝惶恐。永历皇帝决定南走南宁。众将纷纷劝瞿式耜一同逃难，瞿式耜却临危不惧，选择留守。恰逢他六十大寿，军政界的人物都在为他张罗一场寿宴。夫之在他的府邸已住了一些日子，也帮着忙前忙后，隐隐约约，他能感觉到这或许是他能为这位老人做的最后一件事情。

瞿式耜颇为高兴，张灯结彩之中，与众人把酒言欢，谈笑风生，共叙家常。他一脸平静，喜悦仿佛发自内心。但谁都知道，那是暴风雨来临前的宁静。他似乎也意识到这是最后的荣光，六十了，花甲之年，可能再也不会有另一个生辰可贺。

他对夫之格外满意，也很是喜欢，甚至当成自己人。喝着酒，他对夫之道："圣上曾嘉许你'骨性松坚'。你一向以国事为重，忠心耿耿，刚正不阿，又遵守孝道，当今朝廷，委实难觅第二人。可惜老朽认识你太晚。"

"能认识大人，是晚生一辈子的荣幸。"夫之有些感动，又有些伤感。他觉得这个曾经权倾一时的人此刻却像一个最最普通的老者，他甚至莫名嗅到了一种死亡的气息。

"而农，你为大才，若在太平时代，可为股肱之臣，献定国安邦之策。如今你生不逢时，眼下朝中多非善类，非你安身立命、一展抱负之地。"瞿式耜摇摇头，正言道，"老朽时日不多，且听我一言：当进则进，不能进则退。"

夫之有些吃惊，但一想到瞿式耜最近所受到的打击，他又很能理解。不过，对于先辈的奉劝，虽然是为他着想，但他还是坚定自己的信念，道："大人，夫之只是人微言轻，但绝非贪生怕死之辈。若能为皇上分忧，为大明出力，则死而无憾。"

瞿式耜心想：这年轻人怎会如此执迷？而越是如此，他又越觉得可惜。大明若多一些这样的人，未必就没有希望了。只是这样的人太少，所以才要保护。因此，他摇了摇头，语重心长道："而农，你我皆为人臣。此等道理，我比你明了。死，绝非你我所惧，重要的是要死得其所。作为亡国孤民，活，才是考验，是痛苦。万不可图一己之血力挽狂澜，做白白牺牲。我且无能为力，你又如何？"

夫之面色苍白，明知瞿式耜之言甚对，却仍有不甘，但又不便过于反驳。因此，道了一声："在下记住了。"然后把话题转到战局上，劝瞿式耜尽快离开桂林。

瞿式耜则淡然道："而农，你记住老朽的话就行了。至于去留问题，老朽自有安排。"说真的，若不是决心留下来，他定不会接受众人为其举行这个寿宴。说到底，瞿式耜的主意已定，他就是借这个寿宴与众人告别。天下没有不散的筵席。六十岁，饱经风霜，亦算有寿之人了。

在这次寿宴上，通过瞿式耜的引荐，夫之见到了瞿式耜的学生、当朝的兵部侍郎张同敞。虽然他名义上为都御史，尽督皇城周遭的大明兵马，其时却已经有些名不副实。王化澄在兵部安插了自己的亲信，并升任副都御史，同时，又捧明将赵印选上位，等于架空了张同敞。张同敞表示担忧，万一清军来袭，他是否能够号令三军，齐心杀敌。一想到王化澄，瞿式耜就唏嘘不已，若不是此等奸臣弄权，局势不至于败坏到此地步，瞿式耜对前来祝寿的众将道："战事已避无可避，我等亦退无可退，望诸位皆以国事为重。"

张同敞当即答道："且不论他人如何，同敞定不会弃桂林于不顾，同敞誓与恩师共存亡。"说罢，他端起酒杯一饮而尽。

听着张同敞的话，夫之心头发紧，他已经感觉到大战在即的气氛。瞿式耜却气定神闲，端起酒杯，意气风发地与众人对饮，真是泰山压顶而面不改色。

怀着一份崇敬之情，夫之感慨万千，当即为瞿式耜写下生日祝词："千古英雄此赤方，漓江南下正汤汤。情深北阙多艰后，兴寄东皋信美乡。进酒自吹松粒曲，裁诗恰赋芰荷裳。萧森天放湘累客，得以商歌侍羽觞。"①

寿宴散了，人群离去。瞿式耜很快收拾停当。他下定决心誓与桂林共存亡。他披挂上阵，伫立城头，对守城将士作最后的动员："瞿某半生功业均在桂林。桂林为最后之要塞，若然失守，恐万劫不复。众将若弃我而去，我不怪罪；众将若与我同在，我不言谢。我为桂林留守，守土有责。城在人在，城亡人亡。"

清军曾先后几次围攻桂林，瞿式耜都能带领众将挺过去。当时，瞿式耜认为，只要人心齐整，三军振奋，战术得当，还是可以与清军决一死战的。不过，他也清楚，这次不同往日。桂林已经成了清军的眼中钉，这次他们格外重视。孔有德亲自率领几十万人马来犯，下足血本，誓要啃下这块硬骨头。何腾蛟和堵胤锡先后亡故，军中群龙无首，众将士本就心猿意马，尤其是"金堡案"一闹，搞得朝野一片狼藉，元气大伤，加上大难临头各自飞，就连皇帝都逃命了，士气大为受损。瞿式耜当然知道此时军中人心惶惶，原本就三心二意的众将更是要作鸟兽散。他必须做一个表率，下定必死的决心，以此来激励众人，以期能够挽回颓势。

瞿式耜最后的动员没有像历次那样将士们喊出"杀杀杀"的回应，这样的结果本也没什么意外。但瞿式耜意外的是，他身边最亲近的几个人也一下难以看见。就连学生张同敞亦突然不见了。

就在此时，身边悄然来了一个人。不是别人，正是夫之。这个小小的行人道："大人，夫之以为守土仅非您一人之责，抗清亦仅非三军众将之责。守土抗清，凡大明子民，人人有责。夫之义不容辞。"

瞿式耜看见夫之，听了他的话，差一点老泪纵横，幸好忍住了。他长叹一口气，道："若天下人皆有而农之心，大明何愁不收复河山？"

夫之道："大人休要悲观。众将皆在，都御史也挥旗在列！"

---

① 王夫之《留守相公六秩，仰同诸公次方密之学士旧韵》，摘引自清康和声著，彭崇伟编《湖湘文库》之《王船山先生南岳诗文事略》，第 55 页，湖南人民出版社 2009 年版。

随着夫之的手势，瞿式耜看到张同敞正奋力挥旗。原来，他刚刚在家里，对家人作了最后的安排。

"而农，老朽与你相识不长，却闻得你心，见得你才，你可做千古学问，成万世师表，比之方阁老有过之而无不及。"瞿式耜有些欣慰，握住夫之的手，动情道，"切记：勿断文脉！历代壮士，皆沐文脉而生。苍天宇宙，因人设事。有为武者，必有为文者。且文难武易。你虽文武双全，但国运如斯，不可因武而废文，强求于己。为国捐躯者，有你不多，无你不少，有我等亦足矣。"

言及此，这位戎马一生的老臣终于流下浊泪，抖抖道："切记：未到非死之时不可轻言死，你且留住文脉，日后以堪大任矣。"

面对瞿式耜的殷殷叮嘱，夫之十分感动。他本来要随瞿式耜与清军决一死战的。但瞿式耜坚决不从。他先是用家庭温情劝夫之："郑孺人我见过，知书达理，贤淑可人，她不能没有你。赶紧回去！"见夫之不为所动，瞿式耜又慨然道："老朽已闻得你当年中举应列前三甲实列第五之往事。后又读过你的诗文，实觉才情视界均在老朽等人之上。作为读书之人，老朽深知文脉对于国家民族之重要。"

语毕，瞿式耜特地停顿一下，忽地厉声道："正因此，老朽令你速速离开！"

事已至此，夫之再留无用。瞿式耜已别过头去，老肩有些微微耸动。如此动情之言，发乎一视死如归的长者之口，夫之情绪难平，忍不住眼眶湿了。他明白瞿式耜所言"文脉"的意义，更理解瞿式耜厉声责令背后的痛苦、血泪与责任。事实上，夫之晚年长达二十余年孤寂的草堂生活，所做的只有一件事，就是"留住文脉"。

抱拳离开了瞿式耜，挥泪告别了桂林，夫之上路了。尽管预感到大明气数殆尽，也深知永历朝廷只是难有作为的小朝廷，夫之并未回到衡州，而是义无反顾地踏上了南寻皇上的道路。与他同行的是他的妻子郑孺人和侄子王敉。他觉得此行凶险，曾打算安置郑孺人和王敉到安全之地，但是，郑孺人无论如何也不答应。她倔强道："生，一起生；死，一起死。你到哪里，我到哪里，休要赶我走。"

大雨说来就来。刚刚走到永福县，他们就寸步难行了。起初，夫之以为，这雨下几天就会停下来，眼见道路泥泞，他们便在山野人家短暂留住。雨水小了一些，他们继续赶路，但还没走上半天，大雨又开始落下，他们只能躲到山野树丛。后来的日子，雨水断断续续，他们走走停停，停停走走。山高坡陡，林深幽静，羊肠小道，泥巴裹满了裤腿，走两步，滑一步，他们相互扶持。雨云层层，寒烟阵阵，整个世界雾气茫茫，他们再也不知道自己身处何处。无奈之下，他们只能在山脚的一座破屋住了下来，一住就是近两个月。天气日渐寒冷，他们只能相互依偎着取暖，夜里点了灯，听着满世界的雨声，他们絮絮叨叨着桂林的那些事情。

夜已经很深了，一侧的敉儿早已安然入睡。他太累了。夫之带了不少行李，一路上，他背了很多东西，郑孺人要替他分担，他却不让。住下之后，他们开始为吃的发愁。夫之本就没带多少钱，加之居住于山野，距离集市也比较远，他常常和夫之一起出门寻找食物和干柴。很多时候，夫之要看书，上山挖野菜的事情，他也承担了，所以，他的衣服总是沾满了泥水。每日晚上，才能脱下来放到火上烘烤。郑孺人也常常和他一起外出，但是，他小心谨慎，很懂事，脏活重活都是抢着干，哪怕在屋里烧火洗菜，他也主动承担了下来。

看着熟睡的王敉，郑孺人不无感触道："敉儿踏实驯良，小小年纪，如此恭顺，真是难为他了。"

夫之低叹道："这孩子命苦，自幼孤苦伶仃，随我之后，亦没有一日安宁，终日忧劳辛苦。仔细想来，我确是有愧于仲兄的。"

郑孺人宽慰道："你亦不必这般自责，敉儿如今饱读诗书，明理明事，自是你的功劳。艰难困苦非苦，无依无靠才苦，心无所向则为悲哀矣。敉儿不苦，我亦不苦。"她娇羞地看了丈夫一眼，熊熊的火光中，她带笑的脸颊通红，澄澈的双眸含情脉脉。夫之心一动，不觉把她抱得更紧了，她顺势把头依偎到他的怀里。

夫之道："待我们回了南岳，你可帮敉儿物色一个姑娘。这样我对仲兄也算有所交代矣。"

郑孺人赶紧说："那你可要快些回到衡州。"

翌日清晨，夫之被王敉和郑孺人的喊叫声惊醒。他爬起来冲到门口，突然看见外面已经是一片汪洋。连日大雨，洪水泛滥，冲垮了河堤，漫延到大地之上，淹没了村庄和农田，刚好从夫之的屋前和屋后流过，茅屋已经成了一座孤岛。夫之卷起裤管，走进水里，水面正好淹没了膝盖，刺骨的冰冷从腿部传上来，他打了一个寒战。

"秋末冬初竟有如此大雨，实乃天之异象！"一个念头闪过，夫之突然僵在了那里，"不好，莫非桂林城已遭大难？"还没等他反应过来，就看见很多流民拖家带口，大包小包，涉水而过，一问才知，他们正是来自桂林城。桂林城真的惨遭大难。

桂林已经沦陷，瞿式耜也已殉国。

原来，就在夫之携家人离开桂林不久，孔有德便带领清军攻克了全州，一路疯狂杀向桂林。危急关头，身为督军头的张同敞果然调令不了三军，众将败的败，逃的逃，散的散。尤其让人气愤的是赵印选带着十几万大军却隔岸观火，陈邦傅带着十万大军伺机逃窜。只有胡一青孤军奋战，结果溃不成军。很快，清军越过了广西前线，直逼桂林城，此时桂林已是孤城。瞿式耜又以皇上圣谕，召唤各将领前来守城，依旧无人响应。分封在桂林的朱姓皇族也准备逃走了，临走之前，前来劝瞿式耜："先生受命督师，全军未亏，公且驰入柳，为恢复计，社稷存亡，系公去留，不可缓也。"瞿式耜淡定不语。皇族子弟当场落泪，拽着他的袖子，坚决请他上马。

瞿式耜从容地答道："殿下好去，幸自爱！留守，老臣初命也。老臣此心安者死耳，逃死而以卷土为之辞，老臣万万不能矣。"

危难时刻，人心散了，众兵士只顾逃窜。张同敞骑着高头大马，在阵前呵斥他们迎敌，却无人问津。绝望之时，他单骑闯关，进了桂林，面见瞿式耜。

瞿式耜大呼："此时此刻，你为何前来帐前？"

张同敞跪在地上，声泪俱下道："弟子知先生抱死守城。同敞不死于阵者，愿与先生同死城中。"

瞿式耜起身，长叹一声，将他扶起来，声泪俱下，道："既为陪死，先杀敌耳！"

孔有德的大军正在桂林城内烧杀，满城烽火。四处狼藉之时，瞿式耜的军营中已空无一人，甚至连看门的守卫都没了。师徒冲出军营，杀了个痛快。然后带血回殿，支桌布菜，秉烛行酒，各赋绝命诗。大醉之际，张同敞竟然抱着枕头安然入睡，鼾声如雷，看来他早已将生死置之度外。而瞿式耜则回到厢房，沐浴更衣，将大明朝服穿戴整齐，又遣散了家人和侍从婢女。黎明时分，重回殿内，叫醒张同敞，摆一残棋，泰然自若，饮茶对弈，只等清军前来。

大批清人冲进殿内，见到这副情景，以为碰到了活鬼，竟转身就跑。不一会儿，孔有德赶到，见到二人，也顿时愣住了。

应当说，孔有德对瞿式耜既爱又恨，他感叹瞿式耜能镇守桂林那么多年，此前他曾派使者前来劝降，瞿式耜烧了信函，杀了使者，等于明确拒绝。现在穷途末路，仍然风平浪静，不屈其尊。

孔有德真没想到他们以这种方式见面，于是故意鼓掌，嘲笑道："此乃瞿阁部乎？好阁部！"

瞿式耜亦不以为意，回敬道："此乃王子乎？好王子！"

瞿式耜明显话里有话。孔有德不敢强捕之，欲劝降，故言不由衷地夸了瞿式耜一番。但瞿式耜始终不苟言笑，保持大明重臣的风度。

张同敞则不同，他看见孔有德，忽然哈哈大笑，道："麾下从毛将军起海上，受朝廷恩命，官三品。今国且垂亡，吾以麾下为久死矣，而尚存耶？或者吾殆见鬼乎！"言外之意，就是说孔有德身为大明将领却不为大明尽忠，而是通敌卖国，罪该万死。

面对张同敞的嘲讽奚落，孔有德愤怒万分，立即命人把张同敞按倒在地，残忍地砍掉他一条胳膊，又挖掉他一只眼睛。如此仍不解恨，孔有德又亲自上前割下他一只耳朵，恶狠狠地道："你有种，你英雄！老子让你活不好、死不成！"

张同敞血肉模糊，仍惨然大笑，直呼："叛国之贼，速杀我！国士不可辱也！"

"将此败军之将押下去！"孔有德被骂得心情极坏，便命人把师徒二人关了起来。

几天后，孔有德又派明朝旧臣前去劝降。但师徒二人不为所动。孔有德再次派人来，瞿式耜干脆用袖子堵住耳朵，连听也不听了。在狱中，瞿式耜和张同敞擦干血迹，日日吟诗唱和。

狱卒骇然不已。

瞿式耜唱道："莫笑老夫轻一死，汗青留取姓名香。"

张同敞则回应："衣冠不改生前制，名姓空留死后诗。"

十来天后，孔有德再次见了他们，好酒好菜招待，依然没有劝降成功。暗中，瞿式耜却写了一封密函，陈述桂林城内此时军事的分布和虚实，秘密交给信使，以带给城外将领焦琏，他要求焦琏奇袭桂林，并叮嘱道："事关中兴大计，勿要估计我之死活得失。"

谁知这封信被孔有德截了下来。他深知二人没有归降之心，便将二人处决。

临刑，瞿式耜挥笔写下："从容待死与城亡，千古忠臣自主张。三百年来恩泽久，头丝犹带满天香！"

张同敞大笑，与恩师一道慷慨殉国。

几乎就在同时，清军攻陷了整个广东。李元胤身着官服，高呼："陛下负臣，臣不负陛下！"慷慨激昂，亦挥刀自尽。

而袁彭年则投降了清人。

惊闻桂林广东沦陷，瞿式耜、李元胤等壮烈殉国，夫之悲痛欲绝。郑孺人也跟着愁眉不展。连天雨水中，夫之写下《哀雨诗》。只是，此《哀雨诗》手稿在离乱中遗失。

多年之后，夫之又重新写下《续哀雨诗》，瞿式耜、张同敞和李元胤等悲壮情景，仍然哀痛难忍，疾呼："天吝孤臣唯一死，人拼病骨付三尸。"

是的，悲伤太重。苍天似不长眼，凡夫之敬重者，皆已离去。夫之能不哀痛万分乎？幸好，郑孺人在他身边，侄子在他身边。否则，夫之不敢设想，自己还有活下去的勇气否？

　　然而活着，下一步当何去何从？此时，永历皇帝已经被孙可望挟持，入朝效力，已无可能。

　　正当夫之犹豫不决之时，郑孺人突然痛哭流涕："夫君，见你悲苦，我几乎不能承受。事已至此，回家去吧。"

　　这句话一下子击中了夫之心里最柔软的地方。

　　夫之厌倦了，绝望了。他也心疼，甚至麻木了，天昭昭，路迢迢。昏黄的天空下，夫之一步一回头，他要回故乡了。

4. 琴断无声

　　淅淅沥沥的秋雨笼罩着整个衡山，苍茫的雾气之中，两座土坟静静地躺在山脚下。一座是旧坟，覆盖着厚厚的草丛；一座是新的，散着泥香的坟土上飘着纸钱。离开才几个月而已，却像几年那么久。

　　夫之站在父母坟前，抱头痛哭。郑孺人摸着他的脊背，跟着落泪。

　　清顺治八年（1651），夫之经历了一场生死劫难之后，从"永历朝廷"所在地广西桂林回到了衡山长兄王介之的"耐园"。回到家，夫之才知道母亲已经过世。长兄告诉夫之：母亲临终前，不断念叨着夫之的名字。

　　听了长兄的叙说，夫之心如刀绞，泪如雨下。

　　遵从母亲遗命，王介之将她安葬在南岳潜圣峰下马迹桥。父亲王朝聘在这里长眠五载有余，是曰"岳阡"。母亲的坟墓在王朝聘的右侧，背后就是那高耸入云的山峰。

　　夫之默默地打量着长兄王介之，他似乎还是老样子。自从北国失事之后，他的生命就沉了下去，整日里就是看看书，写写字。但是，他心里却是亮堂得很，好像早就看透了一切。在这山里，他过着与世无争无欲无求的日子。他带着妻子，养育着自家几个孩子和二弟王参之的二儿子。他在"耐园"照料母亲多年，如今，他的大儿子王敔也已经结婚了，他格外高兴，就等着做祖父了。

时间真是良药。无论多重的伤，久了就会结痂。在"耐园"，夫之与郑氏过着山民的日子，享受着难得的安静。但南国之事频频传入他的耳朵：永历皇帝已经逃到了云南隆安，他最终还是依了孙可望。清军进攻桂林之时，孙可望派兵围攻南宁，胁迫永历皇帝，最终，获得了秦王的封号。由此可见，孙为阴险小人，更是贼人。他是张献忠的义子，并无为大明效命之心。永历帝重用他，也是无可奈何。如今永历躲在他控制之下的边陲小镇，他就更加可以为所欲为了。而永历皇帝妄图靠当年的逆贼守江山，其实是空谈。此时的永历只是为了活命。大明复国已基本沦为空谈，夫之觉得返回故乡是正确的。

隐居山林，日子过得总是很快，除了看书，夫之要会会朋友了。

眼看旧历新年，听闻郭凤跹染疾，夫之匆匆忙忙走出了家门。还好，"涉园"距离"耐园"不远，都在石狮岭一带。郭凤跹隐居的地方就在王介之的旁边。

所谓"涉园"，与"耐园"不谋而合。所谓"耐园"，大抵就是忍耐的意思，忍得住寂寞，耐得住清贫；所谓"涉园"，故国已不堪回首，漫漫人生路，不过寂寥跋涉，且偷得半日浮闲，在山中搭建茅舍，扎起竹篱笆，种种树，养养花，读读书，清贫日子，如此而已。

未觉雨水打面，但觉长发已湿，水汽扑面，寒意阵阵，这就是湖南的冬天了。在雾气中不知前路地走着，夫之也不知道是否已经迷路，正当他疑惑不解时，突然，云破山出，前方豁然开朗。远处，丛丛的梅花林里，掩映着几座草房子，炊烟已经淡淡升起，天也近黄昏了。

其时郭凤跹正披着兽皮大衣，在树林里修剪树枝，夫之与他不期而遇。见到郭凤跹，夫之喊了一声"季林"，已经泪如雨下。

郭凤跹见是夫之，也一怔，顿时泪湿了衫襟。

两人进了屋里，郭凤跹点上一根檀香，又命夫人泡茶，端来一些粗粮点心，此刻，他的眼睛还是红的，不时剧烈地咳嗽，整个身子跟着上下抖动。

"季林，我听闻你身体抱恙，特来看看，可有大碍？"夫之关切地问。

喝了一口茶，郭凤跹拖着虚弱的身子道："药石无效，只怕是挨不了多久矣。黄土若是掩了脖子，倒也踏实了。"

看着郭凤跹蜡黄消瘦的面容，听着他的悲观声音，夫之担忧不已。

多年故交，几载不见，心里都搁了很多话，香火缭绕之间，他们难免感叹唏嘘，有一搭没一搭地说起了从前的种种。南岳历历在目，却已物是人非。想起前些日路过莲花峰，夫之悲切地道："几日前，路过莲花峰，又听到叔直当年琴声，感慨不已。"

提及夏叔直汝弼，夫之胸口总被压得喘不过气。上次见面后不久，夏汝弼就一直患病，为了生存，他亦奔波于山林中。夫之怎么也不相信他最好的同学与朋友已经离开了这个人世。回顾短短的三十余载生命，他与夏汝弼在一起的时间甚至超过了他所有的家人，从前的形影不离，转眼成了生离死别。他们一起学习，一起赶考，一起北上，一起西进，一起抗清。夏汝弼唯独没有和他一起南下皇都，而是以琴为伴，独自去了祁邵山中，衣不蔽体，食不果腹，亦不向清人低头，不与卖国者为伍，不吃嗟来之食，最终，孤零零地死在山中。

郭凤跹低声道："你可知叔直为何选择销声匿迹，遁入山林？"

夫之哀伤道："他大抵不愿受辱于清人，所以避世。"

郭凤跹道："依我之见，叔直并非只是避却清人，实则对当下之大明心死矣，再无眷恋，叔直乃向死而去矣。"

夫之沉默好一会儿，道："你所言不无道理。叔直承屈子之志，宁溘死以流亡，而不愿毁了清白之身，宁死山中也。"

郭凤跹思忖片刻，叹道："我早说，休要再过问天下事，你不听。"

夫之亦叹道："夫之本性如此，欲置天下而不顾，谈何容易？"

郭凤跹道："置天下于心头又能如何？大明走到今日，已无药可救。此去两广，你应心知肚明，否则，你也不会重归于此。"

"唉！"无言以对，想到南明，再念挚友，夫之心疼得厉害。

郭凤跹亦叹息："哀莫大于心死，若然心死，不如释然。"

一根香烧完，点上另一根香，咳嗽几声，郭凤跹淡然道："夫之，这次回来就别再出去了，此生，我等将在此度过。早日释然，归隐田园，随我种种树，养养花，开地松土，闲时写写文章，足矣。"

"是啊。"此时的夫之长叹一气，已有归隐的打算。

辞别郭凤跹，夫之经过莲花峰，他是要去双髻峰看看，那里是他第一次避乱的地方，也是他避乱最久的地方，那里有他的续梦庵。然而，此次隐居不是往日可比，毕竟不是他一人之时，而是携家带口，须考虑得更周全，更何况续梦庵是佛家香火圣地，郑孺人在旁多有不便，也只能是暂时落脚。郭凤跹曾邀请他在附近找个地方安家，和"耐园""涉园"也好照应。他拒绝了，毕竟隐居还有避世的意味，兄弟住得太近不好，万一出事，难免有所牵连，他怕害苦了兄长。

随后数月，夫之经常去看望郭凤跹，有一搭没一搭地聊几句，即便无声，四目相对，彼此也知对方心意。有一回，夫之特地为郭凤跹留下诗句："先机买隐君能早，后着投生我自痴。也共巡檐吟不了，耐他冷蕊共疏枝。"

郭凤跹吟着诗，眼里闪着泪光。

夫之并未料到，一年之后，郭凤跹就离他而去。

不久，夫之带着妻儿与侄子，来到了续梦庵。他离开这里有几年了，但是，再回来却没有生疏感。

此刻，黑沙潭的水依旧清澈，慈枝和尚仍旧住在那里。再次见面，夫之倍感亲切，知道慈枝别来无恙，他又问方广寺的近况。他清楚地记得，方广寺和旁边的二贤祠是他和夏汝弼等负责重修的，二贤祠里供奉的是朱熹和张栻，而给他们下达任务的便是堵胤锡。如今，堵胤锡已死，只空留圣贤之祠无人问津。还好，方广寺的香火依然鼎盛。据慈枝说，如今的大清国也是讲佛道的，大清的衡州官员们常来此上香。不明之间，夫之心头一颤，若清人常来此地，那么，他注定不能长住于此。

雪花仍旧在飞，天气有些寒冷，点着油灯坐在窗前，山林白茫茫一片，万籁俱静之中，他突然又听到了震彻山谷的熟悉虎啸。那是他的老虎，第一次来续梦庵，他就见过它。多年过去，人们说山里的老虎越发少了，很久没在双髻峰一带见到老虎，可是，他每次来此过夜，几乎还都能听到它的叫声。也许，现在的老虎不是夫之见过的那只，而是它的晚辈，亦未可知。终归，偶尔能听虎啸，夫之不仅不惧，相反，心里还有些慰藉。

夜深人静时，夫之又想到了莲花峰，想到了西明寺。前些日子，经过那里，他本想去拜访悟一上人。但悟一上人已经过世，他只见到了苍枝和尚，如今的苍枝成了寺中的住持。往事真的不堪回首，他只是到朝廷打了个转，被朝中的漩涡呛晕了一下，那些故人明明还活在他脑子里，却早已经是后会无期了。

方广寺的钟声响起的时候，夫之又不能自制地想到夏汝弼，琴声再次萦绕于耳边，他提笔写下："河山恨折延陵剑，风雨长迷海上琴。闻道九峰通赤帝，松杉鹤羽待招寻。"[1]

天气晴了下来，雪一点点融化了。郑孺人忙着打扫房间，夫之和王敉则忙着修葺房屋。忙碌的上午过去，午后，他们终于可以歇息，郑孺人已经烧了茶水，煮好了清粥，恰在此时，破门突然来了。

"阿弥陀佛。夫之先生归来，南岳有灵矣。"听闻夫之归山，破门早就想来拜访，无奈前几日一直下雪，大雪封路，满山冰冻而不得行。阳光刚刚洒下来，他便拄着拐杖，提着糕点抵达。

"谢谢大师惦念。请进！"夫之慌忙回礼。

破门一点都没有变，还是那身破衣裳，还是那么平静安详，时间对他仿佛无可奈何。夫之则不同。夫之消瘦了很多，也憔悴了很多。这难道是佛门与俗世之不同吗？

破门坐下后，夫之亲自奉茶。他们在烧着木炭的小火炉前坐下，相互看了对方好一会儿。破门轻声道："先生清减了很多，在外定是遭了不少磨难。"

多年之前，夫之坚定地对破门道："书生当报国，有志在四方。为了大明，我要出去闯荡。"如今，他却是跌跌撞撞地回来了。想到此，夫之不无感叹道："时间虽白驹过隙，我等却已恍如隔世。"

---

[1] 王夫之《重过莲花峰，为夏叔直读书处》，原录于《姜斋诗剩稿》，摘引自清康和声著，彭崇伟编《湖湘文库》之《王船山先生南岳诗文事略》，第62页，湖南人民出版社2009年版。

破门笑道："先生既出，可有所收获？"

夫之道："一言难尽。先前，寄居山中，心念大明，夫之誓要拯救苍生。然终于出世入朝，一年半载，度尽生死，看遍河山，见得皇上真容，阅得群臣百态。如大师所言，诸多事非我所能想所能为也。既无所为，莫如返家矣。"

破门点头道："若苍生已得救，先生何故救之？若大明已无救，先生何以救之？贫僧之见，生死祸福均一念之间，先生若已释怀，天下亦释怀。世事时局早已非先生所能左右，何必徒增烦忧？"言外之意，破门觉得只要国泰民安，是大明还是大清都无所谓了。

夫之摇了摇头，自嘲道："大师此言差矣。"但此刻反驳，似乎没有先前那般底气十足。

破门亦不以为意，顿了片刻，道："贫僧知先生之才，佩先生之德，敬先生之心，惜先生之境遇。天下虽大，却无容身之所；朝堂虽高，却非安身立命之地。先生命数不在此等。此归来，概不出也，如此甚好。若先生诚能著书立学，实为衡州之福，经学之幸，亦是先生报国之图也。"

夫之突然又想到瞿式耜临终所托"文脉"之情，心有所动，但嘴上谦逊道："大师谬赞，夫之惶恐。天下有才有志者甚多，如方阁老以智、蒙给谏正发，以衡州论，亦有管舍人嗣裘。诸生皆以天下为怀，然终究不能逃隐世之途。概此亦夫之命数。"

夫之说得没错，方以智等皆已归隐田园，蒙正发在牢狱之灾后也遁迹山林，金堡甚至已经出家为僧。管嗣裘不同，他和刘湘客隐居之后，又被李定国请了出来。此时，大明复国似乎正在闪现新的希望，这个希望便是李定国，这位张献忠的旧部甚是与众不同。李定国长八尺，眉目修阔，躯干宏伟，举动有仪度，于群盗中独以宽慈著。喜接文士，通兵法、纬象，读《通鉴纲目》，略通大义，不乐为盗。从小跟在张献忠身边，颇有鸿志与雄心。

自从孙可望控制了朝廷，他和李定国便成了当仁不让的大佬，高一功、马进忠等众多悍将也不得不屈从于他们的威慑，毕竟，这是在他们的地盘上，寄人篱下，粮草和物资都要仰仗他们供给，就算心不甘情不愿，也没办法。

可喜的是，孙可望看上去亦不甘平庸，有所追求。

顺治九年（1652）二月，孙可望和李定国整合了朝廷的残兵剩将，兵分两路，分别向北和向东进发，一路势如破竹，收复了四川和广西。其中李定国尤其勇猛，他带领的大军配备了几百头大象，声势浩大，拿下了桂林，逼得孔有德自尽身亡，还杀了罪臣陈邦傅。军心大振之际，李定国又率部北上湖南，收拾旧山河的同时，他一路召回隐居山庙的有志之士，刘湘客与管嗣裘等就是在这样的情况下跟随了他。

是年八月，李定国率领众将，已经打到了衡州，随后，他又攻占了湘潭，直逼长沙，整个湖南几乎全部恢复。

后世人称，这是南明的第二个抗清复明的高峰。

然而，就在衡州一片热闹之时，夫之并没有像先前那样，贸然出山，他不是审时度势弄个虚名，亦不是侍奉皇上得个实利，而是实实在在、真真切切体会到"留住文脉"的微言大义。恰如破门所言，也许，这是他另一种报国之途。夏汝弼曾言，有心报国，处处可为。父亲、章旷和瞿式耜等均反复讲明"文脉"之重要，夫之静下来后认真思考了这个问题，历朝历代，仁人志士莫不沐于"文脉"而成大事者。自己能够心怀天下、尽忠报国，不也是熟读圣贤之书所致吗？

想到这些，夫之灵光一闪，仿佛突然打开了一片新天地。

然而，树欲静而风不止。夫之埋头苦读《易经》几个月，某日，他又突然造访破门。

夫之喝着茶水，聊了一番读《易经》的感受后，突然问破门："山中一日，世上千年。衡州已是新天地，李将军恢复湖湘之事，大师可有耳闻？"

破门知道夫之有心事，故意问："出家人六根清净，有闻亦无闻。先生此言何意？"

夫之道："定国将军特差人来寻，邀我前去共事。夫之犹疑不决，当往抑或不当往，大师可否指点迷津？"

破门笑道："此先生之事，何故问贫僧？贫僧言当往先生便往乎？

贫僧言不当往先生又当如何？"

夫之皱紧了眉头，思忖良久，叹道："定国将军本贼人，然则，举兵反清之心，率领众兵，收复湖广旧山河，功不可没也，何公、堵公尚不能如此，我敬佩有加。将军多次召唤，言辞恳切，我岂能不去？"

破门明知故问道："既然如此，先生还有何顾虑？"

夫之严肃道："定国将军之心，日月可鉴。然孙可望之徒，却人神共愤。当世之朝廷乃我大明之朝廷，或是孙可望个人之朝廷？复土为明或复土为贼？"

"既有顾虑，何须寻思去与留？"破门望着夫之，认真道，"昔一心一意，尽忠而去，结果如何？况彼一时也，此一时也。乱局之时，尤当谨慎。人生苦短，能成一事，当属造化矣。"

这一回，夫之听到了破门的真实想法，也更加坚定了自己的意志。所谓"成一事"，当然就是"留住文脉"了。此当是大事，非常人能为者。

就这样，在众人振奋之时，夫之却没有冲动行事。李定国收复河山，夫之虽然高兴，但是，他深知，此时的南明朝廷毕竟是孙可望把持。李定国入两广，自然是为大明打天下，但是，孙可望入川，究竟是为大明，还是为曾经的大西，世人不得而知。毕竟，李定国只是一位帐前将军，而孙可望才是幕后执牛耳者。夫之当然想再为朝廷出力，然而，他不能认同孙可望，更不愿意为贼人卖命，所以，他最终婉谢了李定国的多次邀请。

没过多久，孙可望露出了狐狸尾巴，他果然是想恢复大西政权，而不是真心为大明打江山，只可怜了李定国的赤胆忠心。

当刘湘客、管嗣裘等入帐拜见李定国时，李定国问他们："君等读史，以曹操、司马懿为何如人，奸耶？愚耶？"

刘湘客、管嗣裘等人面面相觑，不知道该如何回答。

李定国道："操、懿有戡乱之才，喋血百战，摧大敌，扶弱主，以垂令名于后世，如探囊取物，而顾以此博万世笑骂，犹持黄金换死铁，农夫樵竖之所不为，而操、懿为之，非至愚何！"

显然，李定国把自己比喻成了曹操和司马懿，说他们并非奸臣，而是忠义，忠义至愚。明明他们可以自己当皇帝，却扶持弱主，抵御外敌，最后，还落得万世骂名。其实，此时的李定国自己还看得不够清楚，这曹操是谁？他并非真心为皇帝卖命，而是挟天子以令诸侯。

李定国不是这么想的，但是，孙可望却是这么做的。

刘湘客和管嗣裘之所以愿意跟随李定国，也是觉得他光明磊落，和孙可望不是一路人，是忠良，而非贼人，事实也却是如此。李定国和孙可望二人矛盾是很深的，但是，碍于孙可望的势力，李定国也无可奈何。还好，他率领大军，身在湖广，可以自行决断很多事情，然而，却仍旧不能彻底摆脱孙可望。当时，孙可望下发的各种文书用的都是张献忠大西时期的七叠篆印。

管嗣裘为此进言："此为大逆不道，贼人所谓，应用我朝九叠之印。"李定国亦表示同意，但是，最后还是采用了七叠印。

衡州光复，管嗣裘又进言，请求李定国遣使将永历皇帝接到兴隆，以摆脱孙可望控制。李定国最终也没有采纳。

管嗣裘和刘湘客等再也无法忍受，他们认定李定国仍旧心向张献忠，心有他念。管嗣裘道："吾立身十余年，滨死者数四，岂更从人作贼耶！"一怒之下，管嗣裘和刘湘客离开了李定国，复归山林。

后来，管嗣裘和刘湘客均遁入佛门，最后双双客死在百粤……

十二月，冷风吹进，大雾锁山，夫之的心又在抽搐。大明看似的曙光奈何总是昙花一现？半个湖南又落入了清军之手，四周再次黑下来。

此时，孙可望在四川败给了吴三桂，颓势之下，他怕李定国独大，抢了他的位置，便派人策反李定国手下的大西旧将。李定国的军队内部开始混乱，甚至出现自相残杀。清军尚可喜利用这个机会连克湘潭、衡州等城池，当年何腾蛟恢复又迅速丢掉湖南的悲剧再次重演。

夫之站在黑沙潭前，看着莽莽的群峰和群峰下自己瘦小的影子，他悲愤难抑，欲哭无泪，有一个声音在他的心中痛苦地嘶喊："大明吾皇！好好的江山，好好的子民，竟被你统统抛弃于不顾！即如是，夫之仍然跟你、随你，别无他，只因生于斯长于斯，一切福痛，皆拜你所赐矣。"

5. 幽兆千里

夫之并没有在续梦庵停留多久，很快，他漂到了耶姜山。

顺治十年（1653）的春天似乎比往年来得都要晚一些，但去得又要早一些。

黎明的曙光从耶姜山的背面升起，山的西面还是一片阴影，隔着葱葱郁郁的树木，依稀可以见到天光，近处的梅花尚未掉落，山顶的积雪闪着光芒，晨曦在山顶的位置编织出一层淡淡的薄雾。

三三两两的炊烟从林丛深处腾起，飘到半空，逐渐散开。

夫之携家来此已经有一段时日，虽说是故乡，他却仍旧有些不适应。他的记忆里，故乡从来没有这样安静与寒冷，穿着破旧的黑色绸布棉衣，他还是有些发抖。寂静中，他仿佛又听到了山中的虎啸，刀光剑影又出现在脑海里，火焰升起的时候，浩浩荡荡的龙舟旌旗、交相辉映的金色琉璃、尔虞我诈的朝堂纷争，也跟着在眼前浮现开来。他下意识地深吸几口气，虎啸又消失了。仔细辨认，发现原来是山中佛寺的晨钟，他苦涩地笑了，他确认自己已经离开皇上行在，以及纷纷扰扰好似闹剧的大明朝廷。

那不堪回首的一页永远翻了过去。

身后的简陋茅舍里，他的妻子郑孺人正在柴扉里忙活。柴火上支着陶罐，煮着野菜粥，野菜采自深山，米粥是住在临近的友人邹统鲁与刘子参馈赠的。另外，还有一个发黑的旧铁壶，里面的水也沸腾了，冒着浓浓的水汽，嗞嗞作响。虽然，都是粗茶淡饭，但是，四溢的香气还是让人有了一丝暖意。此刻，没有比泡上一壶热茶更好的事情了，屋里就放着隐居祝融峰的破门送给他的上好的南岳毛尖茶。在一张歪歪斜斜的木桌上细致地泡好了茶，他的大儿子王敔和侄儿王敉走到他身边，也跟着他坐下来。郑孺人已经端上一大碗清粥，她用腰间的围裙擦了擦手，又去屋里拿出几副碗筷。

夫之喝着茶，看着正在吃粥的侄子道："籼儿，你今年多大了？"

王籼放下碗筷，毕恭毕敬地道："侄儿年过十六了。"

夫之微微惊愕，然后兀自念道："是时候成家立室了。"

第一缕阳光探进小院，刘子参与邹统鲁提着一些点心悄然而至。看着两位挚友头上的发髻，夫之倍感欣慰，又莫名地亲切。如今，已是清顺治十年（1653），可是，他们终究没有削发留辫，在他们心里，这仍是永历七年，天下是大明的天下，他们是大明的臣民，对于故国，这是他们唯一能做的了。

品着清茶，夫之与邹、刘二人促膝长谈，天南海北，古往今来，无所不云。令人吃惊的是，往昔撕心裂肺、痛入骨髓的事情如今竟然有些不痛不痒、无关紧要了，即便是家破人亡、国仇家恨，大家说得也轻松了。

夫之笑道："居此耶姜山，往后可以称呼我姜斋矣。"

邹统鲁道："潦倒避世，还知打趣，实为难得。"

"此乃肺腑之言！"夫之严肃道，"夫之余生当在此落地生根矣。"

刘子参忽地叹道："听闻否？湖南尽失之后，广西也复沦陷。"此语甫出，众人顿时陷入了短暂沉默。刘子参又道："永历朝昏矣。想当初，鄙人以举人之身，徒步百里，冒死上疏，无奈人微言轻，无果而终。如今，有此结果，也是预料之中矣。"

"惟赞身在朝外尚有此感叹，可见大明之亡早是定论。"邹统鲁道，"究其因，奸臣弄朝，昏君误国。"

"时势弄人！"夫之亦感叹，"然终究乃我明皇，不说也罢。"

邹统鲁却不然，气愤道："永历之昏聩，比之天启帝更甚。"

夫之思忖片刻，道："长城非一日之功，国破亦非一朝之失。想当初，若袁贼崇焕未成贼，大明会否有今日下场？"

邹统鲁道："大明之败，实为长久积习所致。"话毕，三兄弟喝了一杯酒，陷入了长久的沉默。

那段时间，夫之正在读《春秋》和《资治通鉴》。随身携带这两套书，是他多年的习惯。为朝廷奔走的日子里，他也从未丢弃过读史读经的喜好，这是家传之书。明月当空，他与邹统鲁、刘子参一道带着孩子们去泉水中擦洗身子，看着孩子们在水里嬉戏的时候，夫之忽然感慨道："大系、惟赞，近来我发觉自己快入定了。"

邹统鲁颇为惊异："夫之，为何突然说起道家境界？"

入定也就是心无旁骛了，道家追求天人合一，无为而为，那是很深的宁谧。夫之笑道："若我等不做清人，该当如何免于削发？"

邹统鲁还在莫名其妙，刘子参已经呵呵笑了出来："大清天下，上至皇亲贵胄，下至平民百姓，莫不削前额，留长辫。唯独佛门与道家例外，佛者无发，唯有道家之人可得幸免。"

夫之道："从今往后，可称夫之一壶道人。"

刘子参笑了："此谓饮酒一壶乎？"夫之笑而不语。邹统鲁恍然大悟："夫之，你万不会遁入空门矣。出身儒学世家，武夷先生终生未向老庄鞠躬，若然为道，不悖于先生之愿乎？"

夫之心头猛地泛起淡淡的哀伤，他看了友人一眼，又看了籹儿和放儿一眼，道："先前，起兵挥刀向清人，以死报国，乃吾父之遗命；而今，苟且存活，山中偷生，亦为完成吾父之遗命。近来一直在思考《春秋》，还有《资治通鉴》，如若历史不能逆转，唯有铭记与沉思。亦有为'文脉'留一迹矣。"

"自古以来，立德、立功、立言，乃书生之毕生追求。吾辈立功未有建树但已尝试，立德乃终生修炼之事，立言非常人可为。"刘子参道，"衡州众生中诗文最好者当属夫之，理求立言之大义。大明之教训，理应让后人知。夫之若参天文，识地理，以古喻今，将大明之悲与历史之痛合而书之，此等文字，乃千秋功德。"

"此为夫之所言'文脉'乎？沧海桑田，朝代更替，事事可变，唯华夏'文脉'，虽屡经兵燹，然历久而弥新。何故？盖因有屈子、太史公等众多立言者矣。"邹统鲁道，"夫之若执念于此，敢不直追屈子、太史公乎？"

"休要谬夸矣！"夫之连连摇头，拱手道，"夫之有动笔之念，读史参经，乃毕生之好。来日时光，虽大抵倾力于此，然未敢有以立言而流传千古之心。夫之所谓'文脉'，源于一种文气，字字柔韧，化而润之，亦为正气，但与孟子善养浩然之气又不尽相同。"

夫之似乎找到了人生新的突破口，心情越发安静。此时，永历皇帝身在隆安，所谓的朝廷实际名存实亡。

是年，永历皇帝仍差人召唤当年的旧臣，这其中也包括夫之和邹统鲁。夫之不为所动，道："瞿式耜大人殉国，严起恒大人被孙可望残杀，国事把持于贼人之手，如今朝中再无忠良。"

邹统鲁道："此言极是。是非之地，不去也罢。"

夫之道："前些日子，我收到方以智书信，他身在武冈，朝廷亦有诏他。他权衡再三，泣血忍痛，亦不欲前往。"

邹统鲁道："方大人见识卓越，若芳草幽兰，自不愿再蹚此浑水。"

此时的方以智还在给夫之写信，希望夫之能去见他。方以智辗转来到武冈，李定国恰巧在武冈一带，便邀请他出山，但方以智不肯。他和夫之接连写了几封信，书曰："时乎不再来？"

夫之则回曰："不能披淄以行，寓意赫蹏，意难即白。"

想来，方以智已经把夫之引为知己或者说门下。当时，他正在研习经文著作，想必有很多东西要和夫之讨论研习。

若时局允许，夫之又何尝不想去讨教呢？然时局艰难，不便前行，而他此时已经心向诸子百家和儒道学说，努力钻研自己的学问。

重读《春秋》，反复咀嚼，伏案书写，夫之还能看见父亲的身影。读着《资治通鉴》，他又觉得大明的历史似乎已经盖棺论定。李自成进京，崇祯皇帝在煤山上吊自尽，随后，李自成又被清人赶出了北京城，入主中原。朱氏后人和朝廷遗老遗少在南方建立了南明政权，然而，却没有一个能堪大任，如今，只剩下永历朝廷在苟延残喘。无数的书生志士，先后为大明奔走乃至殉国，夫之就是其中一位。他曾为了那些皇帝皇孙呐喊助威，而他们一个个先后死去，他一次次痛哭；他曾为了大明决心投身行伍，乃至起义反清，以死报国；他曾把希望寄托在永历朝廷，于是，哪怕是一个小小的从八品的行人之职，他也尽心尽力，而因为仗义执言，他却锒铛入狱，差点含冤而死，不到黄河不死心。如今，夫之看到了千疮百孔、龟裂干涸的"黄河"，他的心真的死了。

此刻，夫之轻轻拿出永历皇帝的诏书，嘴唇嚅动，轻轻抚摸，看了一遍又一遍。

最终，当曾经奉为至高无上的诏书轻轻地落入炉火中时，夫之流下了眼泪。

这注定是一个不眠之夜。夫之坐在案前，从子夜到黎明再到黄昏，他文思如泉，挥笔写下《章灵赋》以明志：

> 督非我经，雌不堪兮。专伏以需，师翰音兮。幽兆千里，翼余忱兮。仓悦写贞，疾烦心兮。贸仁无贪，怨何寻兮……①

洋洋洒洒一千三百字。夫之从先祖跟随太祖朱元璋打天下，写到父亲进京为学，再到近年的连连国变，也有自己此间的种种经历，并表明决心：并非他所不愿，而是已经耗尽骨血精气，再也无能为力，从此将不再过问国事。虽长期忧心国变，夫之却从未忘却读书写作，此时的他对古典经文的掌握与运用已经达到了相当高的境界。此赋行文依循古风，语言隐晦深奥，又情真意切，如泣如诉，如电如歌。处处可见《诗经》《春秋》《战国策》《老子》《庄子》痕迹，尤其又有《易经》之奥妙，其渊博学识由此可见一斑。

写完之时，夫之竟然泪流满面，咳嗽了几声，吐了一口血。

《章灵赋》一出，夫之从此与天下时事再也没有半点瓜葛。这几乎等于说，夫之的明朝已经结束了，从此他将成为真正的隐者。但是，明朝的夫之却远远不会消失。直到夫之入土，他仍是一个完完整整的明朝书生。

面对苍茫大地，夫之俯首跪拜，心中默念："祖宗在上，皇恩浩荡，不忠不孝夫之拜上，救国效死在前，避世山野于后，天下为清人手已成定论，夫之从此将不问国事，然志不可夺，清人之土固有不可屈者存，夫之为其一，今退而自循其所守，唯贞生贞死以向天地。"

清水明月，山风徐来。

---

① 原录于《姜斋文集》卷六，为王夫之从此作别国事、归隐田园之作。

第九章

头七

天空正下着小雪，泥泞的道路，冷清的山野。

远远地，唐须竹看见了一柱青烟。他提着一个竹篮，里面盛放着米酒、鱼肉、元宝和香烛等祭品，几经折腾，终于抵达王夫之的墓地。

青烟便是从墓地里升起的，几个人正在那里祭拜。其中一位，穿着清人的夹袄，戴着棉帽子，背上搭着一条长长的辫子，不远处还站着两个清人打扮的侍从，腰间挎着大刀。

唐须竹一惊，他以为清人要动王夫之的坟墓，便扔了篮子，冲了过去，这才看到王敔和刘庶仙也在那里。

看见他，那位清人打扮的男子忽地站直了身子，微微一笑道："这位便是唐生须竹吧？"

唐须竹愣住了，这人居然知道自己的名字。再仔细看了看这人，面色白净，八字胡须，身体略显富态，举止斯文有礼，穿着上等料子的衣服，想来一定非富即贵。

原来，来者竟是大清的湖广学政潘宗洛。

刘庶仙又向唐须竹介绍另外一位清人打扮的中年男人："须竹，此乃画家刘思肯，亦为衡州人氏。"

刘思肯的名字，唐须竹听过，他曾为王夫之画过像。

潘宗洛则是刘思肯的朋友，很早就听闻了王夫之的学识人品。清初厚待天下书生，各地纷纷邀请前朝士大夫出仕，潘宗洛也曾在王夫之过世前拜访过王夫之，听王夫之讲学论道之后，他才觉得闻名不如见面，更是想拜王夫之为师。他们本约定再见，不想却是永别。

听闻王夫之过世，潘宗洛与刘思肯便结伴前来祭拜。

潘宗洛说："晚生委实替船山先生可惜。"

刘思肯也说："先生大才，亦为朝廷之损失。"

唐须竹忽然不满道："先生怀明志，怎可效命戎狄？！"看他一脸严肃的样子，刘思肯面色慌张道："休要胡言。"

潘宗洛却笑了："唐生承师志，吾甚为感佩。"

潘宗洛心胸广阔，不管清风明月，他更在乎朋友的学识和人品。唐须竹与王敔继承了王夫之的衣钵，守贞难能可贵，潘宗洛钦佩还来不及，更不会怪罪。不久，他们也成为朋友。

烧完头七纸钱，三番五次叩拜后，潘宗洛一行方跟着王敔、唐须竹回了湘西草堂。

几位书生相谈甚欢，也就没了朝代界线和官民之分。

而阅读王夫之的书稿，潘宗洛更是如获至宝，后来便常来，成了王家常客。

读着那些珠玑文字，潘宗洛受益良多；了解王夫之的经历，他甚为钦佩。如此博学之师怎能籍籍无名埋没于南岳群山？他欲读尽王夫之的书，便诚恳地对王敔说："先生之学甚大，若埋没此间，实为天下损失。"

王敔坦言道："先人家贫，笔札多取给于故友及门人，书成，因以授之，藏于家者无几矣。吾当尽吾所能，搜寻整理先人文字。"

潘宗洛便联系了唐须竹、刘庶仙等人四处周旋、奔波，王敔终于尽可能地整理出父亲大人的手稿。

望着那高高堆起的纸张，想起父亲大人一生的艰难历程，想起这些手稿的来之不易，王敔忍不住落下了泪水。

1. 漂泊命

"愿承屈子之志，甘做芳草幽兰，而不向人间。"

夫之在给金堡的书信中这样写道。其时，他已经下定决心，此生，他都不会归于大清，也就是威武不屈、贫贱不移了。

顺治十二年（1655），永州云台山的山林中出现了两位陌生的瑶族人：一位面黄肌瘦的中年男人，随行的是一位挺着大肚子的女子，头上裹着一条厚厚的布带，他们看起来像瑶人，却不会说瑶族的语言，行踪也显得十分诡秘。

人们只知道，他们来了之后，汉人和官兵也多了起来。

他们二人正是夫之和郑孺人。

原来，夫之还没在耶姜山过上几天安稳日子，闻风而起的清兵就找来了，危急时刻，他带着妻子和王敉撤离。考虑此行的凶险，临行，他又把敉儿留在大哥的耐园。一路上，清军紧追不舍，他和郑孺人躲进了瑶族人居住的大山，隐姓埋名，化身为山野异族。缺衣少粮，饥寒交迫，郑孺人于艰难困苦之中，怀着八个月大的胎儿，跟着夫之惶惶度日，却没有发出一句怨言。

奔命之时，夫之能够丢的都丢了，没有丢掉的全是书籍。他几乎丢下了全部家当，但《春秋》《易经》等书籍却死死地留在身边。

郑孺人道："你我在逃命，须轻装简行，书本能少则少矣。"

"书乃吾之命根，赓续文脉全赖于此。"夫之摇头，正言道，"书籍一本不可少。"

郑孺人不再出声。这是常态，多说无用。因为每次搬家，书本几乎就是他们的全部行李。

背着厚厚的书籍，夫之的脚步沉重而迟缓。到了耐园，王介之又道："此去逃命，书本且放兄处，带几本当读之书上路即可。"

夫之反问道："大哥之意，哪本当读，哪本不当读？"

此刻，那些书本码得整整齐齐，堆积在案头上。夜幕降临，郑孺人在搭起的土灶旁烧火做饭，夫之开始秉烛苦读。饭后，郑孺人在一旁缝补衣服，夫之又在烛光下伏案写字。直到郑孺人安稳睡去，夫之还在钻研经书。这是这对伪瑶人避居山野的生活常态。

天亮后不久，一个青年疲惫不堪地来到了夫之的门前，低声道："先生，我无处可去。家父让我来找您。"

"永叙，是你？早啊！"夫之十分惊讶。他刚刚睡下，就被叫醒，本有一些愠恼，但见是管嗣裘的儿子，顿时五味杂陈。他一下子想到了郭凤跹去世的事情。

那是年初的时候，夫之背着一竹篓从山中挖来的黄姜，正打算去集市上换几个钱。刚一出门，"季林去了！"刘子参和邹统鲁突然急匆匆地出现在面前，痛苦地说出了这个噩耗。听罢，夫之的竹篓从肩头掉下，黄姜散落一地。

几个月前，郭凤跹已经大病不起，夫之特去涉园探望，说了一些旧事。郭凤跹虽然身子虚弱，但精神还不错。当时夫之还想，以后抽个时间再去看看。却不承想，机会不再，如今已是阴阳相隔。

"唉，友人一个个去了。"夫之自言自语道，然后立即和刘子参、邹统鲁匆忙赶往涉园。

与他们几乎同时抵达的还有唐克峻、李国相和王介之。

天各一方的兄弟们，为了故去的老友，重新聚首，物是人非，岂不伤感？看着郭凤跹安详宁静地躺在那里，夫之百感交集，心头一热，几乎掉下眼泪。遥想青春时光，再念亡国，他怎么也不相信季林已经离他而去。

也正是在这个聚会上，李国相告诉夫之：管嗣裘已于春初病死在异乡的山野里。

夫之禁不住仰天长叹。想着与挚友管嗣裘在永历朝廷的那些日子，点点滴滴，痛心疾首。

当时，管永叙一直跟着叔公管嗣箕生活，知道夫之回了衡州，管嗣箕便登门拜访，请求夫之收下自己的侄子做他的弟子。夫之有些为难。

原因是，他初回故乡，一切都还没有定下来，他不敢轻言答应，只承诺闲暇之余，可以教授经文。没想到，管嗣箕不日病故，临终前，他叮嘱侄子前去投靠夫之。

当埋葬完叔父大人后，管永叙立即赶到衡州，却只见到王介之。王介之告诉他：夫之已经逃到永州。管永叙二话没话，连夜动身，风雨兼程，一路追赶至永州……

此刻，在薄薄的晨光下，管永叙就在眼前。睹其子，思其父，亦思其叔父，夫之心如刀割，道："好，来了就好。进屋吧。"

夫之无法拒绝。他对管永叙怜爱不已，爽快地收下了他。此后几年，管永叙作为弟子和书童，一直跟随在夫之身旁。

管永叙放下简单的行李，给郑孺人请安后，便用清水洗了一把脸，接着帮郑孺人做早餐。所谓早餐，其实就是一点野菜，里面放了一点小米，熬了一碗稀粥罢了。

夫之让郑孺人给管永叙弄一件瑶服。可上哪里去弄？没办法，郑孺人只好把自己的一件长衫改了改，套在管永叙身上。

就这样，这一家伪装成瑶人，在这深山老林，完全封闭起来，过着天高皇帝远的清贫日子。

早餐后，郑孺人外出采野菜。管永叙本要跟着去，夫之道："你刚来，休息一天吧。"言罢，便开始了每日必读的书目之一：《老子》。管永叙搬一小木桩，坐在一旁聆听。

夫之道："古往今来，有关《老子》，诸贤盖莫能明察。"

管永叙问："先生何出此言？"

夫之道："有关《老子》之学甚多，昔之注《老子》者，代有殊宗，家传异说，逮王辅嗣、何平叔合之于乾坤易简，鸠摩罗什、梁武帝滥之于事理因果，则支补牵会，其诬久矣；迄陆希声、苏子由、董思靖及近代焦竑、李贽之流，益引禅宗，互为缀合，取彼所谓教外别传者以相糅杂，是犹闽人见霜而疑雪，雒人闻食蟹而剥蝤蛑也。"

管永叙一脸茫然："请师明示！"

夫之道："道者，老庄是为二圣。老子在前，庄子为后。老子之言曰'载营魄抱一无离''大道泛兮其可左右''冲气以为和',是既老之自释矣。庄子曰'为善无近名,为恶无近刑,缘督以为经',是又庄之为老释矣。舍其显释,而强儒以合道,则诬儒;强道以合释,则诬道;彼将驱世教以殉其背尘合识之旨,而为蠹来兹,岂有既与!"

管永叙点头道:"道归道,儒归儒,释归释,是也。"

夜深人静,夫之还伏在案前,思如泉涌,奋笔疾书:"不尚贤,使民不争;不贵难得之货,使民不为盗;不见可欲,使民心不乱。是以圣人之治,虚其心,以无用用无实其腹,以有用用有弱其志,善入万物强其骨;植之以俟常使民无知无欲。使夫智者不敢为也。"[①] 他认为,《老子》学说贻害无穷,更不可用之于经世治国。

这是夫之的第一本经学专著。此时的他正经历"救国无途"转入"隐世山野"的痛苦煎熬,满腹的愤怒与失望,思想犹如燃烧的灯芯,《老子》便成了他开火的对象。黑暗之中,夫之凭着自己的独特感受,在隔着三千年与老子展开了唇枪舌剑。夫之的《老子衍》很像一本"找茬"的书,与其说是"解读",不如说是批判,而且批判得理直气壮。夫之站在儒家的立场,眼睁睁看着大明血淋淋的现实,逐字逐条,批判性地阐释了老子的无为而治、中庸之道等官场顽疾,他更痛恨由此引发的暴民作乱、奸臣当道、君上无为。犀利的行文,睿智的笔法,不难看出夫之的怨气与怒气、才气与正气。也不难理解,作为儒家忠实信徒,夫之义无反顾站出来批判道释,更像是面对伦常尽丧、德行尽毁的大明,他决心践行重振儒家之学的宣言与呐喊。

夫之的《老子衍》,其最大特点在于"辩证论述"。他并没有全盘否定老子,而是继承了老子的辩证思维。写作该书的同时,夫之正在思考与创作他的古典唯物主义哲学的代表作《周易外传》。这种辩证思维将贯穿于他此后的生命。夫之作《老子衍》,某种程度上,是写作《周易外传》的现实需要,尤其在关于"道"这一点上,两者有着深刻的联系,

---

① 本节王夫之陈述之文字均参考自夫之《老子衍》,摘引自《船山全书(十三)》,包括《老子衍》《庄子通》等,岳麓书社 2011 年版。

所以，夫之立志"留住文脉"的第一件事就从作《老子衍》开始，也就不难理解了。

无论出于政治学考虑还是哲学考虑，夫之总归还是把枪口对准了老子。此时的他，年轻气盛，又心怀亡国之幽愤，因而锋芒毕露，挥剑厮杀，痛快淋漓。然而，该书终究不是夫之一时兴起之戏作，而是构筑其整个思想大厦的压舱石。三百年后，历数夫之的所有论著，批判性的继承都是主旋律，这正是他的开创性价值之所在。只是后来，随着年龄的增长和心境的沉淀，夫之的行文才更显老成与处变不惊。

山不在高，有仙则灵。未过多久，湘南一带的书生就闻道而求，三三两两来到了此地。

"听闻一壶道人身在此间，特来寻找。"

"莫要声张，一壶道人即衡州夫之先生。"

"王先生之学，博大精深，所讲《春秋》，一时无两。"

"先生博学，《易经》见地颇深。"

书生们向当地瑶人打听这样一位瑶人所在，当地人纷纷摇头。偶有所知，也小心回应。书生怀着求知的热望，沿着传闻之中的泥泞小路和泥草房屋，最终竟是找到了夫之。

那么，夫之身在此间的消息是如何传了出去的？

原来，某日，永宁的一位乡绅突然到访。夫之定睛一看，顿时喜出望外：此人正是当年夫之在岳麓书院求学时的友人王祚隆。

王祚隆提着一些腊肉、大米和点心，上门道："听闻此间有位高人，乃衡州举人，南明遗臣，我猜是你，竟又犹疑，果然是你。"言罢，王祚隆呵呵一笑。多年不见，他还是先前那样和颜悦色，笑容可掬，只是成熟了很多，身体也发福了，脸庞更加饱满，面色更加红润，下巴上的胡须还是那么美。

看着王祚隆一身明人打扮，夫之觉得格外亲切。两人遂说起了当年的事情，又说到行社故人邝南乡。听闻邝南乡也已在战祸中离开人世，夫之唏嘘感叹。这群满腹经纶、志在报国的衡州书生究竟再也无处安身立命、报效祖国，于是，都倔强地选择在寂寥中避世独居，守贞而去了，所以，活着的人就更加珍惜彼此。

自那之后，王祚隆常来，每次都会带些米粮油盐，接济夫之。此时的夫之，名气已经很大，在衡州乃至湘南文化圈内，他的声望日隆一日。学子们不仅敬仰他的学问，更感佩他"誓为明人"的骨气和血性。这也是清兵要抓捕他的原因所在。

王祚隆来了之后，慢慢地，整个湘南山区的书生也陆续来了。这些书生要来云台山，其实也是经过一番纠结和挣扎的。一方面要求学，另一方面又知道夫之不希望来者是清人打扮，因此路途上要千般小心，否则就有麻烦和危险。尽管如此，还是有不少书生慕名前来。白衣飘飘，意气风发，书生们从四面八方聚集到夫之所在的山野之地。他们无一例外，都是明人打扮，长发披肩，发髻高耸。看到他们对儒学渴望的眼神，感受着他们内心的虔诚，夫之格外高兴，也就收徒开讲，来者不拒了。

山中，阳光晴好；庭前，空气和平，仿佛身处大明太平盛世。夫之坐在他们中间传经论道，享受难得的读书时光。

一次课后，与王祚隆闲着饮茶，夫之感叹道："鄙人何德何能，诸生愿静坐于此听在下之胡言？"

王祚隆笑道："夫之才学品性，衡州泰斗，湘南魁首，众人仰之，是为师表也。"

夫之摇头："亡国孤民，岂敢称师！"

夫之为国事操劳多年，未有寸功，自认一无所成之际，他的学识和名望早已传遍半个湖湘，欣慰之余，他又惶恐，读书的欲望也就更强烈了。夫之全身心习研《易经》和《春秋》，沉浸在与众位学生的讲学中，他感觉到前所未有的欢愉，以至于忘记了自己在逃难，也忘却了饥饿与寒冷。

就在这个时候，噩耗从天而降：侄子王敉死了。

王敉在耐园住了一段时日，以为风声过去了，便出门往永州寻找夫之。不料，此时追捕他们的士兵仍旧对他紧追不放，最终，他被追兵盯上，骑兵从四面八方围住，将他活捉，让他说出夫之的藏身之地。王粰闭嘴不言，任凭清兵如何严刑拷打。清兵折腾了十来天，仍然一无所获，一气之下将他杀死。

听闻王粰为了寻己而遇难的消息，夫之悲痛欲绝。他冒着生命危险，通过一身打扮，趁黑返回了耐园。看着粰儿伤痕累累的尸体，他的心直抽搐，无数的过往一一浮现。他写下一诗哀悼："斜日荒荒打枣天，山头回首杳墟烟。当时不道今生别，犹向金风泪黯然。"

清军依然在四周游荡，夫之不能多作久留，又换上瑶人的衣服，再次踏上逃难的道路。临行前，他与长兄王介之话别，想到父亲和母亲，想到王参之，又想到粰儿。夫之万分自责，泪眼婆娑。王介之一脸凝重，亦痛苦得说不出话来。

刚刚成家的王敔遂上前劝慰："人死不能复生。叔父当珍重。"

王敔聪慧耿直，自幼饱读经书，十五岁便补邑文学，为文清通醇正，诗文有陶渊明和谢安风旨，自从父亲王介之避世以保全名节，他便长伴父亲膝下，年纪轻轻，放下了一切出仕的念头。

王放则不失时机地爬到父亲的膝盖上，希望用这种温情让夫之留在耐园更久一点。

此刻已是半夜三更，坐在炉火边，夫之目光落到桌案上的一沓文稿上，那是王介之在山中潜心研读经书的心得，《春秋》最甚。每次见他，夫之都会和王介之请教和讨论《春秋》。王介之语重心长地道："为学当读《春秋》，《春秋》者，家传之学。"

夫之点头："父训未敢忘，有家兄榜样在前，《春秋》长伴左右。"

眼见欲走未走，郑孺人和大嫂一起进了屋子，给他们送来点心和茶水。看着郑孺人隆起的肚子，王介之不无担忧，他觉得郑孺人还是留在耐园更好些。郑孺人却道："清兵拿人正紧，耽搁不得。"言罢，遂跟着大嫂出了屋子。望着郑孺人，夫之心疼道："此女性格刚毅，与我尤为笃定情深。"

郑孺人出生于大户人家，从小过着优越的生活，跟了夫之，就没过上一天安稳日子，她甚至把当初娘家陪送的嫁妆首饰拿出去典当变卖以补贴家用，剩下的都给夫之买了笔墨纸砚书籍。夫之说完这些，叹道：

"衡州兵祸以来，夫之常行走于南岳群山，俯仰苍茫天地，静观日月星辰、飞禽走兽、花草树木，参乾坤之变万物之生，始读《易》之志，尤其于耶姜山中，鄙人读尽贤者之论，深感古往今来之关乎道器之失察，已始作《老子衍》与《周易外传》。"

"如此委实不易。"提到学问，王介之深知其艰苦，道，"天地乾坤之论，万物生灭之学，始于《周易》，启者，当持文王周公；先者，当读孔丘诸子；后者，可参王弼朱子。"

夫之点头道："乾坤万物非能穷尽，先人之学，亦未能阅尽，万不敢妄自揣度，其中疑义，必详读以参，细论以书见闻幽思。"

与兄长讨论学业，夫之心情安稳。他又谈起山中授课之事，道："既无经世之途，唯有著经世之学，以书经世之志。"

"好！文脉承续，薪火相传。"王介之鼓励道，"王家后继有人。父亲大人于九泉之下亦欣慰矣。"

夫之所为，得到大哥的肯定，并提升到告慰父亲在天之灵的高度，一股暖流涌入心中，夫之也更加坚定他讲学著书的信念。

"该走了。"夫之起身，虽有不舍，但也得走。

王介之小心地朝四周看了看，又抬头看了看天象，道："此时走，正好。珍重！"

黎明时分，月明星稀。夫之和郑孺人挥泪告别了耐园。

2. 瑶山讲学

回到永州云台山后的第三天，王祚隆出现在家门口，见到夫之，忙问："有什么变故，如此来去匆匆，神秘兮兮？"

夫之如实相告。听闻夫之侄儿王敉不幸遇难的消息，王祚隆又惊又气。他抓住夫之的手，焦急地劝道："清人既然仍在抓捕你，此处已不安全，须尽快离开。"

其实，夫之又何尝不急呢？可是，天地之大，竟似乎容不下一草民野夫！王祚隆看出了夫之的犹豫，略作停顿，道："如不嫌弃，与我为邻如何？"

"怎敢忍心叨扰尊府？"夫之有些不好意思。

"事不宜迟。我先回去收拾一下。隔日即来与你等同往。"王祚隆言毕，立即返回。

几天后，三个瑶人打扮、一个明人装束的人走在一起，一路南行，行色匆匆，进入了郴州永宁山中。云台山离永宁山并不远。王祚隆的家就在永宁山下。

夫之一行就寓居于此。原本以为只是暂居，没想到，一住就是三年。

虽有王祚隆的照顾，但生活不能全靠别人。王祚隆也有自己的难处，兵荒马乱，一下添了三口人，吃饭就是问题。

最初一段日子，夫之隐居在王祚隆家旁边的山林里，甚至在山洞里住过。他和管永叙每日都在山中寻找食物，最多的还是野菜野果、地瓜萝卜，还有一些竹笋菌类。郑孺人还与管永叙去山中的一处寺庙讨过斋饭。看着郑孺人含辛茹苦，夫之难过极了。

但熬过了最初的艰难，慢慢地也就适应了。王祚隆经常来看他。有一回，两人谈起了学问之事，又提到云台山的收徒开讲，王祚隆告诉夫之，有弟子说他常有惊人之论，夫之忍不住调侃道："老夫行与世违，不求万世敬仰，但求言骇众听。"

王祚隆笑了。他知道，并非夫之刻意与众不同。只是，夫之绝非凡夫俗子，在漫长的行与世违中，他那卓尔不群的创造与发现注定他会"言骇众听"。

夜色降临，夫之一家在山洞中生起火堆。郑孺人有重孕在身，加之操劳太累，她铺着草席，早早地睡下了。夫之就在一旁火光里读书，管永叙则在一旁准备笔墨纸砚。

日子在贫苦中一天天逝去。郑孺人的肚子越来越大了，山野之地甚不安全。在王祚隆的张罗和坚持下，他们住进了山寺。

青灯古佛，香火阵阵，钟声落下，木鱼也不再响动，深深的院落里，厢房的灯还亮着。夫之披着冬衣，坐在案前，对着窗口的大樟树，默默地读书看稿。夜不能寐之时，他又把管永叙叫到身边，道："最近有什么心得？"

管永叙道："元为仁，亨为礼，利为义，贞为信，何故不言智？"

夫之心一惊，道："终非智则不知终，始非智则不知始。"[①]

管永叙点点头，道："故老子曰'上善若水'！"

"水，非火则无以济，非木则无以屯，非金则无以节，非土则无以比。"夫之摇了摇头，道，"知而后行之，行之为贵，贵乎知行合一，而非但知也。"[②]

没过多久，郑孺人的肚子大得不行了，住在寺庙中多有不便，必须尽快搬走。

幸得王祚隆早有安排，招呼山民，为夫之一家在山下盖了一座茅舍，背朝大山，面朝河流，门前一片平场，四周古树参天，鸟语花香。搬到此处后，夫之感觉不错，向王祚隆道了谢。此后每每深居简出，除了读书写作，就是锄地耕田，偶尔往后山跑，采摘野菜山菌，照料一下郑孺人，只等孩子出生了。

一天忙完，傍晚时分，坐在河畔，夫之还是喜欢和管永叙论道。夫之雄心勃勃，他试图以《易经》为体，结合现实，重塑道德。他认为，大明的沦丧皆因道德的沦丧，始于很早之前，为君者不行天道，为臣者不行四德，尤其在"贞"字上，大明之祸并非天下人无"智"，而恰恰太多有智之人在为一己私利，玩弄权术，尔虞我诈，钩心斗角，背信弃义，是为不忠者，他在永历朝廷见得太多了，所以，大明才一败再败。

其时，夫之可能并未想过要建立一套唯物主义的哲学体系，再造《周易》，更多的是为了匡扶正义，重新树立儒家道德人伦。而尊儒他主要是通过批判老子与佛陀来实现的，这是破。破的同时，他还要立，立的正是他所认为的儒家正统之道德人伦。这个过程其实很有趣，他在

[①] 《周易外传·卷一·乾·二》。

[②] 《周易外传·卷一·乾·二》。

佛家的小院里，把佛陀说得体无完肤；又在不知不觉中，运用老氏的辩证思想将老子批得一无是处。最终，读着《周易》，他思如泉涌，越辩越明，乾坤并肩，天下唯器，道不悬于器外而生，此正是古典朴素的唯物主义，不知不觉，他创造了古往今来卓尔不群的哲学体系。

当然也有先贤提出过唯物思想，比如宋朝张载，然而，像夫之一般如此彻底地阐明，天下间唯器，太虚一实，还是头一遭。就连他虔诚的弟子管永叙也一时无法接受，管永叙道："此亘古未有之说，岂不有悖王子，更悖于程朱？"

夫之摆摆手，反问道："若皆因循而守，何以治学造新于天下？"

恰在此时，郑孺人一声哀号。夫之赶紧跑回茅舍内，吓了一跳，但见郑孺人满头大汗，一脸苍白躺在地板上，大腿之下流了一摊血。管永叙害怕，且不便上前。夫之手脚无措，大喊一声："快去叫人！"管永叙迅速跑向王祚隆家。

很快，王祚隆带着内人匆匆赶来。在王祚隆内人的帮助下，茅舍里传出了婴儿响亮的啼哭声，并叫："恭喜王先生，是个公子！"

夫之浑身一颤，又惊又喜。

夫之给这个孩子取名"勿幕"，初衷很简单，就是希望他健康地活下去，不要像花儿一样刚刚开放就匆匆谢幕了。然而，这样简单美好的愿望并没有保证这个孩子能够好好地活下去。几年后，尽管夫之和郑孺人竭尽全力、悉心照料，但王勿幕因为一场重病，在缺医少药的深山里折腾多日，最终还是夭折了。

夫之和郑孺人双双为此大病一场。夫之经历的生离死别较多，情感上有些麻木，病后恢复得也快许多。但郑孺人经此打击，身体一下子垮了许多。年纪轻轻，头发掉得厉害，瘦得弱不禁风，让夫之看得直掉泪。

只要还有一口气，日子还得过下去。

春天不知不觉就来了，雨后的阳光照到身上，有一些暖意。

那天上午，夫之放下书本，正陪着虚弱的郑孺人在茅舍前晒太阳。管永叙眼尖，报了一声："来客人了。"

夫之抬头一看，但见王祚隆领着一位穿戴锦衣玉帛的乡绅登门造访。王祚隆介绍道，乡绅名曰王文俨，乃山下西庄源的主人，其人心胸豁达，仗义疏财，其庄园每日都有名师讲课，远近书生纷纷汇聚，好不热闹，对此，他也颇为得意。

"此次来，他是慕名而来，恳请夫之先生前去讲学的。"王祚隆微笑道。王文俨连连点头。

夫之见王文俨坦诚直爽，一脸谦逊，且又是一副明人打扮，夫之多了一份亲切和好感。加之王祚隆出面，夫之不便推辞。从客观上讲，他也需要为郑孺人谋一点生活之便，她产后出血太多，长期没营养，身体如何得以恢复？因而当即应允，说翌日便可前去。王祚隆和王文俨均十分高兴，二人还郑重保证，凡来听课者皆大明子民，且不将授课消息向任何无关者传递。

第二天上午，王文俨来接夫之时，他早已准备停当，带着管永叙去了西庄源。王祚隆心细，让内人前来陪伴郑孺人。

亭台楼榭，小桥流水，花香鸟鸣，春意盎然，好一个西庄源。更令夫之吃惊的是：讲课的云坛已是人头攒动，有少年，有青年，也有年过而立不惑之人，都是明人打扮。看来，王文俨提前做了不少准备。不少人面现欣喜之色，交头接耳，说的都是夫之：

"先生骨性松坚，为书生楷模。"

"先生之才，衡州无出其右，湖湘而论，亦是翘楚。"

"先生博览众家之书，而独守圣人之志。"

当夫之出现在云坛的时候，众人肃然起敬，场面顿时静止了下来。王文俨本欲介绍一下，场下有人立即高喊："夫之先生之名如雷贯耳，谁人不知？吾辈皆慕名而来也。"王文俨想想也是，立即向夫之抱拳，谦笑一下，道："此坛非无名之辈能站也。"言毕，立即下去。

夫之还礼后，往坛上一站，众人纷纷向他鞠躬。夫之亦抱拳还礼，示意众人坐下。众人依旧站着，只等他坐下，才能坐下。初一开讲，夫之还是有些拘谨，他没想到会有这么多人前来，声音不免有些颤抖："夫之自幼从先君子武夷先生学习《春秋》，长兄石崖先生亦在旁多有教诲，后求学石鼓书院、岳麓书院，举于乡，国变以来，间道奔走，行于永历朝中，而今复归于乡。无论于时地，未敢忘圣人之学，尤以《春秋》为甚，尔以为读《春秋》乃知大义，明是非，辨善恶。此番受邀开讲，心有惶恐，然盛情难却，愿与诸君共同探讨研习。"

做了这番开场白后，夫之放松下来，话题转到《春秋》上，他更笃定自信了。

"元年春王正月。"夫之问，"何故谓之'春王正月'？"众人低头交谈，莫衷一是。夫之于是旁征博引，从容自信，侃侃而谈。"王正月"，此为《春秋》开篇之语，亦是后世众大儒研习《春秋》面对的第一个问题，夫之也不能例外。先前他尽考各家之言，不外乎以下几种注解：周改时改月；周改月不改时，即以夏时冠周月；周时月俱不改；存疑莫敢论定。夫之则认为，周平王东迁以后，王室微弱，诸侯恣意妄为，周道已绝，然而《春秋》仍以王称之，可见鲁国仍旧行周礼，以示"大一统"之义，故"王正月"之王仍旧是周平王，此正月为周平王之正月，非天之正月，以寓周正之差，夏日得天。

短短一席话，说到了朱熹、胡安国等先君对《春秋》注解，又引证了《周礼》，融会贯通到《诗经》，夫之的丰沛才学一览无余。众生听罢，纷纷点头赞叹。一旁的王文俨和王祚隆早已心悦诚服。

王祚隆道："世兄，我所言非虚，先生确为旷世之才。"

王文俨亦笑道："我先前读《春秋》，白读矣。"

课后，面对严重缺乏营养的夫之，王文俨准备了一桌好菜，又给他准备了一身换洗的衣服，夫之甚为感动。不承想，穿上那袍子，却有些宽了，看上去就像几根竹竿撑起一件晾晒的衣物，他太瘦了，只剩皮包骨头，撑起衣袖感到有些空洞，但是，他心里还是欢喜的，稍感慰藉之余，又有些惶恐，他拱手道："得公如此厚爱，实在有愧。"

王文俨笑道："先生若不嫌弃，当常来开讲。"

此后，经王文俨的接济，夫之的日子好过了许多。

慢慢地，讲课成了夫之的日常生活，他的名声越传越广，前来听课的书生越来越多，从最初的十几人到后来的几十、上百人。有时候是在王文俨西庄源的云坛，有时候就在他自家茅舍的平场上，有时候甚至是在山林里的一处巨石旁。

不知不觉，一天过去，很多天亦过去，三年竟然也过去了。

多年讲学《春秋》，众生皆心悦诚服于其学识。有一日，夫之突然觉得该有些变化了。于是，改讲《易经》。听闻夫之论《易》，大批书生趋之若鹜，听讲的人数陡增一倍。夫之却格外淡定。

夫之道："张子有云，物必有两，夫之以为当以乾坤并建。太虚一实，天下无器外之道，道者皆在器内，皆为器里，天下唯道……"

与往次的寂静不同，台下的书生突然交头接耳起来，但是这种骚动很快平息下来。

"朱子所言太极阴阳。"夫之察觉到了异样，但仍是淡然自若，继续讲学，"夫之以为，阴阳者，呼吸也，统一气而互为息。"

台下又是轩然大波，大家还在议论纷纷。突然有人站了起来，大声道："朱子有云'存天理，灭人欲'，诚如先生所言，置朱子何地？"更多的人亦站了起来，疑问与指责混成一片：

"先生之言有辱圣贤，有违天道。"

"天命难违，先生之意，逆天改命乎？"

"濂溪先生有云，无极而太极。"

"朱子有云，太极却不是一物，无方所顿放，是无形之极。"

"有理方始有阴阳也。"

"气散而理不灭……"

是的，夫之在挑战朱熹的权威，他料定会有人不服。没过多久，场面便有些失控了，有人甚至开始对夫之谩骂，有的则扔书本砸他。王文俨和王祚隆也惶恐起来，他们没料到会发展成这样，赶忙把夫之带回书房，不知如何是好。二位担心的不是观点上的冲突，而是有人借此不满去报告清兵。

但夫之无所畏惧，他亦不觉得失了大体，反而大笑道："此等腐儒，听不得进步之言。夫之哪里敢冒犯朱子，朱子亦为夫之之师也，直抒不同见解而已。"

王祚隆哭笑不得："夫之，既知亚圣不可冒犯，又为何执意为之？"

夫之摇摇手道："无胆识何以得真知？无革创何以见新生？"

王文俨呵呵笑了："先生果然不凡，然亦不可乱讲。"他担心的是有人将清兵引来。

"夫之一片冰心，天地可鉴。"夫之又自辩道，"夫之从不诳语。所得见识，皆由圣人之学而来，与朱子不同之见，亦由参悟朱子之学而来，岂有冒犯之意？"

考虑再三，王文俨还是没让夫之再讲《易经》，夫之也甚为理解。其实，他真的没有与朱熹敌对之意，也不是为了标新立异出风头。博采众家之长，批判地继承老子在先，他对朱熹的学说也是批判地继承，实际是对其正确思想的梳理与再发展。

然而，就是这样的改良与革新，那些腐儒还是无法接受。幸亏，这些书生虽然有对夫之不满，但也只是观点冲突，没有小人去官府告密，亦无清兵进场骚扰，此可谓夫之和王文俨之大幸。

后来，夫之也习惯了按部就班每日讲讲《春秋》，乐得自在，但是，他不会甘于平庸，他仍在探索与再发现，进行着他的创新。

就在夫之平静讲学之时，郑孺人又为他生了第二个儿子，取名王敔。夫之夫妇甚为高兴。此时的生活，较先前好了不少。郑孺人也更有养育经验。王敔的体质比王勿幕要好得多，这些，皆是王敔得以长大成人的关键所在。

夫之还在刻苦读经，奋笔疾书，他开始撰写政论了。大明亡国之耻一直搁在心头，他必须思考与反思，即创作《黄书》。尽管大明已经名存实亡，但夫之还是没忘记远在隆安的永历。夜不能寐之时，他在幽愤中写下："鹃血春啼悲蜀鸟，鸡鸣夜乱度秦关。琼花堂上三生路，已滴燕台颈血殷。"国与君一息尚存，夫之不敢忘，亦不能忘，这不敢也不能给他增加的便是双倍的"忧"，他因此又写下彻骨之痛："沧海金椎终寂寞，汗青犹在泪衣裳。"

向死而生，上下求索，这是夫之当时的心境，也是他后半生的心境。当越来越多的拖着长辫子的书生前来听讲时，夫之默默地想："吾皇危在旦夕,吾却在此为清人教书育人,巩固疆土,岂不等同于背叛?"

听了他的困惑,王文俨规劝他:"大明抑或大清,圣人之学不改。"王祚隆亦笑道:"大清亦奉圣人之学。"夫之有些惊讶,心里很不是滋味,却还是坚持了下来。

某天,王文俨为了生活方便削发留辫之时,夫之却无法忍受,认为这是对大明的背叛。王文俨却笑道:"尘埃落定,事已至此。王朝更迭,古来有之,先生何故坚持?"

夫之倔强道:"皇权可禅、可继、可革,而不可使异类间之。"言罢,他头也不回,拂袖而走,再也没回西庄源。

清人追捕他的风头已经过去,他不想在王文俨的西庄源待下去。实际上,清人并不是不知道夫之的行踪,只是因为知道这位当地名重一时的大儒所做的不过是讲学传递,并无反清之举,而夫之所讲之学亦是清人重视的儒学之道,因而觉得无关紧要,对他的跟踪和抓捕也就没必要了。

当听闻夫之因为王文俨恢复清人生活常态而决然离开西庄源时,王祚隆特来劝诫。夫之故意试探道:"莫非兄亦卑躬屈膝于异类?"

王祚隆面露难色,不知如何作答。

其实,夫之并不恨王文俨,人各有志,总不能强人所难,更何况王文俨有恩于他,他知道感恩。但是,他万万不能与清人为伍,这是他的做人底线。

王祚隆深知夫之的脾性,他也不再强留,只是有些惋惜。跟夫之交往长达三年多,这三年,对夫之而言,是生命中的重要时期;对王祚隆而言,同样是生命中最有意义的阶段。夫之离开后,王祚隆长年隐居于山中,同样誓不为清人。应该说,这样的决绝,与夫之的影响是分不开的。

"保重!"夫之紧紧握住王祚隆的手,心情复杂地与挚友依依惜别。就这样,夫之带着家人返回了故乡。原本以为还能与王祚隆再见面,但实际上,山重水复,此一去,便是永别。

3. 高处不惧贫

山雨连绵之时，夫之回到了双髻峰。

看见夫之回来，慈枝和善地笑了："先生别来无恙？"

许久未见，夫之倍感亲切："大师，身体可好？"

慈枝咳嗽了几声，轻轻念道："贫僧老矣！时日不多也。"

慈枝只是一位平凡的僧人，没有旷世学问，有的只是一颗避世山野、念佛向善的心。十几年间，一个人在山上过着寡淡的日子。与他为邻，更像是一位熟悉的亲人，他给夫之很多生活上的帮助和指点。见他容颜苍老，夫之心绪难平，不知不觉，时光已跟着老了，续梦庵的草房也有些破败了。面向山野，夫之感觉到淡淡的寂寥。

简单修葺了一下草房，夫之特地去了岳阡，拜祭父母；又去了耐园，探望长兄，接放儿回家。

见到父亲，放儿有些拘谨，好一会儿才敢靠近。夫之觉得心疼，心想再也不会让放儿离开自己。见到大哥，夫之既温馨又难过，大哥已然华发丛生，刚刚懂事的孙子就依偎在怀里。如今这世上，只有大哥与他最亲了，兄弟之情越加亲近，夫之尤感长兄如父之真切。

夫之汇报了三年在外的情况，又和大哥说起了《春秋》。

《春秋》之说，王介之钻研很深，他著有《春秋四传质》，还入编《四库全书》。而夫之著《春秋稗疏》，可谓深受家兄影响。《稗疏》仅在引文部分就参考了王介之六条之多，更不用说暗藏于行文之中的诸多见解了。

见到夫之归来，王介之忧心忡忡与之商量："大明名存实亡，朝代更替已成定局。且速理家事，以备不测。"

夫之亦感觉到不祥的预兆，赞同大哥的提醒。归山后，夫之决定立即着手作《家世节录》。

言谈之中，王介之不无感叹："清人虽为戎狄，然金人不可与之同日而语。此番入主中原，不废中国学礼，颇有中原王道之风。"

王介之此言实则点明了夫之之所以不再受清人追捕之缘由。

夫之笑道："一日为戎狄，终为异类，有何不同！"尽管夫之能够感觉到大清与先前所有的蛮夷戎狄均有所不同，但倔强的他仍认为大清还是野蛮之邦，而绝非正统，亦不会成为正统。

从耐园回到双髻峰，夫之的家里突然热闹了起来。

放儿始终不愿意离开耐园，王敔便提出跟叔父学习，一道回双髻峰，放儿和他比较亲近，才愿意跟着父亲走了；郑孺人的弟弟郑丞生祖也从旧居鹿门溪辗转而来，投奔了夫之；管永叙一直还在跟着夫之学习，又有避乱佛寺的青年戴日焕前来求学，还有闻声从衡州各地不定期前来学习的书生，这其中就有欧子直与刘庶仙。

门第热闹如斯。虽说没有在永宁时那么光鲜，夫之却忽地有了一种"安稳"之感，这是故土带来的"家"的好处。在永宁，身处众人之中，他却总有淡淡的孤独与疏离感。他的行为举止被很多人视为异类，他的学说更是很多人眼中的异己。而在南岳，他重归了自然，每日俯仰天地，身边虽只有几位学生，但这几位很难得，对他格外尊重与信任。

每日午后，夫之照例会坐到院子中讲《春秋》，几个年轻人围着他，细心聆听，王敔也会加入其中。有时，郑孺人忙不过来时，他便帮忙带着儿子玩耍，王敔刚刚学会走路，需要人照顾。除了《春秋》，夫之讲得最多的就是《易经》了，空谷幽深，没有比《易经》更适合的了。

黄昏时分，夫之带着弟子们在黑沙潭一带散步，听着竹风松涛。他们在夏日的溪水中，清洁手脸，擦拭身子，迎着漫天夕阳，坐在巨石之上，他手指天地道："阴阳与道为体，道建阴阳以居。相融相结而象生，相参相耦而数立。"[1]

管永叙道："先生所言，莫不是言阴阳生人，阴阳治人乎？"

夫之道："是也。阴阳生人，而能任人之生；阴阳治人，而不能代人以治。"

---

[1] 《周易外传·系辞上传第二章》。

王敞则道："然，器不足以承佑，圣人之于人犹天也。"

郑呇生也插话道："然则能承圣人之佑者，唯君子也。"

夫之很高兴，这些晚辈都有了一些见识和学问，但须更下功夫，多加教诲："君子常其所常，变其所变，则位安矣。常以治变，变以贞常，则功起矣。象至常而无穷，数极变而有定。无穷，故变可治；有定，故常可贞。君子无穷其无穷，君子有定其有定。"

戴日焕道："故圣人承天以授《诗》《书》《礼》《乐》。"

夫之道："天之待圣人，圣人之待君子，望之深，祈之凤。人物有性，天地非有性。阴阳之相继也善，其未相继也不可谓之善。"①

欧子直则在一边问："先生，此为何意？"

夫之愿意为晚辈释疑答问，道："天地者，贞常制变，制变而贞常。制为天道，天道无择。盖道在未继以前，浑沦无得失，雨旸任其所施，禾莠不妨并茂，善之名未立，而不善之迹亦忘。"

群山是他的知音，学生是他的拥趸，挚友更是他的精神伴侣。

偶尔，夫之也会前去石浪庵寻找破门和尚闲谈。此时破门的书法之声名越来越大，已经有人将他和石涛、石溪相提并论。因为他号石浪，世称"三石"。其实，夫之完全可以向他讨要几幅字画，前去变卖，得些钱财，但是，他从未想过要这么做。

有一回，破门主动提出送夫之两幅书法作品，并笑称他可"扔之于市"，实际上是暗示他去换些钱粮回来，改善家中生活。但夫之婉拒了，道："佛家有云，钱财乃身外之物，大师何故为夫之忧虑？"停了停，又笑道："夫之不受天降之财，安逸往往丧志，夫之不惧贫。"

"阿弥陀佛！"破门肃然，道，"先生之志，贫僧甚为钦佩。"

过完新年，夫之决定出去走走，到西乡小云山去，那里有他的弟子刘庶仙和欧子直。

小云山一带，为湘江以西，地势较为平坦，林深幽静，水肥草长。刘庶仙在此有一座大房子，他的藏书甚多，乱后，他一直在此避世，过

---

① 参考《周易外传·系辞上传第五章·二》。

着怡然自得、逍遥自在的生活。

夫之住在刘庶仙家中，阅览着书房中卷帙浩繁的图书，门外，水塘上一片静谧，窗前，梅花迎寒开放。

欧子直闻讯前来拜见。三人喝着酒，谈天说地，谈经论道，从午后到傍晚，从暮色初降到夜深人静，油灯加了几次油，几个小辈在一旁温酒，小火炉一直烧着。恍惚之间，夫之格外地放松，久违的亲切和温暖化解了他的孤独，他又说起了《黄书》的政论见解。

师徒三人边喝酒，边论道，不知不觉便过了子夜时分。

刘庶仙看得很开，并不在意天下究竟是谁的，在山中悠然自得，豁达开朗的他也不关心功名利禄，但是，他的底线是：不剪头发，骨子里也就有一份忠贞了。欧子直不同，求学半生，他不想放弃仕途。之前，崇祯末年，他就几次乡试不中，现在，他又在准备乡试了，当然是大清朝的乡试。听了之后，夫之释然一笑，他清楚欧子直的想法，虽不赞同，倒也并不排斥，比之在永宁时，他释然了很多。他决心此生都不低头于清人，但是，他不能要求所有人都这样。王朝轮替，天地之常，大清又遵从圣人之学，更何况欧子直还年轻。

三更也过了，他们却无睡意。谈着谈着，最终都在客厅里，沉沉睡去。

一早醒来，夫之身上披着金光。睡眼蒙眬中，他看到门外一片明亮，太阳斜斜地照耀，蓝天白云之下，池塘波光粼粼，郁郁葱葱的树木从池塘边上一直延伸到远方，林木之上披着一层薄薄的雾霭，远处的小云山甚为秀丽，一群飞鸟从天空飞过，落进林中。

"此处甚好！"夫之突然萌生了一个念头，自言自语道，"住过很多地方，此处最为我满意。"

"先生何不搬来此地隐世？"刘庶仙一听，连忙道，"清风明月，对酒当歌；顶天立地，读书作文。更何况，敬公先生也住在附近。"

夫之笑而不语，起身朝门外走去。想到敬公李国相，夫之仿佛闻到那满园的桃花香，看到那灼灼盛开的桃花，触景生情，兀自念道："余既不难夫离别兮，伤灵修之数化。余既滋兰之九畹兮，又树蕙之百亩。"

时光如水。好友一天天少了，老了，桃花却在开放，如此的映衬，岂不令人伤感？

4. 败叶庐

阳春三月，山中犹寒，双髻峰氤氲一片。

夫之与管永叙、郑乔生在山中挖竹笋，采摘紫茸。簇簇雪花突然从空中飘下，他们却不觉得寒冷。收获颇丰，在茫茫雾气中，他们背着背篓，扛着锄头往续梦庵走去。

突然，混沌之中传来悠扬婉转的歌声，夫之笑了。风吹过，雾气散了一些，层峦叠嶂出现在眼前，近处大山之下，层层梯田里，站着三三两两的人。其中，一位妇人正在近处垄上青翠的田里采茶，那是郑孺人，身边跟着王敔。夫之等人走上前去，郑孺人经过休养，身体恢复得不错。此刻见丈夫过来，她莞尔一笑，臂弯挂着的篮子里，铺满了嫩绿的茶叶。郑孺人虽为北方女子，但嫁到南方后，逐渐习惯了南方的生活习惯，成了开田种茶的一把好手，还学会了唱茶歌。

夫之摸着那晶莹剔透、宛若竹尖的茶树新芽，道："这些上等毛尖，可以拿到集市上换些铜钱了。"

郑孺人笑道："自己泡茶尚且不够，哪里还能卖！"

这时，一位僧人带着一个沙弥正好从云雾里走出来，吟了句"阿弥陀佛"，并轻声笑道："夫之先生若想经营茶叶买卖，需再开上几亩山地才行。"

定睛一看，原来是方广寺的性翰法师。

夫之呵呵一笑："大师今日怎么有雅兴来我续梦庵？"

性翰道："但闻茶歌声，便知采茶季，特前来讨杯茶吃。"

夫之笑道："此山非我等之山，乃官府之山；茶田非我等之田，乃官府茶田。且看众人忙碌茶树间，有几人为自家采之？"

只见层层的茶树中，那些采摘者穿着清人的衣服，忙忙碌碌，掀起的衣角里盛满了鹅黄色的茶尖，口里唱着茶歌，脸上带着笑容，眼里有说不出的喜悦。这才几年，她们早已经忘却大明，活得怡然自得。这些茶尖将进入大清的官府，成为大清的贡茶。这样的时候，夫之总有一种错觉：奈何大明土地上生长的东西，都成了大清的？其实，何止是茶尖和那些人，就连整个南岳和无限的天下河山也都成了大清的，唯独夫之还在想着大明。

的确，天下都是大清的了，此时的永历皇帝已经逃出云南，奔往缅甸，整个云南都成吴三桂的了。大明早已不在。可是，夫之固执地认为，只要永历皇帝没死，天地日月就始终都是大明的。对大明，他早已不存任何幻想，永历皇帝于他来说更像是象征与慰藉了。

一天，夫之把敔儿抱在膝盖上，笑着对管永叙等人道："近段研诗，感悟甚多。诚如陈白沙所言：'大抵论诗当论性情，论性情先论风韵，无风韵则无诗矣。''有此性情，方有此声口。'诗以道性情，道性之情也，切忌无病呻吟。"

管永叙道："文字当有性有情，无性则假，无情则空。"

夫之笑道："永叙所言是也。性情之外，写诗需有风韵，叙求雅健，忌俗与弱。叙议诗最为难写，往往有议论而无风雅。叙议诗不损风韵者，《大雅》为最，其中理语造极精微。"

夫之感叹，那么多年，很久没有这么自在了；那么多年，又从来没有如此清晰地了解衡山。此时的他，真的豁达了，豁然开朗之余，年少时期的桀骜不驯又重新回来，他也难得率真与洒脱，开始怡情山水。夫之寄怀其中，作了一系列的"山居杂体"诗。

夫之一生写诗无数，几千首诗歌，可谓笔耕不辍，清晰记录了他的生命行迹，也透射出他每时每刻的心绪。他走到哪里写到哪里，多为有感而发，触景生情，也有咏物抒志，议事说理，形式多样，笔触细腻，技艺纯熟，情感真挚。国变之前，字里行间多是他的年少轻狂、意气风发与踌躇满志；国变之后，一字一句都是他的忧国忧民、殚精竭虑与忠贞之志。而这一年的诗歌格外不同，几年与世隔绝的山野生活，抱着经书，饥寒交迫，他却宠辱不惊、生死无惧了。

有段日子，性翰时常来看看夫之，陪他聊聊天。

坐在夫之的屋檐下，喝着刚采摘的茶尖泡成的茶，性翰道："先生近来气色颇好，参禅念佛究竟还是有些好处。"久居山中，性翰常劝诫他："四大皆空，心则祥和。"

夫之则笑道："五杂俎，采野薇，往复还，沿溪谷，不获已，黄农伏。山中生活大抵如此，我已释然，已入定，已悟道。"

夫之喝着茶水，又和性翰论起了天地大义。对夫之而言，一切似乎都释然了，通透了，哀伤似乎也就不再那么疼了。

冬去春来，新的一年如期而至，宁静却被打破了。

夫之一早在山间寻找草药的时候，却忽地听到屋后传来一阵凄厉的哭声。

郑忝生死了！他误食自己采摘的山蘑菇，中毒死了。

郑忝生下葬之后，夫之心情压抑，郑孺人的情绪也一直不见好转，精神甚至有些恍惚了。无奈之下，夫之觉得是时候换一个环境生活了，最终，他决定离开双髻峰。

于是，小云山下金兰乡茱萸塘成了夫之新家的所在地。一年多前，他相中了这个地方。刘庶仙、欧子直与李国相住的地方距此不远。夫之找来一辆牛车，携家带口来了。在友人的帮助下，他在此建造了一座草房，名曰败叶庐。自此之后，夫之就再也没有离开这里，后来的观生居、湘西草堂也都是在此不远处所建。

安顿之后，夫之开始在茱萸塘捉鱼挖藕，在屋前扎下篱笆和门扉。郑孺人情绪虽然不好，但仍然努力在篱笆里养些花草蔬菜，又在屋后开荒种田。日子总得过下去。她似乎在用劳累的方式医治伤口。

此次戴日焕留在了衡山，王敞也回了耐园，只剩管永叙无处可去，依旧跟在夫之身边。夫之和郑孺人没把他当外人，而是视为家中成员，如自己的儿子一般。

搬完家，建了草堂，夫之本想有新的开始，却不想悲剧突然降临：郑孺人在夏日淡淡的蝉鸣里与世长辞，她曾发誓要与夫之同生同死，可最终她还是熬不住了，撒手先去。临走之时，郑孺人躺在床上，说不出话，也睁不开眼睛，只是不断地流泪。

夫之握着她的手，慢慢地，她身上的体温一寸一寸消失了。

爱妻离去，刚刚稳定下来的日子被击得粉碎。

接连多日，夫之坐在篱笆院里，看着夕阳，他又想起从前，往事如潮，他的心也跟着郑孺人走了。后来，他把疼痛与思念化作了诗句，吟诵在郑孺人的坟墓前："蝶飞三月雨，枫落一林霜。他日还凄绝，余魂半渺茫。"

一悲刚平，一悲又起。

就在郑孺人离世后不久，一个毫无征兆的黄昏，管永叙在山上采野果，突然被一条毒蛇所伤。当他背着最后一篓野果，用尽全身力气，赶到败叶庐前，正要叫一声"先生"时，"扑通"倒在地上，口吐白沫，全身肿胀，陷入昏迷状态，从此再也没有起来。他甚至来不及跟夫之说一声"珍重"，就匆匆离开了人世。

那一段日子，夫之突然觉得生命如此脆弱。夫之的苦痛集中积聚在他的胸口，令人呼吸都感觉困难。若不是刘庶仙、欧子直与李国相等人的安慰和照料，夫之要挺过这一关，真的很难。

在八岁的康熙于北方的京城登基那年，夫之又陷入了彻底的悲愤与悲凉。此时，永历皇帝遇难的消息传来，其实，事情发生在去年年底，只是，山高路远，到今年年初他才得知。虽然他早已经料定这个结果，但消息真的传来，他还是无法接受大明灭亡的事实。

大明亡了，夫之的魂儿似乎也跟着去了。一切都没有了色彩，一切都没有了生气。混沌之中，他将自己关在房里三天三夜，所有的悲愤与痛苦都化成了文字，源源不断，淌出来却是血，烧的却是骨，前后他为大明写了太多的悲愤诗，他的悲愤之血几乎流干了，忠贞之骨几乎烧尽了。

王攽呆呆地坐在门里，牵着王敔的手，看着父亲瘦弱的脊背，不知道如何是好。他并不知道何谓亡国，何谓孤民。他只听到父亲反复吟诵的词句。那些词句仿佛火光，照亮了家徒四壁："长相思，永离别，地坼天乖清泪竭。油卜罢春灯，寒砧谢秋节。宝带裂同心，他生就君结。"

十月十日，夫之竟然还记得这是桂王的生日，他又痛苦写下："瑞霭金台，琼枝光射龙楼雪……黄竹歌声悲咽，望翠蔼、双鸳翼折。金茎露冷，几处啼乌，桥山夜月。"

那两年，夫之很少出门，悲哀一直持续，加深并且扩散。

就在夫之悲哀、忧愤和恨意的时候，他竟意外地收到金堡寄来的七十六首诗歌，皆为七律，曰《遣兴诗》。此时的金堡已经出家为僧，法号澹归。看到金堡手迹，永历朝廷的事情又浮现眼前，他再次痛哭失声。大明彻底没了，永历灰飞烟灭，但是，总要有人记录那些人和那些事。亡国孤臣，夫之觉得自己义不容辞，开始着手写《永历实录》。而一旦动笔，他才发现自己对永历皇帝是又恨又敬，倘若永历有才有德，大明都不至于走到这般田地，于是，他不由自主地将朱由榔的"榔"字特地写成了"㮾"。一字之忌，写出了夫之心中的孤愤和伤痛。

5. 有人跟踪

月黑风高，夫之又踏上了逃难之旅，他总觉得似乎有人尾随自己。

那人应该是在他刚出家门之后就跟着他了。一路上，他停了几次，回头四顾，却不见人影；再踏上路途，他又觉得那人还是跟着，心里尤其不踏实。晚上投宿，他也格外小心，握着匕首才敢入睡。

衡州一带突然出现了反清复明的义军，打的还是朱姓旗号。

义军由大明孤臣策动，众说纷纭中，矛头莫名其妙指向了夫之。

消息传来，夫之惊异万分。他是心怀大明，可是，他从未想过兴风作浪，他已接受大明灭亡的事实，并且心如止水了，守住自己的贞洁足矣，别无他求。可是，谣言四起，由不得他辩解，只能再次背起行囊。一个人孤独地走在逃亡路上。此前一年他都在读书，并且不再过问世事，就连大清的书生，他也愿意教授学问了，何故会招惹此等祸事？躺在黑漆漆的房子里，夫之仍然觉得有人正在看着他。

他被跟踪，不是近来的事情，早在一年前，他就发觉了。

那日，他前去拜访老友唐克峻和唐克恕两兄弟。

多年不见，两位老友皱纹历历，华发毕呈，但精神却还矍铄。他们从很早就过着隐居生活，不问天下大事，怡然自得当中。他们告诉夫之，他们早已不念大明，也不恨大清，只安安稳稳做山野村夫，实际也是一种守志了。夫之问道，何能如此？

唐克恕答非所问："犹记当年从武夷先生学，一晃多年。"

唐克峻则笑着提出了一个请求："今有子须竹，欲托于夫之学。"

夫之惊讶，道："二兄之名望于衡州，何故托于夫之？"

夫之算是委婉地谢绝了，唐克峻也不再勉强。

唐克恕道："近来，衡州城风声鹤唳，夫之可曾听闻？"

夫之叹道："略有耳闻，有明人欲借朱名起事。"

唐克峻道："谣言凶传，言是前朝孤臣主导。"

唐克恕亦道："清人正欲拿人，夫之名头太大，须小心才是。"

其实，唐家两兄弟都以为兴风作浪之事夫之可能真有参与，故特地委婉提醒。夫之却心里坦荡，便没当回事。

当日，从唐家离开，夫之就觉得被人跟踪了，一直跟到了败叶庐。后来，很长一段时间，每当他出行，便觉得那人犹在尾随。夫之想：为人不做亏心事，半夜敲门心不惊。因此，虽然觉得有人跟踪，终究也不是太过害怕。

初春，有雪，住在附近的中年书生欧子直又来拜访。夫之见面即问："听庶仙讲，你要参加大清的科举？"

欧子直面露赧颜道："先生见笑了，莫怪弟子。"

夫之笑道："己所不欲，勿施于人。你之所求，我无异议。"夫之似乎看透了，一代人做一代人的事情，他不能要求清人守明志。

欧子直道："既然如此，先生为何不投效大清？"

夫之道："国亡志不移，君死贞不变。清人，戎狄之邦，行孔孟之学，亦为戎狄，实贼也。若向其行孔孟之礼，有辱孔孟。"

欧子直道："读书者为官；为官者为民。或曰大清，或曰大明，皆为天下之民。天命难违，天下已为大清，即为民，当出世。"

夫之不以为然，道："大明之君君大明之民，大清之君君大清之民，官者，为君分忧，我乃大明书生，为大明之君效死命，不为大清之君君其民。读书非只为官，读书亦为学，不知经学，何以为人？更遑论做官。"

欧子直却笑道："先生，你为前朝臣子，怕是难以明哲保身。"

夫之却斩钉截铁："宁为大清之囚犯，不为大明之叛臣。"停了停，又特地提醒道，"子直，休要再提此事。"言罢，夫之端起了酒杯，就着红泥小火炉，喝了一杯。

几杯酒下肚，欧子直唏嘘："先生如此，攽儿何去何从？"

时间说慢则慢，说快则快。这不，王攽一晃就快长大成人了，他跟着伯父王介之，自小便熟读四书五经，加之随后夫之对他管教严格，年纪轻轻，已然满腹学识。夫之可以洒脱豁达，在山中终老此生，可是儿子呢？这也是他长久以来思考的问题。儿子是无辜的，何故要儿子跟着自己为大明尽忠？何故要儿子潦倒穷困此生？

就在夫之犹疑之际，王攽走过来道："子直先生，攽儿自幼读圣人书，明君子理，攽生于大明，为大明之民；吾祖为明臣，攽亦为明之后，攽与清毫无干系。"

欧子直摇头："若不为功名，读书为何？"

王攽道："读书以明志，以知理，读书方能做人，通晓天道人性，乃知大义大贞，君子有所为，有所不为，不能为，誓不为。"

听到儿子这么说，夫之甚为宽慰，但又有些心酸。他笑道："子直，你我不同，未受大明功名恩禄，你来去自由。且你有难得之才，就此荒废，实在可惜。当出世则出仕，能出仕可出世也。"

翌日，夫之与欧子直结伴外出。没走多久，他又发觉自己被跟踪了，他们走走停停，停停走走，却不见那人行迹。他把担忧说于欧子直，欧子直直言是他多心了。

直到见到李国相，夫之才稍感安稳。

李国相的住处开满了桃花，美其名曰"桃津"，他也自称桃坞老人。每日种花养草，他的精神还算矍铄。李璟也已经成家立室，常伴其左右。老友重逢，李国相喜不自禁，又是买酒，又是杀鸡。

聊天之间，从李国相那里再次提到管嗣箕，说他死得不明白，像是自杀，又像是他杀。但为何要自杀或他杀，又没人给出明确解释。夫之惊愕不已，他只知道管嗣箕已死，且是病死，死前曾托付侄子管永叙于他，却没想到他的死还有一些不清不白的地方。悲痛之余，夫之又想起管嗣裘和管永叙，然后，又想起夏汝弼等一干故友。先前，他就感叹时过境迁、物是人非，此刻才真正感到物是人非的伤痛。

李国相明显老了，断了的一臂甚为扎眼。念及过往，李国相也感叹不已："每触臂膀，袖管空空，悲愤便由心来。想当年，我衡州诸生是何等义勇，举刀杀敌，如今，大明一去不返，难为我等成了大明孤民。"

夫之又不禁想到那个火光四溅、杀声震天的夜晚。

酒菜很快就摆上了桌案，众人围着坐下，放儿也入了席。

喝着酒，他们絮絮叨叨，除了往事，说得最多的就是史书了。夫之道："近来，夫之在整理永历朝大小人物事迹，亦初成。"

"夫之有心了，此为千秋之事。"李国相挺敬佩，遂后笑道，"此乃凡人不能为、圣人不愿为之事。唯夫之于凡人圣人间，正好为之。"

夫之摇摇头，笑道："不敢求千秋万代，只求无愧于心。"

欧子直插话道："先生亲历永历朝之事，当可记之，后世能从中窥斑见豹。"

夫之道："木良有耳，莫若无耳，永历有耳，实为无耳！"言罢，他哈哈大笑，随后又绷紧脸面，手也跟着发颤。其实，在他心里早已深深否定了永历的德行，但是，却又肯定着永历的正统，于是，他怒其不争、哀其不幸，也只能跟着陷入悲剧人生。回想朝廷那些乌烟瘴气的事情，夫之当时是何等义愤填膺，甚至写永历实录时，他亦是痛心疾首，愤恨交加，然而，如今在酒桌上说出来，他反而觉得格外释然与畅快。对于那些曾经的人，或谩骂，或嘲讽，或钦佩，或敬重，或可惜，一切似乎真的成了前尘往事。

此时的夫之，才真正领会到当年方以智为何要离开永历。而此时，方以智已经定居江西，他还是对夫之念念不忘。方以智给夫之写信，夫之则写诗以寄情："霜原寸草不留心，一线高秋入桂林。苦笑双遮伊字眼，宫商遥绝断纹琴。"

夫之举起酒杯，哈哈大笑道："来，干了这一杯！"一饮而尽，他空前地快慰，又喊："璟儿，再去启一坛酒。"他把李家当成了自家。

夜深时分，众人都有了倦意，酒席才算散场。

在桃津度过几日，夫之便和欧子直又回了败叶庐。

路上，夫之再次觉得被人跟踪，但是，他又觉得可能真的是心有所虑，难道真是幻觉吗？不然，这么长时间，跟踪一个老朽，意欲何为？夫之有些糊涂了。而当他抵达败叶庐，那种被跟踪的感觉又消失了，于是，他便认定真是错觉了。

没有什么杂事和杂念，夫之安静以度日，很少出门，因为，所行之处全是清人，尤其是那些勤勤恳恳的乡民，他们并没读过圣贤书，只是为了讨生活。看着男人留着辫子，女人裹着小脚，在四下里忙活，夫之总有恍如隔世的感觉：天下居然已姓爱新觉罗。只要不出门，面对天地之间那些花草树木与飞禽走兽，行走在没有仁义礼信之分的万物之间，他便认为自己依然活在大明朝。

郑孺人去世之后，夫之家中琐事无人料理，李国相和夫之提过续弦之事。但夫之当时哈哈大笑："我父子三人足矣，何须再招一位女子进门？"

李国相道："你尚且不到知命之年，总不能一人过完余生吧？"

"那又如何？"夫之笑着摆了摆手，"此事莫提。"

实际上，此刻的夫之还忘不了郑孺人，尤其夜深人静，仍常相思。

王敔娶妻之后，夫之如释重负，把敔儿和整个家留给他照顾，他便选择了出游，欧子直结伴，他们去了刘庶仙的宅子。

刚一出门，夫之忽又觉得被人跟踪。抵达刘家，那人又消失了。奇怪，真是奇怪了。夫之感觉怪怪的。

刘家大宅仍旧是那么气派，一个书房就大过败叶庐好几倍。几乎整整一年，夫之寓居于此，大部分的时间都在读书和写作中度过。

在宽大的书房里，夫之喝着茶，和欧子直、刘庶仙谈经论道，亦是

314

经常的事情。有时，也有通晓音律的友人前来抚琴助兴。言谈之间，夫之才知道刘庶仙已经向道，并且在修炼仙丹。他的大宅子里有间炼丹房，终日烟火缭绕，弥散着药石香气，他喜欢一个人待在里面，研究炼丹术，做各种试验。久久不见成效，他便向夫之求教道："而农，你为一壶道人，谙熟道家之文化，必懂炼丹术，可助我一臂之力。"

夫之欣然答应，每日与他一同研究药石，也在炼丹房里进进出出。

闲暇登山，夫之心情大好，诗兴触发，随即赋诗一首："青天下镜倒晴空，战垒仙坛碧万丛。终遣屈平疑邃古，谁从阮籍哭英雄。"

欧子直叹道："大明已亡，名心净尽，先生真能静如止水，难得。"

刘庶仙则道："好一个'青天下镜倒晴空'。先生，以后且与我修道炼丹，莫再过问天下事，岂不快哉？"

夫之点头道："衡州再无大明行人，唯剩一贫道矣！"

夫之当时想安安稳稳就着青灯经书安度余日，可是，世道并不允许。还未下山，消息便已传来：清兵认定他和王介之蛊惑作乱，正在四处捉拿他，已经找到了湘西草堂。

看来，一年多的跟踪，并非幻觉。紧急时刻，夫之出走湘乡。

踏上寂静的山野小路，他再次觉得有人正跟着他，而且越来越近，他几乎肯定那是一位白衣少年，手持长剑。他走，那人也走；他停，那人便藏起来；他投店，那人则住到附近。他始终没有看到那人的脸。

惶恐中赶路，抵达湘乡，见到老友刘象贤，他才安稳。

刘象贤神采奕奕。作为当地的名流绅士，他家境殷实，善于辞令，为人仗义，交际左右逢源，与清人关系很好，在地方上颇有人脉，能说得上话，官府也给他几分薄面。知道夫之惹上了麻烦，二话没说，他四处找人打点关系。

夫之在他府上暂住。很多湘乡书生闻讯特来拜访，夫之大为吃惊。他没想到，居住衡州多年，他的大名已传遍湘乡。

白天，他大部分时间都与书生们谈经论道。入夜，总会与刘象贤等人对酌几杯。看着高朋满座，他不能自已地又想起龙孔蒸、洪业嘉和欧阳山公父子等湘乡诸子，当然也包括郑石和李广生。遥想当年，他们中举之时的意气风发，同桌共饮，对酒当歌，其情其景，仿佛就在昨日。而如今，几位挚友早已埋骨荒野，亦无人提及他们的事情。

功夫不负有心人。几番周折，刘象贤帮夫之平息了事端。

夫之甚为感佩，看了刘象贤家小女，如清水芙蓉，令人欢喜。夫之不免感叹道："如此佳人，谁能配得？"

刘象贤听出了夫之的弦外之音，他也见过王敔，正所谓惺惺相惜，求之不得，遂笑道："如能与而农连理，实为我之荣幸。"

夫之笑道："你愿以令千金许配我敔儿，实乃王家之福分。"

谈话之间，刚刚十二三岁的王敔的婚事也就这样定了。高兴之余，刘象贤忽地盯住夫之，故意用夫之之态，学道："如此才俊，谁能配得？"这是提醒夫之该做续弦的打算了。

夫之责道："何故扯到某人头上？"言罢，他哈哈大笑。

王敔的婚事既定，夫之卸了一块石头。其时，他确实有了这个续弦的打算。

回到败叶庐，一位白衣少年赫然出现在门口。显然，他正在那里等着夫之。只见他手持长剑，夫之心头一颤，这不是那位跟踪者吗？待仔细一看，夫之才认出：白衣少年竟是唐克峻的儿子唐须竹。

是的，一直尾随夫之的正是唐须竹。

原来，那日夫之从唐家离开，唐家兄弟甚为担心他的安全。于是，便派唐须竹暗中保护，而唐须竹对夫之甚为钦佩，一直想成为其入门弟子。父亲虽然已是当地名儒，但夫之之学问，他尤敬重。由于唐克峻在提及儿子拜师时遭夫之婉拒，唐克峻对儿子说："古有程门立雪，你如有杨时之心，便暗中跟随夫之，一为保护，二为诚意。一年半载，夫之知悉，定会纳你为徒。"

唐须竹二话不说，欣然领命。当刘象贤设法平息了官府对夫之的抓捕后，唐须竹长松一口气：台风已去，夫之安稳，他可以名正言顺来拜师了。

获悉唐须竹此番来历，夫之眼睛一热。当即收下了这个弟子。

第十章

千古

　　潘宗洛表情肃穆，他对着王夫之的遗像深深地鞠了一躬，然后走出草堂，轻声念道："六经责我开生面，七尺从天乞活埋。"他细细体味着这话的分量，然后默默地告别了王敔。

　　实际上，此次他是专程而来，不仅仅为了凭吊，更是为了一个心愿。他的马车里装着王夫之的众多手稿。他意识到这些手稿的重要，希望带走它们，刻录它们，传播它们，让天下书生好好研习、参学。

　　王夫之去世前没有对手稿做明确交代。王敔以为，这些文字为父亲一生心血，如能为天下所用，父亲一定乐意，便应允了潘宗洛。

　　潘宗洛写下《船山先生行述》，其中对王夫之赞道：

　　　　明之支藩，播迁海澨，先生非不知其无能为也，犹间关跋涉，发谠论，攻俭邪，终摈不用，隐而著书，其志有足悲者。以先生之才，际我朝之兴，改而图仕，何患不达？而乃终老于船山，此所谓前明之遗臣者乎！及三桂之乱，不屑劝进，抑又可谓我朝之贞士也哉！

王夫之死时，已经在湖湘读书人中有了一定的名声。但是，小众传播影响不够，且多为秘密传播，他戴着一顶"明朝遗臣"的帽子，没有官方认可，他的学说无法得到宣扬。

潘宗洛作为湖广学政，他有一定的权威与渠道。他发现王夫之学说的伟大与人格的高贵，便不遗余力向下对湖广书生传播王夫之学说，向上对朝廷力推王夫之著作。

他没看错，王夫之是大明废墟中最闪亮的珍珠之一。

在潘宗洛的多方努力下，王夫之的众多著作逐渐被编入了《四库全书》。这是官方的最高认可，然而，这似乎也只是杯水车薪。就整个大清和大清的湖湘来说，他还只是被深埋于历史尘埃之中的大明孤臣。

终于，在王夫之离世一百多年后，一位湖南同乡在湖南新化县建了一座草堂，立下"栖真""桂堂"和"招隐"三块石刻，他要奋力抖落笼罩在王夫之身上厚厚的尘埃，让孤独的圣者在这里发光。

草堂的主人是邓显鹤，梁启超赞誉他为"湘学复兴导师"。

嘉庆九年（1804），出身寒门的邓显鹤高中乡举，但是，随后多年他却屡试不第。心灰意冷之际，他感叹"壮岁那无经世志，衰年空有济时心"。随后，他选择了急流勇退。"达则兼济天下，穷则独善其身"。他决定蛰伏湖湘。"洞庭以南，服岭以北，屈原、贾谊伤心之地也，历代通人志士相望，而文字湮郁不宣"，怀着对儒学的尊崇，以及对湖湘的挚爱，他"期以一寸心，遍饷百世士"。像他的前辈王夫之一样，他拄着竹杖，穿着芒鞋，走遍了湖湘大地的山川密林，"奋志搜访湘学散佚文献，纂辑刊刻，借以补《四库》之遗，匡正史之谬"。

邓显鹤不是固守斗室的空想者，而是心怀天下的行动家。他遍访资、沅沿岸郡县之文化名流，二十余年踽踽独行、穷困潦倒，他始终安贫明志，奋笔疾书，搜集纂辑《资江耆旧集》六十四卷，后又完成《沅湘耆旧集》两百卷及《续集》一百卷，真是卷帙浩繁，无所不包。

道光二十二年（1842），经过无数个日日夜夜的搜集、校对、编纂、整理和注解王夫之的著作，邓显鹤不遗余力，大规模编辑刊刻了一百八十卷的王夫之遗著《船山遗书》，王夫之由此复活，并光芒四射。

与其说邓显鹤要复活王夫之的著作，不如说他更推崇和宣扬王夫之经世致用的思想。他让王夫之的思想很好地续接了中华优秀文化的精神余脉。曾国藩、左宗棠等人都奉邓显鹤为老师。经由邓显鹤的发掘、去尘、打磨和推介，王夫之影响了湖湘整整一代人，继而影响了无数的湖湘后人。

咸丰元年（1851），一生清贫的邓显鹤离开了人间，而王夫之的精神则深入到湖湘文化的骨髓，成为湖湘文化的魂魄。

两年后的深秋，一位中年书生面色凝重地来到了湘西草堂。

对着那间早已破败的屋舍，他虔诚地上香叩首。然后又在草堂四周细细地察看，生怕错过什么机巧，同时似乎在感受一种神秘，一种信仰，一种力量。

夕阳西下，他悄然离去。

不久，这位中年书生建立了一支所向披靡的湖湘水师。

十二年后，他名满天下，权倾朝野。

此人就是邓显鹤的学生：曾国藩。

攻陷南京后，时局稍稍稳定，曾国藩就想到了王夫之和邓显鹤，由他出资，在南京金陵书局出版了《船山遗书》。从此，船山之名和船山的学说像曾国藩训练的湘军一样，开始传遍整个中国。

随后的半个多世纪，湖湘大地相继又走出了谭嗣同、黄兴、熊希龄、毛泽东等一大批改变中国社会的卓越人物，他们深受船山学说影响，又十分推崇船山学说，船山也就和湖湘文化融成一体。

"五百年来学者，真通天人之故者，船山一人而已矣。"这是谭嗣同的评价，他的变法思想，得益于王夫之。

"西方有个黑格尔，东方有个王船山。"这是毛泽东遍察中外哲学家后对王夫之的评价。

就这样，王夫之大名及其学说名扬海内外。

1. 怅知音

深夜，读着一封厚厚的书信，仿佛看见了烛光，夫之甚为兴奋："药铛茶灶一炉煎，霜雪堆头信纸传。松叶到春原堕地，竹花再种更参天。"信中夹寄的这首诗来自江西，是方以智寄送给他的。

这些年来，方以智多次邀请夫之前去江西，他的书信也会常常如期而至。这些书信已经成为夫之单调生活中的亮色。夫之与方以智，两位当时的孤臣、后世的大师，共同演奏了一段高山流水、隔空相对的历史佳话。

夫之活着，方以智便有了盼望；方以智活着，夫之便有了寄托。

对着这些文字，夫之又想到与方以智在肇庆时的一幕幕。其实，他和方以智在经学上的理念不甚相同，每次见面都会唇枪舌剑，然而，恰恰是这种辩论才让他将方以智视为知音，而非对手。虽然方以智诚恳相邀，但山高水远，时局动荡，且年岁渐大，夫之终究没有成行，按他自己的话说就是："与岳患难，唯岳知余。残梦不忘，我报灵墟。始以宸章，迄于韵藻。天地闭塞，文之归老。"

不过，夫之仍然享受着方以智寄来的白纸黑字，他仿佛在和老朋友叙旧。欣喜之余，他挥笔写下："洪炉滴水试烹煎，穷措生涯有火传。哀雁频分弦上怨，冻蜂长惜纸中天。"

此诗和着方以智寄送来的诗歌韵脚。夫之认为"穷措生涯有火传"，自己要做传薪续火之人。而且时间宝贵，"冻蜂长惜纸中天"，方以智尽管可以"五湖霜月好"，但夫之宁愿"寒梅春在野塘边"，不愿漂游四海，相信老友也能理解。

书信之中，方以智仍旧在向夫之说及"无执"与"融圆"之蕴义，夫之则向方以智阐释自己对《易经》的最新见解。

夫之再也离不开书籍，除了与挚友论道，便是跟弟子讲学了。

夏日刚过，天空晴朗。夫之一家从金兰乡茱萸塘败叶庐前搬到了观生居。两个月前，他在距离败叶庐几百米的地方建造了这座新草庵，取名观生居，名字深得《易经》奥义。

草庵建好，夫之有些欣喜，作诗六首，呈送家兄和桃坞老人李国相分享。

从败叶庐到观生居，单从这名字上，就可以见出夫之心态的变化。居败叶庐，夫之灰暗压抑，破败之心一展无遗；而住观生居，夫之走出了国亡家破之阴影，平和达观，清水自然。

秋天来了，阳光灿烂。即将步入天命之年的夫之淡然自若地坐在平场上，身边是他的弟子们，包括侄子王敞、小儿子王敔、挚友唐克峻的儿子唐须竹、蒙正发的儿子蒙之鸿，等等。

夫之讲学，更多的是分享自己读史和治学的心得。他越讲越自信。

不远处，一位年轻女子正在菜地里忙碌，那是夫之的第三任妻子，姓张。在朋友们的关心和牵线下，他又再次续弦，娶张氏为妻，一年后又有了一个可爱的女儿。而在夫之续张氏之前，王敔也如愿娶了刘氏。儿子们成家立业后，夫之心情更加平和。观生居建好后，夫之把败叶庐留给王放和他的妻子住，王放夫妇略微整修，并征得父亲同意，改名"揽月斋"，以示与败叶庐的区别。

夫之对王放提出的"揽月"比较认可，认同年轻人应该要有"揽月"之志，但他对"斋"字有些疑义。王放道：父亲大人，此处之义非食素也，而为身处简陋而不失信仰之心也。夫之听了，笑而从之。

成家后的王敔与刘氏也搬到了观生居，还是和夫之住在一起。张氏和刘氏，虽是婆媳关系，但因年龄相差不大，倒也没有什么隔膜，有时还像姐妹一样亲近，让夫之父子颇为欣慰。

不知不觉在故土的这片小地方生活几年了，夫之不能自制地想起了逝去的平淡时光，先是败叶庐，后有观生居，总归还是没离开茱萸塘。他从厚厚的书堆里翻出一本诗稿，上面的书名郑重其事地写着：《五十自定稿》。

这是夫之五十岁时，花了很长的时间整理而成的，里面是他五十岁之前的诗稿。沉浸在五十年的回忆当中，他对很多手稿遗失而感到惋惜与懊恼，还好他的脑子好使，凭借记忆他找回了许多诗篇。但是，还有更多诗篇，他是怎么也记不起来了。前车之鉴，后来他再写诗，几乎都会留下手稿，偶然能记起的从前诗篇他也会写下来。他计划好了，还要编写一本《六十自定稿》，若能活到六十岁的话。此时，他对诗歌格外着迷，除了写诗，还有论诗，厚厚的《诗广论》手稿也放在桌子上显眼的地方，而更多的手稿则分门别类地摆放在各自的位置，其中就有《尚书引义》《四书稗疏》《庄子衍》等。

傍晚时分，太阳西斜，天空碧蓝，大朵的白云缓慢地浮动，天底下，无边无际的绿色当中，飞鸟在树丛与天空中自由飞翔出入，近处的池塘，大片的荷叶高高地浮在水面上，蜻蜓已经在擎起的花蕾上出没，透明的翅膀拖着金色的光芒，一闪一闪。夫之坐在树荫下的石头上，拿着书本，又和弟子们讲起了儒家经学与经义。

星星挂满天空之时，夫之拿着蒲扇坐在平场上，与诸生絮絮叨叨。言谈之中，他才记起很多老友都故去了，比如破门大师，比如性翰法师，比如苍枝和尚，比如出家为僧的金堡，等等。这些友人，或亲或密，在他生命的诸多时间节点上交集，给他帮助或启迪，也给他欢愉与慰藉。然而，时间老人如此强大，几年之间，就把这些友人统统收去，留下一个个空洞的名字。不知何时，唐须竹已坐到了他身边。

夫之和唐须竹谈及老友唐克峻，同为衡州诸生，唐克峻一直与他相交甚笃。唐家比较殷实，唐克峻常接济他，唐克峻又十分信任他，将儿子交给他教育。唐须竹性情敦厚，为人谦恭，十分尊敬夫之，可以说是夫之最忠实的学生。夫之也特别喜欢他，走到哪里将他带到哪里，甚至晚年将自己最重要的一些手稿都放到他那里保存。

不一会儿，蒙之鸿也默默坐到了身边。

夫之又和蒙之鸿聊起了蒙正发。蒙之鸿每年都会在夏季带上一些礼物到夫之家里小住，一来向夫之学习，二来传达其父对夫之的问候。几年来，夫之也曾多次去过蒙家，专程拜会蒙正发。时光荏苒，如今这衡州地面上，永历朝的旧臣就只剩他们二人，一个在衡山这端，一个在衡山那端，虽然往来不多，却是相互都在心里。蒙正发活着，夫之就觉得自己并不是一个人；同样夫之活着，蒙正发也就有了伴儿。夫之与蒙正发互为见证，大明也就有了见证。每每想起故国，他们就会念及彼此，越是挂念，越是不敢见面，不见面便不会太过疼痛与沉重。从蒙之鸿口中，夫之得知蒙正发的身子骨还算硬朗，生活也能温饱，心境比较平和，每日砍柴锄地，读书写作，传道讲学，只是提到大明仍旧不能释怀，虽然表面上，大明早已烟消云散。

想着大明，想着他们这些孤臣，夫之自然又想到了方以智。前些日子，方以智还来信问候蒙正发，夫之特地让蒙之鸿转达方以智对蒙正发的问候。老友尚有人在，且互为挂牵，此弥足珍贵矣。

当晚，夫之三人谈到下半夜，想到蒙之鸿第二日要回家，便让他们去休息。睡意蒙眬，夫之也就此休息。因为，天亮他也要出门。

是的，夫之又打算出去走一走了，这是他的习惯。每隔三五个月，他便要到南岳各处走一走，拜会一些故友，探访一些旧日足迹。

几年间，都是唐须竹陪着他外出，这一次也不例外。

天亮之时，蒙之鸿刚走，夫之还没有出发，噩耗便传来了。

方以智死了！

惊闻方以智逝世，夫之悲从心来。他不敢相信，不日前不还收到他的来信和诗文吗？夫之问：死于何因？被告知病逝。然夫之又问：死于何病？无人能答。夫之再问：死于何时何地？亦无人回答。苍天！一个人从地面上消失，竟然是何时何地何因而去皆不知，此之为何？夫之原以为自己能够淡然地面对一切，可是，当悲剧真的来临，当痛苦无法释放，他忽然发现，自己还是那个热血沸腾的汉子，只不过是心境更为苍老，更善于把痛苦放进内心更隐秘的地方罢了。

夫之取消了外出周游，他把自己关进了观生居，想起与方以智交往的种种，老泪纵横地写下："长夜悠悠二十年，流萤死焰烛高天。春浮梦里迷归鹤，败叶云中哭杜鹃。"①

① 《闻极丸翁凶问，不禁狂哭，痛定辄吟》，原录于《六十自定稿》，摘引于清康和声著，彭崇伟编《湖湘文库》之《王船山先生南岳诗文事略》，第96页，湖南人民出版社2009年版。

后来，夫之在记叙这段历史时，将方以智之去归于病死，将方以智归处列为萧氏春浮园。也许这种方式能够让夫之减轻一些痛苦。但实际上，他真的不清楚方以智具体因为什么原因，死在什么时候、什么地方。而据方以智儿子所言，其父死于万安舟中，也就是说，方以智糊里糊涂获造反之罪，在被清人押解去广州的途中死去。究其死因，一说病死，一说杀死，一说自杀，真相不得而知。

若真是方以智糊涂获造反之罪，夫之也曾有过。只不过他得到刘象贤的帮助，与死神擦肩而过。

历史如此残酷，天地之大，竟容不下一个书生的小小生命！

多年之后，方以智与夫之均成为明末清初五位文化大师之一。

2. 画中见"鬼"

康熙十二年（1673）春，年轻气盛的康熙皇帝决议撤掉骑在头上的三藩。

第一藩就是当年叛明投清、为清人打下汉人江山的镇南王吴三桂。

第二藩和第三藩则分别是靖南王耿精忠与平南王尚可喜。

吴三桂闻讯恼羞成怒，杀了云南巡抚，打着反清复明的旗号造反了。吴三桂假惺惺地来到永历皇帝的坟墓前，长跪不起，痛哭流涕，然后带着大部队一路挥杀，号召天下"兴明讨虏"，声称大清"窃我先朝神器，变我中国冠裳"，信誓旦旦高喊"共举大明之文物，悉还中夏之乾坤"。

一时间，天下战火纷飞，硝烟四起。

乱局如斯，人心不古。夫之想避世山野以自全人，可是，是非还是找上门。吴三桂打的是大明旗号，此时，为了装点自己兴明讨虏的门面，吴三桂四处搜寻大明的旧臣。

大名鼎鼎、忠义两全的夫之赫然在列。

招募的檄文很快送到了夫之家中。

夫之万万不会苟同于吴三桂这等汉奸国贼。愤怒之中，他将檄文付之一炬，对使者大声怒吼："吴三桂者，大明之贼，中华之贼！吾万死不从！"吓得使者灰溜溜回去了。

蒙正发道："以先生之见，吴三桂之流如何？"

夫之冷笑道："吴三桂乃大贼，千古未有！作为明将，受明之恩禄，不忠不义不仁，卖主求荣，略地献贼，弑主，代贼灭中华之正统。千夫所指，历史自有定论。"

看着愤怒的父亲，王敔流下眼泪："父亲大人，此为祸事，檄文既出，吴贼势必要见到您，您定然不愿前往，此祸何解？"

夫之沉默片刻，手一挥，道："最难亦不过流亡山野！"

话虽如此，细细想来，夫之心头也难免悲凉。大半生，他几乎都如野草浮萍，生活困顿，离群索居，无处安身，无处立命，甚至无家可归。好不容易在茱萸塘安顿下来，还没过上几天安稳日子，又要流亡避祸。王敔甚为心疼，眼泪竟是止不住了。

夫之严肃道："男儿有泪不轻弹！为父虽为老朽，亦不惧流亡。"

知道吴三桂不会放过他，翌日一早，夫之就要远行了。然刚一出门，就看见唐须竹已经站在路口。夫之没有拒绝，而是会心一笑。是的，这些年，无论走到哪里，唐须竹都会陪伴。这样的弟子，与儿子无异。夫之有些感动。

就这样，一路向西北，夫之和唐须竹不敢在集市久留，多半时间还是在山野之地度过。逃难者不少。他俩杂入其中，走走停停，停停走走，每日食不果腹，衣不暖体，夫之不以为意。白天好办，晚上难挨些。偶尔也能借住路人家一二晚，清汤寡水，活命便可。

就这样，夫之带着唐须竹四处漂泊，居无定所，他不知道战事如何，自己的安危又如何。

在经历了数月的颠簸流浪后，夫之念乡心切，他忍不住悄悄回到了茱萸塘败叶庐。

在败叶庐，夫之与家人团聚。饭桌前，张氏为他生下的女儿、王敆的儿子、还有敔儿的子女都围在他的身旁，难得地共享天伦，他甚为高兴。夫之本以为流亡可以终止了，因为，他觉得吴三桂的叛乱势必不能长久。

谁知，吴三桂竟打到了衡州，夫之被迫再次流亡。

王敔道："父亲大人，流亡几时方为尽头？"

"老朽性命是小，失节为大。"夫之道，"要问几时是尽头？问天，不知；问地，不知；问群峰，风声回应，但能知乎？"

王攽忧道："前岁父亲大人多病，适才恢复，小儿多有担忧。"

夫之道："身体并无大碍，且有须竹陪同，无需多虑。况生死在天，非我等所能左右，为此伤神，亦为徒劳。"

就这样，夫之带着唐须竹，顺着湘江而下，过了湘潭，抵达长沙。

熙熙攘攘的街头，喧闹的人群，井然有序的市场，各式摊点兜售着各种繁盛的物产，临街的店铺生意兴隆，达官贵人与市井百姓在门口进进出出。在人群中穿行，与裹着小脚的女人和留着辫子的男人擦肩而过，看着众人脸上祥和的表情，夫之真真切切感受到大清的兴盛和自信。衡州的战事似乎并未影响到这里的生活，仿佛所有的人都坚信吴三桂并无多大能耐，终将败给他们的康熙皇帝。

夫之则不关心谁胜谁负，在他眼中，吴三桂和大清都非正义之流。他想的还是大明。记得上次来长沙，何腾蛟、堵胤锡和章旷三公仍在，那时，大明还有复兴希望。如今，一切早已灰飞烟灭了。再次抵达渡口，乘舟横渡，抵达岳麓山，看莺飞草长，花开满山，他又想起年少的读书时光和无限逝去的过往，遂写下："江上红芽始试春，乳莺调语正迎人。人闲韶日还相识，花下暄风已试新。"[①]

夫之在此特意拜访了同乡晚生，名曰刘思肯。刘思肯乃画家，刘子参本家，长居长沙，早闻夫之大名，得以相见，喜不自禁。

看着这位风流偶傥、年华青葱的后生，夫之甚觉投缘，哪怕他穿着清人服饰，留着清人辫子，夫之也没有太多反感。毕竟，他和自己并非一代人。

---

① 王夫之《长沙旅兴》，原录于《六十自定稿》，摘引自清康和声著，彭崇伟编《湖湘文库》之《王船山先生南岳诗文事略》，第199页，湖南人民出版社2009年版。

刘思肯不仅知道夫之，还知道王朝聘，真是学有渊源啊。这让夫之感到欣慰。

当天便住在刘思肯家。晚上喝着酒，夫之又说起长沙城的感受来："此次抵长沙，距上次已逾二十余载，所见所闻，甚有不同，大有太平盛世降临之相。"

刘思肯笑道："大清朝治国有方，非明末可比。"

"果真如此？"夫之沉默片刻，又道，"天下百姓有福矣。"停了停，夫之又问："今吴贼掠湘，为何长沙不见异动？"

刘思肯答道："吴三桂失道寡助，必不能成大事。"接着，刘思肯不吝赞叹："当今康熙皇帝，年少有为，气度不凡，大有圣君之相，可比唐之太宗，宋之太祖。"

夫之喝了一口闷酒，刘思肯对康熙的赞美令他不快，便故意问道："依贤侄所言，吴贼者为失道，大清者则为得道乎？杀我百姓，夺我国土，禽兽之为，何以谓之得道？"

"吴贼与清帝不可比。"刘思肯连连摆手，道，"吴贼乃流寇，清帝乃国擎。朝代更迭，天授之义。不然，大清何以灭大明而代之？"

夫之也觉得将吴贼比之清帝实乃不伦不类。于是笑笑作罢。但刘思肯忽又道："先生身在大清，而心仍系大明，何也？"

夫之顿时仿佛被针刺了一下，这正是他最隐秘的痛啊。若不是这样，他又何以流落街道，四处漂泊？既然刘思肯不知原委，无须多说。于是镇定下来，举起一杯酒，哈哈一笑："不谈国事！来，吃酒。"

刘思肯道："先生之学识，湖湘皆知。晚生深为敬佩。"

夫之自嘲道："一介贫道士，难登大雅之堂矣。"

刘思肯真诚道："先生过谦了。放眼天下，讲学论道可称大师者，先生为其一也。"

对学问，夫之挺自信，刘思肯的夸赞，也让人听起来舒服。想起刘思肯的画功了得，便道："不求万人师表，但求贤侄一画！"

刘思肯一怔，随即欣然应道："晚生若能为先生作画，实乃三生有幸矣。"

夫之本来是索画，而非求其为己作画。刘思肯不知是理会错了还是故意弄错，总之，刘思肯说给夫之作画则触动了夫之的心弦，想来奔波了大半生，忙碌了数十年，自己未曾有过一幅画像。当韶华易逝、容颜渐老之际，往昔历历在目的青春影像，如今已然模糊了，就连自己的脸都记不清是什么模样。他不否认自己老了，说不准什么时候就去了，就像方以智，就像众多的亲人好友，时间只能留住他们的名字，而岁月却无法保存他们的音容笑貌，再不给自己留一幅画像，恐怕就来不及了。

"好！"他应承下来，道，"借贤侄精技，留一画像，可惜老了。"

"将老未老，正是时候。"这时，一直没有说话的唐须竹插话道，"画不在形，在魂也。"

刘思肯朝唐须竹看了一眼，点点头。

于是，夫之静坐下来。刘思肯帮他摆好姿势，然后精雕细作，反复看着夫之和画板，一脸的庄重和严肃，似乎在干一件很重的活。唐须竹自告奋勇要帮忙磨墨，刘思肯摆摆手；他又要帮忙洗笔，刘思肯又摆摆手。一切都是刘思肯亲自来，容不得半点马虎。

唐须竹见状，肃然起敬。

经过一个下午的辛劳，一幅画作终于完成。刘思肯看着画像，似乎比较满意，于是长舒一口气。他把画作郑重地呈给夫之，道："此为先生之大像，请笑纳、批评！"

夫之接过画像，看着瘦骨嶙峋、一身道袍打扮的画中人，想起这个像鬼一样的人竟然就是自己，夫之吓了一跳，简直有些难以相信。

唐须竹却在一旁赞道："画出了骨魂，真惟妙惟肖也。"

夫之道了一声"谢"，当即用颤抖着的手，在画像背面写下："谁笔仗，此形骸，闲愁输汝两眉开！"写完，觉意犹未尽，思忖半刻，用笔在空白处题上一句："凭君写取千茎雪，犹是先朝未死人。"[1]

---

[1] 王夫之《走笔赠刘生思肯》，以及《鹧鸪天（刘思肯画史为余写小像，虽不尽肖，聊为题之）》，原录于《六十自定稿》，以及《鼓棹初集》，摘引自清康和声著，彭崇伟编《湖湘文库》之《王船山先生南岳诗文事略》，第200—201页，湖南人民出版社2009年版。

这幅画，是夫之留在世上唯一的一幅肖像，至今悬挂在衡阳船山书院的陈列室里。

晚餐后，夫之与刘思肯依依惜别，约定他日再相见。

离开长沙，顺江而下，这里的一草一木都让夫之心疼。遥远的时光又在头顶呼呼作响，湘阴城就在眼前，仿佛还能听到震天的喊杀声。他忍不住想起了章旷，旌旗猎猎，江水滔滔，但人去楼空，物是人非。

唐须竹在一旁轻轻提醒道："先生，我们该归乡了。"

夫之点头，他的去与归，总被时局左右。他猜想吴三桂已败，因而想着归乡。但直到归来，他才感到出乎意料：吴三桂并没有溃败，反而占领了整个南中国，并且把行营设立在了衡州，看样子，一时半刻是不会走了，故土已为国贼所占，但是，衡州总算战事平息了。

世道如此，夫之也必须面对。

夫之回到茱萸塘，一个年轻人意外地出现在他面前，此人不是别人，竟是恩公章旷次子章有谟。

实际上，早在中举之时，夫之就见过章有谟，那时他还是个孩子，跟在父亲身边，夫之特别喜欢他，逗他玩耍，教他经文。章有谟缘何至此？原来，大明灭亡，父亲故去，章有谟在南方游学多年，他正准备回上海老家，结果，行至衡州，遇到战事，被阻停下来。章有谟向衡州书生打听夫之的所在，经历种种，最后找到了茱萸塘。其时夫之并未在家，章有谟无处可去，便想先借宿数日，再作打算。

没料到，有缘者总会相遇。章有谟住下的第三天，夫之竟奇迹般回来了。见到章有谟，夫之仿佛见到了章公，格外高兴和珍惜。他们亲切地交谈，一时忘却了外面的混乱。

几天后，夫之感到局势危艰，在家中，不仅自身不保，还会危及家人，因此决定外出。唐须竹没有落下，章有谟也毅然跟从夫之一起遁入山中。

然而，夫之不敢在南岳久留，因为南岳距衡州太近，吴三桂还在派人四处找他。

夫之又去耐园拜访了家兄，他想让王介之和他一同外出，王介之却心有余而力不足。此时的大哥，垂垂老矣，他对夫之笑道："我乃前朝举人，并非臣子，想那吴贼不会为难于我。"

王介之说得有道理，更何况他经不起折腾。而看到他的衰老，夫之更觉心疼，见一面少一面。临别，又想起故去的父母，眼泪湿了衣裳，夫之喃喃道："真是老去别堪惊，日暮长亭亦短亭矣。"

夫之究竟还是远行了。除了唐须竹和章有谟，闻讯赶来执意同行的还有老友蒙正发父子。

原来，蒙正发也接到了吴三桂的邀请，他当然也是万死不从。看着这位白发苍苍、骨瘦如柴的老兄弟背着行囊出现在自己面前时，夫之心头一热，又格外怜惜，只怕他经不起漂泊，故而真想让他不要出门了。可是，蒙正发却倔强地说："死于荒野，好过从贼。"

这样，有唐须竹、章有谟、蒙之鸿等年轻人在身旁，又有老友蒙正发同往，夫之便多了一份底气和淡定。

一路向东，他们结伴去了江西萍乡。

岂知不来还好，来了之后夫之便陷入无边无际的悲痛中难以自拔。中秋之夜，身在异乡，夫之、蒙正发与一众老友把酒共饮，从当年的友人口中，夫之得知当年的阅卷恩师欧阳霖已于多年前病故，他的挚友陈耳臣、刘杜三等也在大明亡国之后，纷纷避世山中，最后均饥寒交迫，客死异乡。

望着天上皎洁的月亮，想着远方的妻儿老小，想着年迈的兄长，想着故去的师友，夫之心中五味杂陈，不觉悲叹道："白头还作他乡客，不负青天只月明。"

蒙正发也叹道："天下之大，竟难有一寸随遇而安之地，悲乎！"蒙正发性情刚毅、耿直，隐居多年，他早已沉静了，平和了，凡事比夫之看得开些，终日渔樵耕读，他也并没有像夫之一样嗜书如命，当然，他也写了很多诗歌，却毕竟不是纯粹的儒生。这样的人生，原本不会有什么波折，没想到命运跟他开玩笑，吴三桂竟然也盯上他了，不能让他有所安宁。

夫之苦笑道："幸得兄在，夫之甚感温暖。"言罢，夫之又和他絮叨起那些无法忘却的陈年往事。

夜深之时秋风起，蒙正发突然咳嗽不止，看着这位老兄弟的样子，夫之格外担忧，他真怕蒙正发会先他而去。

蒙正发却坦然道："不必担心。生死有命，强求不得。"停了停，又道："夫之，为兄不才，留得残诗几首，欲交予你校之。"他可能意识到自己时日不多，要交代后事了。

但他不会料到，一年之后，他们就真的阴阳相隔。

惊闻蒙正发死讯，正是枯藤昏鸦之际，夫之伫立苍穹下，孤身一人，老泪奔涌，思前想后，以诗记之："远送始如君送客，归人还念未归人。兴亡多事天难定，去住皆愁梦未真。"①

新年将至，佳节倍思亲，夫之又回到衡州茱萸塘。此时，茱萸塘一带甚为太平，很少能见到什么陌生人，想来吴三桂也是难得消停了一段时间，于是夫之似乎也就安心了，这才开始着手新家之事。

康熙十四年（1675），由于观生居的墙体已经破损，加之屋顶的茅草腐烂漏雨，无法再住，夫之决定除旧换新了。在唐须竹、章有谟等众弟子帮忙下，夫之花了一个多月的时间，在茱萸塘附近建好了三间茅屋，左边两个住房，右边是书房，因在蒸湘河之西，故取名"湘西草堂"。虽然房屋简陋，夫之却十分珍惜，布置得淡雅素朴，特别是每个房门前都挂有一副对联，正门是"清风有意难留我，明月无心自照人"；左边第一间是自己与张氏的住房，门前对联是"芷香沅澧三闾国，芜绿湘西一草堂"；左边第二间住房是儿子、媳妇的，对联是"密云松径午，凉雨竹窗秋"；右边书房是"孝思恬品，霞灿松坚"，这样诗意雅致、文脉生动的装饰，颇有一种"斯是陋室，唯吾德馨"的味道。

一切妥当后，夫之搬了进来。

又用了数日，夫之把堆积如山的书籍和手稿一点点也悉数搬到了湘西草堂。新房比旧房宽敞了很多，书桌依然靠着南窗，桌案上的阳光静

---

① 王夫之《留别圣功》，原录于《六十自定稿》，摘引自清康和声著，彭崇伟编《湖湘文库》之《王船山先生南岳诗文事略》第207页，湖南人民出版社2009年版。

好，他心情大悦，写下《草堂成》："归舟湘水北，伐木逮清秋……萧瑟乾坤里，蓬茅亦太荣。"

此后的十七八年，夫之一直住在湘西草堂，直到生命的终点。

想到要离开观生居，夫之颇为感怀，遂写下小诗以遣怀："亡国孤臣，举世尘嚣与我无关。生何欢，死何妨？"

章有谟读后，叹道："先父在世，多次念及先生之心志与气节，今谟有幸侍先生，有更深了解，委实感佩先父眼光。"

夫之道："令尊大人乃夫之恩公，夫之永远感念铭恩。"

节后不久，茱萸塘附近又有一些散兵游勇出现，诡诡秘秘，夫之心感不安，只能再次出走。

夫之走走停停，停停走走，几年间，他不断地在南岳群山间来来回回，这山峰成了他天然的保护屏障。衡州城是他的禁区，多次与郡城擦肩而过，他都不敢进门，因为，进得去就出不来。那是吴三桂的"都城"，所有的城门都改了名字，驻扎着吴三桂的兵勇。看着来往进出的市民，穿着明人装束，听着城内嘈杂喧闹的声音，他并不觉得时光回到了明朝，只觉这像一出闹剧。在终日奔波之中，他凭着坚强的毅力，竟然写下了四十九卷的《礼记章句》。

夫之悄悄回到湘西草堂，本想将这些文字装订成册。

就在这时，衡州发生了一件大事，夫之再也不能置身事外了。

原来，野心勃勃的吴三桂竟然要在衡州称帝了，此时的战局对他来说极为不利。自从打下半壁江山之后，这帮老伙伴就开始了大明将士最为擅长的钩心斗角，人心不齐，各有所想，很快又成了一盘散沙。前年，耿精忠被迫投降大清；去年，尚之信也被迫投降了。广东、福建、江西相继回到大清手中，吴三桂被清军围在湖南，抑或是为了重整旗鼓号召天下反清复明的队伍，抑或是垂死之前了却由来已久的心愿，于是上演了一场闹剧。

吴三桂本来自己想过皇帝瘾，却既当婊子又立牌坊，说是天下百姓拥戴他，恳劝他出来登基的。

换言之，吴三桂虽然要称帝，却要找一位德高望重的人写《劝进表》，以昭告天下，汇聚人心。在此情形下，吴三桂的党羽很快想到了夫之："此君名动湖湘，且为明之遗臣，对明忠贞不二，甚合适。"

对于夫之大名，吴三桂自然清楚。这几年，他一直派兵在跟踪夫之，但并没有抓他或难为他。现在自己要称帝了，若夫之能出来"劝进"，意义非同凡响。于是事情很快定下来，立即派出使者带着厚礼前去恭请。

"恭喜夫之先生！"在湘西草堂门前，使者眉开眼笑，老远就向夫之道喜。在这位使者眼里，这可是最光宗耀祖、求之不得的事情了。

谁知夫之将厚礼一推，怒不可遏："何喜之有？"对吴三桂的诏书看都不看，夫之当即撕碎，继续吼道："老朽安能作此天不载、地不覆语耶！"

使者目瞪口呆。这样回去如何交差？夫之于是在一纸上挥笔写下："某先朝遗臣，誓不出仕，素不畏死。今何用不祥之人，发不祥之语耶？"写完，将纸塞给使者，道："回去复命矣！"

使者吓得屁滚尿流，落荒而逃。

使者离开后，夫之匆匆收拾了行囊，带着章有谟和唐须竹，再次躲入深山。忧愤之中，他在山中写下《祓禊赋》，一如当年的《章灵赋》，仿屈子《离骚》之骨格，行文均依古风，其中几句尤为后人所敬重："谓今日兮令辰，翔芳皋兮兰津。羌有事兮江干，畴凭兹兮不欢。思芳春兮迢遥。谁与娱兮今朝？意不属兮情不生，予踟躇兮倚空山而萧清。阒山中兮无人，蹇谁将兮望春！"

康熙十七年（1678）闰三月初一，吴三桂冒天下之大不韪，领着浩浩荡荡的队伍，在回雁峰前筑坛加冕称帝，称"大周昭武皇帝"。当天锣鼓喧天，唢呐声声。隔着大半个南岳群山，夫之在双髻峰都能听到。愤懑之中，夫之挥泪唱道："残梦当年欲续，草庵一枕偷闲。无端幻出苦邯郸，禁杀骑驴腐汉。"

称帝不到半年，吴三桂八月就病死在衡州城。然而，此时夫之的危机并没有解除。

眼看春节临近，噩耗突然传来：李国相病逝了！

唐须竹劝他:"时局艰难,路途凶险,先生不去为妙。"

夫之怔在那里,仿佛丢了魂魄,自是听不进唐须竹的话了。

看见夫之抵达丧礼现场,李璟已经泣不成声。人群之中,那些面孔几乎都是陌生的,夫之再也见不到一个老伙计了。是的,当年的衡州诸生之中,转眼间似乎只剩下他和唐克峻了,而此时唐克峻也已身患大病,不便出行,为此,夫之特要唐须竹回去照顾父亲,唐须竹却迟迟不愿离开恩师。

夫之爱怜地摸了摸李璟的肩膀,走到棺木旁,摸着棺材盖久久不愿离去。其时,已经盖棺,鸦雀无声中,众人的目光都聚集在夫之身上。他忍不住泪流不止,最后,李璟破天荒地命人重新打开棺材盖,让两位老友见上最后一面。

李国相静静地躺在棺材里,面容安详,仿佛睡着了。空空的袖管就在身体一侧,仿佛在诉说一个王朝的灭亡,又仿佛在诉说一位书生的泣血壮志。风雨过后,一切烟消云散了,夫之唤了几声"敬公!",终究没有得到任何回应。他抖抖地伸出手,轻轻地抚摸了一下苍白如纸的脸庞,仿佛听到了心碎的声音,又似乎看到了自己的死亡。故人已去,尚且还有自己前来送行;他日,自己长辞,哪里还有故人作别?

望着李国相的棺木缓缓落进墓穴,望着泥土在棺木盖上漫漫落下,夫之觉得自己的生命也正在一点一滴被掩埋。苍凉之中,他在心里默念:"谁将今古作浮烟,人各为心亦自怜。饮泣当年闻国变,埋心遥夜但天全。"①

挚友故去,夫之深为触动,并加倍珍惜活着的时光,他也由此更念家人。此时吴三桂虽死,但他的"皇朝"还在,夫之仍旧谈不上安枕无忧。不过,夫之已经顾上危险,送完李国相,他便即刻启程回湘西草堂了。

唐须竹固执地要随他前往,亦被他拒绝了。他知道唐须竹护师心

① 王夫之《同须竹送芋岩归空,小艇溯湘转郡城有作》,原录于《六十自定稿》,摘引自清康和声著,彭崇伟编《湖湘文库》之《王船山先生南岳诗文事略》,第222页,湖南人民出版社2009年版。

切，但是，唐克峻比他更需要唐须竹。就这样，夫之带着章有谟回到了湘西草堂，而唐须竹则返回家中照料父亲。

没过多久，噩耗便突地传来：唐克峻过世了。虽然早有预料，但老友病故，夫之还是哀痛难忍。

然而，夫之还没来得及前去奔丧，又陷入了新的险境：清军再次杀到衡州，吴三桂的残兵剩将仓皇南逃。大清再次占领了衡州，四处索拿南明余孽，他只能再次逃亡。

这一回，夫之带着章有谟和王敔一起出行，沿途村庄集市早已空空荡荡，路上到处可见携家带口向南流亡的百姓。满目萧瑟之中，恐慌蔓延，死亡的气息弥散，空气紧张得让人无法喘息。夫之有些麻木，显得淡定，多年的流亡生涯，他早练就了处变不惊的心态。赶了半天路，有些累了，他们便在人去屋空的村庄休息。

远处，死寂之中隐约可以听到清军的喊杀声。

章有谟道："先生，快些赶路吧，清军就要杀到。"

夫之仿佛没有听见章有谟的担忧，眯着眼睛，望着满园春色，脸上竟然挂着一丝冷笑与苍然，他捋了捋胡须，自言自语道："古人丧乱中，自选林泉住。吾辈丧乱中，命中作逃奴。"

待清军疯狂杀到的时候，他们三人已涉险入山，并进了一处山洞。初进洞口，蝙蝠乱飞，臊气冲天，闻之几欲昏倒。夫之用衣袖捂住鼻子，吹亮火折子。章有谟忽然发现地上满是屎尿，吓得他又跳出山洞。夫之哈哈大笑："若没猜错，此应是麋鹿居所。"言毕，他昂首挺胸走了进去。

章有谟讶然道："先生，我们要居此地？"

"此非佳处乎？"夫之反问道，"甚好矣！既可挡风遮雨，又可掩人耳目。"

王敔亦惊道："真与麋鹿争住处？"

"那又如何？天地造化，人鹿共居，不亦乐乎？"夫之淡然道。夫之的意思显然是，现在是避祸战乱，还有什么讲究的？只要心无旁骛，自然也就不受于外物之困。

就这样，夫之三人住进了潮湿的麋鹿洞。白天倒还安宁，晚上一星灯火亮着，洞口时常传来麋鹿的叫声。夫之不以为意。章有谟和王敔起初有些害怕，但看到麋鹿并非凶猛之兽，恐惧之心也就放下，进而释然，有时还有麋鹿逗玩，竟也有了一些野趣和生气。

这时，洞口麋鹿突然一阵骚动。王敔道："定是有谟兄回来了。"

声音未落，果然就见章有谟抱着几只野果进了洞口。看到章有谟青春有型的面庞，夫之又想起了恩公章旷，不觉涌出一种伤感。

就这样，在这阴暗潮湿的麋鹿洞中，夫之三人整整住了一个月，饿了吃野菜喝雨水，困了睡在一片树叶铺成的地铺上。每日就着天光，每夜就着油灯，过着这种原始的生活，偶有一两只淘气的小麋鹿在一旁站着或躺着，黑暗中闪闪发亮的眼睛盯着他们，夫之若无其事，亦不许儿子和弟子驱赶它们，更不许杀死或伤害它们。这些小麋鹿也就不明就里，安静地看着夫之，然后无趣地离去。与这些山中的生物和精灵和谐相处着，夫之感悟颇多，写下《庄子通》，把无为而为、道法自然演释到一个新的境界。

一个月后，夫之回到了湘西草堂，这一次彻底风平浪静了。

很快，衡郡的清朝官员差人送来粟帛，说是要嘉奖他！为何要嘉奖他？正是因为他拒绝了为吴三桂书写《劝进表》，守住了一颗读书人为家为国的忠贞之心。

可是，王夫之拒绝了这份嘉奖。

是的，王夫之当时正过着饥寒交迫的日子，但是，面对这份"荣耀"和食物，他淡淡地说了一句："无功不受禄，请带回守魂粟帛。"

3. 王船有山

"船山先生，天气好，又出门散步？"一位老农问道。

夕阳中，看着迎面而来的老农，夫之点了点头。一旁的章有谟恭敬道："世人皆知先生船山之名矣！"

蒙之鸿插话道："谟君不闻南岳万峰寺长老之言'不愿成佛，愿见船山’乎？长老尚且如此敬重先生，而况他人乎？"

夫之瞪眼道："皆为浮名，有此何益？"

章有谟忽而问道："先生何故名曰船山？"

"夫之是名，船山是志。名如发须，乃父母所赐。志是自发，乃个人所求。"夫之言罢，呵呵一笑，指了指湘西草堂上方的大山。大山之上，树木掩映之中，一块船形的巨石赫然入目。每日生活在湘西草堂，抬眼就能看到那座山，夫之又道："此山乃老朽之山，老朽乃此山之人。"

章有谟和蒙之鸿顺着夫之所指，看了一下，齐声道："顽石一块而已，甚为普通，何以名之？"

夫之慨然，对二位弟子道："有名而无志，无名也；无名而有志，有名也。"

"弟子愿闻其详。"章、蒙二位垂手，谦逊道。

夫之释道："比如壮士，虽历史无名，实名垂青史；比如奸贼，虽浪得虚名，实遗臭万年。"

"此乃与船山之名有因果否？"两位弟子仍不得要领。

夫之便摇摇头，笑而不答，背着手，兀自走向家的方向。

回到湘西草堂，联想弟子们的疑问，不免心绪涌动。他想到自己的坚贞，又暗自嘲笑了。坐上书桌，在空前的平静中，他要在夕阳西下、油尽灯枯之前，为自己平凡而不易的一生作个总结，同时对"船山"之志略为诠释，于是提笔写下六百五十字的《船山记》：

　　船山，山之岑有石如船，顽石也，而以之名……赏心有侣，咏志有知，望道而有与谋，怀贞而有与辅，相遥感者，必其可以步影沿流，长歌互答者也；而茕茕者如斯矣，营营者如彼矣，春之晨，秋之夕，以户牖为丸泥而自封也，则虽欲选之而奚以为？夫如是，船山者即吾山也。

及至此，人们才知道夫之为何要称呼自己为"船山"了。

这一年，夫之六十有三了。他的身子垮了，终于病了，而且病得不轻。顽强的他无力地躺在了湘西草堂的病榻上，他的亲友和弟子聚集在他的身旁，一脸的焦急和紧张。

命不当亡。慢慢地，夫之的身子恢复了。

夫之不顾劝阻，拖着病体，仍旧秉烛夜读，整理从前的书稿，尤其是他的《六十自定稿》。独坐南窗，安静之中，回想着前尘往事，那些远去的人又一一浮现眼前。他挣扎起身，开始动笔书写《广哀诗》，其序言写道："夫之自弱冠幸不为人厌捐，出入丧乱中，亦不知何以独存。诸所哀者，或道在死，或理不宜死，及其时相辏会，以靖其心，以安其命。"①

接连几天，夫之先后写下瞿式耜、严起恒、夏汝弼、文之勇、管嗣裘、李国相、管嗣箕、蒙正发、刘象贤、刘惟赞、唐克峻等人的哀诗，念着冷冷的文字，数着众人的名字，他越发觉得孤单了。

诗能治病！真是奇迹！不知是夫之全神贯注地写作释放了内心长久的积压与忧愤，令身体的抵抗力和自我免疫力增加，因而战胜了病魔，还是在与众多亡友的"交流"中得了精神上的抚慰、心灵上的启迪和情感上的温存而使身体慢慢好转了。

总之，写完《广哀诗》，夫之居然康复了！

"天意如此，众亡友尚不冀夫之与之斯混矣。"夫之如此调侃。庆幸之余，他又莫名地惆怅失落。特别是一个个弟子的离别更令他越发孤单：离家几年，章有谟最后还是东去归乡；唐须竹正在为父守丧，虽仍常来，却是不能长久伴读在他旁侧；蒙之鸿也偶有前来，但是，守孝之身也不能久待。如今，在他身边的只有家人了，攽儿所居之地离他较远，还好敔儿仍旧住在茱萸塘。每日都能见到儿子和孙子们，夫之晒着太阳，享受含饴之乐和战后难得的宁静。而在死亡边缘走了一遭后，夫之越发觉得时间宝贵，既然众人还不望他西去，一定还有使命在。与其在人间浪费时光，不如在天堂啸友言欢。执此一念，夫之几乎不出门

---

① 王夫之《广哀诗并序》，原录于《姜斋诗分体稿卷一》，摘引自清康和声著，彭崇伟编《湖湘文库》之《王船山先生南岳诗文事略》，第237页，湖南人民出版社2009年版。

了，把全部精力都放到了读书、思考、治学和写作上。

在遗世独立的生活中，夫之平和冲淡，坚守孤单。越老越睿智，越睿智越淡定，越淡定越通透，越通透越坦然。他已不再纠结于"一介之士亦何以造命"，他已经在造命；他亦不再纠缠"一介之士如何自处"，他正自由行走于天地之间。

通红的炉火微微烧着，光芒一跳一跳，夫之的影子正在泥墙上摇晃。窗外的大地一片萧瑟，残雪犹存，北风劲吹。万籁俱静之中，夫之感叹着"人间今夕寒宵永，故国残山老病消"。虽披着厚厚的棉衣，他还是感觉到冷，继而剧烈地咳嗽。

晚年的日子，就是与病魔做斗争的日子。其时，夫之身子大不如前，几乎每年都要病一场。灯火之中，汤药闪烁着琥珀光，腾起绿绿热气。

不知不觉，夫之仿佛一直坐在那里没有移动半步，时间却已从春到秋。这一回，他病了有半年之久。病中，他亦不敢荒废半寸光阴，每日照例奋笔疾书，常常一坐就是一夜。他正在写《易经内传》，阐释着亘古未有的唯物主义思想和唯物主义辩证法，他自己可能都未意识到这是多么伟大的创造。在他，这只是一种"生活"的必须，也是一种"活生"的方式。他知道，剩余的时间不多了，只要还能读书动笔，他就会一直读下去写下去；只有读书动笔，他才能忘却那些哀伤与忧思。

已是深夜，夫之并未注意到桌案一角的汤药已经冷了，汤药放在那里有一个多时辰了。张氏突然悄悄走到他的身后，一脸倦容。显然，她刚刚醒来，见到灯火，便知道他还在写作，不用想她便猜到熬好的汤药他还没有喝。她哀怨地看着他，目光里又有几丝责备。他低声道："适才只顾着写作，忘了服药。"张氏轻轻握住他伸向汤药的手，轻声道："冷了！温来再喝。"言罢，她小心翼翼地走到炉火边，将汤药放到火上。看着她迟缓的身影，夫之感觉到一丝暖意。这些年，贫贱夫妻，相濡以沫，多亏有她，夫之才能安心读书。

喝完药，夫之让张氏先睡。回头之时，他的目光又落到一沓厚厚的稿纸上。那都是他的手稿。时光很薄，却也很厚。

病中，夫之写完了《周易内传》。

随即又完成了《思问录》《俟解》。

不久，《读通鉴论》与《宋论》的写作也已进行。

那天，唐须竹特来探望他，夫之格外高兴。所有的弟子当中，唐须竹与他最为亲近，亦师亦友。多年父子成兄弟，唐须竹可算义子，多年跟随，不只是师生情谊。他们生死相依，唐须竹不在的日子，夫之常感觉空荡荡的。他曾赠诗唐须竹，诗曰："怜君屡泛潇湘水，渺渺苍烟问客心……知尔南天回首望，暮云无际一林深。"情真意切，令人感喟和动容。

念念不忘，必有回响。唐须竹真的来了。

"心有灵犀啊！"见到唐须竹，夫之情绪大好，提议出门走走。

唐须竹甚为惶恐："先生久病体弱，不宜出门矣。"

夫之哈哈大笑，吟道："老夫病中亦自强，乌鸢蝼蚁总黄肠。深衣何日裁能就，负罪孤臣拜烈皇。"吟毕，拄着拐杖，便出了门。

唐须竹赶紧跟上。

清丽的天底下，阳光闪闪。夫之对人性的洞察，达到了极致："人之所以异于禽兽者，君子存之，则庶民去之矣，不言小人而言庶民，害不在小人而在庶民。小人之为禽兽，人得而诛之。庶民之为禽兽，不但不可胜诛，且无能知其为恶者，不但不知其为恶，且乐得而称之，相与崇尚而不敢逾越。"①

唐须竹道："大明之祸，实为祸起小人，而非在庶民。"

夫之一直在思考大明之灭亡，但从来不去触碰，仿佛那是一道伤口，一碰，就痛得钻心；一碰，就会流血。

"君子小人一线之间。君子小人，但争义利，不争喻不喻。即于义有所未喻，己必不为小人，于利未喻，终不可纳之于君子。"夫之不同意唐须竹的分析，道："所不能喻利者，特其欲喻而不能，故苟察于鸡

---

① 本节文字参考引用自王夫之《俟解》《思问录》等，摘引自《船山全书·十二》，包括《张子正蒙注》《思问录》《俟解》《黄书》等，岳麓书社 2011 年版。

豚，疑枉于寻尺，使其小有才，恶浮于桀、纣必矣。此庶民之祸所以烈于小人也。"

直到此刻，夫之仍旧将大明的败亡归因于民祸。关于君子与小人，夫之颇有洞察："有豪杰而不圣贤者矣，未有圣贤而不豪杰者也。"

唐须竹道："豪杰者常有，而圣贤者难得。豪杰者未能成圣贤，圣贤者不为世之应允，失道而寡助，所以民祸，明亡于此。"

夫之再一次沉默了，每当听到大明灭亡，他的心就会抽搐一下。他终究迈不过这个坎儿，也不敢迈过。

夫之与唐须竹走到了田垄之上，金色的稻田上，芳香四溢，一位老农正在那里劳作。夫之走上前去，躬身道："老人家，收成如何？日子可好？"

到附近的农户走走，这是夫之近来才有的习惯，也是一种很好的调节方式。久病之后，他出不得远门，在四处走动得多了，便和当地民众多了一些交道。起初，看着男男女女一身清人打扮他有些介怀，可是，时间久了，他也习惯了这种感觉。此刻，老汉赤裸着黝黑的脊背，伸出粗糙的手掌，掌心里捧着一把饱满的谷粒，他见是夫之先生，便憨厚地笑了，露出焦黄的牙齿，道："老天有眼，无旱涝之灾，收成尚好，徭役也轻了，每年还略有些余粮。今年又是好年景，先生可带些谷子回去？"

看着老汉，夫之觉得格外亲切。听闻老汉说丰衣足食，夫之格外欣慰。他忽地笑着问老汉："想来老兄应经历过大明，眼下比之大明如何？"

老汉哈哈笑了："现在的光景比大明好百倍。不和大明比较，就拿康熙和顺治比，也是好了很多，风调雨顺，好年辰啰。"

夫之低下头来。他不得不承认，他看错了大清朝。从前，他一直认为大清朝乃蛮夷之邦，治理不好这天下。不承想，大清的皇帝竟然遵从圣人之学，行了汉人的王道，把天下打理得井井有条，比之大明朝最后那些年，生活确实好了不少。就连老天爷也向着大清，旱涝之灾不像崇祯那会儿那么多了。夫之心里叹道：说来也是啊，天道即人道。老百姓有福，说明大清得了天道。天道即王道，为老百姓谋福，大清的皇帝算得上好皇帝。这样一想，心里又矛盾起来：天道应是贞德。大清再好，虏始终都是虏。这一点上，夫之的看法是固执的，不会改变的，所以，每每看这太平盛世，他心中便五味杂陈。后来时间长了，他慢慢也就释然了。总归百姓好就行。

夫之与唐须竹走走停停，不知不觉，天色已近黄昏。倦鸟知还，蝙蝠晃动，夕阳中，空气里夹杂着稻香，农舍墟里升起袅袅炊烟，远远地又传来悦耳的牛铃声。夫之缓缓走下田垄，跨过溪流，他喜欢一步一步走在归家的路上，这是一种踏实的感觉、安稳的感觉。唐须竹跟在后面，细小的蚊虫一直萦绕在他们的头顶。

快近家门，夫之突然停了下来，笑了两声，将唐须竹唤到身前道："人莫悲于心死，庄生其自道矣乎！"

唐须竹亦笑道："诸子之中，先生尊孔孟之学，而独爱庄生之说。"

夫之捋着胡子，点点头："知我者，须竹也。"

4. 故园空

现在，在夫之一辈的至亲中，只有大哥王介之还与他生死相依。

阴冷的冬日，又染寒疾，身体抱恙，夫之越发觉得自己时日不多，也越发思念亲人。自己尚且如此，大哥更如是了，真是见一面少一面。

新年之后不久，夫之带着敔儿去了耐园。下午，王敔陪着他们到山中拾柴。夕阳西下，王敔陪着他们在林中漫步。夜晚，一家人围在一起吃饭。大哥已经是儿孙满堂，连曾孙都有了。侄子王敔也已年过半百，成为衡州当地的大儒，开堂授课。

看着孩子们都在身边，夫之倍感欣慰，格外温暖，饭桌上，和大哥絮叨家常，饭后，他笑着坐到竹椅里检查曾侄孙的课业。小家伙很是能耐，年龄不大，四书五经却已经背得滚瓜烂熟，就连经义也都说得头头是道。夫之夸赞王敔教子有方，王敔惶恐，请他指点。

夫之笑道："你父亲在旁，无需我来指点。"

夜深了，孩子们渐渐睡去。夫之和王介之喝着茶水，促膝长谈，王敞和王敌等兄弟几个就在一旁认真听着。

王介之拿出了自己的手稿，也就是《春秋四传质》，恳切道："偏安一隅，读读经文，为兄这辈子也就做了这一件事情。"

夫之道："大哥过谦了。仅此一件已功在千秋。"

王介之道："我等皆为大明孤民，此为大幸，亦为大不幸。"

"无惧生死以守贞，安贫乐道以存志，足矣。"夫之想了想，又道，"近来，为弟再读《易经》，又读《正蒙》，所感颇深，以知天地阴阳之生、之动，贞德之大、之永，尤胜十载前。"

王介之道："《正蒙》者，张子之著，唯物论者是其大成。"

夫之道："家父崇朱子，弟以为朱子圣也，然《易经》除外，尤其天地阴阳德性之论，不及朱子，尤在《正蒙》也，养蒙以圣功之正也。圣功久矣大矣，而正之唯其始。"

见大哥投来赞许的目光，夫之高兴，喝了一口茶，继续道："张子言无非《易》，立天，立地，立人，反经研几，精义存神，以纲维三才，贞生而安死，则往圣之传，非张子其孰与归！"

又一年过去了。

新年的喜庆气氛还未彻底散去，门上的桃符仍旧亮眼，噩耗突然传来：王介之去世了。

夫之收拾了行李，带上放儿和敬儿，坐着牛车来到耐园。

阴冷的冬日里，山间一片萧瑟，哀伤笼罩了整个院落和院子里的亲朋。夫之抵达的瞬间，众人纷纷安静下来，站起身子，齐齐看着他。他从人群中穿过，每个人都向他恭敬地行礼，他面无表情，迟缓而沉重的脚步和握着拐杖颤抖的双手却将他的哀伤显露无遗。王敞穿着缟素麻衣，双眼通红地出现在他面前，夫之的身子晃了一下。王敞叫了一声"叔父！"泪如雨下，跪倒他面前。夫之心疼地将侄子扶起来，心不停地抽搐，眼睛也红了，只是忍住没有哭出来。

当晚，耐园亮起了通明的灯火。坐在院子中，夫之和唐须竹聊起了那些往事，人群大部分都散了，屋里的哭声也消失了，他们还没有休息的意思。夫之道："长兄之先我而逝也，意者其留我之死，以述兄之行欤？不然，何辜于天而使茕子荼毒之至此极也！"

唐须竹感叹道："石崖先生高洁儒雅，学冠衡州。"

夫之亦叹道："兄一无所酬酢，暗然如岩穴之士。"[①]

唐须竹道："石崖先生老终，可安息矣。"

夫之惨然不语，坐在那里，咳嗽不止。唐须竹劝他去休息，他却摇头，寂静之中，又听着王敞在屋里断断续续的抽泣。夫之哀伤道："敞儿躬孝至深，今此不知他该如何承受。"

唐须竹道："他已痛哭三天，须节哀自便矣。"

夫之道："父慈子孝，说亦无用。"

唐须竹道："话虽如此，哀伤过度只会坏了身子。"

夫之道："长兄之去虽在意料，亦难接受，况乎敞侄？丧父之痛，需些时日方能平复，且让他哭吧，不哭亦会坏身子矣。"

丧礼过后，夫之带着王敞回了一趟王衙坪。故园空无一物，老房子已经破败，凝结的湿冷空气中，残墙断壁之中布满枯枝败叶，陈腐的气息四处弥散，梁木已朽，挂着大大小小的蛛网。夫之穿着破旧的袍子，一身士人打扮，站在门口，满心凄凉。一位妇人牵着一个男童从此处经过，向他投来异样的目光。几十年了，他从没离开衡州，却也从未敢踏足出生地半步。过往的时光一一浮现眼前，又听到了心里的虎啸。一束阳光从天而降，光里，年幼的他迈着稚嫩的小脚从小路上跑来，推开家门，慈祥的父亲和年轻的兄长就在门里朝他微笑。黯然神伤，抬眼，他又看到那位留着辫子的老汉和留着辫子的男童，以及穿着清衣的妇人，他感觉到熟悉的陌生和陌生的熟悉，故乡仍在，但物是人非，没有人再识得他，旧乡邻也不在了。

只有屋后的那棵枫树，虽饱经战火，却依旧活着。

夫之与王敞沉重地回到耐园，王敞仍旧哀伤，泪流不止，夫之亦甚为痛惜，以诗劝慰："无穷消一泪，墨外渍痕汪。故园人今尽，先君道

① 王夫之《石崖先生传略》，原录于《姜斋文集》，摘引自清康和声著，彭崇伟编《湖湘文库》之《王船山先生南岳诗文事略》，第275—277页，湖南人民出版社2009年版。

已亡。"

在返回湘西草堂前，夫之语重心长地对王敞道："你之品性甚像你父，孝而谦，静而笃，然斯人已去，切莫哀伤过度。孙辈之中，你为长，往后，王家之事全仰仗于你，保重身子才是。"

听罢，王敞哭得更厉害，赶忙跪到夫之面前："叔父大人，侄儿惶恐。大人在上，敞方能心安。您一定保重，长命百岁。"

夫之叹道："自古以来，谁人可以百岁？我非彭祖，时日不远矣。"

其实，夫之真的看淡了生死，也知道自己的身子。经历丧父之痛，王敞甚为脆弱，听到风吹草动，还是战栗不已。

几个月后，夫之在草堂接到噩耗：王敞去世了。

夫之仰天长叹，大呼："敞侄，你还是随你父去了。"

一年之后，清明时节，夫之再次拖着老迈的身躯到了耐园。看着苍茫的南岳群山，站在大哥和侄儿坟前，又想起岳阡，记起往日不堪的离乱，颤抖着双手，焚诗以祭："中原兄弟两白头，半死余生各一丘。纵使孤飞留雁影，更谁九日哭麟州。"[①]

一个趔趄，夫之倒在地上，头碰到了石头。王攽、王敌和众侄子就要上前扶他，他颤颤巍巍伸出一只手，众人都不敢动了。

夫之抖动着膝盖，拄着拐杖，吃力地站起来，额头沾着泥土和血污，一脸肃穆。

烧了纸钱，焚了哀诗。夫之再次看了看坟冢，然后转身离开。紧跟其后的王敌听到了父亲的牙齿咯咯作响的声音。

5. 一切了了，山水清白

多少次了，夫之看着纸上自己的画像，沉默不语，或哑然失笑。这

---

① 王夫之《写恨》，原录于《姜斋诗分体稿》，摘引自清康和声著，彭崇伟编《湖湘文库》之《王船山先生南岳诗文事略》，第284页，湖南人民出版社2009年版。

半人半鬼的生活竟也熬了过来。

"活生"的过程真不容易啊。

在生命的十余年间，夫之极少走动。他的头发胡须花白，骨骼不再有力，牙齿也疏松，一只耳朵失聪，脚步也变得迟缓。偶尔一个上午，他背着背篓，拿着柴刀，到山中寻找野菜，或者挥着锄头，在屋后收拾芋头，甚至，拎着竹竿，在屋前打下些许板栗。

这天傍晚，忽有贵客远道而来。

夫之抬头，竟是刘思肯与刘庶仙一前一后走来，便连忙迎了上去。

刘思肯从长沙返乡，先到刘庶仙的宅子，又结伴来草堂拜访夫之。夫之很高兴，看座上茶。几人围着桌子，坐在竹篱笆里。张氏拿出板栗招待客人。

刘思肯道："若没记错，先生今年七十有一矣！"

夫之笑道："正是。贱命能长，古来稀矣。"

刘思肯叹道："我们一别也十年有余了。"

夫之道："行将入土之人，难得你还惦念。"

刘庶仙道："先生志大命大，非比寻常。"

夫之摇摇头："偷生尔，长寿乃是惩罚！"

三人哈哈大笑，夜色垂了下来。油灯昏黄地亮在门里，张氏准备了一桌饭菜，又炒了刘庶仙带来的腊肉，端上刘思肯特地从长沙带回的老酒。

一阵碰杯后，夫之问及刘思肯的事业，刘思肯说了自己的忙碌与充实，然后忍不住感慨道："今康熙帝果然不凡，目下真乃太平盛世。"

刘庶仙点头附和道："八岁登基，除鳌拜，定三藩，行仁道以恩泽天下，行天道以造福万民，二十八载，始造盛世。此非贼寇狄戎一言可概括，虚心以学中华，实为天下之皇帝矣。"

夫之笑了笑，淡然道："圣君者万民之福，然此皇非彼皇。清者自清，明者自明，老朽只见明月当空，不恋清风徐来。"言罢，他端起酒杯，两位刘生也都笑了。

刘庶仙道："先生近来可有再写经义？"

夫之道："老朽久病，身体不适，鲜有动笔，唯爱读史。"

刘庶仙又道："定是《通鉴》了，早前听先生提过。"

夫之道："阅览千年，先有'读通鉴论'，后有宋史。"

刘庶仙道："通鉴者，自秦而论至宋，宋者明之镜也。"

夫之点头。

刘思肯道："先生学识卓越，名扬湖湘。"

"徒有虚名耳！"夫之道，"举杯！此乃天之大名。"

大家都笑了。

"先生听闻新任湖广学政潘宗洛之名乎？"见夫之摇头，刘思肯道："此公颇有学识抱负。对先生亦极为推崇，曾多次对人提及，读书当学衡州船山先生。他还打算在合适的时间请先生过去讲学，甚至想邀请先生出山入仕矣。"

"老夫早已足不出户。"夫之道，心想，还道什么"出山入仕"，真是笑话。

其实，夫之声名远播，主要还是通过弟子和好友们的口口传播。他的弟子中，有些还当上了官员，对夫之爱戴有加，常常不遗余力进行宣讲。亦徒亦友的刘思肯，更是在长沙等地推波助澜，利用自己为达官贵人画像之机，逢人便这番推介："家父受业武夷先生，思肯则有幸受业船山先生。"

潘宗洛推崇夫之就是刘思肯大力推介的结果。

翌日上午，阳光很好。刘思肯提出再为夫之画像，夫之欣然答应。在黑色衣柜的最深处，他小心翼翼地翻出一件衣服，仿佛拿着一个宝贝，又仿佛捧着一个圣物，那是当年在永历朝中的行人司司服，几十年了，仍然如新的一样，光滑而干净，没有丝毫褶皱。看见那身衣服，刘思肯吃了一惊，刘庶仙也愣了一下，然后，二人笑了，夫之也笑了。

夫之正襟危坐，感觉那衣服有千斤重，又格外热，血液跟着沸腾，心中五味杂陈，思绪飘到了九霄云外。

刘思肯赞叹："先生如松柏翠竹，立于风霜苦寒而不改其贞其志。"

刘庶仙亦赞道："安贫以守贞，乐道而向死。此信仰之人也。"

刘思肯正要让夫之放松身子，坐得更舒服一点，突然，夫之脸色一变，推开刘思肯，脸孔抽搐两下，道："不画了。"言罢，脱下那身行人服饰，走进内房，留下刘生二人目瞪口呆地站着，面面相觑。

这时，张氏走过来，满脸歉意地对二人道："不碍事。一会儿就好了。"她的声音很轻，似乎生怕夫之听到，道："每隔一段时光，他要翻看那身官服。抚摸一阵，想心事，还流泪。真是着魔。唉。"

张氏言毕，摇摇头，也进了内房。

没过多久，夫之重又出来，脸色已经平静。他对刘思肯道："老夫失态，颇为愧疚。"停了停，又道，"不必再画，只因上次之像不比此刻形象更加狰狞可怖，留下足矣。"如此一说，刘思肯也能理解，毕竟，上次画像是十年之前了。现在的形象的确更加清瘦老丑。

刘庶仙则揣度，估计是夫之不愿以此等形象配行人服留示后人。换言之，夫之不希望后人见到自己穿着行人服是如此难看。刘庶仙为夫之之贞唏嘘不已亦感怀不已。

临别时，夫之满怀心绪，写下诗歌赠酬刘思肯："重逢无暇问前游，老去并刀割旧愁……惭愧云林幽兴绝，还留画里一人看。"①

二刘离开后，夫之当天闭门不出。夜半时分，他独坐灯前，气息粗重，咳嗽不止，他又重新穿上那件官服，抚着缎面上的褶皱，摸着那一针一线，再看着墙上的孤影，仿佛又听到了心中的虎啸，泪水不知不觉又溢了出来。

转眼间到了寒食节。早春的空气仍旧带着寒意，大地之上，没有一片烟火。夫之站在草堂前的平场上，拄着拐杖，朝着潜圣峰的方向眺望，想到父亲、母亲、大哥、二哥，夫之的身子又开始发抖。此刻，他老得几乎走不动了，长年抱病也让他经不起任何风吹草动。去年这个时节，他就没有去上坟，今年同样是让敔儿代他前去扫墓。风吹过，格外

---

① 王夫之《野史刘生惜十年之别，来访山中，为写衰容，赋赠二首》，原录于《七十自定稿》，摘引自清康和声著，彭崇伟编《湖湘文库》之《王船山先生南岳诗文事略》，第291页，湖南人民出版社2009年版。

冷，回屋之际，他喃喃念道："一径苍苔行迹杳，想鸱鹠夜哭鼯鼪① 窜。寸草尽，春晖短。"②

身子一天不如一天，他不顾体弱多病，继续伏案书写修订史稿和经文，未曾有丝毫懈怠。直到当年九月，夫之胸闷，一阵又一阵袭来，心口也时常绞痛不止。

夫之强烈地意识到这一次不同以往，应是大限之兆，他平淡面对，从容写下墓志铭：

> 有明遗臣行人夫之，字而农，葬于此。其左则其继配襄阳郑氏之所袝也。自为铭曰：拘刘越石之孤愤，而命无从致，希张横渠之正学，而力不能企。幸全归于兹丘，固衔恤以永世。

写完，夫之觉得言犹未尽，又提笔在墓志铭背面特地交代道：

> 墓石可不作，徇汝兄弟为之，止此不可增损一字，行状原为请志铭而作，既有铭不可赘。若汝兄弟能老而好学，可不以誉我者毁我，数十年后，略记以示后人可耳，勿庸问世也。背此者自昧其心。己巳九月朔书授攽。③

在夫之的信仰里，他始终坚持自己是明人，大明王朝就活在他的骨血里，就连日期他采用的都是大明洪武皇帝的纪年。只是，死后刻碑之时，他又要后人特地删去了日期，使人不知墓中之人死于何时，以免死后受辱。

这小小的细节，显示了夫之内心的担心、纠结与痛苦。

---

① 鸱鹠为猫头鹰，鼯鼪为黄鼠狼。

② 王夫之《贺新郎·寒食写怨》，原录于《鼓棹二集》，摘引自清康和声著，彭崇伟编《湖湘文库》之《王船山先生南岳诗文事略》，第 293 页，湖南人民出版社 2009 年版。

③ 王夫之《自题墓铭》，原录于《鼓棹二集》，摘引自清康和声著，彭崇伟编《湖湘文库》之《王船山先生南岳诗文事略》，第 294 页，湖南人民出版社 2009 年版。

连日的幽愤，夫之时刻不忘大明与华夏，他写下《满江红》以寄怀，其中有云："为问鹤归华表后，何人更唱还乡曲。把甲辰尧纪到如今，从头读。"[①]

在夫之即将走完生命的最后时刻，潘宗洛突然到访，虽说先前听刘思肯提过他，说潘宗洛会来拜见他，夫之以为说说而已。没想到这位湖湘学政没有食言，不但来了，而且来得这么快。

还好。潘宗洛来得快。夫之尚有一丝精神。

见夫之穿着明人的衣服，潘宗洛吃了一惊，随即又笑了，彬彬有礼地作揖，叫了一声："船山先生。"

夫之抬身，抱拳，还礼。

潘宗洛道："早闻先生大名，今日得见，三生有幸。"

夫之道："大人见笑了，老朽一介孤民，让大人屈尊降贵，颇为不安。"

"先生才学造诣，湖湘无人能出其右。本当早来拜会，然诸事缠身，以有延误，还望海涵。"潘宗洛态度诚恳，道，"晚生此番来特地给先生请安。若先生不弃，恳望收下晚生为徒。"

夫之颇为惊诧，道："老朽何德何能，况泥土之人，岂敢妄称学政之师？"

"晚生佩服先生才识品格。当今盛世，天子英明，得天道，重经学，广纳明之儒生。以先生之才，困居山野委实可惜。"潘宗洛知道夫之有心结，便坦言道，"大明已为前尘往事，先生何不为清万人师表，以泽被后世？"

"学政谬夸，老朽不敢当。"夫之摇头，思忖片刻，从实凛然道，"老朽心系华夏，岂能为夷狄立德？读经立传，未有妄图万世之名，更不敢称万人之师。大人今日此来探望，老朽甚为感激。若为论学，老朽愿叨陋见，其他休再提矣。"

---

① 王夫之《满江红·直述》，原录于《鼓棹二集》，摘引自清康和声著，彭崇伟编《湖湘文库》之《王船山先生南岳诗文事略》，第 295 页，湖南人民出版社 2009 年版。

百闻不如一见。潘宗洛见夫之如此高格，感佩不已，便不再提及出山或讲学，只想拜读一下夫之的大著。

夫之见潘宗洛既诚且恳，举手投足间，腹有诗书之气质。夫之搬出一批著述，与之交谈。潘宗洛一阅，大为吃惊，他没料到，夫之的文字如此锐利、深邃。夫之亦大为吃惊，他没料到，自己的著述，潘宗洛已从一些抄本中读过几种，故而谈论起来，毫无隔膜。

尤其让潘宗洛吃惊的是，他虽然知道夫之著述颇丰，涉猎甚广，但看见夫之家中堆满的一摞摞书稿，他还是感觉十分意外。眼前夫之气色欠佳，一种莫名的责任感袭来：既然大师不能讲学，总不能让这些著述沉默山中、归入泥土吧。

夫之没有意识到潘宗洛的沉重。他甚至说起了亡国与夷狄，说的虽是历史的事情，其实，他心里想到的还是大明。明亡之后，清朝大兴文字狱，凡是和明朝有关的文字几乎都是大忌，这既是夫之众多著述行文隐晦之缘由，也是潘宗洛面色凝重之所在。

那真是一次历史性拜会。

"夫之先生之学识之境界之品格，百年难有其右者矣。"

回家的路上，潘宗洛发自内心地感叹。他并没想到这是第一次也是最后一次与夫之会面。

死神招手已久，是起身离去的时候了。就在潘宗洛拜会后的大约一个月。那天下午，夫之坐在湘西草堂的书桌前，突然大吐一口血，眼前一黑，倒在地上，再也没有起来……

附录一 王夫之大事记

明万历四十七年（1619） 一岁

九月初一（10月7日）子时，王夫之生于衡阳府城南王衙坪，今回雁峰一带。

明天启二年（1622） 四岁

开始跟随长兄王介之学习经文。

明天启五年（1625） 七岁

完成十三经的学习。

明崇祯五年（1632） 十四岁

中秀才，入衡州郡学。

明崇祯七年（1634） 十六岁

跟随叔父王廷聘学习作诗。

明崇祯九年（1636） 十八岁

与兄长王介之、王参之参加乡试，三兄弟皆落榜。

明崇祯十年（1637） 十九岁

迎娶同里首富陶万梧之女陶氏，陶氏时年十六岁，第二年得子王勿药。

明崇祯十一年（1638） 二十岁

就读于长沙岳麓书院，与同窗好友邝鹏升（南乡）结"行社"。

明崇祯十二年（1639） 二十一岁

与长兄王介之、仲兄王参之赴武昌，夫之、参之均未及第，唯王介之中了副榜；十月，王夫之与好友郭凤跹、管嗣裘、文之勇、夏汝弼、唐克峻、李国相等结成"匡社"。

明崇祯十四年（1641） 二十三岁

湖广提学佥事高世泰岁试衡州，列王夫之为一等。

明崇祯十五年（1642 年） 二十四岁

秋，与长兄同赴武昌乡试。王夫之以《春秋》第一，中湖广乡试第五名。王介之也中举第四十名，好友夏汝弼、郭凤跹、管嗣裘、李国相、包世美皆中举。试后，王夫之拜入主考官欧阳霖，以及分考官沔州知州章旷门下。秋后，返乡。冬，与兄长王介之取道江西北上京城参加会试。

明崇祯十六年（1643） 二十五岁

春，王夫之与王介之抵达武昌，拜见阅卷恩师欧阳霖。因李自成军克承天，张献忠军攻陷蕲水，道路被阻，王夫之兄弟自南昌而返乡。十月，张献忠部下艾能奇攻克衡州，招纳地方贤能，拘王夫之的父亲王朝聘为人质。王夫之刺伤手腕，伪伤救出其父。

明崇祯十七年（1644） 二十六岁

五月，惊闻崇祯皇帝已于月前自缢，作《悲愤诗》一百韵（已佚）。

清顺治二年（1645） 二十七岁

三月，受抗清将领、时任长沙知府堵胤锡委托，与王介之、管嗣裘等人先后修复二贤祠。秋，为避镇将纵兵剽掠，王夫之与父兄逃到耒阳、兴宁、永兴。冬，还双髻峰，受堵胤锡所托，修复方广寺。

清顺治三年（1646） 二十八岁

夏，只身赴湘阴寻找章旷，欲投身行伍，章旷让其负责粮草。很快，王夫之发现何腾蛟和堵胤锡两位南明抗清领袖的矛盾，便请章旷调解，协同作战和联合农民军一起抗清，未被章旷采纳，一气之下，他返回衡州。八月，清军灭隆武政权，唐王被执而遭杀害，王夫之再作《续悲愤诗》百韵（已佚）。十月，原大明桂王（本来王府在衡州）朱由榔监国于广东肇庆，建立南明永历政权。是年，兵乱，王夫之岳丈陶万梧被杀，舅父谭玉卿被杀，妻弟也在十月被杀。十一月，悲痛万分的陶氏死于疾病，留下两个儿子，大儿子王勿药、二儿子王攽，其中，王勿药不久之后夭折。

清顺治四年（1647） 二十九岁

春，清朝孔有德率军攻陷湖广各地，王夫之往湘乡。四月，王夫之与夏汝弼欲投奔当时身在武冈的永历帝，遇到大雨，被困在湘乡西南的车架山三个月。五月，清军攻陷衡州，王夫之全家逃散。八月，二兄王参之病逝。十月，二叔王廷聘与二婶吴氏相继病死。十一月，父王朝聘病死于南岳潜圣峰。悲痛中，王夫之仿杜少陵、文文山作《七歌》。

清顺治五年（1648） 三十岁

春，与僧人破门熟，始有志于《易》。秋，葬父亲王朝聘于潜圣峰下马迹桥，曰"岳阡"。十月，王夫之与夏汝弼、管嗣裘、李国相等衡州诸子举行抗清起义，战败。冬，王夫之与管嗣裘南行至肇庆，投奔南明永历朝廷，堵胤锡以翰林院庶吉士推荐，王夫之以父丧辞谢，得允。

清顺治六年（1649） 三十一岁

春，随永历帝由肇庆赴桂林结识了金堡、方以智等。夏，返回南岳，居住于兄长王介之的耐园，照料母亲谭氏。后遇土匪作乱，南下肇庆。秋，在德庆，堵胤锡授所作《军谣》十首，后抵达桂林，得识永历朝内阁大臣瞿式耜与严起恒。

清顺治七年（1650） 三十二岁

二月，在桂林继娶襄阳郑仪珂之女郑氏，后至永历梧州行在，上任行人司行人。四月，王夫之卷入南明"五虎案"，为营救被诬陷下狱的金堡、蒙正发等人，三次上书弹劾王化澄，王化澄欲杀王夫之，后被义军将领高一功所救。随后，他去了桂林，投奔瞿式耜。八月，清兵至桂林，王夫之夫妇离开桂林，行至永福，遇大雨，困于水砦。

清顺治八年（1651） 三十三岁

正月，与妻郑氏、侄王敉从广西一路向北，回到衡州，避居双髻峰续梦庵，誓不剃发。

清顺治九年（1652） 三十四岁

二月，归顺南明的张献忠旧部孙可望劫持永历迁于安隆；八月，同为张献忠旧部的李定国大败清军，收复广西、湖南等失地，派人请王夫之。王夫之认为李定国与孙可望乃一路人，有鉴于孙可望把持永历朝政，誓不出山。

清顺治十年（1653） 三十五岁

李定国抗清功绩昭著，被孙可望忌嫌，李定国率部从湖广退回广西，清兵再占湖广。王夫之失望至极而心死，永历在安隆招王夫之前往，王夫之不从，作《章灵赋》，从此不问国事。

清顺治十一年（1654） 三十六岁

秋，被清廷侦缉，被迫逃亡，变姓名为瑶人，流亡永州零陵北洞。冬，王夫之与郑氏继续逃亡，抵郴州，于常宁洋泉遇岳麓书院故友王祚隆，居西庄源，为文士讲授《周易》《春秋》。

清顺治十二年（1655） 三十七岁

流亡至兴宁山中，寓荒山僧寺，为学者讲授《春秋》。八月，王夫之完成《老子衍》，乃王夫之第一部理论著作。

清顺治十三年（1656） 三十八岁

三月，完成第一本史学著作《黄书》；冬，暂返回衡阳。

清顺治十四年（1657） 三十九岁

三月，重返衡阳，常访友人刘近鲁。刘近鲁藏书六千余卷，王夫之向其借阅研究。

清顺治十五年（1658） 四十岁

受长兄王介之所托，作《家世节录》。是年，妻弟郑恬生前来投靠；邵阳人戴日焕前来拜师求学。

清顺治十六年（1659） 四十一岁

是年，少有出门，难得清闲，与山中僧人多有往来，作多首《山居》体杂诗。

清顺治十七年（1660） 四十二岁

春，妻弟郑忝生病死，郑氏悲痛万分。夏，举家迁至衡阳县治西一百二十里蒸左金兰乡之茱萸塘，造小室，曰"败叶庐"。

清顺治十八年（1661） 四十三岁

六月，第二任妻子郑氏病卒，王夫之痛不欲生，连作多首悼亡诗歌。

清康熙元年（1662） 四十四岁

四月，王夫之惊闻永历帝在缅甸亡，抗清英雄李定国、李来亨先后殉国，续作《悲愤诗》百韵（已佚）。

清康熙三年（1664） 四十六岁

与已经出家的金堡、方以智等多有书信往来，与晚生欧子直、刘庶仙多有交往，与挚友李国相、刘近鲁等常走动。是年，王夫之重定《读四书大全说》。

清康熙七年（1668 年） 五十岁

唐克峻之子唐端笏（字须竹）拜王夫之门下。七月，修成《春秋家说》三卷，《春秋世论》五卷。自二十八岁受父命编写《春秋家说》，先后二十二年，王夫之终于完成父亲的遗命。

清康熙八年（1669） 五十一岁

娶第三任妻子张氏，常与李国相、刘象贤交往。是年，写成《续春秋左氏传博议》二卷;辑三十岁以来所作诗编成《五十自定稿》

一卷。冬，在石船山下筑"观生居"。

清康熙十一年（1672） 五十四岁

春，修订《老子衍》，定本被唐须竹携归家，遇火灾烧毁，今存本为王夫之三十七岁时初稿。八月，听闻方以智逝世，王夫之作"哭方诗"二章。

清康熙十二年（1673） 五十五岁

《礼记章句》初稿成。年底，吴三桂"兴明讨虏"，"三藩之乱"爆发。

清康熙十三年（1674） 五十六岁

春正月，吴三桂兵至衡州，王夫之避至湘乡。夏，回衡州，但不敢久留。秋，与唐须竹渡洞庭；冬，还衡州。

清康熙十四年（1675） 五十七岁

二月，王夫之至长沙，遇同乡晚生画家刘思肯，刘思肯为王夫之画像。九月，王夫之离开居住多年的观生居与败叶庐，搬迁至湘西草堂，从此再没有搬迁。

清康熙十六年（1677） 五十九岁

完成《礼记章句》四十九卷定稿。

清康熙十七年（1678） 六十岁

三月，吴三桂称帝衡州，欲请王夫之书写《劝进表》，王夫之断然拒绝，继续遁入深山，作《袯禊赋》（今失传）以明志。

清康熙十八年（1679） 六十一岁

著《庄子通》一卷。

清康熙十九年（1680） 六十二岁

辑五十岁以后未收入《柳岸吟》之诗章，为《六十自定稿》一卷。修成《宋论》初稿。

清康熙二十年（1681） 六十三岁

完成《广哀诗》十九首、《庄子解》三十三卷、《相宗络索》一卷。

清康熙二十一年（1682） 六十四岁

九月，完成《说文广义》两卷。十月，完成《噩梦》一卷。十一月，再次重病。湖南巡抚与衡州知州拜会，拒不接见，礼物全数退还。

清康熙二十二年（1683） 六十五岁

正月，完成《经义》一卷，重定《诗广传》五卷。年中，修订李国相遗稿。十一月，为父母撰《显考武夷府君行状》和《显妣谭太孺人行状》。

清康熙二十三年（1684） 六十六岁

春，大病垂危。秋，病见起色，病中完成《俟解》一卷。

清康熙二十四年（1685） 六十七岁

春，完成《张子正蒙注》九卷。八月，完成《楚辞通释》十四卷。撰《周易内传》六卷、《周易内传发例》一卷。

清康熙二十五年（1686） 六十八岁

五月，跋《耐园家训》。六月，书《传家十四戒》。夏，回忆二十九岁前十余年诗作成《忆得》一卷。八月，重新修订《周易内传》《周易内传发例》。秋，撰《石崖先生传略》。

清康熙二十六年（1687） 六十九岁

正月，完成《读通鉴论》初稿。九月，抱病再次赴长乐乡，送兄长王介之灵枢入土。

清康熙二十七年（1688） 七十岁

五月，完成《南窗漫记》一卷。冬，辑六十岁后诗作《七十自定稿》一卷。

清康熙二十八年（1689） 七十一岁

病中著《识小录》一卷。四月，重订《尚书引义》。九月，刘思肯来访，为王夫之画像，王夫之为自己的画像题词《鹧鸪天》。为自己的墓碑书《自题墓石》，应是感觉时日不多矣。

清康熙二十九年（1690） 七十二岁

正月，完成《夕堂永日绪论》二卷。夏，重订《张子正蒙注》。

清康熙三十年（1691） 七十三岁

病中定稿《读通鉴论》三十卷、《宋论》十五卷；知大限将至，作《船山记》以见志，王夫之将自己比作山上船形顽石，贞生贞死，至此，才有了"王船山"与"船山学说"。

清康熙三十一年（1692） 七十四岁

正月初二，午时，王夫之卒于湘西草堂，终生守志，没有剃发。十月，王夫之葬衡阳金兰乡高节里大罗山。

附录二 参考文献

1.《名家批注周易（线装竖版全四册）》，（上古）伏羲、（周）周文王著，黄山书社。

2.《中华经典藏书：庄子》，（战国）庄周著，孙通海译注，中华书局。

3.《道德经（图文本）》，（春秋）老子著，周生春注评，凤凰出版社。

4.《四书五经（大字线装本）》，（春秋）孔子、左丘明、（战国）孟子著，中华书局。

5.《楚辞》，（战国）屈原著，吴广平注译，岳麓书社。

6.《周易（线装本）（全三册）》，（魏）王弼、（晋）韩康伯注，中华书局。

7.《中国思想史资料丛刊：王弼集校释》，（魏）王弼著，楼宇烈校释，中华书局。

8.《资治通鉴（全四册）》，（宋）司马光撰，岳麓书社。

9.《周易典籍选刊：周易本义》，（宋）朱熹撰，廖名春点校，中华书局。

10.《周易本义》，（宋）朱熹著，柯誉整理，中央编译出版社。

11.《四书章句集注（线装本）（全四册）》，（宋）朱熹撰，中华书局。

12.《文化丛书系列：近思录》，（宋）朱熹、（宋）吕祖谦编，广陵书社。

13.《湖湘文库：张栻集（上下）》，（宋）张栻撰，邓洪波点校，岳麓书社。

14.《理学丛书：张载集》，（宋）张载著，章锡琛点校，中华书局。

15.《王阳明全集（全五册）》，（明）王阳明撰，线装书局。

16.《传习录》，（明）王阳明著，中国画报出版社。

17.《理学丛书：陈献章集册（上下）》，（明）陈献章著，孙海通点校，中华书局。

18.《湖湘文库：石鼓书院志》，（明）李安仁、王大韶、（清）李扬华撰，岳麓书社。

19.《无锡文库·第4辑：高忠宪公诗集等》，（明）高攀龙等撰，凤凰出版社。

20.《〈老子道德经憨山注〉解读》，（明）释德清撰，逸尘注解，同济大学出版社。

21.《历代文史要籍注释选刊：庄子内篇注》，（明）释德清著，华东师范大学出版社。

22.《中国传统经典与解释：青原志略》，（明）方以智编，张永义校注，华夏出版社。

23.《冬灰录》，（明）方以智著，华夏出版社。

24.《船山全书（全十六册）》，（明）王夫之著，本书编写组编，岳麓书社。

25.《中华国学文库：读通鉴论》，（明）王夫之著，舒士彦点校，中华书局。

26.《船山诗草》，（明）王夫之著，张问陶点校，中华书局。

27.《天地人丛书：船山思问录》，（明）王夫之撰，严寿澂导读，上海古籍出版社。

28.《民国文存：清初五大师集（卷三）·王船山集》，（明）王夫之著，许啸天整理，知识产权出版社。

29.《读四书大全说（全二册）》，（明）王夫之著，中华书局。

30.《老子衍·庄子通·庄子解》，（明）王夫之著，王孝鱼点校，中华书局。

31.《思问录·俟解·黄书·噩梦》，（明）王夫之著，王伯祥点校，中华书局。

32.《张子正蒙注》，（明）王夫之著，中华书局。

33.《宋论》，（明）王夫之著，舒士彦点校，中华书局。

34.《周易外传》，（明）王夫之著，中华书局。

35.《诗广传》，（明）王夫之著，王孝鱼点校，中华书局。

36.《尚书引义》，（明）王夫之著，王孝鱼点校，中华书局。

37.《姜斋诗话笺注》，（明）王夫之著，戴鸿森笺注，上海古籍出版社。

38.《古诗评选》，（明）王夫之著，李中华、李利民点校，上海古籍出版社。

39.《明诗评选》，（明）王夫之著，周柳燕校点，上海古籍出版社。

40.《〈姜斋文集〉校注》，（明）王夫之著，阳建雄校注，湘潭大学出版社。

41.《周易外传镜诠》，（明）王夫之撰，陈玉森、陈宪猷注释，中华书局。

42.《船山易学集成：周易内传》，（明）王夫之著，九州出版社。

43.《船山易学集成：周易外传》，（明）王夫之著，九州出版社。

44.《唐诗评选》，（明）王夫之著，陈书良点校，上海古籍出版社。

45.《中国古典文学基本丛书：王船山诗文集》，（明）王夫之，中华书局。

46.《湖湘文库：王船山先生南岳诗文事略》，（清）康和声著，彭崇伟编，湖南人民出版社。

47.《四库全书（精华本文白对照全八册精装）》，（清）纪昀等撰，线装书局。

48.《湖湘文库：沅湘耆旧集（全六册）》，（清）邓显鹤编纂，欧阳楠点校，岳麓书社。

49.《湖湘文库：宝庆府志（全三册）》，（清）邓显鹤编纂，（清）黄宅中、张镇南修，岳麓书社。

50.《湖湘文库:衡阳县图志》，（清）彭玉麟修，殷家俊、罗庆芗纂，岳麓书社。

51.《湖湘文库：长沙府志（全三册）》，（清）吕肃高修，张雄图、王文清纂，岳麓书社。

52.《湖湘文库：光绪湖南通志（全八册）》，（清）李瀚章等编纂，岳麓书社。

53.《湖湘文库:同治湘乡县志》，（清）齐德正等修纂，岳麓书社。

54.《明史1—28册（二十四史繁体竖排）》，（清）张廷玉等著，中华书局。

55.《旷世大儒——王夫之》，章启辉著，河北人民出版社。

56.《中国文化知识读本:中国古代哲学的总结者——王夫之》，郗秋丽编著，吉林文史出版社。

57.《王夫之〈诗广传〉诗学思想研究》，袁愈宗著，中央编译出版社。

58.《船山师友记》，罗正钧纂，岳麓书社。

59.《湖湘讲堂：天地大儒王船山》，王立新著，岳麓书社。

60.《船山学谱》，王孝鱼著，中华书局。

61.《湖湘文库:王船山研究著作述要》，朱迪光著，湖南大学出版社。

62.《清史稿1—48册》，赵尔巽著，中华书局。

63.《崇祯皇帝（上中下）》，姚雪垠著，故宫出版社。

64.《李自成（1—10）》，姚雪垠著，人民文学出版社。

65.《正学与开新——王船山哲学思想》，张立文著，人民出版社。

66.《诠释与重建:王船山的哲学精神》，陈来著，生活·读书·新知三联书店。

67.《王船山研究拾遗》，张齐政、刘辰主编，中南大学出版社。

68.《从胡文定到王船山：理学在湖南地区的奠立与开展》，王立新著，中国社会科学出版社。

69.《船山思想与湖湘文化研究论集》，彭大成著，湘潭大学出版社。

70.《薪火相传：大学生船山学研究》，秦秋咀主编，湘潭大学出版社。

71.《南岳名山文化》，杨载田著，中国文史出版社。

72.《马王堆帛书〈周易〉释文校注》，于豪亮著，上海古籍出版社。

73.《吴晗论明史》，吴晗著，武汉出版社。

74.《大学用书：明史讲稿》，樊树志著，中华书局。

75.《程朱理学与理范型》，吕变庭著，中国社会科学出版社。

76.《无执与圆融：方以智三教会通观研究》，彭战果著，民族出版社。

77.《石鼓书院》，郭建衡、郭幸君著，湖南人民出版社。

78.《中国最后的大儒：王阳明、张载与关中三李》，许葆云著，陕西人民出版社。

79.《东林党议与晚明文学活动》，张永刚著，中国社会科学出版社。

80.《剑桥中华文史丛刊：张载的思想（1020—1077）》，（美）葛艾儒著，罗立刚译，上海古籍出版社。

81.《万历十五年（增订本）》，（美）黄仁宇著，中华书局。

82.《社会经济史译丛：历史上的理学》，（美）包弼德著，（新加坡）王昌伟译，浙江大学出版社。

83.《气的思想——中国自然观与人的观念的发展》，（日）小野泽精一、福永光司、山井涌编，李庆译，上海人民出版社。

84.《中国哲学青年学术文库：复性收摄——高攀龙思想研究》，周炽成著，人民出版社。

85.《明末农民战争史（修订版）》，顾诚著，光明日报出版社。

86.《奏折上的晚明》，覃仕勇著，北京时代华文书局。

87.《吴三桂与甲申之变》，林奎成著，知识产权出版社。

88.《中华现代学术名著丛书：明清史讲义（全两册）》，孟森著，商务印书馆。

89.《清史十六讲》，王锺翰著，中华书局。

90.《明清史学术文库：南明史》，南炳文著，故宫出版社。

91.《钱穆先生著作系列：宋明理学概述》，钱穆著，九州出版社。

92.《浮世的晚风——还原晚明江南士林生活图景》，简雄著，古吴轩出版社。

93.《复社研究》，丁国祥著，凤凰出版社。

94.《中国科举制度史》，王凯旋著，万卷出版公司。

95.《科举与士林风气》，王炎平著，东方出版社。

96.《南岳志》，李元度著，岳麓书社。

97.《王夫之〈春秋稗疏〉研究》，招祥麒著，上海古籍出版社。

98.《明代心学开篇者（陈献章）》，黄明同著，上海古籍出版社。

99.《传世大儒系列：顾炎武评传》，陈祖武、朱彤窗著，中国社会出版社。

100.《湖湘文化十九讲》，谢发平著，世界图书出版公司。

101.《王夫之诗学思想论稿》，崔海峰著，中国社会科学出版社。

102.《王夫之评传》，萧箑父、许苏民著，南京大学出版社。

103.《中国思想家评传丛书：顾宪成高攀龙评传》，步近智、张安奇著，南京大学出版社。

104.《王船山词编年注》，彭靖编撰，彭崇伟整理，岳麓书社。

105.《船山公年谱》，王之春著，中华书局。

106.《船山学谱》，王孝鱼著，台北广文书局。

107.《王船山学术思想讨论集》，王兴国主编，湖南人民出版社。

108.《船山伦理与西方近代伦理比较》，王泽应著，国际展望出版社。

109.《王船山辩证法思想研究》，方克著，湖南人民出版社。

110.《张载思想研究》，朱建民著，台北文津出版社。

111.《生命的学问》，牟宗三著，广西师范大学出版社。

112.《王船山的社会思想》，汪毅著，上海人民出版社。

113.《王夫之易学——以清初学术为视角》，汪学群著，社会科学文献出版社。

114.《王船山经济思想研究》，李守庸著，湖南人民出版社。

115.《王夫之与读通鉴论》，李季平著，山东教育出版社。

116.《王船山人性史哲学之研究》，林安梧著，台北东大图书股份有限公司。

117.《天人之际的理学新诠释——王夫之〈读四书大全说〉思想研究》，周兵著，巴蜀书社。

118.《主思的理学——王夫之的四书学思想》，季蒙著，广东高等教育出版社。

119.《王夫之》，衷尔钜著，吉林文史出版社。

120.《船山学案》，侯外庐著，岳麓书社。

121.《王夫之与中国文化》，胡发贵著，贵州人民出版社。

122.《中国哲学原论·导论篇》，唐君毅著，台北台湾学生书局。

123.《卓越的思想家夫之》，夏剑钦著，上海人民出版社。

124.《中国哲学史（套装共二册）》，冯友兰著，华东师范大学出版社。

125.《王船山沉思录》，陆复初著，云南人民出版社。

126.《王船山学谱》，张西堂著，台湾商务印书馆。

127.《船山哲学》，张立文著，台北七略出版社。

128.《王船山的致知论》，许冠三著，香港中文大学出版社。

129.《中国近三百年学术史》，梁启超著，台北里仁书局。

130.《明遗民九大家哲学思想研究》，陶清著，台北洪叶文化公司。

131.《王船山"阴阳理论"之诠释》，陈祺助著，高雄复文图书公司出版社。

132.《回归真实的存在——王船山哲学的阐释》，陈赟著，复旦大学出版社。

133.《王船山认识论范畴研究》，陈远宁、王兴国、黄洪基著，湖南人民出版社。

134.《王船山哲学》，曾昭旭著，台北远景出版社。

135.《中国哲学史新编·第五册》，冯友兰著，人民出版社。

136.《王船山历史观与史论研究》，黄明同、吕锡琛著，湖南人民出版社。

137.《王夫之》，黄懿梅著，台湾商务印书馆。

138.《中国哲学史·卷三（下）》，劳思光著，台北三民书局。

139.《船山哲学》，嵇文甫著，开明书店。

140.《中华历史名人——王夫之》，乔治忠著，新蕾出版社。

141.《儒学的气论与工夫论》，杨儒宾、祝平次编，台湾大学出版中心。

142.《王船山美学》，熊考核著，中国文史出版社。

143.《理学的演变——从朱熹到王夫之戴震》，蒙培元著，台北文津出版社。

144.《王船山传论》，郑潭洲著，湖南人民出版社。

145.《王船山著作丛考》，刘志盛、刘萍著，湖南人民出版社。

146.《朱子哲学思想的发展与完成》，刘述先著，台湾学生书局。

147.《王夫之学行系年》，刘春见编著，中州古籍出版社。

148.《王船山思想体系》，蔡尚思著，湖南人民出版社。

149.《中国近三百年学术史》，钱穆著，台湾商务印书馆。

150.《船山思想探析》，肖起来等主编，国际展望出版社。

151.《船山哲学引论》，萧萐父著，江西人民出版社。

152.《船山易学研究》，萧汉明著，华夏出版社。

153.《王船山形而上学思想》，罗光著，台湾辅仁大学出版社。

后记

信仰的力量

　　我是湖南衡阳人，和王夫之是同乡。读书识字后每每接触到先生的大名，听人谈及先生的轶事、诗文，慢慢地，先生就一天天活跃在我的脑海里。成长、生活与工作在湖湘大地，在读书、写作、教书之中，我无时无刻不感受到先生对湖湘文化的影响。生活在这位文化巨人的光与影里，我敬畏他、推崇他、感恩他。写一本真正的关于他的传记，就成了我一直想做但又轻易不敢做的事情。

　　我深知，欲为先生立传，要读的书很多，要储备的知识更多。

　　首先，是先生自己的著作。这些著作结集出版始于康熙年间，其子王敔刊刻《王船山先生书集》，收录其著作十余种。道光年间湘潭王氏守遗经书屋刊印《船山遗书》，收录经部著作十八种，一百五十卷。同治四年（1865）曾国藩、曾国荃兄弟刊印之《船山遗书》，收录经、史、子、集四部著作五十六种，二百八十八卷。民国二十二年（1933）上海太平洋书局刊印的《船山遗书》，收录著作七十种，三百五十六卷。岳麓书社的《船山全书》则从一九八二年开始编辑，一九八八年开始出书，至一九九六年十六卷全部出齐，二〇一一年再版，又有补缺和拾遗。而这些似乎还只是管中窥豹，海峡两岸各出版社出版先生的著作不计其数。阅读和消化这汗牛充栋般的著作是头等大事，一时半刻是做不到的，甚至可以说，穷我一生，也难读完先生的大作。

其次，先生著作所涉猎的古代典籍众多，某种意义上来说，读先生，就是读先生之前的所有经史子集的论著，就是读先生所读过的书，就是读老庄孔孟、屈子楚辞、太史公《史记》、魏晋文章、唐诗宋词、宋代理学、司马氏《通鉴》、明代理学等，这个体量实际上更庞大。以《周易》为例，上参远古伏羲、周文王，中参诸子百家，下参历代《易经》解读版本；以《春秋》为例，先生三本《春秋》之书，实际上是对孔孟学说以及不同时代不同人近百种《春秋》的解读，先生用了近七十年的时间读尽了天下之书，我该用多少时间呢？

最后，是关于先生著作的解读与先生思想的论著。一九六二年，中国大陆召开纪念王夫之逝世二百七十周年学术研讨会，这是关于先生学术研讨的第一次盛会，与会者有李达、潘梓年、吕振羽、嵇文甫、冯友兰等国学大师。中国台北则于一九七二年王夫之逝世二百八十周年时，成立了船山学会。萧天石在《"中国船山学会"缘起》中，对先生的思想和学术地位做了很高的评价："明末清初大儒王船山先生，为近代世界学术史上有数之伟大学人。"自此之后，先生学说成了国际学术热点，各种研究性论著不断出现。据不完全统计，自一九八二年以来，仅湖南或湖南籍学者出版的研究专著就有几十种之多，大陆其他省市学者的研究专著也有几十种，港台学者的研究专著有十几种，国外学者的研究专著也有多种，相关的论文更是多如牛毛、数不胜数了。

要读的书实在太多，但是，我必须为先生立传，理由也是很充分的：先生是一个有信仰的人，执着的信念，支撑他完成了别人无法完成的事情。这种坚定的信仰，这种信仰的力量，对于今天，特别是当下的知识分子来说十分重要。

然则，如何书写先生执着的信仰，如何用生活化的笔触描绘先生由一个热血青年成长为一代哲学大师的不平凡的历程，进而还原其人生轨迹，让这种书写融历史性、真实性、可读性、审美性和思辨性于一体，雕刻出一个有血有肉、生动鲜活的王夫之，就成了摆在我面前的第一大难题。

同时，读了如此之多的与先生有关的书籍，在卷帙浩繁之中，我发现没有一本详尽、权威的王夫之或王船山传记，更多的是关于其诗文的选编图书，或者关于其思想的研究性文章和论著。不得不说，这是中国文化和中国文学的一个小小缺憾。打开网络，或者走进书店、图书馆，以"王夫之传"或"王船山传"为名的图书也能看到多部，但是，这些图书都不能真实、客观、全面和生动地还原一个有血有肉的历史人物。

我要做的恰恰是：还世人一个有血有肉的真实的船山先生！

阅读先生，常常会想到屈子。和屈子一样，先生是孤独的圣贤，他生活的时代，是中国最特殊的时代，特殊的历史造就了先生平凡而又不平凡的一生。如果明王朝还在，历史上很有可能不会出现这样一位大儒，而只是多了一个无关痛痒的官吏。明王朝灭亡，一介书生的他成了亡国孤民，他也心甘情愿做明朝最后一位遗民。

先生出生于公元一六一九年，即万历四十七年；卒于一六九二年，即康熙三十一年。纵观其一生，他的生活轨迹并不复杂。东方最远抵达江西吉安，南方最远抵达广东肇庆，西方最远抵达湖南武冈，北方最远抵达湖北武昌。他的核心生活区域就在老家衡阳一带，包括南岳衡山，以及山上的续梦庵、湘西草堂等。七十三年中，他的前半生在求学，为了报效明王朝，这是他追梦的时期；中间他仅到广西南明永历朝廷做了一个名义上的准八品小官；他的后半生则是隐居。作为亡国遗民，他一生忠于明朝，留着满头长发，誓不入清为官，也不承认是清朝子民。七十三年间，他绝大多数时间都用在写作上，除了各类论著，还有上千首诗词歌赋。

先生活着之时，他远离政治权力中心，甚至远离学社思潮中心，他的生命也不像众多名人那样千回百转、波澜壮阔，其个人经历之中也少有改变历史乾坤的壮举。实际上，关于他活着时候的历史资料十分稀少，关于他师友亲朋的历史资料几乎为零，这是我创作的最大困难。

幸运的是，先生自己记录了他的一生，以及他的亲朋师友。为了充分把握先生的精神脉络，我关注最多的是先生的诗词歌赋与实录性质的文章。先生思想发展的每个阶段，都要通过艰难的阅读分析，从纷繁复杂、博大精深的学术论著中来获取有价值的片断。说到底，是先生自己的诗词歌赋，成了这部传记最真实也是最丰富的第一手资料。

值得一说的是，先生的诗文歌赋崇尚古风，行文与用词晦涩深奥，不利于阅读理解，且多为咏物抒情之作，抒写的大多是生活和情感的小片段。因此，在写作过程中，我得详细查阅，深入辨析，比如人物、事件、环境等，再对应时代背景以及先生思想的发展变化，再进行整理、重构、扩展、细化等。全书跨越明末清初近百年历史，书中的人物事件及其联系十分复杂，整理、消化、考证和萃取资料就成了我的头等大事，也是十分头痛的难事。这项工作，几乎就像是在一条河里捞出一颗颗闪光的细小的沙粒。某种意义上说，这更像一次精密、精细的考古发掘，考验的不仅是写作能力，还有耐心、细心和意志力。只有捞出这些"闪光的沙粒"，才算是找到了写作的原始素材，进行细致化、生活化、生动化、立体化的再创作。

在具体书写时，还有一个问题必须思考：作为背景的明末清初之历史要介入多少？如何介入？毕竟先生不像我之前所写的蒋介石和张学良，他们的命运影响了国家的命运，个人与国家、民族的命运是一体的，而先生不是。但是，对于先生来说，国家的命运又确实决定并深深影响了他个人的命运，这必须有所叙述，尤其一些读者对王朝更替的细节不大了解。因此，本书对这一段历史做了必要的交代。

与其说这是关于先生的传记，不如说是先生所代表的那一代人的传记，是那些没有出现在主流历史当中的衡州书生们的传记。因为，他们与先生一样，怀有相同的信念与情怀，没有他们的衬托，也无法造就不一样的先生。

整个写作过程，既是一次朝圣之旅，也是一场历史对话。其间困难重重，身心疲惫，苦不堪言，几欲放弃。是先生的家国情怀、不屈的精神和高贵的人格感染着我，激励着我。很庆幸，我坚持下来了。

此刻，窗外小鸟喳喳，春暖花开。三年多的艰难跋涉，一千多个日子的苦苦煎熬，最终化成了厚厚的书稿。这里，我要感谢给了我诸多帮助的专家学者；感谢唐浩明老师的精彩序文，为拙著增色不少；感谢帮我查寻并整理资料的弟子们；感谢家人的一贯理解和大力支持。所有这一切，都将成为我美好而难忘的记忆，也使我未来的人生更加自信、从容和淡定。

二〇一六年三月底于岳麓山下抱虚斋

图书在版编目（CIP）数据

天地行人：王夫之传 / 聂茂 著. -- 北京：作家出版社，
2016.10

（中国历史文化名人传丛书）

ISBN 978-7-5063-9149-8

Ⅰ.①天… Ⅱ.①聂… Ⅲ.①王夫之（1619～1692）- 传记
Ⅳ.①B249.2

中国版本图书馆CIP数据核字（2016）第216641号

天地行人——王夫之传

作　　者：	聂　茂
传主画像：	高　莽
责任编辑：	江小燕
书籍设计：	刘晓翔+韩湛宁
责任印制：	李卫东　李大庆
出版发行：	作家出版社

社　　址：北京农展馆南里10号　　　　邮　　编：100125

电话传真：86-10-65930756（出版发行部）

　　　　　86-10-65004079（总编室）

　　　　　86-10-65015116（邮购部）

E-mail:zuojia@zuojia.net.cn

http://www.haozuojia.com（作家在线）

印　　刷：北京汇林印务有限公司

成品尺寸：152×230

字　　数：340千

印　　张：24

版　　次：2016年10月第1版

印　　次：2016年10月第1次印刷

ISBN 978-7-5063-9149-8

定　　价：65.00元（精）